초급 LabVIEW

지은이	곽두영 dykwack@naver.com

포항공과대학교 대학원을 졸업하고 한국내쇼날인스트루먼트㈜에서 기술지원부 엔지니어, 팀장, 본부장으로 12년간 근무했다. 그리고 ㈜선인씨엔에스에서 개발 팀장으로 2년간 근무했다. LabVIEW의 한글화 프로젝트에 참여하였으며, LabVIEW 및 데이터 수집 기술, 자동화 기술, 모션, 비전, 소음 및 진동, PLC 분야에 대한 기술지원과 프로젝트를 수행하였다. 중급 LabVIEW, 데이터 수집, 신호 처리, 영상 처리, 모터 제어, PLC 통신에 대한 서적을 20권 이상 집필하고 출판하였다. 현재 주식회사 랩뷰교육원에서 LabVIEW 교육 과정 개발 및 강의를 수행 중이다.

초급 LabVIEW

지 은 이	곽두영
펴 낸 이	곽두영
펴 낸 곳	㈜ 랩뷰교육원
주 소	경기도 안양시 동안구 시민대로 260, 안양금융센터 814호
전 화	031) 425-0948
등 록	2015년 1월 21일 제 385-2015-000003 호
초판발행	2016년 10월 1일
개 정 판	2023년 01월 05일
정 가	30,000원
I S B N	979-11-954606-8-7 93560

Published by LabVIEW Education, Inc. Printed in Korea
Copyright © 2023 by 곽두영 & LabVIEW Education, Inc.
이 책의 저작권은 곽두영과 ㈜랩뷰교육원에 있습니다.
저작권법에 의해 보호를 받는 저작물이므로 무단 복제 및 무단 전재를 금합니다.

이 책에 대한 의견을 주시거나 오탈자 및 잘못된 내용의 수정 정보는 ㈜랩뷰교육원 홈페이지나 아래 이메일로 연락 주십시오.
http://www.lvedu.kr
dykwack@naver.com

저자 머리말

오래 전에 어떤 교수님과 저녁을 먹으면서 나눴던 대화가 기억납니다. 당시 저자는 미국 출장 중이었고 그 교수님은 안식년으로 미국에 계셨습니다. 대화의 주제는 미국 대학원생과 한국 대학원생의 차이점에 대한 것이었습니다. 당시만해도 한국에서는 교수가 프로젝트만 지정해주면 대학원생들이 하드웨어 제작에서 소프트웨어 프로그래밍까지 모두 진행하고 하나에서 열까지 직접 수행하던 시절이었습니다. 저자도 같은 시기에 프로젝트를 그런 방식으로 수행하였습니다. 그것이 당연한 것이었고 고생은 되었지만 많은 것을 배울 수 있었습니다. 그러나 비슷한 방식으로 미국에서 대학원생들에게 프로젝트를 지시한다면 대학당국으로부터 바로 조사와 징계를 받게 된다는 것이 그날의 대화 내용이었습니다. 그러면 어떻게 해야 되는가? 프로젝트를 계획할 때 하드웨어 제작 업체와 소프트웨어 개발 업체를 미리 선정하여 관련 비용과 제반 절차를 먼저 집행하고 실험 및 측정 하드웨어와 소프트웨어가 모두 준비된 뒤에 대학원생에게 프로젝트 수행을 지시해야 된다고 하였습니다. 학생은 실행 버튼만 클릭하면 되고 실험 결과가 나오면 결과를 분석하여 논문을 쓰는 것이라고 하였습니다. 한국과 미국의 트렌드 차이가 15년에서 20년 정도였으므로 20년쯤 뒤에는 우리나라 대학과 연구소도 이와 같이 바뀌지 않겠는가 하는 대화를 나누었습니다.

최근 들어 비슷한 말씀들을 국내에서 많이 듣고 있습니다. 이젠 한국도 예전과 다르다는 말씀들을 합니다. 하드웨어 제작이나 프로그래밍을 예전처럼 대학원생들에게 많이 시키지도 않을뿐더러 시킨다고 제대로 하지도 않는다는 말씀들입니다. 요즘 신세대들의 문화나 사고방식이 예전과는 많이 다르기 때문이라고도 하고 예전에 미국 등의 선진국에서 겪었던 변화를 우리도 이제 접하는 것이라고도 말하고 있습니다.

그러나 스마트폰 세대나 MZ세대는 실험할 때 하드웨어를 직접 제작하지 않아도 되고 프로그래밍하지 않아도 되는 것일까요? 우리나라의 경제 수준이 높아져서 그리고 실험실의 연구비가 많아져서 어렵고 위험하고 지저분한 작업은 외주 줘서 해결해도 될 만큼 풍족해진 것일까요? 아니면 최근 10여 년 사이에 급속한 진화가 진행되어 새로운 인종으로 신세대가 변화되어 버린 것일까요?

저자가 생각하는 현상의 원인은 우리가 선진국의 기술을 복사하고 따라가기만 하던 수준에서 이젠 선도하는 위치가 되었기 때문이라고 생각합니다. 2등일 때는 1등이 해놓은 기술이나 논문을 배우고 연구하여 한 단계 발전시킬 수 있었습니다. 그러나 1등이면 이런 도움을 받을 수 없습니다. 내가 세계 최초로 새로운 연구를 진행하고 새로운 제품을 개발해야 되는 입장이므로 모든 것이 어렵습니다.

예전에는 교수가 프로젝트를 지시하면 대학원생은 논문이나 앞선 실험실을 참고하여 실험 장비를 직접 제작 가능하였습니다. 그러나 이제는 누구를 따라서 할 수 있는 상황이 아닙니다. 세계 최초의 아이디와 기술이 요구되고 최고의 기술력과 정교함이 요구되고 있습니다. 상황은 완전히 바뀌었습니다. 이젠 대학원생이나 초보자에게 맡길 수 없고 하드웨어를 전문으로 제작하는 업체와 소프트웨어를 전문으로 제작하는 업체와 함께 프로젝트를 진행해야만 성공이 가능합니다.

저자가 대학원 연구생일 때가 더 편했고 기회도 많았던 것입니다. 많은 것을 직접 해볼 수 있었고 그것으로도 충분했던 시기였습니다. 그러나 시대는 바뀌었고 1등이 되어야만 살아남을 수 있는 세상이 되었습니다. 스스로 도전과 실패를 경험할 수 있도록 배려해주고 격려 받으면서 배워야 될 신세대들에게 그런 기회를 주는 것이 이제는 사치가 되어버린 시대입니다.

LabVIEW가 그나마 팍팍한 세상에 대한 하나의 위안이 될 수 있을 것이라고 생각합니다. 컴퓨터나 스마트 기기에 익숙한 요즘 세대가 접근하기 쉬운 프로그래밍 언어입니다. 그리고 짧은 기간의 교육으로도 고급 프로젝트를 수행할 수 있는 엔지니어를 양성할 수 있는 도구입니다.

LabVIEW는 컴퓨터 프로그래밍의 기초를 몰라도 누구나 프로그래밍을 수행할 수 있게 해줍니다. 초보자가 만든 초급 프로그램도 실행 버튼을 클릭하면 실행되고 결과를 바로 눈으로 확인할 수 있습니다. 초보자가 흔히 경험하는 프로그래밍의 실수나 오류를 LabVIEW가 자동으로 인식하여 수정하고 실수하지 않도록 유도해줍니다. 내가 작성한 LabVIEW 코드로 필요한 실험을 수행하고 원하는 결과를 만드는 것까지는 누구나 시도할 수 있는 편리한 도구입니다.

LabVIEW가 모든 문제를 해결해주는 만능 솔루션인 것은 아닙니다. 그러나 조금은 해결해줄 수 있고 어려운 프로젝트의 일부분이라도 직접 도전해볼 수 있는 기회를 제공해줄 수 있습니다. 시대가 바뀌어 새로운 세대에게 많은 기회가 제공되기는 힘들지만 그래도 도전과 실패의 경험은 어느 세대에나 필요한 것입니다.

초급 LabVIEW는 LabVIEW를 처음 시작하는 분들을 위한 서적입니다. 그렇다고 쉬운 내용만 다룬 것은 아닙니다. 기초적인 내용이지만 어려운 부분까지 모두 다루었습니다. 기본 구성 요소들에 대한 설명과 사용법, 장점과 단점 등을 설명하였고 프로젝트 수행 시에 참고할 수 있도록 세세한 부분까지 꼼꼼히 다루었습니다.

LabVIEW 공부 및 강의에 필요한 교재를 초급과 중급으로 나누어 두 권으로 만드는 것을 목표로 집필하였습니다. LabVIEW Core I, Core II, Core III, Object Oriented, Advanced, Performance, Connectivity 등에서 다루어지는 내용 중에서 한국 실정에 전혀 필요없는 부분을 제외시키고 핵심 내용만 추려서 두 권으로 나눈 것입니다. LabVIEW 프로그래밍에 대한 기본 사항은 초급 LabVIEW에 담았고 전문가용 프로그래밍 기법은 중급 LabVIEW에 담았습니다.

LabVIEW에서 고급 과정은 하드웨어를 다루는 것입니다. 예를 들어, 데이터 수집 보드로 아날로그 신호를 측정하고 웨이블릿 분석 기법을 적용시켜서 원하는 정보를 얻을 수 있습니다. FPGA 프로그래밍으로 I2C 통신을 구현하여 MEMS 칩의 데이터를 계측하고 구동할 수 있습니다. PLC를 시리얼 통신으로 제어 및 모니터링하고 관련 HMI를 구성할 수 있습니다. USB 캠을 이용하여 영상을 촬영하고 분석하여 자동으로 판단하는 인공지능을 구현할 수 있습니다. 그리고 서보 모터를 위치 제어할 수 있습니다.

LabVIEW를 사용하는 목적은 하드웨어를 다루어 원하는 프로젝트를 완수하는 것입니다. 초급과 중급을 빨리 끝내고 본격적인 LabVIEW 어플리케이션인 DAQ, Vision, Motion, FPGA, Real Time, PLC 통신을 다루고 익혀서 목표한 프로젝트를 수행할 수 있어야 될 것입니다.

본 서적이 여러분들의 실력 향상과 프로젝트 완수에 도움이 되었으면 합니다.

2023년 1월 3일

곽 두 영

목차

Chapter 1. 시작하기

1. LabVIEW 란?..10

2. 프로젝트와 VI..14

    실습 1-1. 프로젝트 및 VI 생성..18

3. VI 만들기..20

    실습 1-2. VI 생성하기..30

    실습 1-3. 객체 정렬하기..33

    실습 1-4. 프런트패널 구성하기..34

4. 메뉴 모음..37

Chapter 2. 데이터 타입 및 함수

1. 숫자형 데이터 타입과 함수..49

    실습 2-1. Sine 연산..55

    실습 2-2. 복합 연산..64

    실습 2-3. 수식 노드..67

    실습 2-4. 텍스트 링..72

    실습 2-5. 난수 발생 45..74

    실습 2-6. 다양한 숫자형 연산..75

2. 불리언 데이터 타입과 함수..79

    실습 2-7. 불리언 언산..84

3. 문자열 데이터 타입과 함수..87

    실습 2-8. 문자열 함수 사용..101

    실습 2-9. 응답 프레임 문자열 처리..103

Chapter 3. While 루프와 For 루프

1. While 루프...111

    실습 3-1. 연속적인 난수 발생..113

    실습 3-2. 난수 맞추기..114

2. For 루프...116

    실습 3-3. 계단식 증가 전압 만들기..118

3. 루프 입력과 출력 119
      실습 3-4. 조건적 인덱싱 122
4. 시프트레지스터 124
      실습 3-5. Moving Average 126
5. 타이밍 함수 128

Chapter 4. 배열

1. 배열 141
      실습 4-1. 배열 만들기 146
      실습 4-2. 강도 그래프 사용하기 149
2. 배열 함수 150
      실습 4-3. 배열 인덱스 함수 사용 155
      실습 4-4. 배열 원소 분류하기 160
      실습 4-5. 로또 6/45 172

Chapter 5. 클러스터와 그래프

1. 클러스터 178
2. 클러스터 함수 181
      실습 5-1. 클러스터 풀기와 묶기 183
      실습 5-2. Task 선택 186
      실습 5-3. 원 그리기 188
3. 그래프와 차트 189
      실습 5-4. 웨이브폼 그래프에 플롯하기 197
      실습 5-5. 웨이브폼 데이터 타입 199

Chapter 6. 케이스 구조와 이벤트 구조

1. 케이스 구조 205
      실습 6-1. 열거형 케이스 선택자 211
2. 이벤트 구조 213
      실습 6-2. 이벤트 구조 사용 217
      실습 6-3. 신호시뮬레이션(이벤트) 221
3. 시퀀스 구조 225

Chapter 7. SubVI 및 사용자 컨트롤

1. SubVI 소개 231

2. SubVI 만들기 236

    실습 7-1. SubVI 만들기 242

3. 사용자 컨트롤 248

    실습 7-2. 사용자 컨트롤 만들기 251

Chapter 8. 로컬 변수와 글로벌 변수

1. 로컬 변수 256

    실습 8-1. 로컬 변수 259

2. 글로벌 변수 261

    실습 8-2. 글로벌 변수 263

3. 공유 변수 265

    실습 8-3. 공유 변수 270

Chapter 9. 디버깅 및 에러 핸드링

1. 디버깅 278

2. 에러 281

3. 에러 핸들링 284

Chapter 10. 파일 저장

1. 파일 저장 및 읽어오기 295

2. 파일 경로 만들기 302

    실습 10-1. 경로 만들기 304

3. 텍스트 파일에 쓰기와 읽기 306

    실습 10-2. 텍스트 파일에 쓰기 309

    실습 10-3. 스프레드시트 문자열 쓰기 310

    실습 10-4. 텍스트 파일로부터 읽기 311

Chapter 01
시작하기

*학습목표

LabVIEW를 처음 시작하는 방법을 익힙니다.

메뉴, 도구, 옵션 설정에 대하여 배웁니다.

프론트패널과 블록다이어그램에 대하여 배웁니다.

01. LabVIEW 란?

02. 프로젝트와 VI

03. VI 만들기

04. 프론트패널과 블록다이어그램

Section

1. LabVIEW 란?

LabVIEW는 Laboratory Virtual Instruments Engineering Workbench의 약자입니다. Laboratory를 타깃으로 하고 Virtual Instruments를 구현하는 프로그래밍 언어입니다.

Virtual Instruments라는 의미에서 LabVIEW로 작성한 프로그램을 **VI**라고 부르고 확장자명을 vi라고 사용합니다.

LabVIEW 프로그램이 **버추얼 인스트루먼트(Virtual Instruments)**로 불리는 이유는 Scope나 DMM과 같은 물리적 계측 장비의 외형과 기능을 프로그램 내에서 구현하기 때문입니다. 버추얼 인스트루먼트는 물리적인 인스트루먼트와 유사하게 작동하는 LabVIEW 어플리케이션입니다.

LabVIEW는 그래픽 방식의 프로그래밍 언어로서 어플리케이션을 만들 때 그래픽 아이콘을 사용합니다. 또한 LabVIEW는 와이어를 통한 데이터의 흐름으로 표현되는 데이터 흐름 프로그래밍 언어입니다. 프로그램의 실행 순서는 와이어에 의하여 결정됩니다.

LabVIEW는 **컴파일 언어**입니다. VI를 작성한 후에 실행 버튼을 클릭하면 자동으로 컴파일 과정을 수행하여 기계 코드로 전환됩니다. 그리고 기계 코드로 전환된 VI를 컴퓨터 프로세서에서 직접 실행합니다. 그리고 매번 새로운 변경 사항이 있을 때마다 VI를 새로 컴파일합니다.

컴파일과 다른 개념인 인터프리테이션(Interpretation) 방식에서는 프로그램이 컴퓨터에서 직접 수행되지 않고 다른 소프트웨어 프로그램(Interpreter)에 의해 간접 실행됩니다.

LabVIEW 1.0 버전은 인터프리터를 사용하였습니다. 1986년에 제작된 LabVIEW 1.0은 Motorola 68000만을 타겟하였습니다. 그러나 LabVIEW 2.0 버전부터는 런타임 성능 향상을 위해 컴파일러로 대체되었습니다.

VI 컴파일의 첫 번째 단계는 **type propagation** 알고리즘입니다. 타입 전파의 예로는 더하기 연산을 들 수 있습니다. 두 개의 정수를 더하면 결과는 정수이고 두 개의 부동소수 숫자를 더하면 결과는 부동소수 숫자입니다. 이와 같이 연산의 출력은 입력 타입에 의하여 결정됩니다. 그리고 데이터 타입이 다이어그램을 통해 "전파"되므로 type propagation이라고 부릅니다.

모든 구문 오류는 type propagation 알고리즘에서 감지됩니다. 오류가 없다고 판단될 경우에 다음 단계로 컴파일이 계속됩니다.

다음 단계에서 VI는 **DFIR**(dataflow intermediate representation)로 전환됩니다. 컴파일러는 DFIR로 변환된 그래프에서 여러 변환을 실행하여 분석, 최적화, 코드 생성을 준비합니다.

다음으로 **LLVM**에 의하여 LLVM IR(low level virtual machine intermediate representation)로 전환됩니다. 그리고 기계 코드로 최종 컴파일됩니다.

LLVM(low level virtual machine)은 일리노이 주립대에서 연구 프로젝트 목적으로 개발된 다목적의 고성능 개방 소스 컴파일러 프레임워크입니다. LabVIEW 2010 버전부터 LLVM을 사용합니다.

가. 시작하기 창

LabVIEW의 시작하기 창은 아래와 같습니다.

시작하기 창의 최 상단은 **윈도우 바**로 구성됩니다. 윈도우 바의 왼쪽에는 16X16 크기의 아이콘과 LabVIEW라는 이름이 위치합니다. 그리고 오른쪽에는 윈도우 버튼 3개가 위치합니다. 패널 내리기, 패널 전체 화면, 패널 닫기 버튼입니다.

윈도우 바 아래에는 **메뉴 바**가 위치합니다. 시작하기 창에서 제공되는 메뉴로는 파일(F), 수행(O), 도구(T), 도움말(H)가 있습니다. "메뉴 모음"이라고도 부릅니다.

다음으로 LabVIEW 버전이 표시됩니다.

중앙의 왼쪽은 **프로젝트 생성** 버튼과 최근에 사용한 프로젝트 템플릿이 리스트됩니다. 그리고 **파일 열기** 버튼과 최근에 생성한 파일들이 리스트됩니다. 중앙의 오른쪽에는 LabVIEW 길라잡이와 관련 광고 및 소식 링크가 있습니다.

시작하기 창의 아래 부분에는 유용한 사이트에 대한 링크들로 구성됩니다. 드라이버 및 애드온 찾기, 커뮤니티 및 지원입니다.

LabVIEW 버전

LabVIEW는 매년 새로운 버전이 출시됩니다. 매년 출시되는 새로운 버전은 최근 1년간 새롭게 이슈화된 기술을 LabVIEW에 접목시켜서 출시하고 고객들의 Feedback을 반영하여 좀더 사용하기 편리한 기능을 추가해서 제공합니다.

매년 새로운 버전이 출시되지만 가능한 Old 버전을 사용하는 것이 유리합니다. 왜냐하면 Old 버전에서 작성한 VI는 최근 버전에 열 수 있지만 반대로 최신 버전의 VI를 Old 버전에서는 열 수 없기 때문입니다. 예를 들어, LabVIEW 2014 버전에서 작성한 VI를 LabVIEW 2015 이후 버전에서 열 수 있습니다. 그러나 반대로 LabVIEW 2018 버전에서 작성한 VI는 LabVIEW 2017 이전 버전에서 열 수 없습니다.

프로젝트에 참여한 기관이나 개인이 모두 동일한 LabVIEW 버전을 보유하기는 힘들기 때문에 LabVIEW 개발자는 그중에서 가장 Old 버전으로 VI를 작성해야만 서로 공유가 가능하다는 결론이 됩니다.

또한 기능적인 면에서도 LabVIEW 2015 버전 이후에는 바뀐 것이 없기 때문에 굳이 무리하게 최신 버전을 사용할 필요는 없습니다. 본 서적의 집필일 기준으로 최신 버전은 LabVIEW 2022 Q3입니다.

나. 프로젝트 생성 버튼과 파일 열기 버튼

프로젝트 생성 버튼을 클릭하면 [프로젝트 생성] 창을 띄울 수 있습니다.

[프로젝트 생성] 창에는 템플릿과 샘플 프로젝트 등도 리스트되지만 별다른 효용이 없기 때문에 첫 번째 항목인 '**새 프로젝트**'를 사용합니다. '새 프로젝트'를 선택하고 마침 버튼을 클릭하면 새 프로젝트를 생성할 수 있습니다.

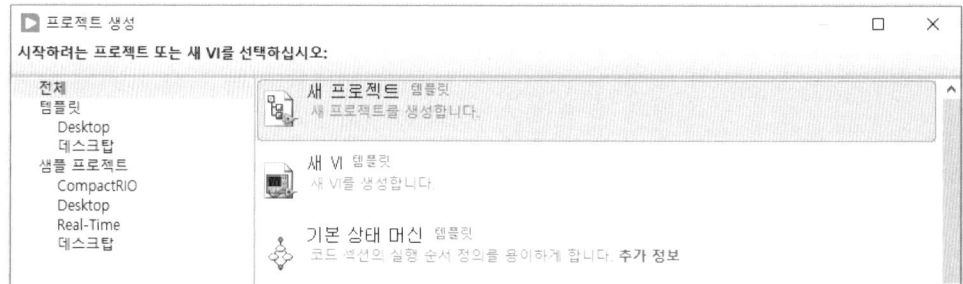

새 프로젝트를 한 번 이상 생성한 뒤에는 다음과 같이 '프로젝트 생성' 버튼 아래에 '새 프로젝트' 항목이 나타날 것입니다.

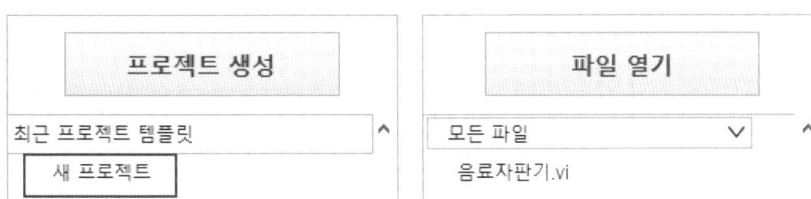

파일 열기 버튼을 클릭하면 [열 파일 선택] 창을 띄울 수 있습니다. Open할 파일을 탐색하여 열 수 있습니다. 그리고 파일 열기 버튼 아래에는 최근 작업한 프로젝트나 VI들의 정보가 나열됩니다. 보이기 링에서 '모든 파일', '프로젝트', 'VI', '기타 파일'을 선택할 수 있습니다. '기타 파일'은 사용자 컨트롤과 같은 기타 파일을 의미합니다.

다. 드라이브 및 애드온 찾기, 커뮤니티 및 지원

드라이브 및 애드온 찾기 버튼을 클릭하면 'NI 디바이스 드라이브 찾기', '인스트루먼트에 연결', 그리고 'LabVIEW 애드온 찾기'를 선택하여 연결할 수 있습니다.

'NI 디바이스 드라이브 찾기'는 내쇼날인스트루먼트의 하드웨어 드라이브를 검색하고 다운로드 받을 수 있는 www.ni.com/downloads/drivers로 연결해줍니다.

'인스트루먼트에 연결'은 [NI 인스트루먼트 드라이브 검색기] 창을 띄웁니다. GPIB 통신이나 시리얼 통신으로 계측 장비를 제어할 수 있는 예제나 함수를 검색할 수 있습니다.

'LabVIEW 애드온 찾기'는 사용자 컴퓨터에 설치된 LabVIEW 버전에 최적인 애드온 프로그램을 검색 및 추천하는 기능입니다.

커뮤니티 및 지원 버튼을 클릭하면 'NI 토론방', 'NI 개발자 커뮤니티', 그리고 '지원 요청'을 선택하여 연결할 수 있습니다.

'NI 개발자 커뮤니티'는 forums.ni.com로 연결됩니다. 전세계의 많은 개발자들이 공유하는 커뮤니티입니다. 한글로 질문해도 답변을 받을 수 있습니다.

Section

2. 프로젝트와 VI

LabVIEW 프로그래밍의 가장 작은 단위는 VI입니다. 어플리케이션은 한 개 VI 또는 여러 개의 VI로 만들어질 수 있습니다.

LabVIEW 시작하기 창에서 단축키 <Ctrl + N>을 클릭하면 **새 VI**를 생성할 수 있습니다. 이렇게 생성된 개별 VI는 **프런트패널**과 **블록다이어그램**이라는 두 개의 윈도우 창으로 구성되고 *.vi라고 저장됩니다. 메뉴에서 파일(F) > 새 VI를 선택하여 새 VI를 생성할 수도 있습니다.

LabVIEW는 프로젝트 기반으로도 개발이 가능합니다. **LabVIEW 프로젝트**는 *.lvproj라고 저장되고 보조 파일 2개가 함께 생성됩니다. LabVIEW 프로젝트는 개발자가 원활하게 어플리케이션을 개발할 수 있는 작업 환경을 제공해줍니다. 특히 여러 개의 VI와 사용자 컨트롤, 라이브러리 등을 통합하여 어플리케이션을 구현하는 경우에는 LabVIEW 프로젝트를 이용해야 됩니다.

그러나 LabVIEW 프로젝트 자체가 어플리케이션의 구성 요소는 아닙니다. 그래서 완성된 어플리케이션에서는 VI 등만 사용됩니다. VI가 최종적으로 빌드되는 어플리케이션입니다.

가. 새 프로젝트 생성

LabVIEW 시작하기 창의 메뉴 바에서 파일(F) > 프로젝트 생성을 클릭하거나 '프로젝트 생성' 버튼을 클릭하여 **프로젝트 생성** 창을 띄웁니다. 프로젝트 생성 창에서 '새 프로젝트'을 선택하고 마침 버튼을 클릭하면 새로운 프로젝트를 생성할 수 있습니다.

저장 버튼을 클릭하거나 메뉴바에서 파일(F) > 저장을 클릭하여 새 프로젝트를 저장합니다. 프로젝트의 이름을 지정해주면 ***.lvproj**로 저장됩니다.

세 개의 파일이 생성됩니다. lvproj 파일, aliases 파일, 그리고 lvlps 파일입니다.

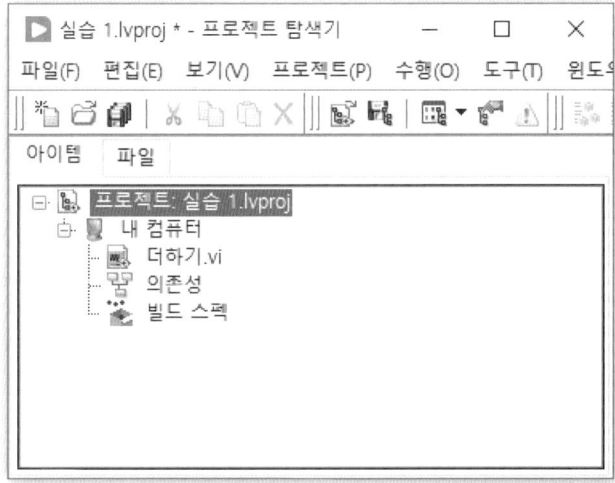

프로젝트 탐색기 윈도우에는 다음 항목들이 있습니다.

I. **프로젝트 루트**: 프로젝트 루트의 라벨에는 프로젝트 파일의 이름이 나타납니다. 위 그림에서 "프로젝트: 실습 1.lvproj"가 프로젝트 루트입니다.

II. **내 컴퓨터**: LabVIEW 어플리케이션을 개발중인 개발자 컴퓨터입니다. 만약에 cRIO 등의 원격 타겟이 프로젝트에 추가되는 경우에는 내 컴퓨터와 동등한 레벨로 원격 타겟이 나타날 것입니다.

III. **의존성**: 다른 VI, 공유 라이브러리, LabVIEW 프로젝트 라이브러리와 같이 타겟 아래의 VI가 필요로 하는 아이템을 포함합니다.

IV. **빌드 스펙**: 소스 배포와 기타 타입의 빌드를 위한 빌드 설정을 포함합니다. 완성된 VI들로 실행 파일을 생성하고자 하는 경우에 프로젝트의 빌드 스펙을 이용합니다.

- 어플리케이션 (EXE)
- 설치 프로그램
- .NET Interop 어셈블리
- 묶음 라이브러리
- 공유 라이브러리 (DLL)
- 소스 배포
- 압축(Zip) 파일

RT CompactRIO Target 추가

프로젝트 아래에 새로운 타겟을 더 추가할 수 있습니다. 프로젝트 루트에서 바로 가기 메뉴를 띄우고 새로 만들기 > 타겟 및 디바이스를 클릭하면 [타겟 및 디바이스 추가] 창이 팝업됩니다.

아래는 RT CompactRIO Target을 새로 추가한 예입니다. 각 타겟은 의존성과 빌드 스펙을 포함합니다. 그리고 각 타겟 아래에 VI를 추가할 수 있습니다.

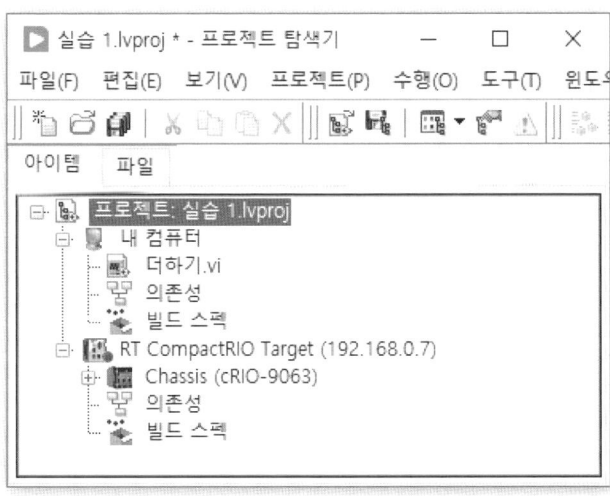

나. 새 VI 추가하기

내 컴퓨터에 새 VI를 추가할 수 있습니다. 내 컴퓨터를 선택하고 마우스 오른쪽 버튼을 클릭하여 바로 가기 메뉴(shortcut menu)를 띄웁니다. 바로 가기 메뉴에서 새로 만들기 > VI를 선택하여 새로운 VI를 생성하여 내 컴퓨터 타겟에 추가합니다.

VI를 저장하면 아래 그림과 같이 내 컴퓨터 아래에 새로운 VI가 추가됩니다. 단축키는 <Ctrl + S>입니다. **더하기.vi**라고 저장합니다.

프로젝트 탐색기 창에서 [파일] 탭을 선택하면 아래 그림과 같이 프로젝트 관련 파일들의 위치 정보를 확인할 수 있습니다. 실습 1.lvproj와 add.vi가 바탕화면(Desktop)에 위치하고 있음을 확인할 수 있습니다.

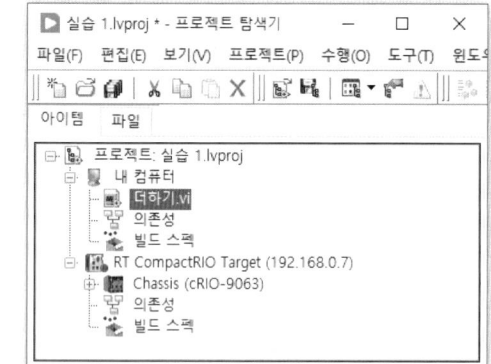 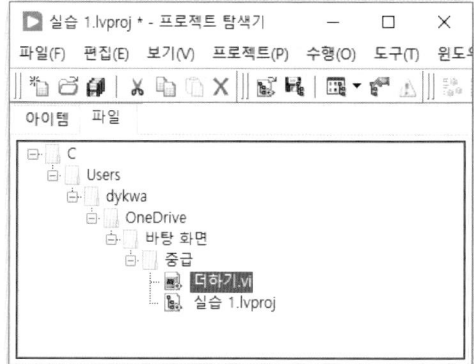

다. 프로젝트에 기존 파일 추가하기

다음과 같은 방법으로 기존 파일을 프로젝트에 추가할 수 있습니다.

1. 내 컴퓨터에서 바로 가기 메뉴로 **추가 > 파일**을 선택하여 파일을 추가합니다.

2. 내 컴퓨터에서 바로 가기 메뉴로 **추가 > 폴더(스냅샷)**을 선택하여 버추얼 폴더를 추가합니다. 이때 해당 폴더의 서브 폴더의 파일과 내용을 포함한 전체 내용이 추가됩니다. 스냅샷이므로 추가할 당시의 정보만 프로젝트에 추가되고 새로운 변동 사항은 업데이트되지 않습니다.

3. 내 컴퓨터에서 바로 가기 메뉴로 **추가 > 폴더(자동 적용)**을 선택하여 자동 적용 폴더를 추가합니다. 자동 적용 폴더는 프로젝트 및 디스크의 변경 사항을 지속적으로 모니터하여 변경 사항이 생기면 해당 폴더를 업데이트합니다.

4. 내 컴퓨터에서 바로 가기 메뉴로 추가 > 하이퍼링크를 선택하여 하이퍼링크를 추가합니다. 로컬 컴퓨터에는 없지만 인터넷이나 로컬 네트워크에서는 접근 가능한 파일이나 디렉토리로 하이퍼링크를 추가하여 연결할 수 있습니다.

5. 윈도우 탐색 창에서 VI나 파일을 선택하여 프로젝트 트리에 드래그 앤 드롭 할 수 있습니다.

라. 프로젝트에서 제거하기

프로젝트에 있는 아이템을 제거할 수 있습니다. 제거할 파일을 선택하고 바로 가기 메뉴에서 '프로젝트에서 제거'라고 선택하여 제거합니다. 또는 <Delete> 키를 이용하여 제거할 수 있습니다. 이때 프로젝트 상에서만 파일이 제거되는 것이고 실제 파일이 삭제되는 것은 아닙니다.

대상을 마우스로 선택하고 마우스의 오른쪽 버튼을 클릭하면 바로 가기 메뉴를 띄울 수 있습니다.

마. 저장 및 실행

저장 버튼을 클릭하거나 파일(F) > 저장(S) 메뉴를 선택하거나 단축키 <Ctrl + S>로 프로젝트나 VI를 저장할 수 있습니다.

도구 바에 위치한 실행 버튼을 클릭하거나 수행(O) > 실행(R) 메뉴를 선택하거나 단축기 <Ctrl + R>로 VI를 실행할 수 있습니다.

VI를 실행하면 내부적으로 컴파일 단계를 거치게됩니다. 그래서 컴파일된 기계어가 CPU에서 실행됩니다. 코드에 오류가 있을 경우에는 컴파일이 불가능하고 실행도 할 수 없습니다. 그리고 실행 버튼이 깨진 실행(에러 열거) 버튼을 변경됩니다. 이 버튼을 클릭하면 "에러 리스트" 창이 팝업됩니다.

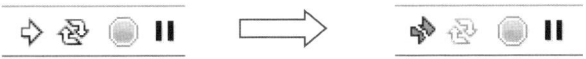

연속 실행, 실행 강제 종료, 일시 정지 버튼은 개발 버전에서 제공하는 디버깅 도구들입니다.

실습 1-1   프로젝트 및 VI 생성

프로젝트를 생성하고 생성된 프로젝트에 새 VI를 추가해봅니다.

1. LabVIEW를 실행합니다.

2. 시작하기 창에서 '프로젝트 생성' 버튼을 클릭하여 **프로젝트 생성** 창을 띄웁니다.

3. 프로젝트 생성 창에서 '새 프로젝트'를 선택하여 새 프로젝트를 생성합니다.

4. 메뉴에서 파일(F) > 저장(S)을 클릭하여 프로젝트를 저장합니다. **프로젝트생성.lvproj**라고 저장합니다. 단축키는 <Ctrl + S>입니다.

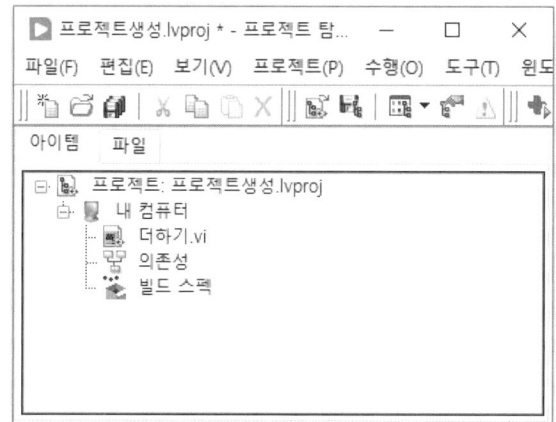

5. **내 컴퓨터**에서 바로 가기 메뉴로 '새로 만들기 > VI'를 선택하여 새 VI를 생성합니다. **더하기.vi**라고 저장합니다.
   단축키 <Ctrl + S>로 저장하거나 메뉴에서 '파일(F) > 저장(S)'을 클릭하여 저장할 수 있습니다. 내 컴퓨터 아래에 "더하기.vi"가 추가됨을 확인할 수 있습니다.

6. 더하기.vi의 프런트패널에 **숫자형 컨트롤** 두 개를 위치시킵니다.
   숫자형 팔레트에서 숫자형 컨트롤을 찾을 수 있습니다. 해당 컨트롤을 팔레트에서 선택하고 다시 프런트패널에서 원하는 위치를 클릭하면 그 위치에 컨트롤 객체가 놓여집니다.

   숫자형 컨트롤을 프런트패널에 위치시키면 블록다이어그램에 대응하는 숫자형 터미널이 생성됨을 확인할 수 있습니다. 두 개의 숫자형 컨트롤의 라벨은 각각 "숫자형"과 "숫자형 2"입니다.

   프런트패널에서 마우스의 오른쪽 버튼을 클릭하면 컨트롤 팔레트를 띄울 수 있습니다. 또는 보기(V) 메뉴에서 컨트롤 팔레트(C)를 선택하여 컨트롤 팔레트를 띄울 수 있습니다.

7. **숫자형 인디케이터** 한 개를 위치시킵니다. 숫자형 팔레트에서 숫자형 인디케이터를 찾을 수 있습니다. 라벨은 "숫자형 3"입니다.

8. 블록다이어그램에 **더하기** 함수를 위치시키고 "숫자형"과 "숫자형 2"을 더하여 "숫자형 3"이 되도록 구성합니다. 숫자형 팔레트에서 더하기 함수를 찾을 수 있습니다.

   더하기는 x와 y입력을 받아서 x+y를 출력하는 함수 노드입니다. 터미널을 선택하고 더하기의 입력으로 와이어를 연결할 수 있습니다.

마우스의 모양은 자동으로 변경됩니다. 자동 선택 옵션을 해제되어 있는 경우에는 메뉴에서 보기(V) > 도구 팔레트(T)를 선택하여 도구 팔레트를 띄우고 맨 위에 있는 자동 선택을 다시 선택하여 설정해줍니다.

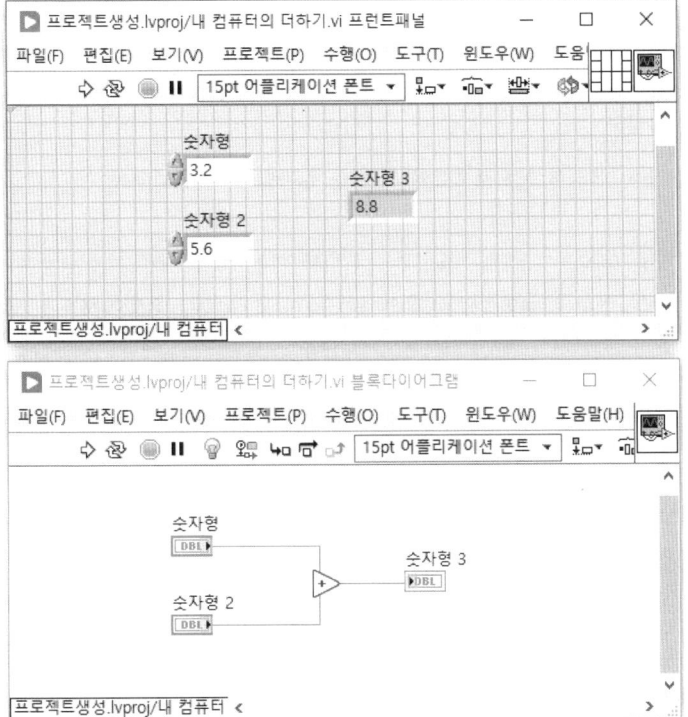

실습 1-1 끝

Section

3. VI 만들기

Virtual Instrument의 약자인 VI는 LabVIEW로 개발하는 프로그램의 최소 단위입니다. 두 가지 방법으로 VI를 만들 수 있습니다.

- LabVIEW 시작하기 창의 메뉴에서 파일(F) > 새 VI를 선택하여 만들 수 있습니다. 단축키는 <Ctrl + N>입니다.
- 프로젝트를 먼저 생성하고 프로젝트에 새 VI를 추가할 수 있습니다.

가. VI의 구성요소

VI는 두 개의 윈도우 창으로 구성됩니다. 회색 바탕에 눈금이 있는 **프런트패널**과 흰색 바탕의 **블록다이어그램**입니다. 아래 그림과 같이 저장을 하지 않은 상태에서는 "제목 없음 1 프런트패널"과 "제목 없음 1 블록다이어그램"라고 윈도우 창의 이름이 명명됩니다. LabVIEW를 시작하고 첫 번째로 만든 VI라는 의미에서 "제목 없음 1"로 지칭된 것입니다. VI를 저장하면 새 이름으로 명명됩니다.

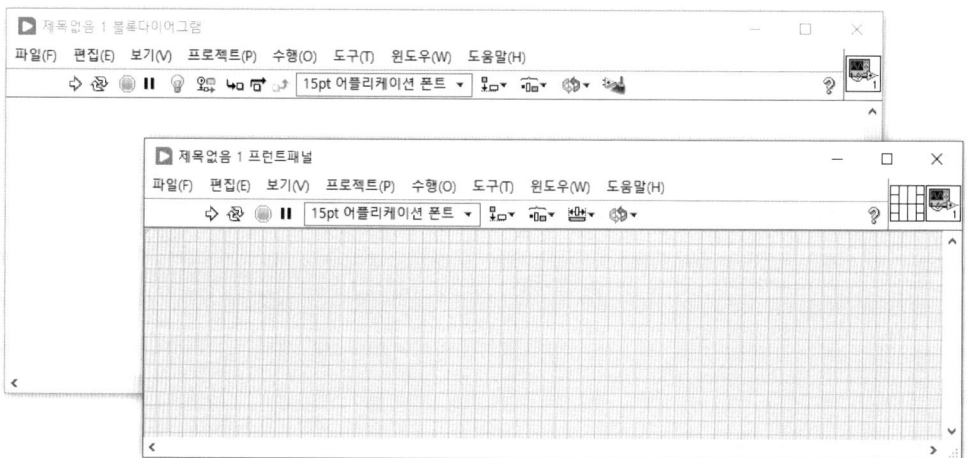

나. 프런트패널과 컨트롤 팔레트

프런트패널은 사용자 인터페이스를 구성하는 창입니다. User Interface 또는 UI라고 부릅니다. 사용자 인터페이스를 구성하기 위해서 필요한 객체들은 프런트패널의 컨트롤 팔레트에서 찾을 수 있습니다.

메뉴바에서 보기(V) > 컨트롤 팔레트(C)를 선택하거나 프런트패널의 빈공간에 마우스 커서를 두고 마우스 오른쪽 버튼을 클릭하여 **컨트롤 팔레트**를 팝업시킬 수 있습니다. 임시로 팝업된 컨트롤 팔레트는 다음 그림과 같이 압핀을 클릭하여 창을 고정시킬 수 있습니다.

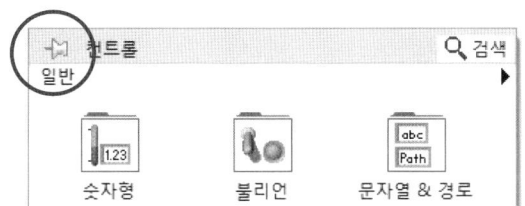

다. 컨트롤 팔레트 설정하기

고정된 컨트롤 팔레트에서 검색을 클릭하여 필요한 아이템을 이름으로 검색할 수 있습니다. 그리고 "사용자 정의" 버튼을 클릭하면 아래 그림과 같이 사용자 정의 리스트가 나타납니다.

- '이 팔레트 보기'는 기본 설정으로 "항목(아이콘과 텍스트)"로 설정되어 있습니다.

- '팔레트 보기 변경...'을 클릭하면 [팔레트 보기 변경] 창이 팝업됩니다. '이용 가능한 팔레트 항목'에서 많이 사용할 항목을 선택할 수 있지만 오른쪽에 있는 "모두 선택" 버튼을 클릭하여 모두 선택해줍니다.

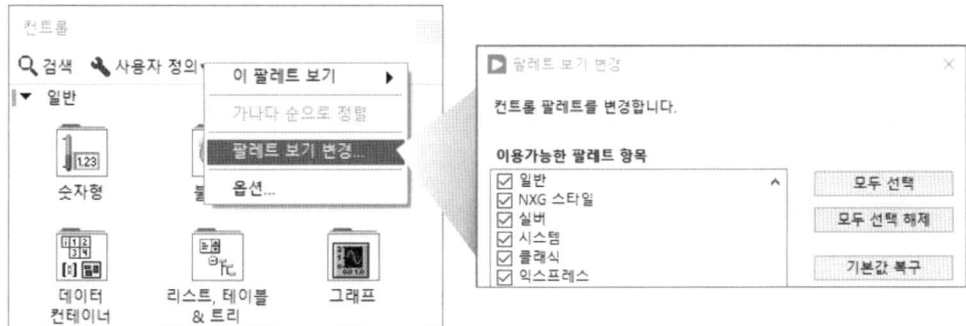

컨트롤 팔레트에는 일반, NXG 스타일, 실버, 시스템, 클래식 팔레트가 서브 팔레트로 제공됩니다.

일반 팔레트에는 3D 디자인의 컨트롤 객체들이 있습니다. 일반 팔레트 속에는 숫자형, 불리언, 문자열, 배열, 그래프 등의 서브 팔레트가 포함되어 있습니다. 이것은 각 객체들을 하위 클래스로 구분하여 분류해 놓은 것입니다.

NXG 스타일 팔레트에는 LabVIEW NXG 버전에서 제공되던 디자인의 객체들이 있습니다.

실버 팔레트에는 최근에 업데이트된 아이콘 디자인들이 위치해 있습니다. 일반 팔레트의 객체에 대응하는 아이콘들이 거의 대부분 실버 팔레트에도 있기 때문에 동일한 용도의 객체를 실버 팔레트에서 찾을 수 있을 것입니다.

시스템 팔레트에는 컴퓨터 운영체제에서 제공하는 아이콘과 동일한 디자인을 제공합니다. 가장 깔끔한 디자인을 제공합니다. 그러나 제공되는 아이콘이 다양하지는 않습니다.

클래식 팔레트는 2D 아이콘들을 제공합니다. 클래식 팔레트 역시 일반 팔레트의 객체에 대응하는 아이콘들을 거의 대부분 제공합니다.

라. 컨트롤과 인디케이터

프런트패널의 객체는 컨트롤 또는 인디케이터로 설정됩니다.

컨트롤은 사용자 입력을 받는 객체입니다. 숫자형 컨트롤, 스위치 버튼, 문자열 컨트롤 등이 대표적인 입력 객체입니다.

인디케이터는 프로그램의 수행 결과를 화면에 출력하는 객체입니다. 숫자형 인디케이터, 불리언 인디케이터, 문자열 인디케이터, 웨이브폼 그래프 등이 대표적인 출력 객체입니다.

LabVIEW에서는 세 가지 데이터 타입을 사용합니다. 숫자형, 불리언, 문자열이 그것입니다. 그리고 각 데이터 타입에 대하여 컨트롤과 인디케이터가 있습니다. 모든 데이터는 컨트롤로 입력되고 인디케이터로 출력됩니다.

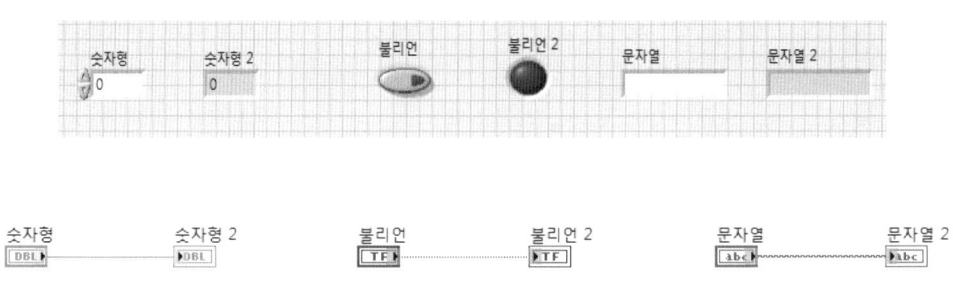

마. 프런트패널 구성하기

VI를 개발하기 전에 사용자가 필요로 하는 작업의 리스트를 생성합니다. 이 작업 리스트를 기반으로 필요한 컨트롤과 인디케이터의 개수와 타입을 결정합니다.

프런트패널은 컴퓨터 모니터로 디스플레이되며 마우스 등의 사용자 이벤트 입력을 받도록 구성됩니다. 일반적으로 개발자 컴퓨터의 모니터 환경과 사용자 컴퓨터의 모니터 환경이 다르므로 어플리케이션 사용자 컴퓨터의 화면 해상도 등을 미리 확인하고 그에 맞춰서 프런트패널을 디자인해줍니다.

사용자 인터페이스 디자인은 개발한 프로그램의 가치를 결정하는 결정적인 요소입니다. 그렇기 때문에 별도로 디자인 교육을 받아서라도 잘 디자인된 UI를 구성할 필요가 있습니다. 기본 원칙은 다음과 같습니다.

I. 모니터의 해상도는 최대한 작게 설정합니다. LabVIEW에는 모니터 해상도에 맞춰서 자동으로 프런트패널의 아이템 크기를 변경시켜주는 기능이 있지만 100% 잘 작동하지 않기 때문에 미리 작은 해상도로 설정하고 프런트패널을 디자인해주는 것이 유리합니다. 작은 해상도에서 개발된 UI는 큰 해상도에서 문제없이 사용할 수 있지만 반대의 경우에는 여러 문제가 발생할 수 있습니다.

II. 색은 최대 2개 이내로 제한합니다. 일반적으로 초보자들은 알록달록한 UI를 만들지만 전문 프로그램에서는 색을 두 가지 이상 사용하지 않습니다. 그리고 흑백 톤이 가장 무난합니다. 사용할 색상이 결정되면 명암을 조정하여 디자인을 완성합니다.

III. 프런트패널에서 사용할 수 있는 아이콘은 일반, NXG 스타일, 실버, 시스템, 클래식으로 구분할 수 있습니다. 일반적으로 사용자들이 가장 친숙한 디자인은 시스템 아이콘이기 때문에 **시스템 팔레트**을 사용하는 것이 좋은 UI 디자인의 방법입니다. 시스템 팔레트 아이콘은 윈도우 운영체제 등에서 제공하는 아이콘과 동일합니다.

그러나 시스템 아이콘은 다양하게 제공되지 않기 때문에 부족한 부분은 실버 팔레트나 클래식 팔레트의 아이콘을 사용하는 것이 좋습니다. 일반 팔레트는 3D로 표현된 아이콘들로 구성되어 있지만 UI 디자인에는 적합하지 않습니다.

IV. 라벨 등에서 사용하는 글꼴은 한 가지로 통일합니다. 변화를 주기 위해서 폰트의 크기를 조정해줍니다. 그러나 폰트의 크기도 너무 다양하면 좋지 않습니다.

영문 글꼴을 사용합니다. LabVIEW는 시스템의 글꼴을 그대로 가져와서 사용할 수 있게 제공합니다. 그러나 일부 글꼴은 개발자가 별도로 다운로드 받았거나 국내에서만 구할 수 있는 폰트인 경우가 있습니다. 개발한 프로그램을 사용자 컴퓨터로 배포했을 때 해당 폰트가 그 컴퓨터에 없는 경우가 발생합니다. LabVIEW는 가장 비슷한 폰트로 자동 설정하도록 구현되어 있지만 그 성능이 별로 좋지 못하기 때문에 전혀 엉뚱한 폰트로 변경될 수 있습니다.

그러나 영문 폰트는 대부분 컴퓨터에서 지원되기 때문에 이런 일을 예방할 수 있습니다. 그래서 한글을 사용하더라도 폰트는 영문 폰트로 선택하는 것을 추천합니다.

V. 수평 분리자, 수직 분리자, 장식(Decoration), 탭 컨트롤, 테이블 등을 이용하면 좋은 UI 디자인이 가능합니다.

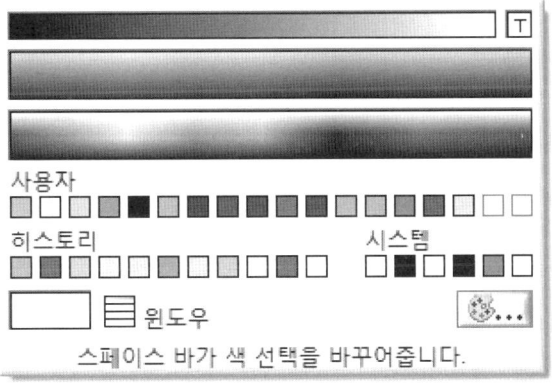

 색 도구

색 도구에서 3가지 타입의 색상을 선택할 수 있습니다. 색 도구는 차례로 흑백 스펙트럼, 부드러운 RGB 스펙트럼, 하이라이트용 RGB 스펙트럼으로 구성됩니다. 그리고 흑백 스펙트럼 오른쪽 끝에 있는 T 버튼은 투명입니다. 추가로 사용자, 히스토리, 시스템 색상이 있습니다.

- ✓ 사용자 색은 '옵션 > 환경 > 색'에서 정의한 사용자 색을 리스트해줍니다.
- ✓ 히스토리 색은 최근에 사용한 색을 리스트해줍니다.
- ✓ 시스템 색은 컴퓨터의 OS에서 제공하는 색에 맞춰진 색상입니다.

색 도구는 **도구 팔레트**에서 선택할 수 있습니다.

일부 객체에서 전경색과 배경색을 지원합니다. 색 도구 창의 왼쪽 아래에 있는 색 상자는 현재 선택된 색을 디스플레이하고 전경색과 배경색이 있는 객체는 이 상자의 왼쪽 절반에 전경색을 오른쪽 절반에 배경색을 디스플레이합니다. 전경색과 배경색의 전환은 <스페이스> 키를 클릭하여 전환할 수 있습니다.

바. 도구 팔레트

마우스 커서의 모양을 선택할 수 있는 팔레트입니다. LabVIEW는 마우스 커서의 모양에 따라 열 가지의 다른 기능을 수행할 수 있습니다.

메뉴바에서 보기(V) > 도구 팔레트(T)를 선택하면 도구 팔레트를 띄울 수 있습니다. 혹은 <Shift> 키를 누른 상태에서 마우스 오른쪽 버튼을 클릭하면 도구 팔레트를 임시로 띄울 수 있습니다.

도구 팔레트는 프런트패널과 블록다이어그램에서 동일하게 사용할 수 있습니다.

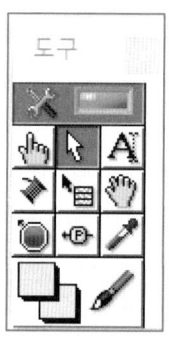 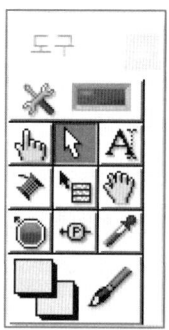

도구 팔레트에서 "자동 선택" 버튼을 클릭하여 '자동 선택'을 활성화하거나 비활성화할 수 있습니다. **자동 선택**이 기본 설정입니다. '자동 선택'은 기본 도구 중에서 네 가지만 자동으로 선택해줍니다. 수행, 선택, 문자 입력, 와이어링이 기본 도구들입니다.

'자동 선택'을 비활성화하여 도구 팔레트를 '수동 선택'으로 설정한 경우에는 수동으로 도구를 선택하여 마우스 커서를 변경해야 됩니다.

도구 팔레트가 '수동 선택'인 경우에 <Tab> 키를 클릭하면 기본 도구 네 가지를 순서대로 선택할 수 있고 <Space> 키를 클릭하면 두 개의 기본 도구를 바꿔서 선택할 수 있습니다.

도구	이름	설명
	자동 선택	자동으로 적합한 도구를 선택해주는 기능입니다. (기본 설정) 수행, 선택, 문자 입력, 와이어링 도구가 자동으로 선택됩니다.
	수행	불리언 버튼을 클릭하거나 증감 버튼을 클릭하는 용도입니다. 그리고 블록다이어그램에서 케이스를 선택하거나 불리언 상수를 참/거짓을 선택할 수 있습니다.
	선택	객체를 선택할 때 필요한 도구입니다. 드래그하여 여러 개의 객체를 선택할 수도 있습니다. 선택한 객체의 크기 변경, 복사, 삭제 등을 수행할 수 있습니다.
	문자 입력	라벨, 문자열, 숫자형 값 등을 키보드로 입력할 수 있습니다.
	와이어링	와이어를 연결하는 도구입니다.
	바로 가기 메뉴	선택한 객체의 바로 가기 메뉴를 띄웁니다.
	스크롤	프런트패널이나 블록다이어그램의 윈도우를 스크롤합니다.
	브레이크 포인트	선택한 객체나 와이어에 브레이크포인트를 설정합니다.
	프로브	선택한 와이어에 프로브를 설정합니다.
	색 읽기	선택한 색을 읽어옵니다. 읽어온 색은 색 도구에서 사용할 수 있습니다.
	색 도구	객체나 화면의 색을 변경합니다.

사. 블록다이어그램

블록다이어그램은 G 코드를 작성하여 프로그램을 완성하는 창입니다. 블록다이어그램의 기본 구성 요소는 터미널, 함수, 구조, 그리고 와이어입니다.

A. 터미널

터미널은 프런트패널에 위치한 입출력 객체에 대응합니다. C 언어에서의 변수나 포인터가 터미널과 유사합니다. 터미널은 컨트롤이나 인디케이터의 데이터 타입을 나타냅니다.

터미널은 프런트패널과 블록다이어그램 사이에 정보를 교환하는 출입구입니다.

다음 예제에서 프런트패널 컨트롤에 입력한 데이터는 컨트롤 터미널을 통해 블록다이어그램으로 들어갑니다. 그리고 이 데이터는 더하기 함수와 빼기 함수로 들어갑니다. 더하기와 빼기 함수가 내부 계산을 완료하면 새로운 데이터 값이 만들어집니다. 그리고 그 데이터 값은 인디케이터의 터미널로 흘러가서 프런트패널의 인디케이터를 업데이트합니다.

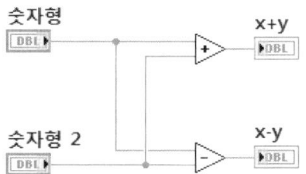

블록다이어그램에서 컨트롤과 인디케이터를 아이콘 형태로 나타내거나 또는 데이터 타입 터미널로 나타내도록 설정할 수 있습니다. 다음은 '배정도 부동소수 숫자형' 컨트롤에 대한 터미널입니다. 왼쪽은 데이터 타입으로 나타낸 것이고 오른쪽은 아이콘으로 나타낸 것입니다. DBL은 Double Precision Floating Point 숫자형을 의미합니다.

터미널의 바로 가기 메뉴에서 '아이콘 보이기'를 선택하여 아이콘 형태로 보이거나 데이터 타입으로 보이게 선택할 수 있습니다. 터미널 형태에 대한 기본 설정은 LabVIEW 옵션에서 바꿀 수 있습니다. 메뉴 바에서 도구(T) > 옵션(O)를 선택하여 옵션 창을 띄울 수 있고 [블록다이어그램 설정] 항목에서 '프런트패널 터미널을 아이콘으로 놓기'를 선택하여 활성화시키거나 비활성화 시킬 수 있습니다.

B. 함수

함수는 입력 및 출력을 가지며 VI가 실행될 때 연산을 수행하는 블록다이어그램의 객체입니다. 함수는 텍스트 기반 프로그래밍 언어에서 명령문, 연산자, 함수, 서브루틴 등과 유사합니다. 함수를 **노드**라고 부르기도 합니다.

C. 구조

구조는 텍스트 기반 프로그래밍 언어의 루프 및 케이스 구문을 그래픽하게 표현한 것입니다. 블록다이어그램에서 While 루프 구조를 사용하여 코드를 반복 실행하거나 케이스 구조를 사용하여 조건적으로 코드를 실행할 수 있습니다.

D. 와이어

와이어를 통해 블록다이어그램 객체 간에 데이터를 전달합니다. 각 와이어는 한 개의 데이터 소스에서 나와서 여러 개의 출력 터미널이나 함수로 연결할 수 있습니다. 와이어는 데이터 타입에 따라서 색상, 스타일, 두께가 다릅니다.

와이어 연결에 오류가 있을 경우에는 **깨진 와이어**로 표현됩니다. 깨진 와이어는 중앙에 빨간색 X가 있는 검정색 점선 라인으로 나타납니다. 데이터 타입이 다른 입출력을 연결하거나 데이터 흐름 구조의 원칙을 위배한 경우에 깨진 와이어가 됩니다. 다음 그림은 데이터 타입이 서로 다른, 숫자형과 불리언을 연결하여 오류가 발생한 경우입니다. 깨진 와이어로 에러가 표현되었습니다.

아. 블록다이어그램 구성하기

먼저 어플리케이션을 처리하기 쉬운 크기의 논리적인 단위로 나눕니다. 그리고 어플리케이션의 핵심 구성 요소를 포함하는 상위 레벨 블록다이어그램부터 프로그래밍을 시작합니다. 예를 들어, 상위 레벨 블록다이어그램에 설정, 수집, 분석, 데이터 디스플레이, 데이터 로깅, 에러 핸들링에 대한 다른 섹션을 포함할 수 있습니다.

상위 레벨 블록다이어그램을 설계한 다음에 데이터의 입력과 출력을 정의합니다.

그 다음으로 각 구성요소에 대응하는 SubVI를 설계합니다. 그리고 각 SubVI를 만들고 테스트합니다. SubVI는 C 언어의 Function과 유사하게 상위 VI에서 재사용할 수 있는 모듈화된 VI입니다.

자. 함수 팔레트

블록다이어그램에서는 함수 팔레트를 사용할 수 있습니다. 함수 팔레트에는 블록다이어그램의 기본 요소인 함수와 구조들이 위치해있습니다.

블록다이어그램에 마우스를 위치시키고 오른쪽 버튼을 클릭하면 함수 팔레트를 띄울 수 있습니다. 팝업된 함수 팔레트의 왼쪽 상단에 있는 압핀을 고정하면 함수 팔레트를 계속 띄워진 상태로 유지할 수 있습니다. 고정된 함수 팔레트의 상단에 있는 검색 버튼을 이용하여 함수 팔레트의 객체를 이름으로 검색할 수 있습니다. 그리고 사용자 정의를 선택하여 함수 팔레트 보이기를 사용자 정의할 수 있습니다.

기본 함수들은 LabVIEW 버전에 맞춰서 설치되지만 추가적인 모듈이나 하드웨어 드라이버, 툴킷을 설치해야만 추가되는 함수들도 있습니다.

- 프로그래밍: VI를 만드는 기본 프로그래밍 노드들과 함수들이 위치합니다.
- 측정 I/O: NI 데이터 수집 하드웨어 함수들이 위치한 팔레트입니다. DAQmx 함수들과 특화된 하드웨어 드라이브들이 제공됩니다. 관련 하드웨어 드라이버를 설치해야만 추가되는 함수입니다.
- 인스트루먼트 I/O: GPIB 통신과 시리얼 통신을 지원하는 VISA 함수들과 인스트루먼트 드라이브가 위치합니다. NI-VISA 드라이버와 NI-488.2 드라이버 등을 설치해야만 추가되는 함수입니다.
- 비전과 모션: NI 비전 개발 모듈과 드라이버를 설치하면 관련 함수들이 여기에 추가됩니다. 그리고 NI 모션 제품군은 단종되어서 모션 함수는 더 이상 지원되지 않습니다.
- 수학: 숫자형 변수에 대한 수학 연산 함수들이 제공됩니다. 다양한 종류의 수학적 분석을 수행할 수 있습니다.
- 신호 처리: 숫자형 배열이나 웨이브폼 데이터 타입에 대한 함수들이 제공됩니다. 신호 생성, 디지털 필터링, 데이터 윈도잉, 스펙트럼 분석을 수행할 수 있습니다.
- 데이터 통신: 다양한 데이터 통신 프로토콜 함수들을 제공합니다. TCP나 UDP 통신이 대표적입니다.
- 연결: .NET 객체 연결, ActiveX 객체 사용, DLL, 데이터베이스 등의 어플리케이션, 입력 디바이스, 레지스터 주소, 소스 컨트롤, Windows 레지스트리 키 등을 제공합니다.
- 컨트롤 디자인 & 시뮬레이션: 제어 로직 및 시뮬레이션 관련 함수들을 제공합니다. 컨트롤 디자인 & 시뮬레이션 VI와 함수를 사용하여 모델 기반의 컨트롤 디자인, 분석, 시뮬레이션, 기타 관련 태스크를 수행합니다.
- 익스프레스: 익스프레스 VI와 함수를 제공합니다.
- 애드온: 주요 애드온(Add-on) 함수들은 별도의 팔레트로 리스트 되지만 그렇지 못한 애드온 함수들은 애드온 팔레트에 포함되어 제공됩니다. 애드온 함수는 Toolkit을 구매하여 설치해야만 추가됩니다.
- 즐겨찾기: 즐겨찾기 항목을 사용하여 함수 팔레트에서 자주 사용하는 아이템을 모아서 그룹화합니다. 사용자가 직접 즐겨찾기 항목에 아이템을 추가할 수 있습니다. 고정된 함수 팔레트에서 자주 사용하는 함수를 선택하고 바로 가기 메뉴에서 '아이템을 즐겨찾기에 추가'라고 선택하여 추가할 수 있습니다.
- 사용자 라이브러리: 일반 개발자가 개발한 함수를 사용자 라이브러리 항목에 추가하여 사용할 수 있습니다.
- VI 선택: SubVI를 블록다이어그램에 추가하거나 글로벌 변수를 탐색하여 추가할 때 사용합니다.

차. 바로 가기 메뉴

객체나 함수들의 아이콘만으로 어플리케이션을 완성할 수는 없습니다. LabVIEW는 객체들의 속성이나 기능을 설정할 수 있도록 **바로 가기 메뉴**를 제공합니다. 객체에 마우스 커서를 두고 오른쪽 마우스 버튼을 클릭하면 바로 가기 메뉴를 띄울 수 있습니다.

바로 가기 메뉴는 객체가 속해있는 클래스의 단계에 따라 위에서 아래로 프로퍼티를 나열해줍니다.

바로 가기 메뉴의 메뉴 항목은 객체마다 다르지만 동일한 클래스에 속하는 객체는 같은 단계까지 동일한 프로퍼티를 가집니다.

프런트패널에서 선택할 수 있는 바로 가기 메뉴와 블록다이어그램에서 선택할 수 있는 바로 가기 메뉴는 일부 항목이 다릅니다.

바로 가기 메뉴의 가장 아래에 위치한 프로퍼티를 선택하면 그 객체의 프로퍼티를 통합적으로 설정할 수 있는 "프로퍼티" 창이 팝업됩니다.

다음은 숫자형 컨트롤의 바로 가기 메뉴와 "숫자형 프로퍼티" 창입니다.

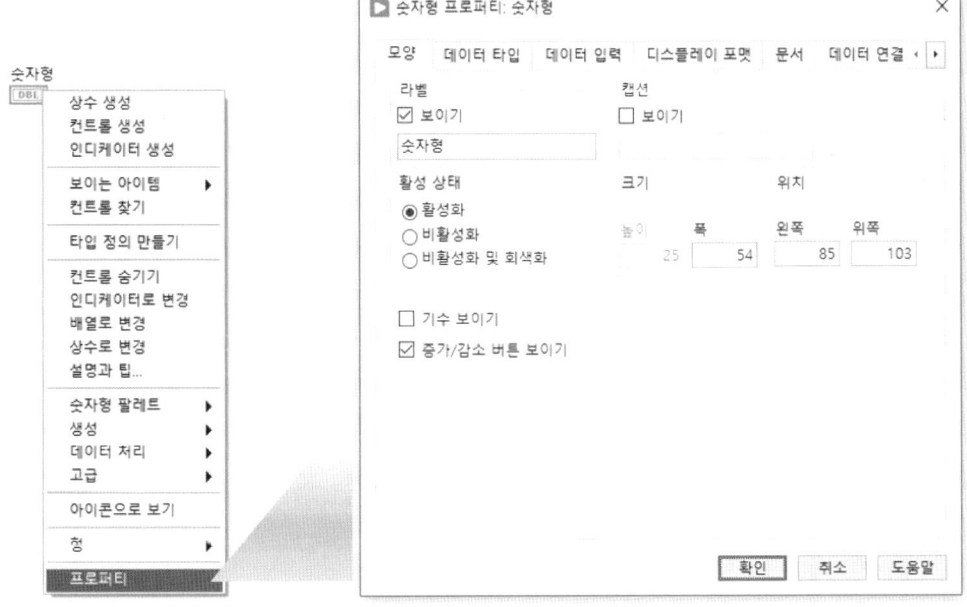

실습 1-2   VI 생성하기

새로운 VI를 생성하고 숫자형 두 개에서 입력 받은 값을 더하고 빼는 연산을 수행해봅니다.

1. 새 VI를 생성하고 **더하기와 빼기.vi**라고 저장합니다.

2. 프런트패널에 **숫자형 컨트롤**을 하나 위치시킵니다. (숫자형 팔레트)
   컨트롤을 위치시키면 아래 그림과 같이 라벨이 하이라이트됩니다. 라벨을 "A"라고 바꿉니다.

   컨트롤 팔레트에서 객체를 선택하여 프런트패널에 놓을 때 처음 한번만 라벨이 하이라이트됩니다. 이후에는 라벨을 마우스로 더블 클릭하여 선택하고 바꿀 수 있습니다. 이때 마우스 커서는 문자 입력 도구로 자동 선택됩니다.

   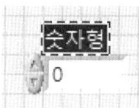

3. 마우스로 숫자형 컨트롤 A를 선택합니다. 마우스 커서는 선택 도구입니다. 객체를 계속 선택한 상태에서 <Ctrl> 키를 클릭하고 객체를 드래그합니다. 이때 마우스 커서에 + 기호가 추가됩니다. 객체를 복사하는 기능입니다. 복사된 객체의 라벨은 "A 2"로 명명됩니다.

   <Ctrl + C> 키와 <Ctrl + V> 키를 이용하여 Copy and Paste를 해도 됩니다. LabVIEW에서는 운영체제에서 제공하는 기본 단축 키들을 그대로 적용하여 이용할 수 있습니다.

4. 숫자형 컨트롤 A와 A 2를 선택하고 도구 바의 정렬 버튼을 클릭하여 수직 라인으로 정렬을 맞춰줍니다.

   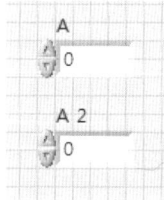

5. 숫자형 컨트롤 A와 A 2를 선택하고 단축키 <Ctrl + C> 키와 <Ctrl + V> 키를 이용하여 복사하여 붙여놓기 합니다. 새로운 숫자형 컨트롤 A 3와 A 4가 생성됩니다.

6. 숫자형 컨트롤 A 3와 A 4를 선택하고 오른쪽 마우스 버튼을 클릭하여 바로 가기 메뉴를 띄웁니다. 바로 가기 메뉴에서 '**인디케이터로 변경**'을 선택해줍니다. 숫자형 컨트롤 A 3와 A 4가 숫자형 인디케이터로 변경됩니다.

   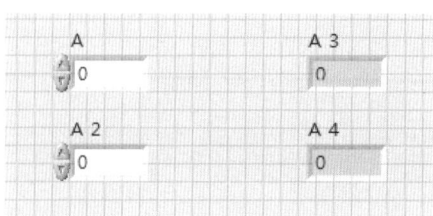

7. 블록다이어그램으로 창을 전환합니다. 단축키로 <Ctrl + E>를 이용하거나 윈도우(W) 메뉴에서 **블록다이어그램 보이기**를 선택하여 전환할 수 있습니다.

8. **더하기** 함수와 **빼기** 함수를 위치시키고 x와 y입력에 각각 숫자형 컨트롤 A와 A 2의 터미널을 연결해줍니다. (숫자형 팔레트)

   마우스 커서를 연결할 위치에 가져가면 와이어링 도구로 자동 선택됩니다. 이때 연결할 객체를 선택하고 그 다음으로 연결할 곳을 선택하면 두 지점이 와이어로 연결됩니다.

   함수 노드의 어느 지점에 연결해야 되는지 확인하기 위해서, [기본 도움말] 윈도우를 이용할 수 있습니다. 단축키 <Ctrl + H>를 이용하거나 도움말(H) 메뉴에서 **기본 도움말 보이기**를 선택하여 [기본 도움말] 창을 띄울 수 있습니다.

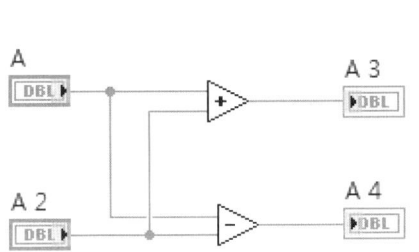 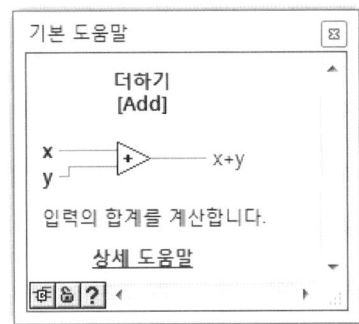

9. VI의 구성을 다시 한번 확인하고 저장합니다. 깨진 와이어가 있는 경우에는 단축키 <Ctrl + B>로 제거해줍니다. 편집(E) > 깨진 와이어 제거(B) 메뉴입니다.

10. 숫자형 컨트롤 A와 A 2에 값을 입력하고 VI를 실행합니다.
    단축키 <Ctrl + R>을 이용하거나 실행 버튼을 클릭하여 실행할 수 있습니다.

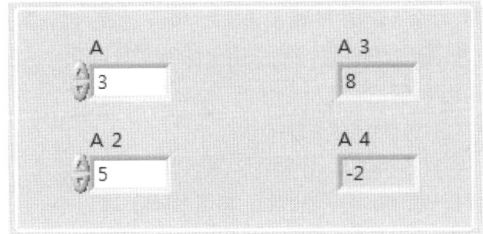

실습 1-2 끝

카. 옵션

LabVIEW의 "옵션" 창은 **도구(T) > 옵션(O)** 메뉴를 선택하여 팝업시킬 수 있습니다. "옵션" 창의 왼쪽에 있는 '**항목**' 리스트 박스에서 항목을 선택하면 대응되는 옵션 설정이 오른쪽에 나타납니다.

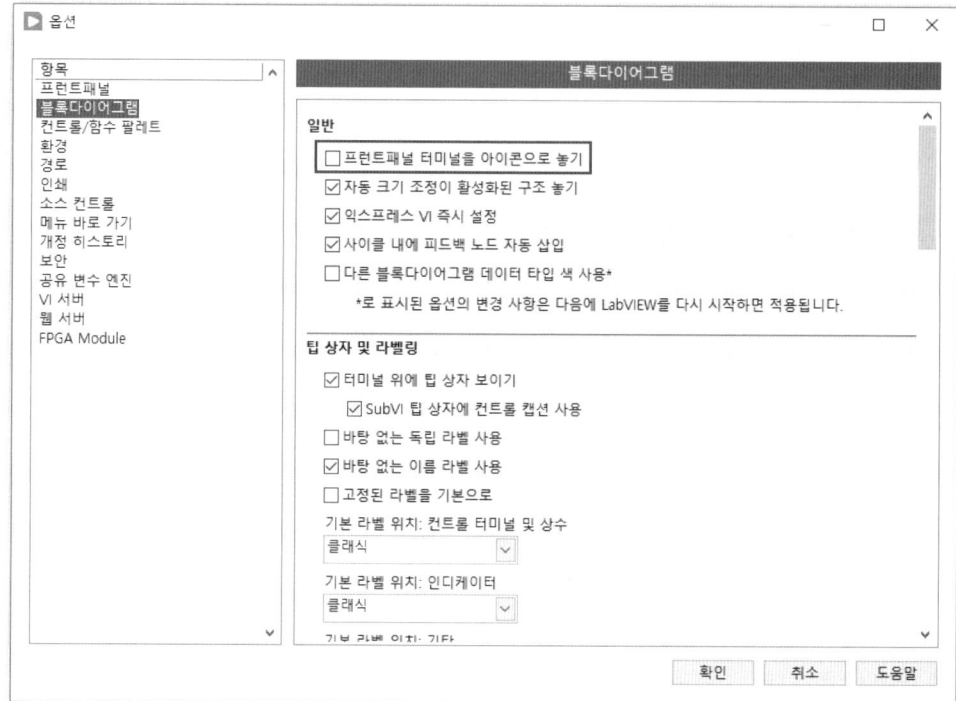

- 프런트패널: 프런트패널의 옵션을 설정합니다.
- **블록다이어그램**: 블록다이어그램의 옵션을 설정합니다.
- 컨트롤/함수 팔레트: 컨트롤과 함수 팔레트의 옵션을 설정합니다.
- 환경: LabVIEW 환경에 대한 부수적인 옵션을 설정합니다.
- 검색: 검색 항목을 지정합니다.
- 경로: 파일 I/O > 파일 상수 팔레트에서 제공되는 여러 경로 상수들의 경로를 확인하고 변경할 수 있습니다. 그리고 VI 검색 시에 검색하는 순서를 설정합니다.
- 인쇄: 인쇄 방법을 설정합니다.
- 소스 컨트롤: 소스 컨트롤 옵션을 설정합니다.
- 메뉴 바로 가기: 메뉴에 대한 키보드 단축키를 설정합니다.
- 개정 히스토리: 개정 히스토리의 작동 방식을 설정합니다.
- 보안: 보안 옵션을 설정합니다.
- 공유 변수 엔진: 공유 변수 엔진의 시간을 설정합니다.
- VI 서버: VI 서버를 설정하고 VI 서버를 통한 머신 및 사용자의 VI 접근을 컨트롤하고 다른 어플리케이션 인스턴스가 VI 서버를 통해 어떤 VI에 접근할 수 있는지 지정합니다.
- 웹 서버: 웹 서버를 활성화 및 설정하고 웹에서 어느 VI가 보이도록 할지 구별하고 브라우저의 웹 서버 접근 권한을 설정합니다.

실습 1-3 객체 정렬하기

도구 바에서 제공하는 정렬 도구에 대하여 익힙니다. (수직수평 정렬)(간격 정렬)(크기 맞추기)

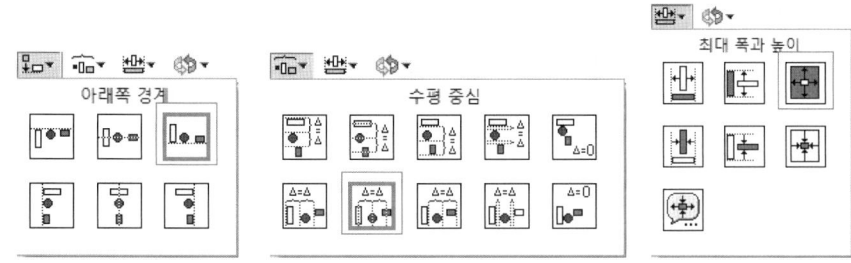

1. 새 VI를 만들고 **객체정렬.vi**라고 저장합니다.

2. 실버 > 불리언 > 버튼 팔레트에서 재생, 일시 정지, 미디어 정지, 뒤로 건너뛰기, 뒤로 찾기, 앞으로 찾기, 앞으로 건너뛰기 버튼을 찾아서 프런트패널에 위치시킵니다.

3. 프런트패널에 위치한 7개 버튼을 모두 선택하고 바로 가기 메뉴에서 '보이는 아이템 > 라벨'의 선택을 해제합니다. 모든 버튼의 라벨이 사라집니다.

4. 네 번째 객체인 "뒤로 건너뛰기" 버튼의 크기를 키워줍니다.

5. 7개 버튼을 모두 선택하고 정렬 도구를 이용하여 다음과 같이 정렬합니다.
    A. 세 번째 정렬 도구에서 **'최대 폭과 높이'**라고 선택해줍니다.
        → 선택된 객체 중에서 가장 큰 객체에 맞춰서 폭과 높이가 통일됩니다.
    B. 첫 번째 정렬 도구에서 **'아래쪽 경계'**라고 선택해줍니다.
        → 아래쪽 경계에 모두 정렬됩니다.
    C. 두 번째 정렬 도구에서 **'수평 중심'**이라고 선택해줍니다.
        → 일정한 간격으로 정렬됩니다.

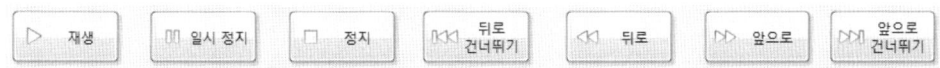

** 프런트패널 객체를 정렬하여도 블록다이어그램 터미널이 동기화되어 함께 정렬되지는 않습니다. 별도로 블록다이어그램에서 터미널들을 정렬해야됩니다.

실습 1-3 끝

실습 1-4 　　프런트패널 구성하기

프런트패널을 구성하는 방법에 대하여 익힙니다.

1. 새 VI를 만들고 **프런트패널구성하기.vi**라고 저장합니다.

2. 다음과 같이 프런트패널을 구성합니다.
   A. **수직 포인트 슬라이드**와 **게이지**를 위치시킵니다. (숫자형 팔레트)
   B. **수직 토글 스위치**를 위치시킵니다. (불리언 팔레트)
   C. **수직 토글 스위치**를 마우스로 선택하고 객체의 크기를 키워줍니다.
   D. **수직 토글 스위치**를 선택하고 단축키 <Ctrl+C> 복사하기와 단축키 <Ctrl+V> 붙여놓기를 두 번 실행하여 복사본을 두 개 더 만들어 줍니다.

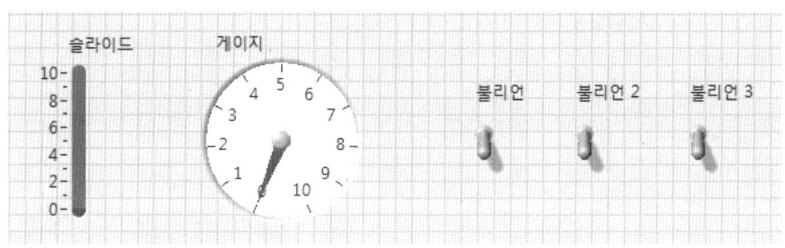

3. 다음과 같이 각 객체의 설정을 변경해줍니다.
   A. **수직 채움 슬라이드**의 눈금 값의 최대 값을 200으로 바꿔줍니다.
      마우스의 도구가 '자동 선택'으로 설정되어 있는 경우에는 최대 눈금을 더블 클릭하여 선택할 수 있고, 수동 도구 선택인 경우에는 '문자 입력' 도구로 최대 눈금을 선택하여 값을 변경할 수 있습니다. 최대 값을 변경하면 다른 눈금은 자동으로 변경됩니다.
   B. **수직 채움 슬라이드**의 바로 가기 메뉴에서 '보이는 아이템 > 디지털 디스플레이'를 선택합니다.
   C. **게이지**의 눈금 값의 최대 값을 100으로 바꿔줍니다. 마우스로 최대 눈금을 더블 클릭하거나 문자 입력 도구로 선택하여 새로운 최대 값을 입력할 수 있습니다.
   D. **게이지**의 바로 가기 메뉴에서 '보이는 아이템 > 디지털 디스플레이'를 선택합니다.
   E. 단축키 <Ctrl + M>을 클릭하여 [실행 모드]로 변경해봅니다. [실행 모드]에서는 다음과 같이 프런트패널의 Grid가 사라집니다. 단축키 <Ctrl + M>을 다시 한번 클릭하면 [편집 모드]로 전환됩니다.

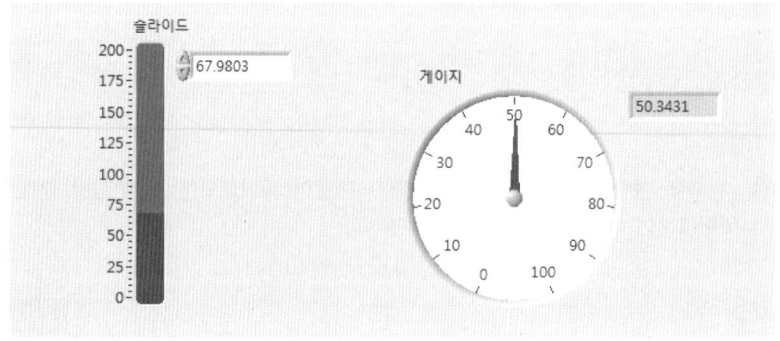

4. 다음과 같이 **수직 토글 스위치**의 설정을 변경해줍니다.
    A. 두 번째와 세 번째 수직 토글 스위치를 선택하고 바로 가기 메뉴에서 '인디케이터로 변경'을 선택하면 인디케이터로 변경시킵니다.

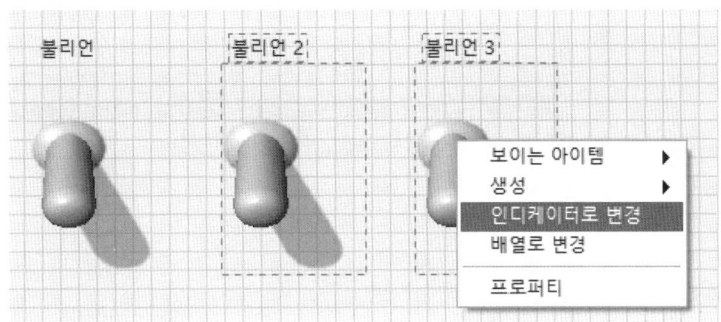

    B. 수직 토글 버튼들의 라벨을 바꿔줍니다. 라벨은 차례로 "스위치 컨트롤", "스위치 인디케이터", 그리고 "스위치 인디케이터2"로 바꿔줍니다.
    C. 수직 토글 버튼들을 모두 선택하고 정렬해줍니다. 도구 바에 있는 첫 번째 정렬 도구를 이용하여 '**수직 중심**'으로 정렬합니다. 그리고 두 번째 정렬 도구에서 '**수평 중심**'을 선택하여 객체들을 일정한 간격으로 정렬합니다.

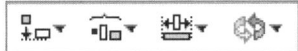

5. **볼록한 상자**와 **시스템 오목한 프레임**을 이용하여 프런트패널을 장식합니다.
    A. 일반 > 장식 팔레트에서 **볼록한 상자**를 찾아서 프런트패널에 있는 모든 객체를 덮어줍니다. 단축키 <Ctrl+Shift+J>를 이용하거나 네 번째 정렬 도구의 '맨 뒤로 이동'을 선택하여 볼록한 상자를 맨 뒤로 이동시킵니다.
    B. 시스템 > 장식 팔레트에서 **시스템 오목한 프레임**을 찾아서 스위치들을 둘러줍니다.

6. 다음과 같이 블록다이어그램을 구성합니다.
    A. "슬라이드"와 "게이지"의 터미널을 서로 연결해줍니다.
    B. "스위치 컨트롤"과 "스위치 인디케이터", 그리고 "스위치 인디케이터2"을 연결해줍니다.

7. "슬라이드"와 "게이지"를 연결한 와이어에서 바로 가기 메뉴로 '삽입 > 숫자형 팔레트 > 증가'를 선택하여 **증가** 함수를 삽입해줍니다. (숫자형 팔레트)

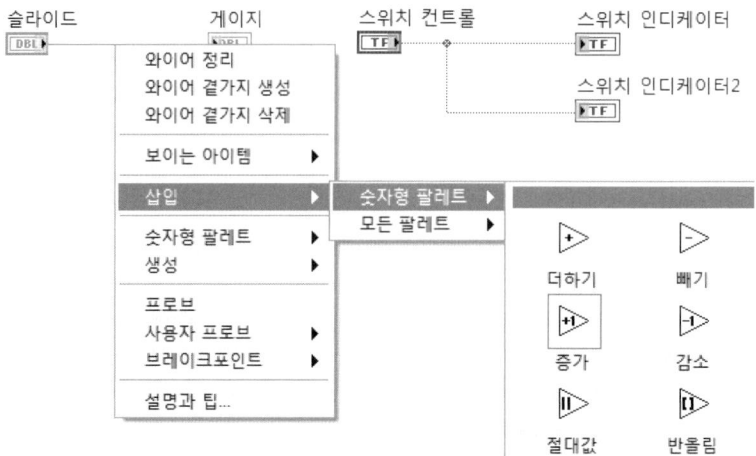

8. "스위치 컨트롤"과 "스위치 인디케이터2"를 연결하는 와이어에서 바로 가기 메뉴로 '삽입 > 불리언 팔레트 > NOT'를 선택하여 **NOT** 함수를 삽입해줍니다. (불리언 팔레트)

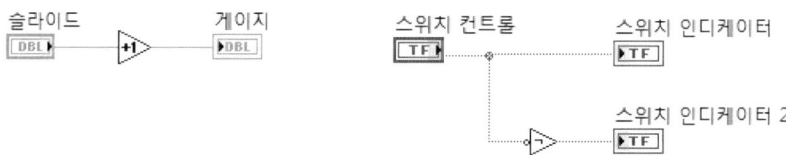

9. VI를 저장하고 "슬라이드"와 "스위치" 컨트롤 값을 바꾼 뒤에 실행해봅니다.

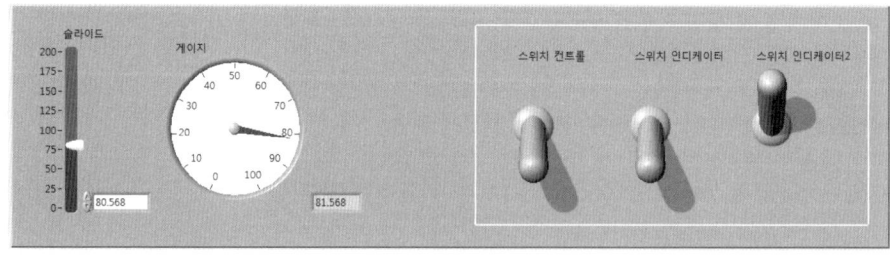

실습 1-4 끝

Section

4. 메뉴 모음

파일(F), 편집(E), 보기(V), 프로젝트(P), 수행(O), 도구(T), 윈도우(W), 도움말(H)의 8가지 메뉴가 있습니다. 그리고 프런트패널과 블록다이어그램의 메뉴는 동일합니다.

가. 파일(F) 메뉴

파일 메뉴에는 파일을 열고 닫고 저장하고 인쇄하는 기본적인 파일 작업 항목들이 있습니다.

파일(F)	단축키	설명
새 VI	Ctrl + N	새 VI를 생성합니다.
새로 만들기		[새로 만들기] 창을 팝업합니다. 이 대화 상자에서 템플릿을 기반으로 하는 VI의 기본 프레임워크를 생성하거나 프로젝트를 생성할 수 있습니다.
열기	Ctrl + O	파일을 탐색하고 엽니다.
닫기	Ctrl + W	현재 파일을 닫습니다.
모두 닫기		열려 있는 모든 파일을 닫습니다.
저장	Ctrl + S	현재 파일을 저장합니다.
다른 이름으로 저장		현재 파일의 복사본을 저장하거나 파일의 이름을 변경하거나 새 위치로 복사할 수 있습니다.
모두 저장	Ctrl + Shift + S	프로젝트와 라이브러리 파일을 포함한 모든 열려 있는 파일을 저장합니다.
이전 버전으로 저장		이전 LabVIEW 버전으로 저장합니다.
되돌리기		마지막으로 파일을 저장한 이후 만들어진 변화를 취소합니다.
프로젝트 생성		새 프로젝트를 생성할 수 있는 프로젝트 생성 대화 상자를 팝업합니다.
프로젝트 열기		프로젝트 파일을 탐색하고 엽니다.
프로젝트 저장		현재 프로젝트를 저장합니다.
프로젝트 닫기		현재 프로젝트와 그 프로젝트에 속해 있는 모든 파일을 닫습니다.
페이지 설정		인쇄하는 VI, 템플릿, 객체 문서에 대한 인쇄 옵션을 설정합니다.
인쇄		VI, 템플릿, 객체의 문서 등을 프린트로 인쇄하거나 HTML 문서를 생성합니다.
윈도우 인쇄	Ctrl + P	윈도우 인쇄는 프런트패널이나 블록다이어그램을 인쇄합니다. 이 메뉴는 전체 프런트패널이나 블록다이어그램을 인쇄하지만 케이스, 이벤트, 다층 시퀀스 구조의 숨겨진 서브다이어그램은 인쇄하지 않습니다.
VI 프로퍼티	Ctrl + I	VI를 사용자 정의하기 위해 사용하는 "VI 프로퍼티" 창을 띄웁니다.
최근 프로젝트		가장 최근에 열어본 프로젝트 파일(.lvproj)을 엽니다.
최근 파일		가장 최근에 열어본 파일을 엽니다.
종료	Ctrl + Q	LabVIEW를 끝냅니다.

나. 편집(E) 메뉴

편집 메뉴에서는 LabVIEW 파일과 구성요소를 찾고 변경할 수 있습니다.

편집(E)	단축키	설명
실행 취소	Ctrl + Z	마지막으로 수행된 작업을 취소합니다.
다시 실행	Ctrl + Shift + Z	마지막으로 수행된 실행 취소 작업을 취소합니다.
잘라내기	Ctrl + X	선택된 아이템을 잘라내서 클립보드에 저장합니다.
복사	Ctrl + C	선택된 아이템을 복사하여 클립보드에 저장합니다.
붙여놓기	Ctrl + V	선택된 위치에 클립보드의 객체를 붙여놓습니다.
프로젝트에서 제거		선택된 객체들을 제거합니다. (프로젝트 전용)
모두 선택	Ctrl + A	모든 객체를 선택합니다.
현재 값을 기본값으로		**컨트롤과 인디케이터의 현재 값을 기본값으로 저장합니다.**
선택된 값을 기본값으로		선택된 컨트롤과 인디케이터의 현재 값을 기본값으로 저장합니다.
값을 기본으로 다시 초기화		모든 컨트롤과 상수를 그 데이터 타입의 기본값으로 초기화시킵니다.
컨트롤 사용자 정의		선택된 객체를 사용자 컨트롤로 만들 수 있습니다.
클립보드에 그림 반입		클립보드에 그림을 반입합니다.
탭 순서 설정		프런트패널 객체의 탭 순서를 설정할 수 있습니다. 키보드의 Tab 키를 클릭하면 설정된 순서로 객체들이 선택됩니다.
깨진 와이어 제거	Ctrl + B	모든 깨진 와이어를 제거합니다.
다이어그램 정리	Ctrl + U	블록다이어그램의 객체를 재배치하여 더 깔끔하게 정리해줍니다.
계층구조에서 브레이크포인트 제거		VI 계층구조에서 모든 브레이크포인트를 제거합니다.
선택한 부분의 VI 스니핏 생성		블록다이어그램 코드의 일부를 VI 스니핏으로 생성합니다.
SubVI 생성		**블록다이어그램에서 선택된 부분을 새 SubVI로 만들어 줍니다.**
패널 눈금 정렬 비활성화	Ctrl + #	프런트패널이나 블록다이어그램에서 활성화되어 있는 눈금 정렬 기능을 비활성화 시킵니다.
아이템 정렬	Ctrl + Shift + A	프런트패널의 객체를 정렬합니다.
아이템 간격 조절	Ctrl + D	프런트패널 객체를 같은 간격으로 조절합니다.
VI 개정 히스토리	Ctrl + Y	현재 VI의 문서 변경과 히스토리를 보여줍니다.
런타임 메뉴		**런타임 메뉴(RTM) 파일을 생성하고 편집하며 이를 VI와 연결합니다.**
찾기와 대체	Ctrl + F	VI, 객체, 텍스트를 찾고 대체할 수 있습니다.
검색 결과 보이기	Ctrl + Shift + F	LabVIEW가 찾은 객체나 텍스트의 모든 인스턴스를 디스플레이하거나 다른 객체나 텍스트와 대체할 수 있습니다.

다. 보기(V) 메뉴

LabVIEW의 여러 윈도우를 선택하여 팝업하는 아이템들이 포함되어 있습니다.

보기(V)	설명
컨트롤 팔레트	컨트롤 팔레트를 디스플레이합니다.
함수 팔레트	함수 팔레트를 디스플레이합니다.
도구 팔레트	도구 팔레트를 디스플레이합니다.

빠른 탐색			[빠른 탐색] 창을 팝업합니다.
브레이크포인트 관리자			[브레이크포인트 관리자] 창을 팝업합니다.
프로브 관찰 윈도우			[프로브 관찰 윈도우] 창을 팝업합니다.
에러 리스트			[에러 리스트] 창을 팝업합니다.
로드 및 저장 경고 리스트			[로드 및 저장 경고 리스트] 창을 팝업합니다.
VI 계층구조			[VI 계층구조] 창을 팝업합니다.
LabVIEW 클래스 계층구조			[LabVIEW 클래스 계층구조] 창을 팝업합니다. 메모리의 LabVIEW 클래스 계층 구조를 보거나 LabVIEW 클래스 계층 구조를 검색할 수 있습니다.
관계 탐색	이 VI의 라이브러리		현 VI가 속한 프로젝트 라이브러리, X컨트롤 또는 LabVIEW 클래스를 하이라이트 합니다.
	이 VI의 호출자		현 VI를 SubVI로 호출하는 일련의 모든 VI를 디스플레이합니다.
	이 VI의 SubVI		현 VI에서 호출하여 사용하는 모든 SubVI들을 리스트해줍니다.
	열지 않은 SubVI		메모리 상에 있지만 열지 않은 SubVI들의 리스트를 디스플레이합니다.
	열지 않은 타입 정의		메모리 상에 있지만 열지 않은 타입 정의들의 리스트를 디스플레이합니다.
	원본 재호출		현 VI를 SubVI로 호출하는 재호출 VI의 프런트패널을 디스플레이합니다.
이 VI가 속한 프로젝트			현 VI가 속한 프로젝트 탐색기 윈도우를 디스플레이합니다.
클래스 탐색기			[클래스 탐색기] 창을 팝업합니다.
메모리의 .NET 어셈블리			[메모리의 .NET 어셈블리] 창을 팝업합니다.
ActiveX 컨트롤 프로퍼티 브라우저			[ActiveX 컨트롤 프로퍼티 브라우저] 창을 팝업합니다.
시작하기 윈도우			LabVIEW 시작하기 창을 띄웁니다.
탐색 윈도우			[탐색 윈도우] 창을 팝업합니다.
도구 모음			표준, 프로젝트, 빌드, 소스 컨트롤 도구 모음을 보이거나 숨길 수 있습니다.

라. 프로젝트(P) 메뉴

프로젝트를 열고 닫고 저장하고 빌드 스펙에서 빌드를 완성하고 프로젝트 정보를 보입니다. 프로젝트 메뉴는 LabVIEW 프로젝트에서 사용할 수 있습니다.

프로젝트(P)		설명
프로젝트 생성		새 프로젝트를 생성할 수 있는 [프로젝트 생성] 창을 팝업합니다.
프로젝트 열기		프로젝트 파일을 탐색하고 엽니다.
프로젝트 저장		현재 프로젝트를 저장합니다.
프로젝트 닫기		현재 프로젝트와 그 프로젝트에 속해 있는 모든 파일을 닫습니다.
프로젝트에 추가	새 VI	프로젝트에 새 VI를 추가합니다.
	새로 만들기	새로 만들기 창을 팝업합니다.
	파일	프로젝트에 추가할 파일을 탐색하는 창을 팝업합니다.
	폴더(스냅샷)	프로젝트에 추가할 디렉토리를 탐색하는 창을 팝업합니다.
	폴더(자동 적용)	폴더를 계속 모니터하고 변경 사항에 따라 업데이트합니다.
	하이퍼링크	[하이퍼링크 프로퍼티] 창을 팝업합니다.
보기 필터		프로젝트 탐색기 윈도우에서 의존성과 빌드 스펙을 보여주거나 숨깁니다.
아이템 경로 보이기		프로젝트 탐색기 윈도우의 경로 열을 디스플레이합니다.
파일 정보		[프로젝트 파일 정보] 창을 팝업합니다.
충돌 해결		[프로젝트 충돌 해결] 창을 팝업합니다.
프로퍼티		[프로젝트 프로퍼티] 창을 팝업합니다.

마. 수행(O) 메뉴

수행 메뉴는 VI의 동작을 컨트롤하는 항목들을 가지고 있습니다. 또한 VI를 디버깅하는 아이템에 접근할 수 있습니다. 그리고 메뉴 아래에 위치한 도구 바에서 선택하여 실행할 수 있는 도구 항목들을 포함하고 있습니다.

수행(O)	단축키	설명
실행	Ctrl + R	VI를 실행합니다. 도구 바의 실행 버튼과 동일합니다.
정지	Ctrl + .	실행을 끝내기 전에 VI를 강제로 멈춥니다.
들어가기	Ctrl + Down	단계별 실행 들어가기를 수행하고 일시 정지합니다.
건너뛰기	Ctrl + Right	단계를 건너뛰어 다음 단계를 실행하고 일시 정지합니다.
나가기	Ctrl + Up	위 단계로 나갑니다.
호출 시 정지		VI가 SubVI로서 호출될 때 실행을 정지합니다.
완료 시 인쇄		VI가 실행한 후 프런트패널을 인쇄합니다.
완료 시 로그		VI가 실행을 완료할 때 데이터 저장을 수행합니다.
데이터 로깅		데이터 로깅 함수에 접근합니다.
로그		데이터 로깅을 수행합니다.
가져오기		로그된 데이터를 디스플레이합니다.
데이터 제거		데이터로그 기록을 삭제합니다.
로그 파일 연결 변경		로그 파일 연결을 변경합니다.
로그파일 연결 지우기		로그 파일의 연결을 제거합니다.
실행 모드로 변경	Ctrl + M	VI를 실행 모드로 바꿉니다. [편집 모드로 변경]으로 바뀝니다.
리모트 패널에 연결		원격 컴퓨터에서 실행 중인 프런트패널에 연결하여 컨트롤할 수 있습니다.
어플리케이션 또는 공유 라이브러리 디버그		어플리케이션 실행파일(EXE)이나 공유 라이브러리를 디버깅할 때 사용할 수 있는 대화 상자를 띄웁니다.

라. 도구(T) 메뉴

도구 메뉴에는 LabVIEW, 프로젝트, VI를 설정하는 항목들이 있습니다.

도구(T)		설명
Measurement & Automation Explorer		Measurement & Automation Explorer (MAX)에 접근할 수 있습니다.
인스트루먼테이션	인스트루먼트 드라이버 찾기	[인스트루먼트 드라이버 검색기] 창을 팝업합니다.
	인스트루먼트 드라이버 프로젝트 생성	[새 인스트루먼트 드라이버 프로젝트 생성] 창을 팝업합니다.
	NI I/O Trace	NI I/O Trace를 시작합니다.
	고급 개발	인스트루먼트 드라이버를 사용하는 고급 개발 옵션을 팝업합니다.
	드라이버 가이드라인 보이기	인스트루먼트 드라이버 네트워크에서 인스트루먼트 드라이버 가이드라인을 팝업합니다.
	기타 리소스	인스트루먼트 드라이버 네트워크에서 개발 도구와 리소스를 팝업합니다.
	인스트루먼트 드라이버 네트워크 방문	웹 브라우저에서 인스트루먼트 드라이버 네트워크를 시작합니다.

비교	VI 비교	[VI 비교] 창을 팝업합니다. 두 개의 VI를 비교할 수 있습니다.
	차이 보이기	[차이] 창을 띄웁니다. VI 비교의 결과를 디스플레이 할 수 있습니다.
	VI 계층구조 비교	[VI 계층구조 비교] 창을 띄웁니다.
병합	VI 병합	[병합할 VI 선택] 창을 띄워, 두 VI의 변경 사항을 병합할 수 있습니다.
	LLB 병합	[병합할 LLB 선택] 창을 띄워, 두 LLB의 변경 사항을 병합할 수 있습니다.
프로파일	성능과 메모리	[성능과 메모리 프로파일] 창을 띄웁니다.
	버퍼 할당 보이기	[버퍼 할당 보이기] 창을 띄웁니다.
	VI 메트릭스	[VI 메트릭스] 창을 띄웁니다.
	병렬 가능한 루프 찾기	[병렬 가능한 루프 찾기 결과] 창을 띄웁니다.
보안	로그인	[NI 보안 로그인] 창을 띄웁니다.
	암호 변경	[NI 보안 암호 변경] 창을 띄웁니다.
	로그아웃	현재 사용자를 LabVIEW에서 로그아웃 시킵니다.
	도메인 계정 관리자	[도메인 계정 관리자] 창을 띄웁니다.
사용자 이름		[사용자 로그인] 창을 띄워, 사용자 이름을 설정하거나 변경합니다.
VI에서 어플리케이션 만들기		[VI에서 어플리케이션 만들기] 창을 띄웁니다.
빌드 스크립트 변환		[빌드 스크립트 변환] 창을 띄웁니다.
소스 컨트롤	최신 버전 얻기	소스 컨트롤에서 로컬 디렉토리로 선택된 파일의 가장 최신 버전을 복사하여 두 개의 버전을 동기화합니다.
	체크인	선택한 파일을 소스 컨트롤에 체크인 합니다.
	체크아웃	선택한 파일을 소스 컨트롤에서 체크아웃 합니다.
	체크아웃 취소	이전 체크아웃 작업을 취소하고 선택한 파일의 내용을 이전 버전으로 재저장합니다. 파일에 적용한 모든 변경사항을 잃게 됩니다.
	소스 컨트롤에 추가	선택한 파일을 소스 컨트롤에 추가합니다.
	소스 컨트롤에서 제거	선택한 파일을 소스 컨트롤에서 제거합니다.
	히스토리 보기	선택한 파일의 소스 컨트롤 히스토리를 디스플레이합니다.
	차이 보이기	로컬 복사본과 소스 컨트롤 버전 사이의 차이를 디스플레이합니다.
	상태 새로 고침	VI의 소스 컨트롤 상태를 업데이트합니다.
	소스 컨트롤 클라이언트 실행	소스 컨트롤 제공자의 파일 관리 클라이언트를 시작합니다.
	소스 컨트롤 설정	[옵션]의 소스 컨트롤 페이지를 팝업합니다.
VI 분석기		LabVIEW VI Analyzer Toolkit에 접근합니다.
LLB 관리자		VI 라이브러리의 파일을 복사, 이름 변경, 삭제합니다.
반입	.NET 컨트롤을 팔레트로	[.NET 컨트롤을 팔레트에 추가] 창을 띄웁니다. 추후 이용을 위해 .NET 컨트롤을 컨트롤 팔레트에 추가합니다.
	ActiveX 컨트롤을 팔레트로	[ActiveX 컨트롤을 팔레트에 추가] 창을 띄웁니다. 추후 이용을 위해 ActiveX 컨트롤을 컨트롤 팔레트에 추가합니다.
	공유 라이브러리	[공유 라이브러리 반입 마법사] 창을 띄웁니다.
	웹 서비스는	[웹 서비스 반입 마법사] 창을 띄웁니다.
공유 변수	컴퓨터 등록	[원격 컴퓨터 등록] 창을 띄워, 컴퓨터를 등록할 수 있습니다.
배포된 시스템 관리자		[NI 배포된 시스템 관리자] 창을 띄웁니다.
디스크에서 VI 찾기		디렉토리에서 파일 이름으로 VI를 검색할 수 있습니다.
NI 예제 탐색기를 위해 예제 VI 준비		[NI 예제 탐색기를 위해 예제 VI 준비] 창을 띄웁니다.
리모트 패널 연결 관리자		모든 클라이언트 트래픽을 모니터링할 수 있습니다.

	메뉴		설명
	웹 출판 도구		[웹 출판 도구] 창을 띄웁니다.
고급	매스 컴파일		[매스 컴파일] 창을 띄웁니다.
	컴파일된 객체 캐시 지우기		[컴파일된 객체 캐시 지우기] 창을 띄웁니다.
	에러 코드 편집		[에러 코드 파일 편집기] 창을 띄웁니다.
	팔레트 세트 편집		[컨트롤과 함수 팔레트 세트 편집] 창을 띄웁니다.
	익스프레스 VI 생성 또는 편집		[익스프레스 VI 생성 또는 편집] 창을 띄웁니다.
	문자열 반출		문자열을 반출할 수 있습니다.
	문자열 반입		문자열을 반입할 수 있습니다.
옵션			[옵션] 창을 띄웁니다.

마. 윈도우(W) 메뉴

윈도우 메뉴에서 프런트패널과 블록다이어그램의 윈도우 모양을 설정할 수 있습니다.

메뉴	단축키	설명
프런트패널 보이기	Ctrl + E	프런트패널을 보입니다.
블록다이어그램 보이기	Ctrl + E	블록다이어그램을 보입니다.
좌우로 정렬	Ctrl + T	프런트패널과 블록다이어그램을 왼쪽과 오른쪽으로 배치합니다.
위와 아래로 정렬	Ctrl + T	프런트패널과 블록다이어그램을 위와 아래로 배치합니다.
전체 크기	Ctrl + /	윈도우를 전체 스크린에 맞춰 확대합니다.
모든 윈도우	Ctrl + Shift + A	[모든 윈도우] 창을 팝업합니다. 열려있는 모든 윈도우를 관리할 수 있습니다.

바. 도움말(H) 메뉴

도움말 메뉴는 LabVIEW의 여러 구성 요소를 설명하고 NI 온라인 리소스에 접근할 수 있게 합니다.

도움말(H)	설명
기본 도움말 보이기	[기본 도움말] 창을 띄우거나 숨깁니다.
기본 도움말 고정	[기본 도움말] 창의 현재 내용을 잠그거나 잠금 해제합니다.
LabVIEW 도움말	[LabVIEW 도움말] 창을 띄워 LabVIEW에 대한 상세한 도움말을 확인할 수 있습니다.
에러 설명	[에러 설명] 창을 띄웁니다. 에러에 대한 완전한 정보를 제공합니다.
예제 찾기	[NI 예제 탐색기] 창을 띄웁니다. 예제를 검색할 수 있습니다.
인스트루먼트 드라이버 찾기	[인스트루먼트 드라이버 검색기] 창을 띄웁니다. 인스트루먼트 드라이버를 검색하고 설치할 수 있습니다.
웹 리소스	NI 기술 지원, 기술지원 데이터베이스, NI Developer Zone, 그 외의 다른 온라인 리소스에 직접 연결할 수 있습니다.
LabVIEW 정보	버전 번호와 시리얼 번호를 포함하여 현재 설치되어 있는 LabVIEW의 일반적인 정보를 나타냅니다.

사. 프런트패널의 도구 모음

도구 모음의 버튼을 사용하여 VI를 실행하고 VI를 일시 정지하고 VI를 강제 종료하고 폰트를 설정하고 객체를 정렬하고 그룹을 만듭니다.

** 일부 도구 버튼은 특정 실행 조건에서만 나타나서 사용할 수 있습니다.

도구 버튼		설명
⇨	실행	VI를 실행합니다.
	깨진 실행 버튼	생성한 VI에 에러가 있으면 실행 버튼이 깨져서 나타납니다. 깨진 실행 버튼을 클릭하면 [에러 리스트] 창이 팝업되어 모든 에러가 나열됩니다.
	실행 중	VI가 실행 중입니다.
	SubVI 실행 중	SubVI로 호출되어 실행 중입니다.
	연속 실행	VI를 연속 실행합니다.
●	실행 강제 종료	실행을 강제 종료합니다.
∥	일시 정지	실행을 일시 정지하고 멈춘 위치를 하이라이트합니다. 그리고 다시 클릭하여 VI 실행을 계속합니다.
18pt 어플리케이션 폰트 ▼		글꼴 및 폰트를 설정합니다.
	객체 정렬	수직 축이나 수평 축을 따라 객체를 정렬합니다.
	객체 간격 조절	동일한 간격으로 객체의 간격을 조절합니다.

⚙️	객체 크기 조정	같은 크기로 프런트패널 객체의 크기를 조정합니다.
🔄	순서 재설정	객체가 서로 겹쳐져 있는 경우에 앞 뒤 순서를 설정합니다.
❓	기본 도움말	[기본 도움말] 창을 띄웁니다.
✓	입력	이용할 수 있는 새로운 값이 있다는 것을 암시하기 위해 나타납니다. 이 버튼을 클릭하거나 <Enter> 키를 누르거나 프런트패널이나 블록다이어그램을 클릭하면 사라집니다.
⚠️		VI가 경고를 가지고 있고 에러 리스트 윈도우의 경고 보이기 확인란을 선택한 경우에 나타납니다.
🔽	다른 어플리케이션 인스턴스와 동기화	변경을 모든 어플리케이션 인스턴스의 VI에 적용합니다. 여러 어플리케이션 인스턴스에서 열리는 VI를 편집하는 경우에만 나타납니다.

아. 블록다이어그램에 추가된 도구 모음

블록다이어그램에는 디버깅 관련 도구들이 더 추가되어 있습니다.

도구 버튼		설명
💡	실행 하이라이트	블록다이어그램의 실행을 애니메이션으로 나타냅니다.
🔍	와이어 값 유지	VI 실행 흐름에 있는 최신 값을 저장하고 유지합니다.
⬇️	단계별 실행 들어가기	한 단계 실행하고 일시 정지합니다. SubVI나 구조의 하위 단계로 들어갑니다.
➡️	단계별 실행 건너뛰기	하위 단계로 들어가지 않고 단계를 건너뛰어 실행합니다. 노드를 실행하고 다음 노드에서 일시 정지합니다.
⬆️	단계별 실행 나가기	SubVI의 실행 단계를 나갑니다.
🧹	다이어그램 정리	마우스로 드래그하여 선택한 영역에서 터미널, 함수, 와이어들을 자동으로 정렬합니다. 그리고 선택된 영역이 없으면 전체 블록다이어그램을 자동으로 정렬해줍니다.

 **요약**

- LabVIEW는 Laboratory Virtual Instrument Engineering Workbench의 약자입니다.
- LabVIEW는 그래픽 프로그래밍 언어입니다.
- LabVIEW 시작하기 창에서 시작합니다.
- 프로젝트를 생성합니다.
- LabVIEW의 최소 단위는 VI입니다.
- VI는 프런트패널과 블록다이어그램으로 구성됩니다.
- 프런트패널은 사용자 인터페이스를 구성하는 창입니다.
- 블록다이어그램은 프로그래밍을 작성하는 창입니다.
- 컨트롤 팔레트를 이용하여 프런트패널의 UI를 만듭니다.
- 프런트패널의 객체는 컨트롤과 인디케이터를 가집니다.
- 블록다이어그램은 프런트패널 객체에 대한 터미널, 함수, 구조, 와이어로 구성됩니다.
- 함수 팔레트를 이용하여 블록다이어그램에서 프로그래밍을 수행합니다.
- 바로 가기 메뉴를 이용하여 객체나 함수 등의 프로퍼티와 메소드를 설정하고 실행할 수 있습니다.

 노트

Chapter 02
데이터 타입 및 함수

*학습목표

숫자형, 불리언, 문자열 데이터 타입에 대하여 상세하게 배웁니다.

각 데이터 타입에 대한 함수의 사용법에 대하여 배웁니다.

    01. 숫자형 데이터 타입과 함수

    02. 불리언 데이터 타입과 함수

    03. 문자열 데이터 타입과 함수

Section

1. 숫자형 데이터 타입과 함수

숫자형은 수학 연산을 수행하기 위한 목적의 데이터 타입입니다.

컴퓨터 머신은 근본적으로 0과 1로 표현되는 2진(Binary) 데이터 타입만을 처리할 수 있습니다. 초기 컴퓨터 개발자들은 머신의 2진 데이터를 사람이 사용하는 숫자 데이터로 변환하여 사용하는 방법을 개발하였고 IEEE 표준으로 제정하였습니다.

사람은 자연수, 정수, 실수, 복소수 등을 사용합니다. 자연수는 컴퓨터에서 Unsigned Integer로 표현되고 정수(Integer)는 이름 그대로 정수로 표현됩니다. 실수는 고정소수점(Fixed Point)와 부동소수점(Floating Point) 숫자로 표현됩니다. 그리고 복소수는 두 개의 실수 데이터로 구성됩니다. 각각 실수와 허수를 표현합니다.

컴퓨터 머신은 모든 데이터를 Binary로 처리하기 때문에 2진 데이터 타입을 사용하면 가장 효율적으로 머신의 리소스를 활용할 수 있습니다. 그래서 초기 개발자들은 어셈블리어에서 Binary 변수로 프로그래밍 연산을 처리하였습니다.

2진(Binary)에 가까운 데이터 타입은 **정수(Integer)**입니다. (Unsigned 또는 Signed)

실수는 머신 입장에서는 매우 처리하기 곤란한 데이터 타입입니다. 같은 더하기 연산이라도 실수 데이터 타입을 사용하는 것이 머신 입장에서는 수 십 배에서 수 백 배의 부담이 됩니다. 특히 부동소수점은 사람이 사용하는 실수 타입과 가장 유사하게 처리되는 데이터 타입이기 때문에 사용은 편리하지만 반대로 머신 리소스를 가장 많이 사용합니다.

최근에는 숫자형 데이터 타입이 이슈가 되지 않을 정도로 고성능의 컴퓨터가 보편화되었기 때문에 부동소수점 데이터를 사용하여도 큰 무리가 되지 않지만 머신의 리소스에는 분명히 한계가 있기 때문에 정확히 이해하고 판단하면서 사용해야 될 것입니다.

가. 형

숫자형 컨트롤이나 인디케이터의 바로 가기 메뉴에서 '형'을 선택하여 숫자의 형(Precision)을 변경할 수 있습니다. LabVIEW는 15가지 숫자형을 제공합니다.

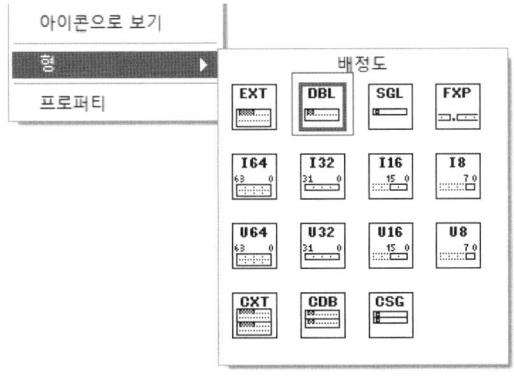

A. 부동소수

LabVIEW의 부동소수는 ANSI/IEEE Standard 754을 따릅니다. 부동소수에는 32비트 포맷의 단정도(SGL) 부동소수와 64비트 포맷의 배정도(DBL) 부동소수, 그리고 128비트 포맷의 확장형(EXT) 부동소수가 있습니다. 그리고 배정도 부동소수(Double Precision Floating Point, **DBL**)를 주로 사용합니다.

부동소수(Floating)은 할당된 메모리 크기에서 소수점을 기준으로 정수 부분과 소수점 아래의 메모리 크기를 가변적으로 처리해주는 숫자형입니다. 즉, 0.123456을 처리할 때와 12345.6을 처리할 때가 머신 입장에서는 확연히 다른데 부동소수는 사람과 동일하게 소수점의 위치와 관계없이 숫자를 처리할 수 있습니다.

숫자형 컨트롤이나 인디케이터의 기본 설정은 배정도(DBL)이고 바로 가기 메뉴에서 다른 숫자형으로 바꿀 수 있습니다. **배정도 부동소수(DBL)**은 15자리 정밀도를 가집니다.

인텔® 프로세스는 배정도 부동소수에 최적화되어 있으므로 실수 연산에서 DBL 타입을 사용하는 것이 가장 유리합니다.

블록다이어그램에서 부동소수는 주황색 터미널로 표시됩니다.

LabVIEW 연산에서는 항상 같은 데이터 타입끼리 연산하고 같은 데이터 타입으로 결과를 반환합니다. 그래서 부동소수 연산도 동일한 부동소수를 반환합니다.

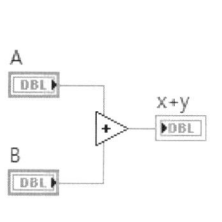
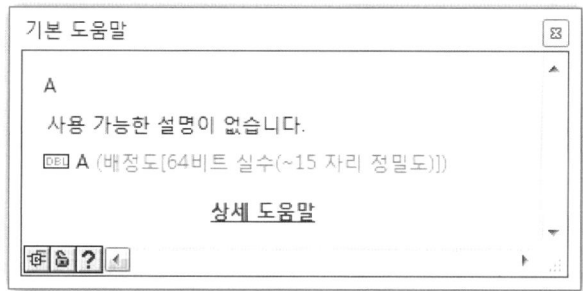

B. 고정소수

고정소수(Fixed Point)는 소수점을 기준으로 정수 부분에 할당되는 메모리, 소수점 아래의 숫자에 할당되는 메모리, 그리고 부호까지 명확하게 지정하여 고정되어있는 숫자형입니다. 그래서 고정소수(FXP)를 사용할 때는 다음 세 가지 파라미터를 지정해줘야 됩니다.

- 부호 있음/없음
- 전체 워드 길이
- 정수 부분의 워드 길이

고정소수에서 할당 가능한 최대 워드 길이는 64비트입니다. 블록다이어그램에서 고정소수(FXP)는 회색 터미널로 표시됩니다.

다음은 전체 워드 길이가 24비트이고 그 중에서 정수 부분이 5비트인 부호 있는 고정소수로 설정한 예입니다. 이와 같이 설정했을 경우에 해당 고정소수(FXP)는 최소값 -16에서 최대값 15.999998까지를 표현할 수 있고 숫자들 간의 증분은 1.90735E-6입니다.

부동소수(Floating)는 할당되는 메모리 크기에 따라서 세 가지(EXT, DBL, SGL)로 구분되지만 고정소수(FXP)는 코드화 방법에 따라서 수 백 가지로 달라질 수 있습니다.

부동소수(Floating) 연산에서 결과는 동일한 숫자형을 반환하는 반면 고정소수(Fixed)는 전혀 다른 코드의 고정소수를 반환합니다.

예를 들어, 같은 코드의 고정소수 두 개를 더했을 때 다른 형의 고정소수를 반환합니다. 고정소수의 더하기 연산은 전체 워드 길이와 정수부분의 워드 길이를 각각 1증가시킵니다. 다음과 같이 <부호 있음, 24, 4>의 고정소수 A와 B를 더하면 <부호 있음, 25, 5>을 반환합니다.

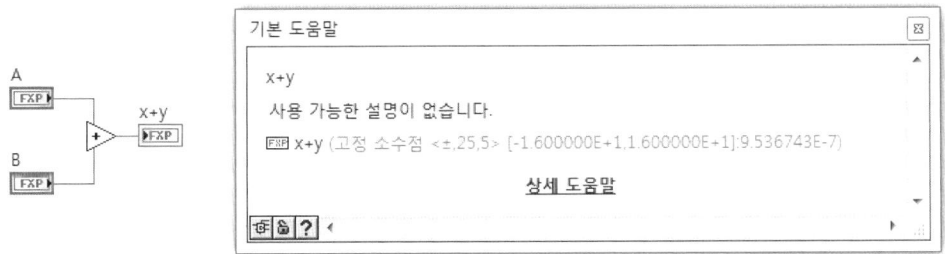

C. 정수

정수(Integer)는 Signed Integer와 Unsigned Integer로 나누어집니다. 그리고 블록다이어그램에서 Integer는 파란색 터미널로 표시됩니다. 정수가 지나가는 와이어도 파란색입니다.

부호 있는 정수(Signed)는 I8, I16, I32, I64로 네 가지가 지원됩니다. 각각 8비트, 16비트, 32비트, 64비트로 메모리가 할당되고 메모리 크기에 따라서 표현 가능한 숫자의 한계가 정해집니다.

I8은 -128에서 127까지의 정수를 표현할 수 있습니다. 정수의 증분은 1입니다.

I16은 -32,768에서 32,767까지의 정수를 표현할 수 있습니다.

I32는 -2,147,483,648에서 2,147,483,647까지의 정수를 표현할 수 있습니다.

I64는 -9,223,372,036,854,775,808에서 9,223,372,036,854,775,807까지의 정수를 표현할 수 있습니다.

만약 이 범위를 벗어나는 숫자를 입력하면 가장 가까운 값으로 자동 변경됩니다. 그리고 연산의 경우에는 Round Over 처리됩니다. 숫자형의 최대값을 넘는 연산인 경우에 다시 최소값으로 넘어가는 연산 방식을 의미합니다. 예를 들어, I8 숫자형에서 2 + 127 = -127라고 연산됩니다.

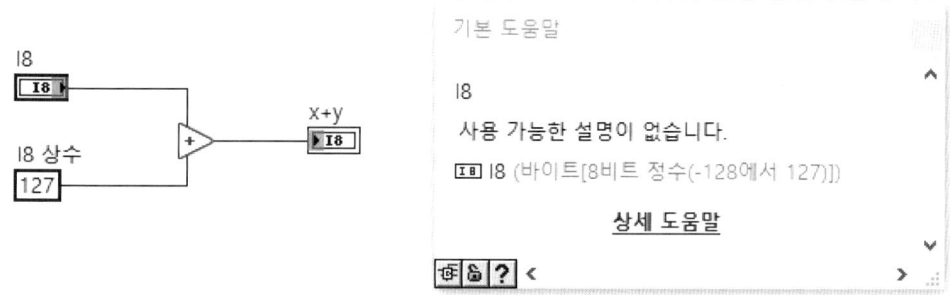

부호 없는 정수(Unsigned)는 U8, U16, U32, U64로 네 가지가 지원됩니다.

U8은 0에서 255까지의 정수를 표현할 수 있습니다. 정수의 증분은 1입니다.

U16은 0에서 65,535까지의 정수를 표현할 수 있습니다.

U32는 0에서 4,294,967,295까지의 정수를 표현할 수 있습니다.

U64는 0에서 18,446,744,073,709,551,615까지의 정수를 표현할 수 있습니다.

D. 기수

Signed Integer나 **Unsigned Integer** 숫자형 객체에서 바로 가기 메뉴로 '**보이는 아이템 > 기수**'를 선택합니다. **기수**를 사용하여 데이터를 10진수, 16진수, 8진수 또는 2진수나 SI 표기법으로 변경할 수 있습니다. 문자 (**d, x, o, b, p**)로 표기됩니다.

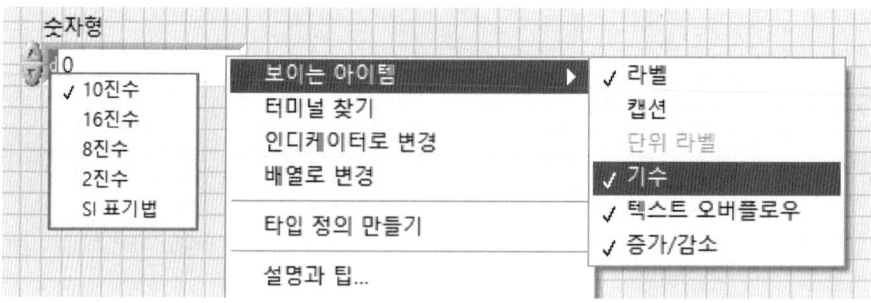

E. 강제 형변환

원칙적으로 동일한 숫자형끼리만 와이어로 연결할 수 있습니다. 그리고 모든 숫자형 연산은 동일한 숫자형끼리만 연산할 수 있고 연산의 결과도 동일한 숫자형입니다. 그래서 숫자형 > 변환 팔레트에서 제공되는 변환 함수를 이용하여 숫자형을 맞춰줘야 됩니다.

다음과 같이 **배정도 부동소수로** 함수를 이용하여 U32 숫자형을 DBL 숫자형으로 변환하여 나누기 100을 수행할 수 있습니다.

그러나 다음과 같이 연산이 불가능한 서로 다른 숫자형을 연결하여 연산을 수행할 수도 있습니다. 이것은 LabVIEW Memory Manager라는 서비스 엔진이 U32 숫자형을 배정도 부동소수로 강제 형변환시켰기 때문에 가능한 것입니다. 아래 그림과 같이 강제 형변환되었다는 것을 경고하기 위하여 빨간색 Dot으로 그 지점을 표시해줍니다. 강제 형변환 점 (Coercion Dots)라고 부릅니다.

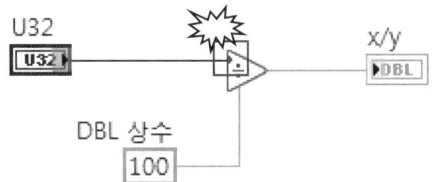

강제 형변환 점은 LabVIEW Memory Manager에 의하여 숫자형이 강제로 변환되었다는 것을 의미합니다. 그리고 LabVIEW Memory Manager에 의한 강제 형변환은 시스템 안정성을 저해하기 때문에 운전중인 어플리케이션이 다운되거나 블루스크린을 띄우는 대표적인 원인이 됩니다.

강제 형변환 점은 바드시 없애야됩니다.

나 숫자형 팔레트

프론트패널에는 **일반, 실버, 시스템, 클래식**에 각각 숫자형 팔레트가 있습니다. 아이콘의 모양만 다르기 때문에 사용자 인터페이스 디자인에 적합한 아이콘을 선택하여 사용하면 됩니다.

시스템 팔레트의 시스템 숫자형이 사용자에게 가장 친숙한 디자인입니다. 그리고 클래식 숫자형은 2D의 디자인을 제공하므로 깔끔한 디자인이 가능합니다.

일반 숫자형 팔레트나 실버 숫자형 팔레트의 3D 숫자형 아이콘들은 난잡한 디자인이 될 수 있기 때문에 실제 어플리케이션 개발에서는 잘 사용되지 않습니다.

A. 숫자형 컨트롤과 인디케이터

숫자형 컨트롤과 인디케이터는 숫자 데이터를 입력하고 디스플레이하는 가장 간단한 방법입니다.

숫자형 컨트롤과 인디케이터는 수평으로만 사이즈를 키우거나 줄일 수 있습니다. 그리고 폰트 사이즈를 키우거나 줄여서 수직으로 사이즈를 변경할 수 있습니다.

숫자형 입력란에 마우스를 클릭하면 마우스의 커서가 '문자입력' 도구로 설정되고 키보드로 숫자를 입력할 수 있습니다. 그리고 증가/감소 버튼이 있는 경우에는 마우스로 클릭하여 값을 증가 또는 감소시킬 수 있습니다.

숫자형 컨트롤과 인디케이터는 기본적으로 전자 계산기와 같이 숫자를 디스플레이합니다. 그리고 바로 가기 메뉴에서 '**디스플레이 포맷**'을 선택하면 [숫자형 프로퍼티]의 '디스플레이 포맷' 탭을 띄울 수 있고 여기에서 디스플레이 방식을 바꿀 수 있습니다.

- 부동소수 타입: 정수 부분, 소수점, 소수 부분으로 표기해주고 자릿수로 표기할 정밀도를 지정해줍니다.

- 과학적 표기법 타입: 1200을 1.2E+3라고 표기해줍니다.

여기에서 선택한 정밀도는 디스플레이에만 영향을 줍니다. 실제 데이터 타입의 정밀도는 여전히 숫자형을 따릅니다.

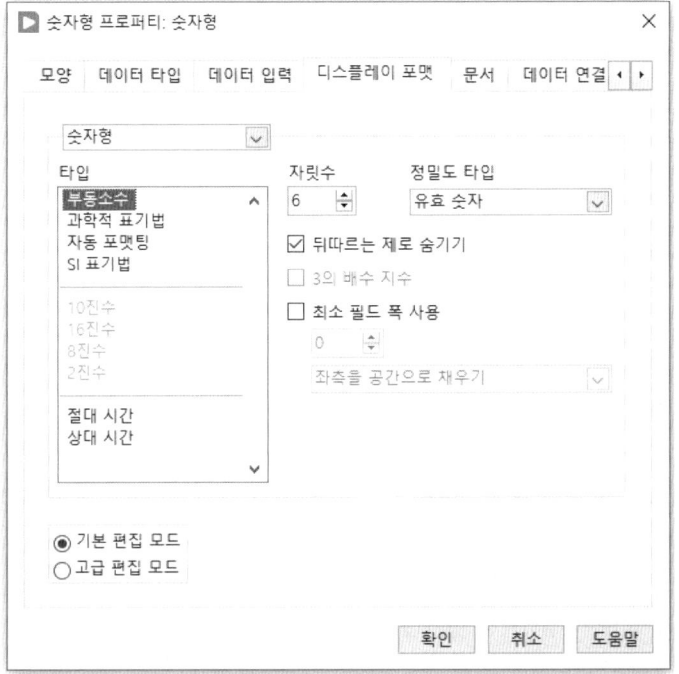

실습 2-1　　Sine 연산

DBL 숫자형으로 입력 받은 값을 라디안 값으로 변경하고 사인 함수로 계산하는 과정을 수행합니다.

1. 새 VI를 만들고 **Sine연산.vi**라고 저장합니다.

2. 프런트패널에 **숫자형 컨트롤**을 하나 위치시키고 "A"라고 라벨합니다.

3. 다음과 같이 블록다이어그램을 구성합니다.
    A. **곱하기** 함수와 **나누기** 함수를 위치시킵니다. (숫자형 팔레트)
    B. 곱하기의 x 입력에 숫자형 컨트롤 "A"의 터미널을 연결합니다.
    C. **숫자형 상수 2π**를 곱하기의 y 입력에 연결합니다. (숫자형 > 수학 & 과학 상수 팔레트)
    D. 곱하기 함수의 x*y 출력을 나누기 함수의 x 입력에 연결합니다. 그리고 나누기의 y 입력에서 바로 가기 메뉴로 '상수 생성'을 선택하고 360을 입력합니다.
    E. **사인(sine)** 함수를 위치시키고 나누기의 x/y 출력을 사인(sine)의 x 입력에 연결합니다.
        (수학 > 기본 & 특수 함수 > 삼각함수 팔레트)
    F. 사인(sine) 함수의 sin(x) 출력에서 바로 가기 메뉴로 '인디케이터 생성'을 선택하여 **숫자형 인디케이터**를 생성합니다.

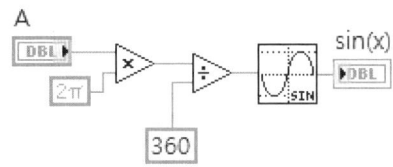

4. "A"에 90을 입력하고 실행합니다. 계산 결과가 1임을 확인할 수 있습니다.

5. "A"에 180을 입력하고 실행합니다. 연산 결과는 0이어야되지만 아래 그림과 같이 1.22465E-16으로 출력됩니다. 이것은 컴퓨터에서 부동소수점 연산을 수행했기 때문에 나타나는 결과입니다. 0에 근접한 값이지만 0으로 딱 떨어지지는 않습니다.

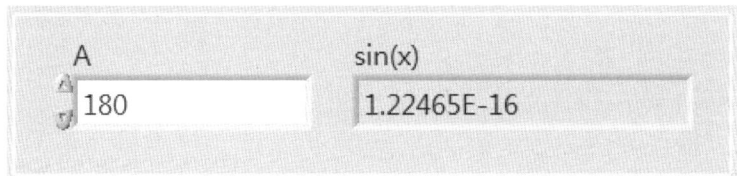

6. "sin(x)" 숫자형 인디케이터에서 바로 가기 메뉴로 '디스플레이 포맷'을 선택하여 "숫자형 프로퍼티: sin(X)" 창을 띄웁니다. 디스플레이 포맷 탭의 타입을 '자동 포맷팅'에서 '부동소수'로 바꿔줍니다. 6자리 유효 숫자를 가진 부동소수 표현으로 바뀜을 확인할 수 있습니다.

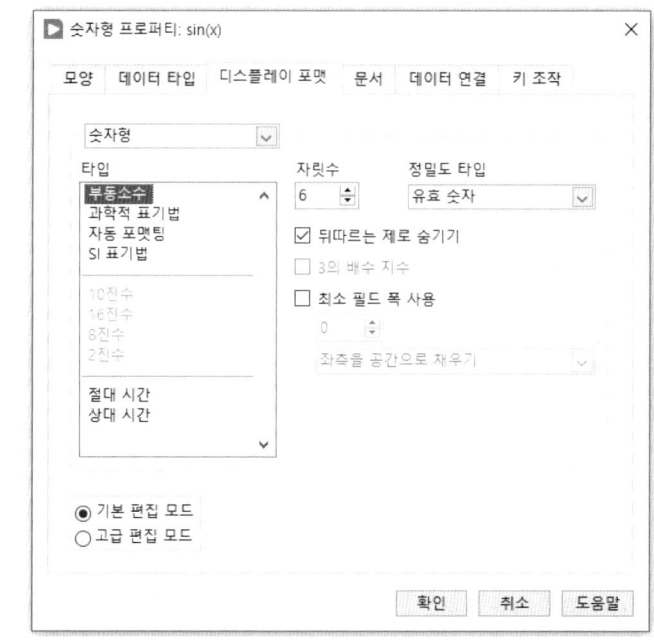

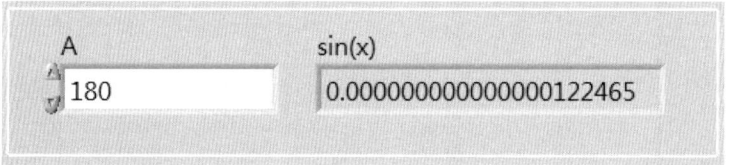

실습 2-1 끝

B. 부동소수 연산의 한계

부동소수는 실수를 표현하는 방법 중의 하나이지만 연산의 결과는 수학적인 실수 연산과 다릅니다. 수학에서 실수는 음의 무한대(-∞)에서 양의 무한대(∞) 사이의 숫자이고 무한대의 정밀도를 가집니다. 그러나 배정도 부동소수(DBL)은 64bits로 표현되는 15자리 정밀도의 숫자형입니다. 그래서 계산 결과가 수학과 다를 수밖에 없습니다.

예를 들어, 소수점 아래로 무한 자리 수를 가지는 원주율(π)를 부동소수(DBL)로 출력하면 다음과 같이 15자리 정밀도까지만 유효합니다. 디스플레이 포맷에서 유효 자릿수를 30으로 설정했습니다.

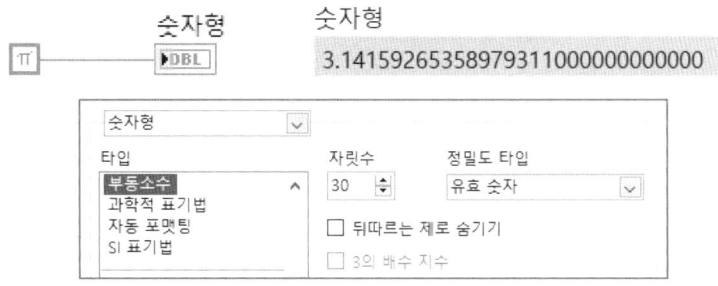

원주율 값이 무한 자리 수가 아니므로 다음과 같이 Sin(π)는 Zero가 아닙니다.

수학에서 0이 아닌 숫자를 0으로 나누는 경우에 무한대(∞)가 됩니다. 그러나 부동소수(DBL)은 무한대 값을 가질 수 없기 때문에 이와 같은 연산은 불가능합니다. 이 경우에 기호 숫자인 **Inf** 또는 **-Inf**를 출력하여 잘못된 연산이라는 것만 경고해줍니다.

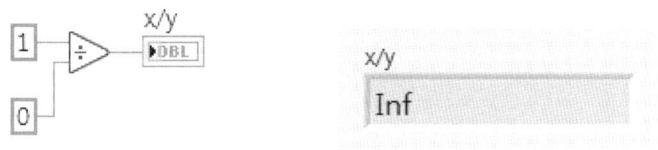

제곱근(Square Root) 연산은 √x 라고 표기하고 제곱근 x라고 읽습니다. 그런데 수학에서는 음수에 대한 제곱근이 허수가 되지만 부동소수 연산에서는 허수를 출력하지 않습니다. 왜냐하면 같은 부동소수끼리만 연산할 수 있고 연산의 결과도 부동소수이기 때문입니다. 그래서 이런 경우에는 기호로 **NaN**으로 출력합니다. Not a Number라는 의미입니다.

C. 슬라이드 컨트롤과 인디케이터

슬라이드는 **스케일**이 있는 숫자형 객체입니다. 슬라이드에는 수직 슬라이드, 수평 슬라이드, 탱크, 온도계 등이 있습니다.

스케일은 슬라이드의 눈금, 마크, 선형 스케일, 로그 스케일 등을 의미합니다. 스케일 속성은 바로 가기 메뉴에서 변경할 수 있습니다.

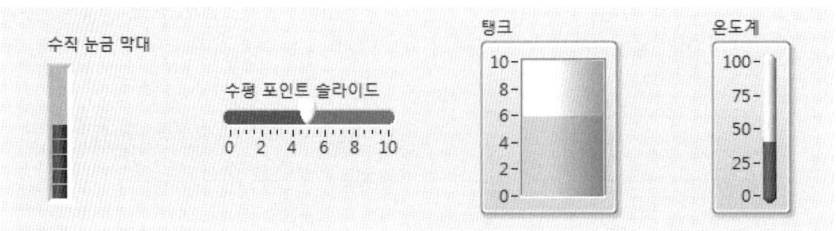

슬라이드의 스케일 크기는 마우스의 문자입력 도구로 직접 입력해서 바꿀 수 있습니다. 이때 최소값이나 최대값을 바꾸는 방법으로 전체 스케일 크기를 바꿀 수 있습니다. 아래 그림은 수평 포인터 슬라이드에서 최대값을 선택하여 100으로 입력한 사례입니다. 최대값 100에 맞춰서 스케일이 다시 설정됩니다.

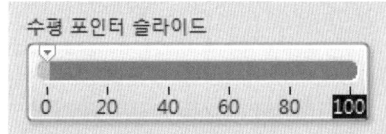

바로 가기 메뉴에서 '보이는 아이템 > 디지털 디스플레이'를 선택하면 다음과 같이 슬라이드 오른쪽에 **디지털 디스플레이**가 보여집니다. 슬라이더로 입력한 값이 얼마인지 디지털로 확인할 수 있고 컨트롤인 경우에는 직접 숫자를 입력할 수도 있습니다.

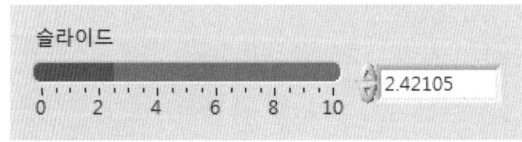

슬라이드에 더 많은 슬라이더를 추가할 수 있습니다. 슬라이더가 여러 개 있는 컨트롤의 데이터 타입은 각 숫자 값을 포함하는 클러스터입니다. 바로 가기 메뉴에서 '슬라이더 추가'를 선택하여 추가할 수 있습니다. 클러스터에 대해서는 뒤에서 다시 설명됩니다.

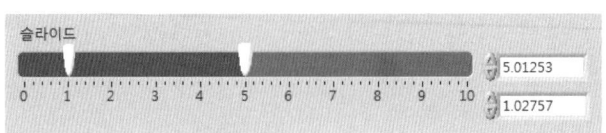

D. 회전식 컨트롤과 인디케이터

회전식은 슬라이드처럼 스케일이 있는 숫자형 객체입니다. 회전식 컨트롤과 인디케이터에는 노브, 다이얼, 미터, 게이지 등이 있습니다.

마우스로 지침을 선택하고 돌리기로 새 위치에 놓으면 그 위치에 대응하는 값이 입력됩니다.

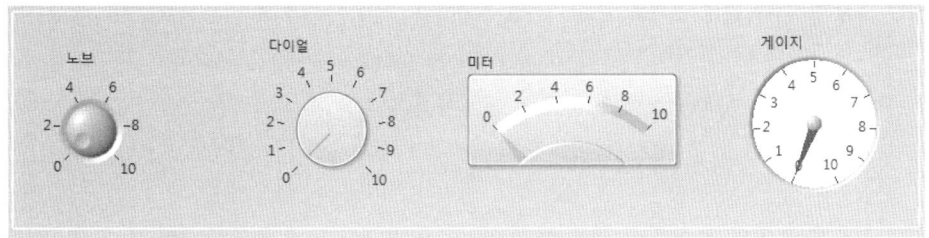

마우스의 문자입력 도구로 직접 입력해서 스케일 크기를 바꿀 수 있습니다. 이때 최소값이나 최대값을 바꾸는 방법으로 전체 스케일 크기를 바꿀 수 있습니다. 다음은 미터에서 최대값을 선택하여 200으로 입력한 사례입니다. 최대값 200에 맞춰서 스케일이 다시 설정됩니다.

다음 그림과 같이 마우스로 객체를 선택하면 네 개의 파란색 점이 나타나고 이 점을 당겨서 아이콘 크기를 키우거나 줄일 수 있습니다. 네 개 방향으로 동일한 비율로 크기가 바뀌고 눈금 스케일도 자동으로 맞춰집니다. 바로 가기 메뉴에서 '보이는 아이템 > 디지털 디스플레이'를 선택하면 객체 오른쪽에 '디지털 디스플레이'가 보여집니다. 입력한 값이 얼마인지 디지털로 확인할 수 있고 직접 숫자를 입력할 수도 있습니다.

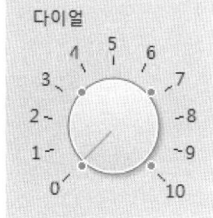 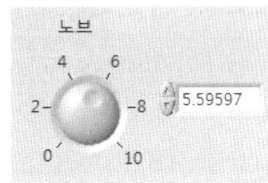

59

E. 타임스탬프

타임스탬프는 시스템의 시간, 날짜 정보 값입니다. 타임스탬프 컨트롤과 인디케이터를 사용하여 블록다이어그램에서 시간과 날짜 값을 가져오거나 보냅니다.

컨트롤의 오른쪽 설정 버튼을 클릭하면 [시간과 날짜 설정] 창을 팝업할 수 있습니다. 시간과 날짜를 임의로 지정하거나 **시간을 현재로 설정** 버튼을 클릭하여 현재 시간과 날짜로 지정할 수 있습니다.

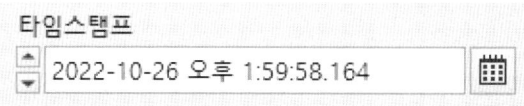

타임스탬프는 UTC 기준으로 "오전 00:00:00.000, 1904-01-01"을 0으로 하여 0.001씩 증가하는 숫자에 대응합니다.

다음과 같이 블록다이어그램에서 **타임스탬프로** 함수를 사용하여 DBL 숫자형 상수 0.001을 타임스탬프 "오전 9:00:00.001, 1904-01-01"로 바꿀 수 있습니다. (타이밍 팔레트)

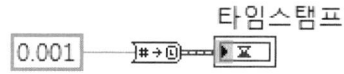

F. 색 상자

색 상자는 지정된 값에 대응하는 색을 디스플레이합니다. 색은 **U32 숫자형** 데이터입니다. 색 값은 16진수 표기로 **RRGGBB**로 표시됩니다. 두 자리씩 차례로 빨강, 초록, 파랑 색을 나타냅니다.

다. 숫자형 함수 팔레트

블록다이어그램의 함수 팔레트에서 숫자형 팔레트를 찾을 수 있습니다.

A. 숫자형 상수

숫자형 상수는 블록다이어그램에서 고정 데이터 값을 제공합니다. 숫자형 팔레트의 아래쪽에 I32 숫자형 상수, DBL 숫자형 상수, 열거형 상수, 링 상수 등이 제공됩니다. 그리고 **수학 & 과학 상수** 팔레트에는 원주율 π를 포함한 다양한 수학 및 과학 상수들이 제공됩니다.

기호 숫자는 실제 숫자가 아닙니다. 부동소수에서 두 가지 기호 숫자가 제공됩니다. 정의되지 않았거나 예상치 못한 데이터는 모든 이후의 수행을 무효로 만들 수 있기 때문에 부동소수 연산은 잘못된 계산 또는 의미 없는 결과를 나타내는 기호 숫자를 반환합니다.

- **Inf**(무한대)는 데이터 타입 범위 밖의 부동소수 값을 나타냅니다. 예를 들어, 제로로 나누면 Inf가 나옵니다.
- **NaN**(숫자 아님)은 음수의 제곱근 취하기와 같은 유효하지 않은 연산이 생성히는 부동소수 값을 나타냅니다.

B. 더하기, 빼기, 곱하기, 나누기, 몫 & 나머지

숫자형 팔레트의 첫 번째 행에는 더하기, 빼기, 곱하기, 나누기, 몫 & 나머지 함수가 있습니다. 이들은 두 개의 숫자형 입력을 받아서 한 개 또는 두 개의 숫자 형을 출력하는 함수들입니다.

숫자형 스칼라 값이나 배열을 입력 받아야 되고 동일한 숫자형을 입력 받아서 연산을 수행합니다. 다른 숫자형이 입력될 경우에는 강제 형변환을 먼저 수행합니다.

더하기와 곱하기 연산은 x와 y입력의 순서가 바뀌어도 연산 결과는 동일합니다. 그러나 빼기, 나누기, 몫 & 나머지 함수는 입력 순서가 바뀌면 결과가 바뀝니다.

입력 순서가 틀렸을 경우에는 <Ctrl> 키를 누른 상태에서 마우스를 입력에 가져가면 x와 y입력을 서로 전환하는 도구가 나타납니다. 입력 전환 도구로 입력을 클릭하면 다음과 같이 x와 y입력이 전환됩니다.

C. 숫자 형변환

같은 숫자형끼리 입력과 출력을 연결하는 것이 원칙입니다. 그러나 다른 숫자형을 연결하더라도 에러가 발생하지는 않습니다. LabVIEW는 다른 숫자형을 서로 연결하는 경우에 강제로 형변환하여 타입이 맞도록 조정해줍니다. 이때 **빨간색 강제 형변환 점**으로 강제 형변환 되었음을 알려줍니다.

LabVIEW가 강제 형변환을 수행하기 위하여 LabVIEW Memory Manager라는 엔진을 구동시키고 형변환을 위하여 메모리를 복사하는 과정을 거칩니다. 이런 일련의 과정은 추가적인 시스템 리소스를 사용할 뿐 아니라 치명적인 에러가 발생할 확률이 높아서 블루스크린과 같은 강제 시스템 셧다운을 발생시킵니다. 그래서 강제 형변환 점은 반드시 없애야 됩니다.

변환 함수를 사용하여 정상적으로 형변환시켜야합니다. (숫자형 > 변환 팔레트)

D. 복합 연산

더하기, 곱하기 연산을 여러 번 반복 수행해야 되는 경우에는 복합 연산을 이용하는 것이 유리합니다. 복합 연산은 입력의 개수를 변경할 수 있는 노드입니다. 블록다이어그램에 처음 위치시키면 두 개의 입력을 가진 연산자이지만 마우스로 선택하여 크기를 키워주면 여러 개 입력의 연산자로 바꿀 수 있습니다.

또한 더하기나 곱하기를 마우스로 클릭하면 다른 모드로 전환할 수 있습니다. 복합 연산은 숫자형 연산으로 더하기와 곱하기를 지원하고 불리언 연산으로 AND, OR, XOR을 지원합니다.

빼기와 나누기 등은 **반전** 기능을 활용하여 구현할 수 있습니다. 더하기의 반전은 빼기이고 곱하기의 반전으로 나누기입니다.

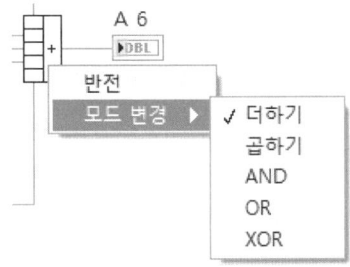

E. 삼각 함수

수학 > 기본 & 특수 함수 > 삼각 함수 팔레트에서 **사인, 코사인, 탄젠트** 등의 삼각 함수들을 찾을 수 있습니다. DBL 숫자형을 입력받아서 DBL 숫자형을 출력하는 함수입니다.

다음과 같이 sin (π/2)는 1이며 cos (π/2)는 0이 출력됩니다. 이때 DBL 숫자형을 이용한 코사인 계산이 정확히 0이 되지는 않고 0에 근접한 값으로 출력됨을 확인할 수 있습니다.

tan(2π)는 음수에서 0으로 근접한 값입니다.

LabVIEW에서 DBL 숫자형 등을 이용한 삼각 함수 연산이 이론적인 수학 값과 완벽하게 일치하지는 않기 때문에 각별한 주의가 요구됩니다.

실습 2-2   복합 연산

복합 연산 함수을 이용하여 다섯 개의 숫자형 컨트롤 입력을 더하여 계산하는 VI를 만듭니다.

$$A + A2 + A3 + A4 + A5 = A6$$

1. 새 VI를 만들고 **복합연산.vi**라고 저장합니다.

2. 다음과 같이 프런트패널을 구성합니다.
    A. 숫자형 컨트롤을 위치시킵니다. 라벨을 "A"로 변경해줍니다.
    B. 숫자형 컨트롤 "A"를 다섯 번 복사하여 붙여줍니다. "A 2", "A 3", "A 4", "A 5", "A 6"가 생성됩니다.
    C. 숫자형 컨트롤 "A 6"를 인디케이터로 변경해줍니다.
       바로 가기 메뉴에서 '인디케이터로 변경'을 선택하여 변경할 수 있습니다.

3. **더하기** 함수 4개를 위치시키고 다음과 같이 블록다이어그램을 구성합니다.

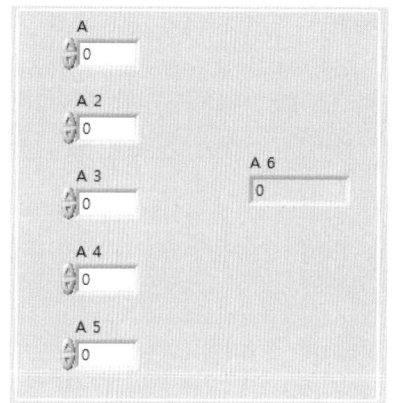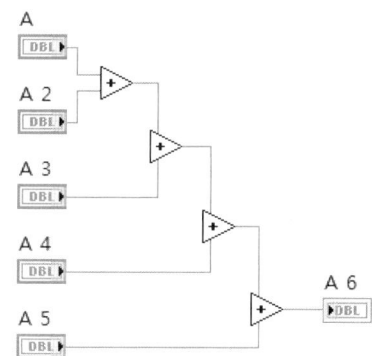

4. 더하기 노드들을 모두 삭제하고 **복합 연산** 함수를 위치시킵니다. 마우스로 선택하고 아래로 당겨서 5개 입력으로 늘여줍니다. (숫자형 팔레트)

5. 숫자형 컨트롤들을 차례로 복합 연산 입력에 연결합니다.

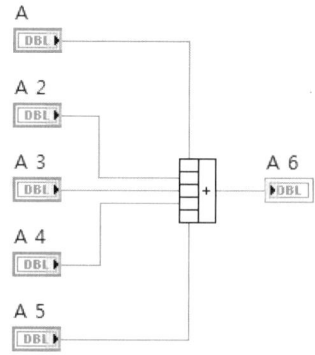

실습 2-2 끝

F. 식 노드

식 노드는 한 개의 숫자형 입력을 받아서 연산을 수행하고 한 개 값을 출력하는 구문 연산자입니다.

식 노드의 출력 터미널은 입력 터미널과 같은 데이터 타입을 가집니다.

입력 데이터 타입은 숫자형, 숫자형의 배열, 또는 숫자형의 클러스터가 될 수 있습니다. 배열과 클러스터의 경우에 배열이나 클러스터의 모든 원소에 수식을 적용합니다. 복소수는 지원하지 않습니다.

식 노드는 다음과 같은 연산 구문을 지원합니다. abs, acos, acosh, asin, asinh, atan, atanh, ceil, cos, cosh, cot, csc, exp, expm1, floor, getexp, getman, int, intrz, ln, lnp1, log, log2, max, min, mod, rand, rem, sec, sign, sin, sinc, sinh, sizeOfDim, sqrt, tan, tanh 등을 지원합니다. 각 구문의 의미는 C 언어에서의 의미와 동일합니다.

다음은 2의 32승을 계산하는 구문입니다. 결과는 4294967296입니다.

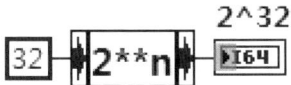

식 노드 속의 변수 이름은 임의의 영문 글자입니다. n라고 입력해도 되고 x나 y로 입력해도 됩니다. 또는 abc라고 입력해도 됩니다.

G. 수식 노드

수식 노드를 이용하여 C 프로그래밍과 유사하게 텍스트 기반의 구문으로 수학 연산을 수행할 수 있습니다. 텍스트 기반의 기본 구문 표현을 사용할 수 있고 If 문, Do 문, While 루프, For 루프 등을 사용할 수 있습니다. 이들 프로그래밍 요소들은 C 프로그래밍의 것들과 유사하지만 완전히 똑같지는 않습니다.

수식 노드는 변수가 많거나 복잡한 방정식과 기존 텍스트 기반 코드를 재사용할 때 유용합니다. 기존 코드를 수식 노드로 복사하여 붙여놓을 수 있습니다.

수식 노드는 다음 예제와 같이 **세미콜론(;)**으로 구분된 하나 또는 그 이상의 문장을 가집니다.

구조 팔레트에서 수식 노드를 찾을 수 있습니다. 수식 노드를 위치시키고 왼쪽이나 오른쪽 라인에서 바로 가기 메뉴로 '**입력 추가**'나 '**출력 추가**'를 선택하여 입력 변수와 출력 변수를 선언합니다.

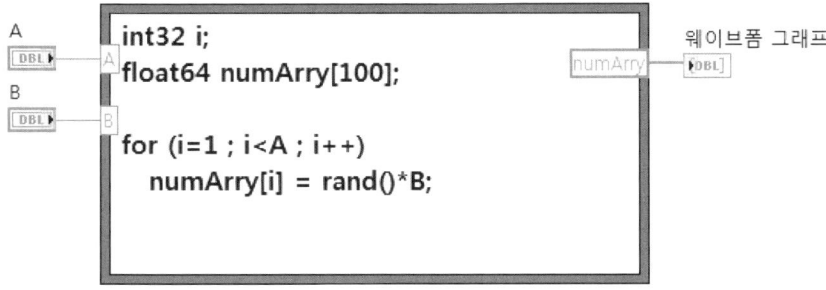

- 입력 변수는 왼쪽에 배치하고 출력 변수는 오른쪽에 배치합니다.

- 입력 변수는 '필수' 입력으로 선언되기 때문에 반드시 입력을 연결해줘야 됩니다.

- 입력 변수는 수식 노드 내부에서 중복하여 선언할 수 없습니다. 반면 출력 변수는 수식 노드 내부에서 중복하여 선언할 수 있습니다.

- 변수 이름은 소문자와 대문자를 구분해야 됩니다.

- 수식 노드의 변수와 수식에는 개수의 제한이 없습니다.

- 두 개의 입력은 동일한 이름을 가질 수 없고, 두 개의 출력도 동일한 이름을 가질 수 없습니다. 그러나 입력 변수명과 같은 출력 변수 명은 사용할 수 있습니다.

- 입력과 출력에 연관되지 않는 변수를 수식 노드 내부에서 선언하고 사용할 수 있습니다.

수식 노드에서 내부 변수로 부동소수 float, float32, float64을 선언할 수 있습니다. 그리고 정수 int, int8, int16, int32, uInt8, uInt16, uInt32를 선언할 수 있습니다.

수식 노드 내부의 구문이 문법에 틀렸을 경우에는 에러가 발생합니다. 이때 깨진 실행 버튼을 클릭하여 [에러 리스트]를 띄우면 구문 오류를 설명해줍니다.

H. MATLAB 스크립트 노드

MATLAB® 스크립트 노드를 지원합니다. 이때 스크립트 노드는 스크립트 서버와 연결만 시켜주고 스크립트 실행은 MATLAB에서 수행됩니다. 그래서 MATLAB이 내 컴퓨터에 설치되어 있어야만 MATLAB® 스크립트 노드를 사용할 수 있습니다. 수학 > 스크립트 & 수식 > 스크립트 노드 팔레트에서 MATLAB® 스크립트 노드를 찾을 수 있습니다.

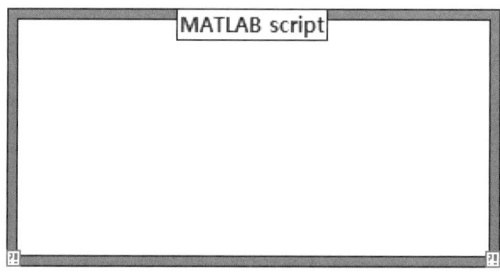

실습 2-3   수식 노드

For 루프와 수식 노드로 연산한 결과를 웨이브폼 그래프에 플롯하는 예제를 만들어봅니다. 수식은 다음과 같습니다.

$$A = \tanh(X) + \cos(X);$$

$$Y = A^{**}3 + A;$$

1. 새 VI를 만들고 **수식노드.vi**라고 저장합니다.
2. 프런트패널에 **웨이브폼 그래프(실버)**를 위치시킵니다. (실버 > 그래프 팔레트)
3. 다음과 같이 블록다이어그램을 구성합니다.
   A. **For 루프**를 위치시키고 '루프 카운트'에 200을 입력합니다. (구조 팔레트)
   B. For 루프 속에 **수식 노드**를 위치시킵니다. (구조 팔레트)
   C. 수식 노드의 왼쪽 테두리에서 바로 가기 메뉴로 '입력 추가'를 선택하여 입력 변수를 선언합니다. 변수 이름으로 "X"를 입력합니다.
   D. 수식 노드의 오른쪽 테두리에서 바로 가기 메뉴로 '출력 추가'를 선택하여 출력 변수 두 개를 선언합니다. 변수 이름으로 "Y"와 "A"를 입력합니다.
   E. "Y" 출력을 웨이브폼 그래프에 연결합니다.

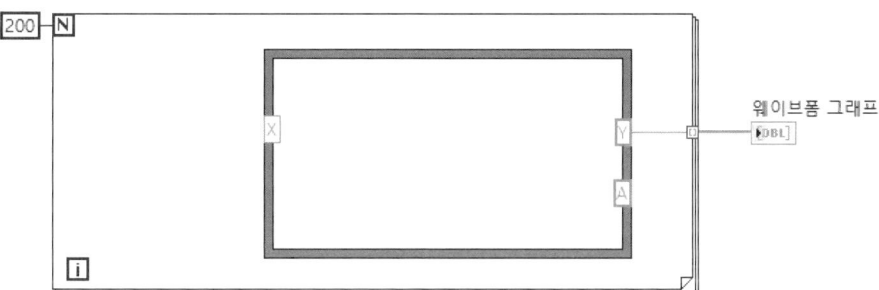

   F. **배정도 부동소수로** 함수를 루프 반복 i에 연결합니다. (숫자형 > 변환 팔레트)
   G. **나누기** 함수를 위치시키고 15로 나눠줍니다. 나누기의 출력을 X 입력에 연결합니다.
   H. 수식 노드에 수식을 입력합니다. 문장의 끝은 세미콜론(;)입니다.

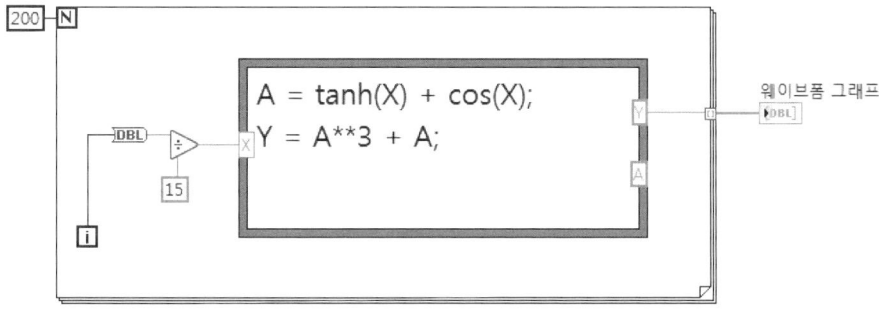

4. VI를 저장하고 실행합니다.

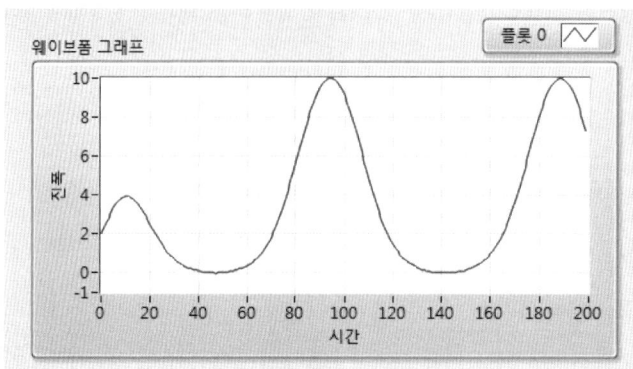

[옵션] 다음과 같이 수식 노드 내부에서 float64로 A를 선언하고 사용할 수도 있습니다.

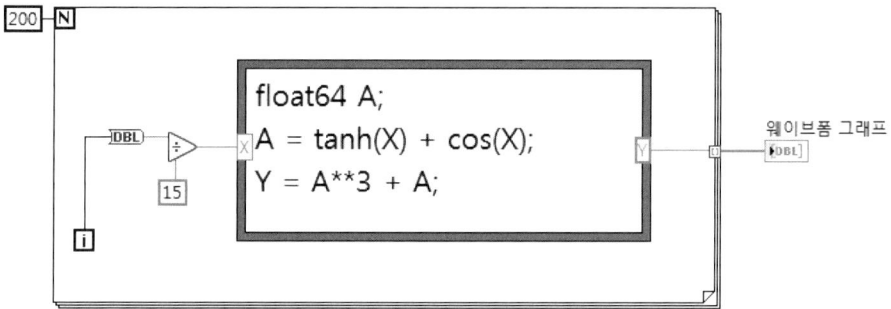

실습 2-3 끝

I. 비교 함수

비교 팔레트에서 비교 함수들을 찾을 수 있습니다. 두 개의 숫자형 입력을 비교하여 같음?, 같지 않음?, 보다 큼?, 보다 작음?, 크거나 같음?, 작거나 같음? 등을 비교할 수 있습니다.

비교 함수는 숫자형뿐 아니라 문자열 데이터 타입에서도 사용할 수 있는 함수입니다. 그러나 같은 데이터 타입끼리만 비교를 수행할 수 있습니다. 비교 함수의 결과 값은 불리언입니다.

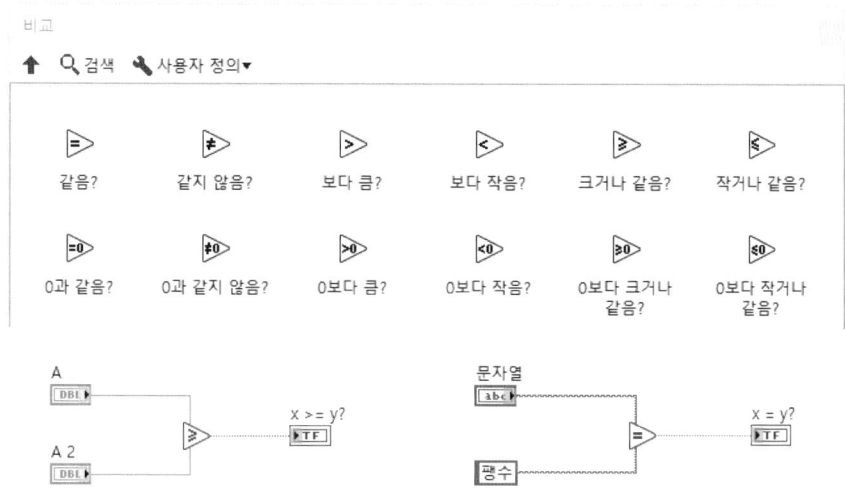

J. 선택 함수와 범위내 확인과 강제변환 함수

비교 함수는 아니지만 비교 팔레트에서 찾을 수 있는 **선택** 함수와 **범위내 확인과 강제변환** 함수 등도 많이 사용됩니다.

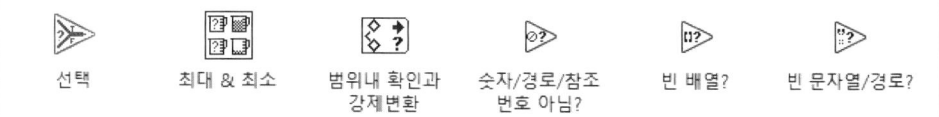

선택 함수는 입력된 불리언 조건에 따라서 T에 입력된 값과 F에 입력된 값을 선택하여 출력하는 함수입니다. 케이스 구조와 매우 유사합니다.

범위내 확인과 강제변환 함수는 '상위 리미트'와 '하위 리미트' 사이에 값이 있는지를 확인하고 범위를 벗어나는 경우에는 범위내로 강제 변환합니다.

K. 링

프런트패널의 링 & 열거형 팔레트에 위치한 링과 열거형 타입을 사용하여 풀다운 메뉴에서 아이템을 선택할 수 있는 문자열의 리스트를 생성할 수 있습니다. 일반, 실버, 시스템, 클래식 팔레트에서 링 & 열거형 팔레트를 찾을 수 있습니다. 특히 시스템 링을 많이 사용합니다.

링 컨트롤은 숫자 값을 문자열 또는 그림에 연관시키는 숫자형 객체입니다. 사용자가 아이템을 선택할 수 있는 풀다운 메뉴로 나타납니다. 링 컨트롤로는 텍스트 링, 메뉴 링, 그림 링, 텍스트 & 그림 링, 시스템 링 등이 있습니다. 초기 설정은 **U16** 숫자형입니다.

바로 가기 메뉴에서 '아이템 편집'을 선택하여 컨트롤의 링 컨트롤 리스트에 아이템을 추가합니다. 아이템 편집 페이지에서 아이템의 순서는 컨트롤의 아이템 순서를 결정합니다.

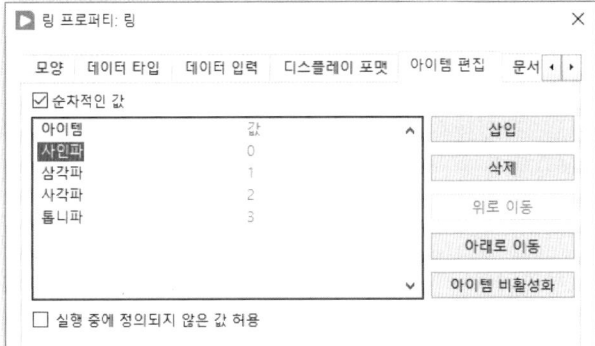
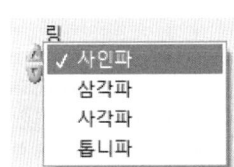

왼쪽 상단에 있는 '**순차적인 값**'이 선택된 경우에는 0부터 시작하여 1씩 증가하는 값으로 지정됩니다. 그러나 '순차적인 값'을 선택 해제하면 임의의 숫자로 지정할 수 있습니다. 형을 배정도(DBL)로 변경하면 실수 값을 입력할 수 있습니다.

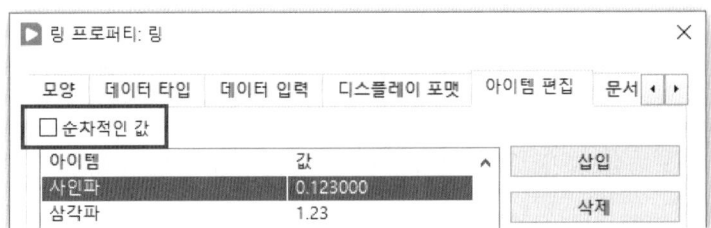

L. 열거형

열거형(enum) 컨트롤은 텍스트 링과 비슷합니다. 그러나 열거형 컨트롤은 다음과 같은 점에서 링과 다릅니다.

- 블록다이어그램에서 링은 U16의 숫자형 터미널로 표현됩니다. 그러나 열거형은 다음과 같은 터미널로 표현됩니다.

- 링은 고정소수점(FXP)를 제외한 모든 형을 지원하지만 열거형은 **U32, U16, U8**만 지원됩니다.
- 열거형의 프로퍼티에서는 '**순차적인 값**' 선택 항목이 지원되지 않습니다.

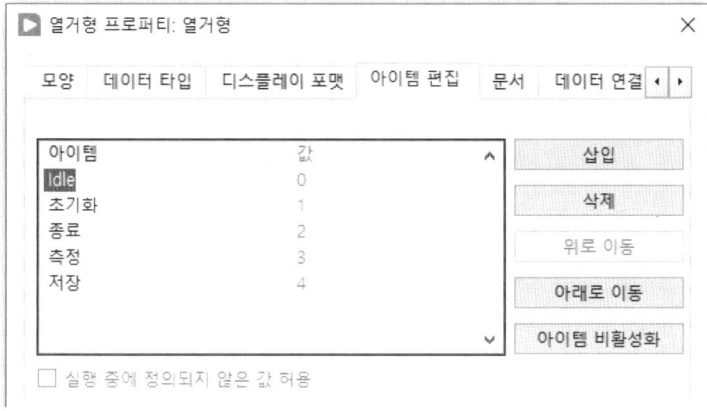

열거형은 케이스 구조 전용 컨트롤입니다. 케이스 구조의 '케이스 선택자'에 열거형을 연결하면 케이스 선택자 라벨은 "값"이 아닌 "아이템"에 일치됩니다.

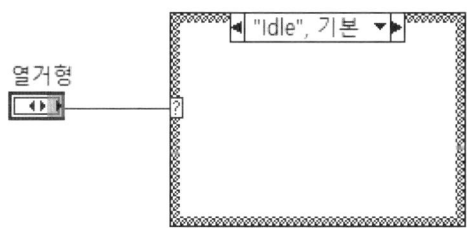

실습 2-4   텍스트 링

텍스트 링의 사용 법을 익힙니다. 링 컨트롤의 '순차적인 값' 옵션을 비활성화시키고 다른 값으로 입력하여 사용하는 법을 익힙니다.

1. 새 VI를 만들고 **링 컨트롤.vi**라고 저장합니다.

2. 프런트패널에 **텍스트 링**을 위치시킵니다. 바로 가기 메뉴에서 **형 > U32** (부호 없는 롱)으로 변경해줍니다. (링 & 열거형 팔레트)

3. 바로 가기 메뉴에서 '아이템 편집'을 선택하여 **링 프로퍼티** 창을 띄웁니다. '순차적인 값'의 체크를 제거하고 아이템을 다음과 같이 편집해줍니다.

아이템	초	분	시간	일
값	1	60	3600	86400

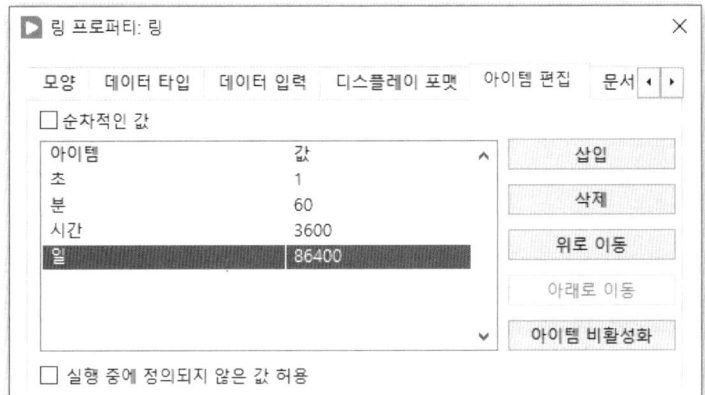

4. 프런트패널에 숫자형 컨트롤과 숫자형 인디케이터를 추가로 위치시킵니다. "시간입력"과 "초 단위"라고 라벨합니다.

5. **배정도 부동소수로** 함수를 링에 연결하고 **곱하기** 함수로 곱하기 연산을 수행합니다.
   (숫자형 > 변환 팔레트)

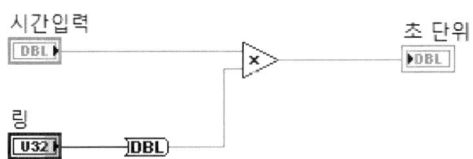

실습 2-4 끝

M. 기타 숫자형 함수들

숫자형 팔레트에서 제공되는 여러 함수에 대하여 소개합니다.

증가 함수는 입력 값에 1을 더해줍니다.

감소 함수는 입력 값에 1을 빼줍니다.

절대값 함수는 입력 값의 부호를 없애고 양의 값을 출력합니다. abs(x)에 해당합니다.

반올림, 버림, 올림 함수는 소수 부분을 반올림/버림/올림 처리합니다.

반올림, 버림, 올림 함수는 거의 비슷한 모양의 함수 아이콘입니다. 대 괄호(Bracket) 모양이 반올림이고, 아래가 닫힌 것이 버림, 위가 닫힌 것이 올림입니다.

반올림은 소수점 아래가 0.5보다 크면 올리고 0.5보다 작으면 내립니다.

버림은 소수점 아래를 버립니다.

올림은 소수점 아래를 올립니다.

제곱근 함수는 입력 값의 제곱근을 출력합니다. $\sqrt{x}$에 해당합니다.

제곱 함수는 입력 값의 제곱을 출력합니다. x^2에 해당합니다.

음수화 함수는 입력 값의 부호를 바꿉니다. -x에 해당합니다.

역수 함수는 입력 값의 역수를 출력합니다. x^{-1}에 해당합니다.

난수(0-1) 함수는 0에서 1사이의 Random Number를 만들어 출력합니다. 0보다 크거나 같고 1보다 작은 균일한 분포의 배정도 부동소수(DBL)를 출력합니다.

2의 거듭제곱으로 스케일 함수는 입력 값에 2의 n승을 곱해줍니다. $x \times 2^n$에 해당합니다. 예를 들어, n=-10이면 출력은 $x \div 1024$ 가 됩니다. LabVIEW FPGA에서 나누기 연산을 대체하는 함수입니다.

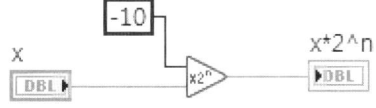

실습 2-5   난수 발생 45

1부터 45사이의 정수를 Random으로 생성하는 VI를 만들어봅니다. 그리고 6회 반복 수행하고 배열을 출력해봅니다.

1. 새 VI를 만들고 **난수45.vi**라고 저장합니다.

2. 다음과 같이 블록다이어그램을 구성합니다.
   A. **난수(0-1)**을 위치시킵니다. (숫자형 팔레트)
   B. **곱하기** 함수를 이용하여 난수(0-1)에 45를 곱해줍니다. 곱하기 함수의 x입력에 난수(0-1)을 연결하고 y입력에서 바로 가기 메뉴로 '상수 생성'를 선택하여 45를 입력해줍니다.
   C. **올림** 함수를 곱하기 함수의 출력에 연결합니다. 그리고 올림 함수의 출력에서 바로 가기 메뉴로 '인디케이터 생성'를 선택하여 숫자형 인디케이터를 생성합니다. "난수45"라고 라벨합니다. (숫자형 팔레트)

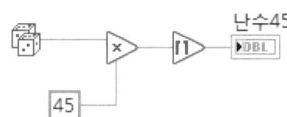

3. **For 루프**로 다이어그램을 두릅니다. (구조 팔레트)
   A. For 루프의 '루프 카운트'에서 바로 가기 메뉴로 '상수 생성'을 선택하고 6을 입력합니다.
   B. 올림 함수의 출력 부분에서 와이어를 분리하여 For 루프의 가장 자리에 연결합니다. **주황색의 출력 터널**이 만들어 질 것입니다.
   C. For 루프의 출력 터널에서 바로 가기 메뉴로 '인디케이터 생성'를 선택하여 "배열" 인디케이터를 생성합니다.

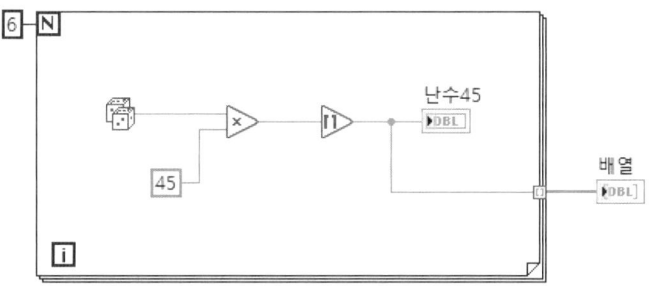

4. VI를 저장하고 실행합니다. 프런트패널에서 "배열"을 선택하고 수평으로 당겨서 보이는 원소를 여섯 개 이상으로 늘여줍니다.

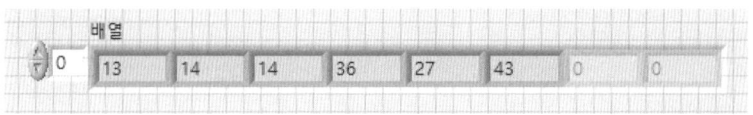

실습 2-5 끝

| 실습 2-6 | 다양한 숫자형 연산 |

이 실습에서는 열거형 컨트롤과 케이스 구조를 이용하여 "연산"을 선택하도록 구성하였습니다. 그리고 숫자형 팔레트, 비교 팔레트, 지수 함수 팔레트에서 제공되는 함수들을 사용합니다.

1. 새 VI를 만들고 **다양한 연산.vi**라고 저장합니다.

2. 프런트패널에 **열거형**, **숫자형 컨트롤**, **숫자형 인디케이터**를 다음과 같이 위치시킵니다. "연산", "A", "B", "C", "D"라고 라벨합니다.

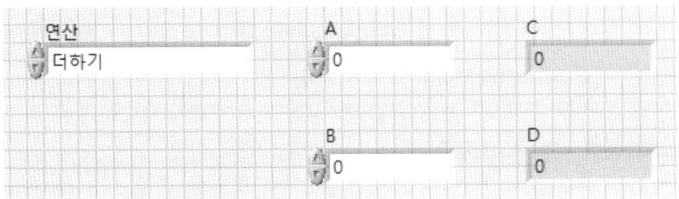

3. 열거형의 바로 가기 메뉴에서 '아이템 편집'을 선택하여 열거형 프로퍼티 창을 띄웁니다. 다음 표와 같이 열거형의 아이템을 입력해줍니다.

아이템	더하기	나누기	Exponential	범위내 확인	최대&최소
값	0	1	2	3	4

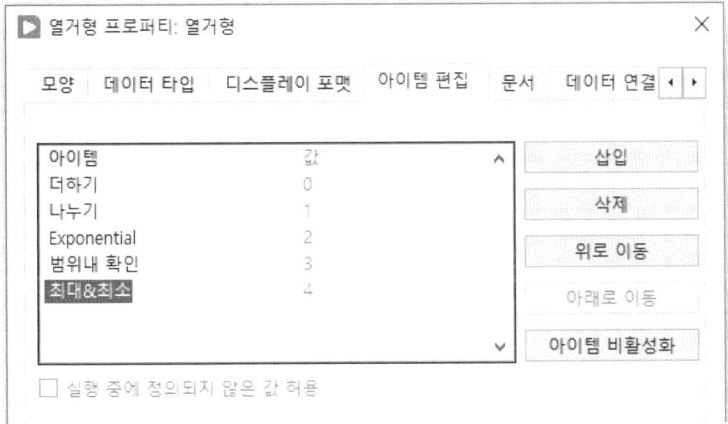

4. 블록다이어그램에 **케이스 구조**를 위치시킵니다. (구조 팔레트)

5. 열거형의 터미널을 케이스 구조의 '케이스 선택자'에 입력합니다. 케이스 구조의 선택자 라벨이 참과 거짓에서 ["더하기", 기본]과 ["나누기"]로 바뀔 것입니다.
   A. 숫자형 컨트롤의 터미널인 A와 B를 왼쪽에 위치시키고 숫자형 인디케이터의 터미널인 C와 D를 오른쪽에 위치시킵니다.
   B. **나누기** 함수를 ["나누기"] 케이스에 위치시킵니다. A와 B를 나누기에 입력합니다. 그리고 나누기의 출력을 C에 연결합니다.
   C. **DBL 숫자형 상수**를 ["나누기"] 케이스에 위치시키고 D에 연결해줍니다. (숫자형 팔레트)

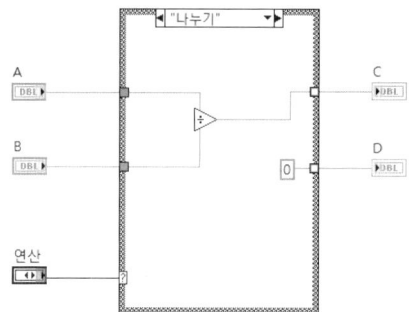

6. ["더하기", 기본] 케이스로 전환합니다.
    A. **더하기** 함수를 찾아서 위치시킵니다. A와 B를 더하기에 입력합니다. 그리고 더하기의 출력을 C로의 출력 터널에 연결합니다.
    B. **DBL 숫자형 상수**를 위치시키고 D로의 출력 터널에 연결해줍니다. (숫자형 팔레트)

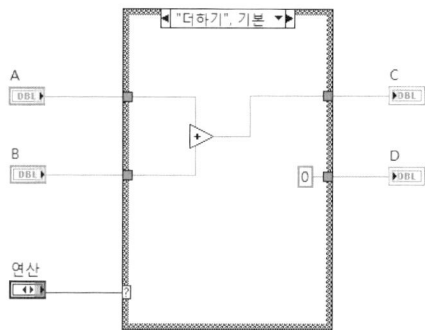

7. 케이스 구조의 바로 가기 메뉴에서 '다음 케이스 추가'를 선택하여 ["Exponential"] 케이스를 추가합니다.
    A. **지수**와 **자연로그** 함수를 위치시킵니다. (수학 > 기본 & 특수 함수 > 지수 함수 팔레트)
    B. A를 지수 함수에 입력하고 출력을 C로의 출력 터널에 연결합니다.
    C. B를 자연로그 함수에 입력하고 출력을 D로의 출력 터널에 연결합니다.

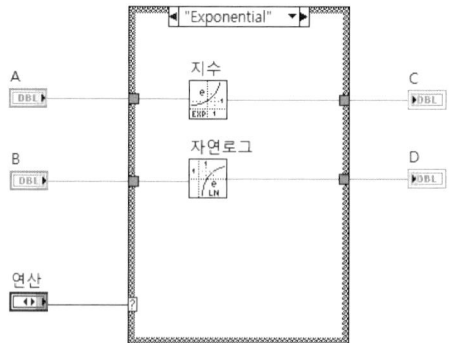

8. 케이스 구조의 바로 가기 메뉴에서 '다음 케이스 추가'를 선택하여 ["범위내 확인"] 케이스를 추가합니다.
   A. **범위내 확인과 강제변환** 함수를 위치시킵니다. (비교 팔레트)
   B. A를 범위내 확인과 강제변환 함수의 x에 입력합니다.
   C. '상위 리미트' 입력에서 바로 가기 메뉴로 '상수 생성'를 선택하고 100을 입력합니다.
   D. '하위 리미트' 입력에서 바로 가기 메뉴로 '상수 생성'를 선택하고 0을 입력합니다.
   E. '강제 변환(x)' 출력을 C로의 터널에 입력합니다.
   F. **불리언을 (0,1)로** 함수를 '범위내?' 출력에 연결합니다. (불리언 팔레트)
   G. **배정도 부동소수로** 함수를 연결하고 D로의 터널에 연결합니다. (숫자형 > 변환 팔레트)

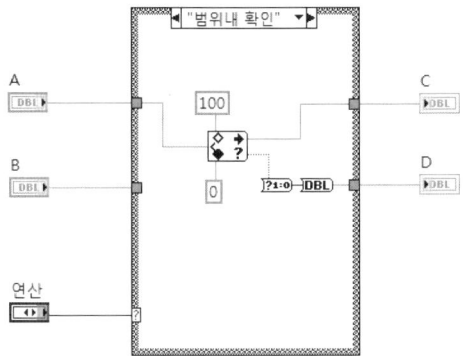

9. 케이스 구조의 바로 가기 메뉴에서 '다음 케이스 추가'를 선택하여 ["최대&최소"] 케이스를 추가합니다.
   A. **최대 & 최소** 함수를 위치시킵니다. (비교 팔레트)
   B. A를 x에 입력하고 B를 y에 입력합니다.
   C. '최대(x,y)' 출력을 C로의 터널에 연결하고 '최소(x,y)' 출력을 D로의 터널에 연결합니다.

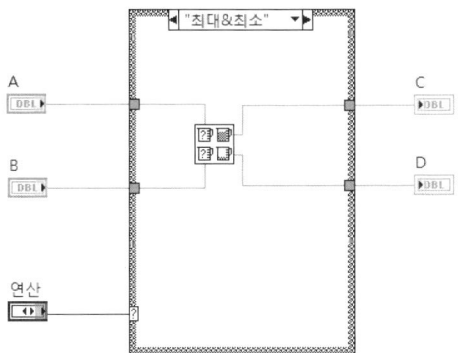

10. VI를 저장하고 실행합니다. 열거형인 "연산"에서 수행할 숫자형 연산을 선택하고 실행하면 해당 연산이 수행됨을 확인할 수 있습니다.

실습 2-6 끝

 **숫자형 데이터 타입**

숫자형 데이터 타입에는 실수와 정수가 있습니다.

실수에는 Floating Point와 Fixed Point가 있습니다. 또한 Floating Point에는 배정도 부동소수(DBL)와 단정도 부동소수(SGL)가 있습니다.

숫자형 연산은 같은 데이터 타입끼리만 가능하고 연산의 결과도 동일한 데이터 타입입니다.

정수에는 Signed Integer와 Unsigned Integer가 있습니다. Signed Integer는 I8, I16, I32, I64이고 Unsigned Integer는 U8, U16, U32, U64입니다. 각각 8bits, 16bits, 32bits, 64bits의 데이터입니다.

정수도 같은 데이터 타입끼리만 연산할 수 있고 연산 결과도 동일한 데이터 타입입니다. 한정적인 리소스에서 연산을 수행하고 연산 결과가 범위를 벗어나면 Round Over합니다.

정수는 기수를 다르게 설정할 수 있습니다. 기수에는 **10진수, 16진수, 2진수**가 있습니다. 바로 가기 메뉴에서 '보이는 아이템 > 기수'를 선택하여 기수를 설정하는 버튼을 숫자형에 추가할 수 있습니다.

기수를 다르게 하더라고 숫자 값이 바뀌는 것은 아닙니다.

숫자형의 기본값은 0입니다.

Section

2. 불리언 데이터 타입과 함수

불리언은 버튼, 스위치, LED와 같은 물리적 논리 소자를 구현하기 위한 데이터 타입입니다. 그리고 불리언 컨트롤과 인디케이터를 사용하여 참/거짓 값을 입력하고 디스플레이합니다.

일반, 실버, 시스템, 클래식 불리언 팔레트에서 불리언 컨트롤과 인디케이터를 찾을 수 있습니다.

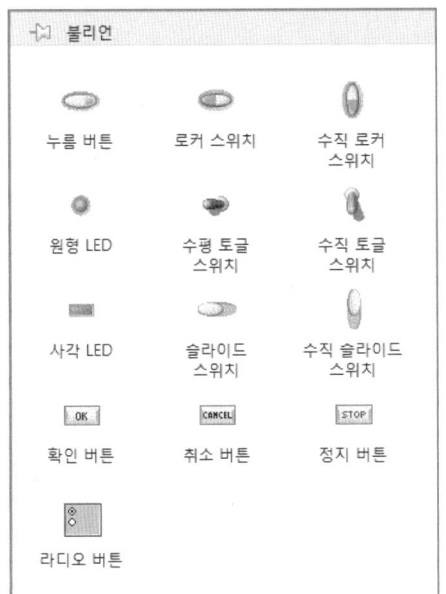

프런트패널에 불리언 컨트롤을 놓으면 마우스로 객체의 크기를 당겨서 키우거나 줄일 수 있습니다. 그리고 도구 바의 정렬 버튼들을 이용하여 좌우 정렬, 간격 맞추기, 크기 맞추기 등으로 정렬할 수 있습니다.

블록다이어그램에서 불리언 터미널과 와이어는 녹색입니다.

가. 기계적 동작

불리언 컨트롤은 참과 거짓의 정보를 입력할 뿐 아니라 사용자 인터페이스에서 버튼으로서의 기계적 특성을 가지고 있습니다. 사용자 인터페이스(User Interface)에서 버튼은 **스위치** 혹은 **래치**로 작동합니다.

스위치는 눌러진 상태나 올라온 상태를 계속 유지하는 버튼이고 래치는 눌러졌다가 다시 올라오는 버튼입니다.

키보드의 키나 마우스의 버튼은 래치에 해당하고 전원 스위치들은 스위치에 해당합니다. 일반적으로 스위치는 누를 때 반응하고 래치는 놓을 때 반응하도록 구성됩니다.

'기계적 동작' 바로 가기 메뉴에서 불리언 컨트롤의 동작 방식을 변경할 수 있습니다. 여섯 가지의 기계적 동작을 선택할 수 있지만 '**누를 때 스위치**'와 '**놓을 때 래치**'를 주로 사용합니다.

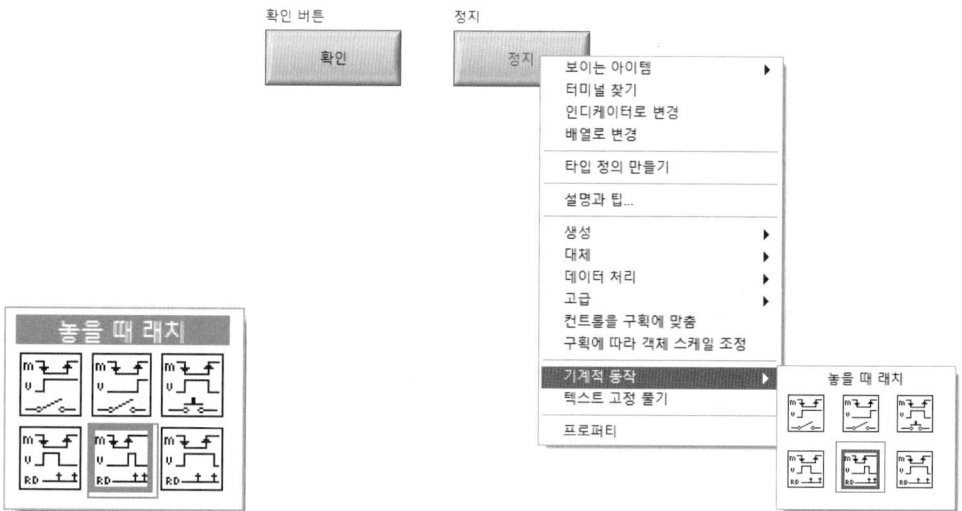

나. 라디오 버튼

라디오 버튼은 한 번에 하나만 선택할 수 있는 아이템 리스트를 사용자에게 제공합니다.

라디오 버튼에 버튼을 추가하고자 한다면 시스템 > 불리언 팔레트에서 **시스템 라디오 버튼**을 찾아서 라디오 버튼 속에 추가로 넣어주면 됩니다. 아래 그림은 "불리언" 버튼을 추가한 예입니다.

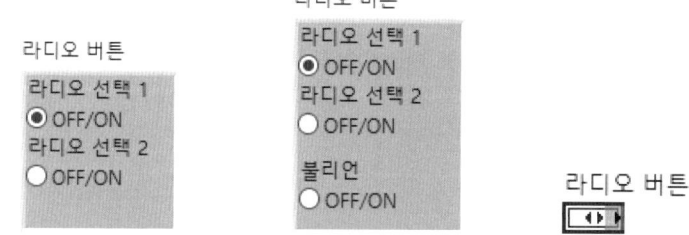

라디오 버튼의 데이터 타입은 **열거형**이므로 케이스 구조의 선택자로 사용될 수 있습니다.

'선택하지 않기 허용' 바로 가기 메뉴를 사용하면 사용자가 아무깃도 선택하지 않을 수 있는 옵션이 제공됩니다. '선택하지 않기 허용'인 경우에는 열거형 아이템으로 "선택 없음"이 추가되어 케이스 구조의 선택자로 ["선택 없음"]이 지정됩니다.

라디오 버튼에서 '클러스터 내의 컨트롤 순서 재설정...' 바로 가기 메뉴를 사용할 수 있습니다. 그러나 클러스터 함수는 사용할 수 없습니다.

다. 시스템 혼합된 확인란

시스템 혼합된 확인란을 사용하여 세 가지 상태의 버튼 객체를 만들 수 있습니다. 세 가지 상태는 False(0), True(1), Mixed(2)입니다. 시스템 > 불리언 팔레트에서 찾을 수 있습니다.

혼합된 확인란은 **열거형** 데이터 타입이므로 케이스 구조와 함께 사용하고 '다음 케이스 추가' 바로 가기 메뉴를 선택하여 "Mixed" 케이스를 추가할 수 있습니다.

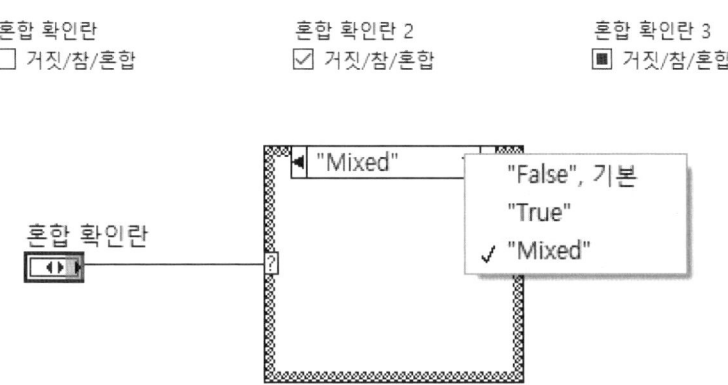

라. 불리언 함수

참 또는 거짓의 논리 값을 가지는 불리언은 AND, OR, XOR, NOT 등의 논리 연산 함수를 사용합니다. 불리언 팔레트에서 불리언 함수들을 찾을 수 있습니다.

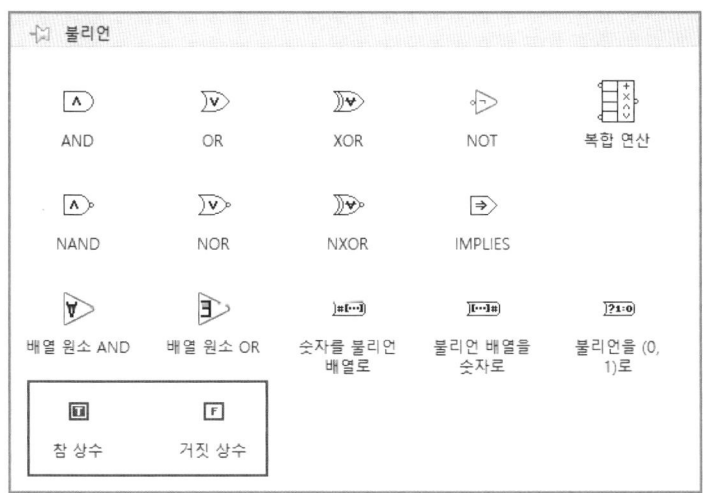

아래 쪽에 불리언 상수로 **참 상수**와 **거짓 상수**가 제공됩니다. 상수는 마우스로 클릭하여 참/거짓을 바꿀 수 있습니다.

AND 함수는 X와 Y입력이 모두 TRUE인 경우에만 TRUE이고 다른 경우에는 FALSE를 출력합니다. 불리언, 불리언의 배열, Integer 숫자형, Integer 숫자형의 배열 등을 입력 받아서 논리 연산을 수행하고 입력과 동일한 데이터 타입으로 출력하는 함수 노드입니다. 특히 2진수 표기의 Integer 숫자형에서 0은 FALSE이고 1은 TRUE에 대응하므로 다음과 같이 연산할 수 있습니다.

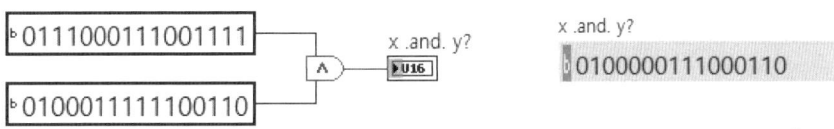

OR 함수는 X와 Y입력 중에서 하나 이상이 TRUE이면 결과로 TRUE를 출력하고 모두 FALSE인 경우에만 FALSE를 출력합니다.

XOR 함수는 X와 Y입력이 서로 다른 경우에는 TRUE를 출력하고 서로 동일한 경우에는 FALSE를 출력합니다.

복합 연산 함수는 숫자형 팔레트에서 소개된 복합 연산 함수와 동일합니다. 복합 연산은 논리 연산으로 AND, OR, XOR을 제공합니다.

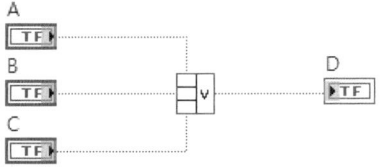

숫자를 불리언 배열로 함수는 Integer 숫자형을 입력받아서 불리언 배열을 반환합니다. 예를 들어, U8은 8개 원소의 불리언 배열을 반환하고 U16은 16개 원소의 불리언 배일을 반환합니다.

이때 2진 숫자형의 비트 순서와 불리언의 원소 인덱스 순서가 반대임을 주의하기 바랍니다. 2진 숫자형의 비트 순서는 왼쪽에 가장 높은 비트(MSB: most significant bit)가 위치하고 오른쪽에 가장 낮은 비트(LSB: least significant bit)가 위치합니다. 그러나 배열 원소 인덱스는 왼쪽이 가장 낮고 오른쪽으로 갈수록 높아집니다.

결과적으로 순서가 반대로 표현됩니다. 다음 예제에서 11100010은 {F,T,F,F,F,T,T,T}입니다.

불리언 배열을 숫자로 함수는 불리언 배열을 부호없는 정수 형으로 변환해줍니다. 이때 불리언 배열의 원소 개수와는 상관없이 U32 숫자형을 출력해줍니다. 만약 다른 숫자형으로 출력하고자 한다면 함수의 프로퍼티에서 '출력 설정'을 바꿔줘야 됩니다.

바로 가기 메뉴에서 프로퍼티를 선택하여 "객체 프로퍼티" 창을 띄웁니다. 그리고 '소스에 적용'을 선택 해제하고 형을 변경해줍니다.

다음은 8개 원소의 불리언 배열을 U8로 변경한 사례입니다.

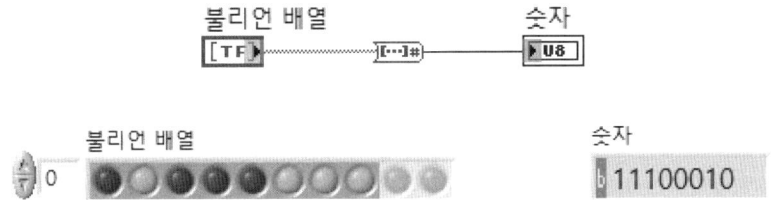

실습 2-7   불리언 연산

복합 연산 함수를 사용하여 다음 로직을 연산해봅니다.

$$\text{NOT ((NOT A) OR B OR C)} = D$$

1. 새 VI를 만들고 **불리언연산.vi**라고 저장합니다.

2. 프런트패널에 수직 토글 스위치 3개를 위치시키고 "A", "B", "C"라고 라벨합니다. 그리고 사각 LED를 위치시키고 "D"라고 라벨합니다.
   정렬 도구를 이용하여 수평 정렬하고 간격을 조절합니다.

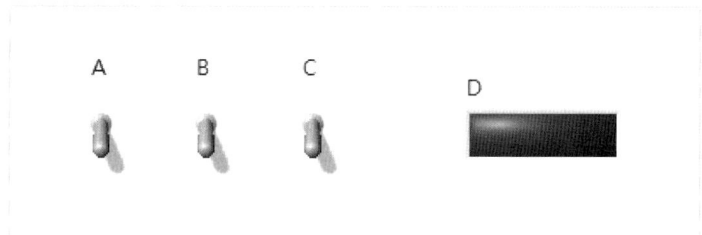

3. 블록다이어그램에서 **NOT** 함수와 **OR** 함수를 이용하여 다음과 같이 로직 연산을 완성합니다. (불리언 팔레트)

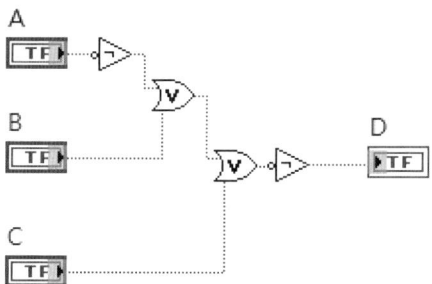

4. 함수 노드를 모두 삭제하고 **복합 연산** 함수를 찾아서 다시 위치시킵니다. 복합 연산 함수의 입력을 3개로 늘여줍니다. 연산 모드는 **OR**로 선택합니다. (불리언 팔레트)

5. A, B, C 터미널을 복합 연산의 입력에 연결하고 출력을 D에 연결합니다.

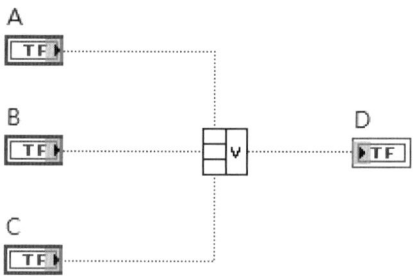

6. A 입력의 바로 가기 메뉴에서 '**반전**'을 선택해줍니다. 그리고 출력의 바로 가기 메뉴에서도 '**반전**'을 선택해줍니다. 반전으로 선택된 터널에는 작은 동그라미 표시가 생깁니다.

7. VI를 저장하고 실행해봅니다. TRUE, FALSE, FALSE 입력하면 TRUE가 됨을 확인할 수 있습니다.

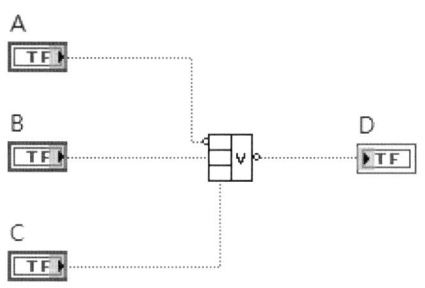

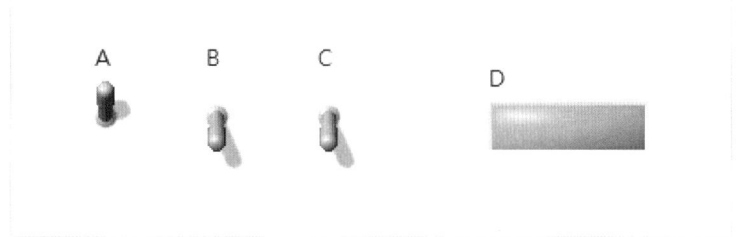

실습 2-7 끝

 **불리언 데이터 타입**

불리언 데이터 타입은 로직 처리에 필요한 True와 False를 가집니다.

LabVIEW에서 불리언 컨트롤은 **여섯 가지 기계적 동작**을 제공합니다.

한 개 불리언은 1bit의 정보이지만 컴퓨터에서는 불리언 한 개당 1byte가 할당됩니다.

U8, U16, U32 등의 Unsigned Integer를 이용하여 불리언 배열을 대체할 수 있습니다. 이때 2진수 (Binary) 표기를 사용합니다.

불리언 함수에는 AND, OR, XOR, NOT 등이 있습니다.

불리언 배열과 Unsigned Integer에도 AND, OR, XOR, NOT 등의 로직 연산을 동일하게 사용할 수 있습니다.

불리언의 기본값은 False입니다.

Section

3. 문자열 데이터 타입과 함수

문자열(String)은 문자(Character)의 나열입니다. LabVIEW 문자열은 유니코드를 사용하여 모든 문자와 기호를 지원합니다. 유니코드는 전 세계의 모든 문자를 컴퓨터에서 일관되게 표현하고 다룰 수 있도록 설계된 표준 (ISO 10646)입니다.

유니코드는 ASCII와 같은 개별 문자 인코딩 방법들을 모두 통합하기 위한 문자 인코딩 표준으로 만들어진 것입니다.

가. 문자열 사용 예

LabVIEW에서 객체의 라벨, 캡션, 그래프나 차트의 X 스케일 이름, Y 스케일 이름, 플롯 이름 등이 문자열입니다.

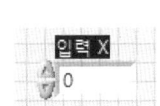
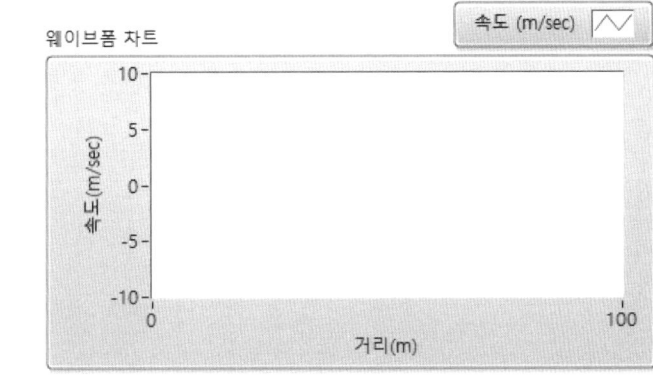

유니코드는 대부분의 프로그래밍 머신에서 지원되기 때문에 유니코드 기반의 문자열 데이터 타입으로 파일을 저장할 경우에 추가적인 디코딩 툴이 없어도 저장된 데이터를 읽어서 확인할 수 있습니다.

아울러 문자열 데이터 타입을 사용하여 다른 머신과 데이터 통신을 수행할 수 있습니다. TCP 통신, UDP 통신, GPIB 통신, 시리얼 통신 등에서 문자열 데이터 타입을 사용합니다.

특히 인스트루먼트(계측장비) 통신에서는 128개 코드로 구성된 ASCII를 주로 사용합니다. ASCII는 미국 표준화 협회가 제정한 정보 교환용 표준 코드입니다. 유니코드는 ASCII 코드를 아우릅니다.

ASCII에는 영어 대문자, 소문자, 문장 부호, 기본 숫자 10개, 그리고 컨트롤 코드가 포함됩니다.

컨트롤 코드는 0부터 31까지의 코드이며 이는 인쇄할 수 없는 컨트롤 문자의 세트로 문자열의 '16진수 디스플레이' 표기에서만 입력이 가능합니다.

ASCII는 7bits(0부터 127까지)로 구성되어 128개 문자를 나타낼 수 있고 1 parity bit를 둘 수 있습니다. ASCII 코드 표는 다음과 같습니다.

10진수	16진수	ASCII	10진수	16진수	ASCII	10진수	16진수	ASCII
0	00	NUL	50	32	2	100	64	d
1	01	**SOH**	51	33	3	101	65	e
2	02	**STX**	52	34	4	102	66	f
3	03	**ETX**	53	35	5	103	67	g
4	04	**EOT**	54	36	6	104	68	h
5	05	**ENQ**	55	37	7	105	69	i
6	06	**ACK**	56	38	8	106	6A	j
7	07	BEL	57	39	9	107	6B	k
8	08	BS	58	3A	:	108	6C	l
9	09	HT	59	3B	;	109	6D	m
10	0A	**LF**	60	3C	<	110	6E	n
11	0B	VT	61	3D	=	111	6F	o
12	0C	FF	62	3E	>	112	70	p
13	0D	CR	63	3F	?	113	71	q
14	0E	SO	64	40	@	114	72	r
15	0F	SI	65	41	A	115	73	s
16	10	DLE	66	42	B	116	74	t
17	11	DC1	67	43	C	117	75	u
18	12	DC2	68	44	D	118	76	v
19	13	DC3	69	45	E	119	77	w
20	14	DC4	70	46	F	120	78	x
21	15	**NAK**	71	47	G	121	79	y
22	16	SYN	72	48	H	122	7A	z
23	17	ETB	73	49	I	123	7B	{
24	18	CAN	74	4A	J	124	7C	|
25	19	EM	75	4B	K	125	7D	}
26	1A	SUB	76	4C	L	126	7E	~
27	1B	ESC	77	4D	M	127	7F	DEL
28	1C	FS	78	4E	N			
29	1D	GS	79	4F	O			
30	1E	RS	80	50	P			
31	1F	US	81	51	Q			
32	20	SP	82	52	R			
33	21	!	83	53	S			
34	22	"	84	54	T			
35	23	#	85	55	U			
36	24	$	86	56	V			
37	25	%	87	57	W			
38	26	&	88	58	X			
39	27	'	89	59	Y			
40	28	(	90	5A	Z			
41	29	)	91	5B	[			
42	2A	*	92	5C	₩			
43	2B	+	93	5D	]			
44	2C	,	94	5E	^			
45	2D	-	95	5F	_			
46	2E	.	96	60	`			
47	2F	/	97	61	a			
48	30	**0**	98	62	b			
49	31	**1**	99	63	c			

나. 문자열에서의 숫자 표현

문자열에서 숫자는 10진수 ASCII 코드로 48번(x30)에서 57번(x39)까지로 표현됩니다. 그리고 소수점은 46번(x2E)에 대응됩니다. 각 글자는 한 개씩의 코드로 표현되고 1byte의 메모리를 차지합니다. 예를 들어, 문자열 3.14159는 7글자이고 7byte로 구성됩니다.

문자열에서 표현하는 숫자나 부호는 연산을 수행할 수 없는 문자 기호입니다. 예를 들어, "3.4+5.2="을 문자열로 입력할 수 있지만 이 문자열을 실행한다고 하더라도 더하기 계산을 수행할 수는 없습니다. 3.4은 세 개의 문자들([3], [.], [4])로 구성된 문자열일 뿐입니다.

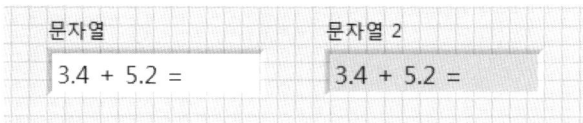

다. 문자열 컨트롤과 인디케이터

문자열 & 경로 팔레트에서 문자열 컨트롤과 문자열 인디케이터를 찾을 수 있습니다.

문자열 컨트롤을 프런트패널에 위치시키고 마우스로 선택하여 8개 방향으로 크기를 늘리거나 줄여서 조절할 수 있습니다.

문자열 컨트롤에는 키보드로 입력할 수 있는 모든 문자나 기호를 입력할 수 있습니다. 또한 문자표로 입력할 수 있는 모든 유니코드 문자를 입력할 수 있습니다.

문자열의 터미널은 분홍색 아이콘입니다. 문자열 와이어도 같은 분홍색입니다.

라. 문자열 디스플레이 스타일

일반 디스플레이, '₩' 코드 디스플레이, 암호 디스플레이, 16진수 디스플레이를 바로 가기 메뉴에서 선택할 수 있습니다. 다음은 동일한 문자열을 다른 디스플레이 방식으로 표현한 것입니다.

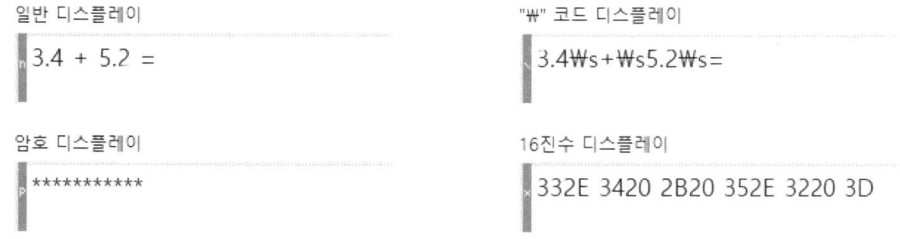

문자열을 '**16진수 디스플레이**' 스타일로 변경하면 ASCII를 포함한 모든 유니코드 문자를 16진수 코드로 입력할 수 있습니다.

문자열 컨트롤이나 문자열 인디케이터에서 바로 가기 메뉴로 '**보이는 아이템 > 디스플레이 스타일**'을 선택하면 왼쪽에 디스플레이 방식을 선택하는 버튼이 보여집니다. 이 버튼을 클릭하여 일반(n), '₩' 코드, 암호(p), 16진수(x) 디스플레이 방식을 바꿔서 선택해줄 수 있습니다.

다음은 일반 디스플레이로 "0"을 '₩' 코드 디스플레이, 암호 디스플레이, 그리고 16진수 디스플레이로 각각 선택한 것입니다. 16진수 표기로 "30"이 문자 "0"임을 확인할 수 있습니다.

다음 표는 '₩' 코드에 대한 설명입니다.

'₩' 코드	설명	16진수 코드
₩b	백스페이스 (BS)	08
₩f	폼 피드 (FF)	0C
₩n	라인 피드 (LF)	0A
₩r	캐리지 리턴 (CR)	0D
₩t	탭 (HT)	09
₩s	스페이스 (SP)	20
/	백슬래쉬 (/)	2F

마. 콤보 박스

콤보 박스를 사용하여 풀다운 메뉴에서 선택 가능한 문자열 리스트를 생성합니다. 콤보 박스는 텍스트 링이나 메뉴 링과 유사합니다. 콤보 박스의 데이터 타입은 문자열입니다.

바로 가기 메뉴에서 '아이템 편집'을 선택하여 다음과 같이 [콤보 박스 프로퍼티] 창을 팝업할 수 있습니다. "값을 아이템에 일치" 설정을 비활성화 시키면 아이템과 다른 문자 값을 입력할 수 있습니다.

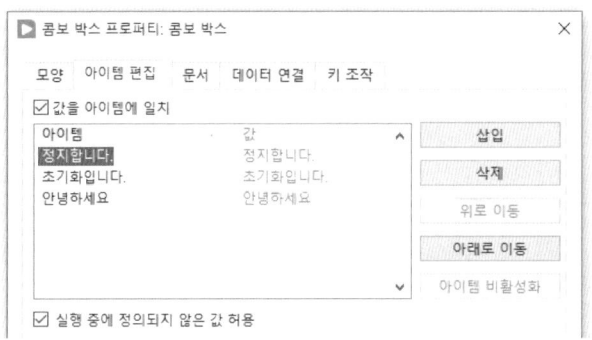
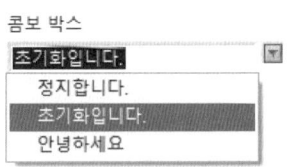

바. 문자표 사용

문자열 컨트롤이나 객체의 라벨 등은 키보드로 직접 입력 가능하지만 키보드 입력만으로 원하는 문자를 모두 입력할 수는 없습니다. 예를 들어, 가속도 단위인 m/sec²을 입력하고 싶은 경우에 키보드로는 ²을 입력할 수 없습니다.

이때 윈도우에서 제공되는 문자표를 이용합니다. Windows 보조프로그램에서 **문자표 (Character Map)** 를 찾을 수 있습니다. 문자표에서 원하는 문자를 찾아서 선택하고 복사하면 클립보드로 복사됩니다.

사. 문자열 함수

문자열은 TCP, UDP, GPIB, 시리얼 통신 등에서 머신과 머신 사이에서 데이터를 주고받기 위한 목적으로 사용됩니다. 즉, 통신 지령(Command)로 사용됩니다. 그러므로 문자열 함수에는 통신 지령을 만드는 함수와 응답 받은 메시지에서 원하는 정보를 찾아서 분리하는 함수 등이 있습니다.

데이터 통신에서 핵심 정보는 숫자 정보입니다. 머신에서 "현재 온도 = 21.3°C"라는 응답을 받았다면 이 응답 메시지에서 핵심 정보는 21.3이라는 숫자 정보입니다. 그래서 숫자형을 문자열로 포맷하여 지령 메시지에 포함시키는 함수와 응답 메시지에서 분리한 숫자 정보를 숫자형으로 변환하는 함수가 제공됩니다.

문자열 팔레트에는 다음과 같이 세 가지 종류의 함수와 문자열 상수가 제공됩니다.

- 새 문자열 만들기: 문자열이나 문자열 상수를 연결하여 지령을 완성합니다.
- 문자열에서 특정 문자(패턴) 찾기 및 분리하기
- 숫자형/문자열 포맷하기
- 문자열 상수

A. 문자열 연결

문자열 연결 함수는 문자열이나 1D 문자열 배열을 연결하고 하나의 문자열을 반환합니다.

문자열 연결 함수를 블록다이어그램에 위치시키면 두 개 입력을 가지는 함수 노드이지만 아래로 당겨서 입력의 개수를 늘여줄 수 있습니다.

다음 예제는 LS 산전 PLC XGT Cnet 통신의 요구 프레임 구문입니다. 문자열 연결 함수로 여섯 개의 문자열을 연결하여 메시지를 완성한 것입니다. 시작 문자와 끝 문자는 16진수 디스플레이(x)의 문자열 상수이고, Address와 Data는 문자열 컨트롤이고, Command와 Resource ID는 일반 디스플레이(n)의 문자열 상수입니다.

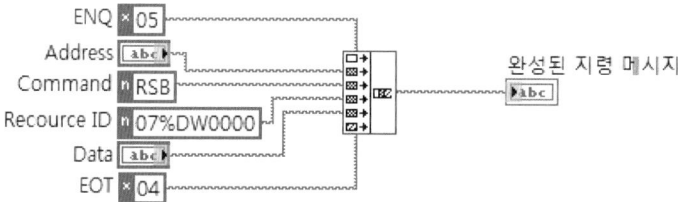

다음 예제는 문자열 상수와 1D 문자열 배열을 연결한 것입니다.

B. 문자열 잘라내기

문자열 잘라내기 함수는 Offset과 Length를 지정하여 문자열에서 일부분을 잘라내는 함수입니다.

일반적인 계측 장비의 통신 응답은 Header + Address + Command + Data + Tail로 구성됩니다. 그리고 통신 프로그램이 필요로하는 정보는 Data입니다. 문자열 잘라내기 함수를 이용하여 응답 메시지에서 Data를 잘라낼 수 있습니다.

다음 예제는 응답 메시지가 "$_{ACK}$00RSB0430391A85$_{ETX}$"인 경우입니다. 메시지에서 Data가 "3039"와 "1A85"라면 **문자열 잘라내기** 함수를 이용하여 Offset = 8, Length = 4로 잘라내고, Offset = 12, Length = 4로 잘라냅니다.

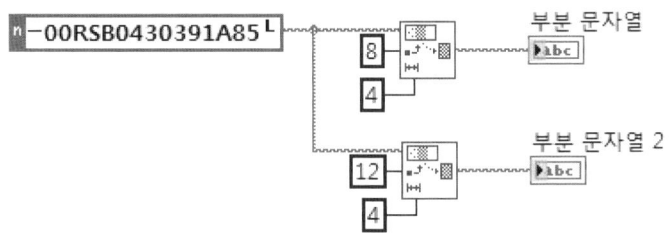

C. 특정 문자(패턴) 검색하기 함수

패턴 일치, 정규식 일치, 문자열 검색과 대체 함수는 특정 문자열을 검색하여 대체하거나 분리하는 함수들입니다. 이 함수들은 '검색 문자열'이나 '정규식'에 입력한 문자를 검색합니다.

패턴 일치 함수는 오프셋에서 시작하여 문자열에서 정규식을 검색합니다. 정규식과 일치하는 첫 번째 문자열을 찾으면 세 개의 부분 문자열로 분리합니다.

'정규식'은 문자열에서 검색하려는 패턴입니다. 다음은 문자열 "Volts"을 찾는 예제입니다. 정규식 = "Volts"라고 입력해도 되지만 예제와 같이 [Vv][Oo][Ll][Tt][Ss]라고 입력하여 내/소 문자 구분 없이 검색하도록 구성할 수도 있습니다.

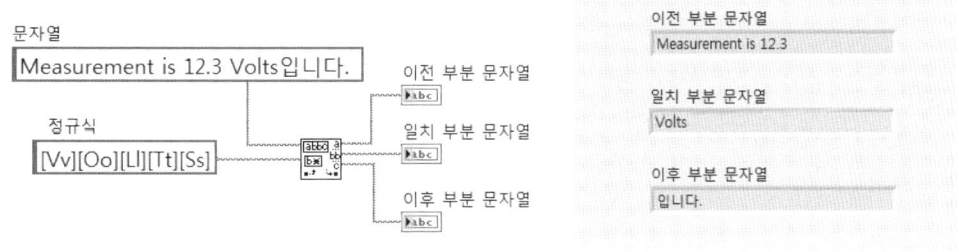

패턴 일치 함수의 **정규식**은 다음과 같은 규칙으로 입력합니다.

- [ ]은 문자 클래스를 생성하며 이를 사용하여 문자 세트 중 하나와 일치시킬 수 있습니다. 예를 들어, [abc123]는 문자 a, b, c, 1, 2, 3과 일치합니다.

  다음 예제에서 [cd][ao][tg]는 첫 글자는 c 또는 d, 둘째 글자는 a 또는 o, 세 번째 글자는 t 또는 g인 문자열을 찾는 정규식입니다. "cat", "dog", "cot", "dot", "cog"가 검색될 수 있습니다. 오프셋이 0인 경우에 첫 번째로 검색된 결과는 cat입니다.

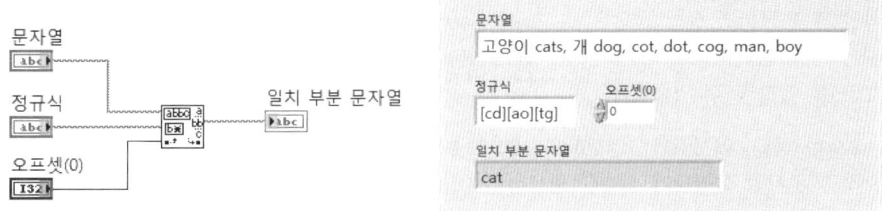

- -는 문자의 범위를 지정합니다. 예를 들어, [a-z]는 모든 소문자와 일치합니다. [a-zA-Z0-9]는 모든 소문자, 대문자, 그리고 숫자와 일치합니다. 문자의 순서는 유니코드(혹은 ASCII 코드)에서 번호 순서입니다.

- 캐럿(^)을 추가하여 주어진 세트만 제외한 모든 문자와 일치시킬 수 있습니다.
  예를 들어, [^0-9]은 숫자가 아닌 모든 문자와 일치합니다.
  예를 들어, [^a-zA-Z0-9]는 소문자, 대문자, 숫자가 아닌 모든 문자와 일치합니다.

정규식 일치 함수는 패턴 일치 함수와 유사한 기능을 제공합니다. 그러나 실행 속도는 패턴 일치가 더 빠릅니다. 반면 정규식 일치가 좀 더 많은 문자열 일치 옵션을 제공합니다.

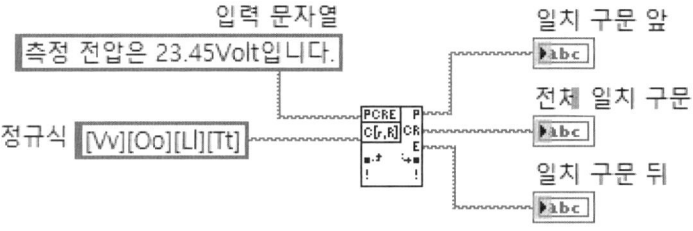

문자열 검색과 대체 함수는 입력된 문자열에서 특정 문자열을 검색하여 대체 문자열로 대체하는 함수입니다.

94

- '검색 문자열'은 검색한 후 대체하려는 문자열입니다. '대체 문자열'은 검색 문자열에서 문자열을 대체합니다.
- '모두 대체?'는 발견된 모든 '검색 문자열'을 대체할지, 아니면 첫 번째 발견된 문자열만 대체할지 여부를 지정합니다.
- '오프셋'에서 시작하여 '검색 문자열'을 검색합니다.

D. 숫자형/문자열 포맷하기

숫자형 데이터 타입의 형과 표기 방식에 맞춰서 숫자형/문자열 데이터 타입을 상호 변환시키는 것을 "포맷하기"라고 부릅니다.

문자열로 포맷, 문자열로부터 스캔, 스프레드시트 문자열을 배열로, 배열을 스프레드시트 문자열로 함수 등이 문자열과 숫자형을 상호 포맷하는 함수들입니다.

이 함수들은 %로 시작하는 포맷 문자열을 기준으로 숫자형과 문자열을 상호 포맷합니다.

숫자형 데이터 타입에는 정수형과 실수형이 있고, 정수인 경우에는 10진수, 16진수, 8진수, 2진수 표기 방식이 있습니다. 아울러 실수인 경우에는 부동소수 표기와 과학적 표기법이 있습니다. 이와 같은 숫자형의 표기 방식에 맞춰서 포맷 구문을 사용합니다.

포맷 구문	설명
%s	문자열
%d	부호 있는 10진수 정수
%u	부호 없는 10진수 정수
%b	2진수
%x	16진수
%o	8진수
%f	소수점 포맷의 부동소수(예를 들어, 12.345)
%e	과학적 표기법의 부동소수(예를 들어, 1.234E1).
.	정밀도를 나타냅니다. (예를 들어, %.4f는 소수점 네 자리로 포맷합니다.)

문자열로 포맷 함수는 입력된 데이터들을 조합하여 '포맷 문자열'로 지정한 포맷의 문자열로 만들어줍니다.

'초기 문자열'이 가장 앞에 위치합니다. '입력'은 위에서 아래의 순서로 문자열에 추가됩니다. 이때 입력 데이터 타입과 포맷 문자열의 구문이 동일해야만 에러가 발생하지 않습니다.

문자열로부터 스캔 함수는 입력 문자열을 '포맷 문자열'에 따라 스캔하여 데이터를 출력합니다. '포맷 문자열'은 입력 문자열을 어떻게 출력할 것인지 지정합니다.

바로 가기 메뉴에서 '스캔 문자열 편집'을 선택하여 포맷 문자열을 생성하고 편집할 수도 있습니다.

포맷 문자열이 지정되면 대응하는 데이터가 출력으로 나옵니다. 이때 지정한 데이터만큼 출력의 개수를 늘려서 만들어줘야 됩니다.

다음은 입력된 문자열에서 2개의 배정도 숫자형(DBL) 데이터를 출력하는 예제입니다. 포맷 문자열 = **X:%f Y:%f**라고 입력하였습니다. 그리고 출력이 2개가 되므로 아래로 당겨서 늘려줬습니다.

 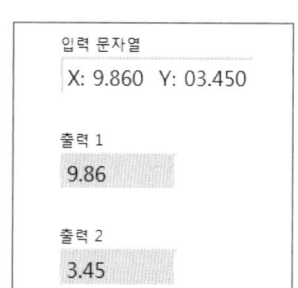

배열을 스프레드시트 문자열로 함수는 2D 숫자형 배열을 스프레트시트 문자열로 포맷하는 함수입니다. 2차원 DBL 배열을 **%.3f** 포맷으로 스프레드시트 문자열로 포맷하는 예제입니다.

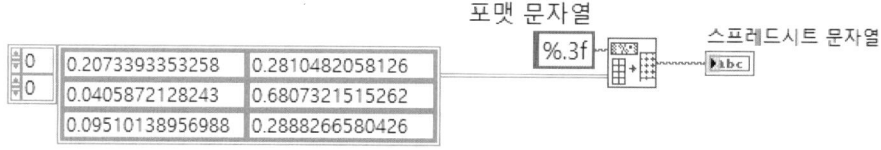

스프레드시트 문자열을 배열로 함수는 스프레드시트 문자열은 숫자형 배열로 포맷하는 함수입니다.

"스프레드시트 문자열"은 숫자를 탭과 라인 끝(캐리지 리턴+라인 피드)으로 구분하여 2차원 숫자를 표현한 문자열입니다. 다음은 스프레드시트 문자열을 '일반 디스플레이'로 표현한 것과 '₩코드 디스플레이'로 표현한 사례입니다. ₩t는 '탭', ₩r은 '캐리지 리턴', ₩n은 '라인 피드'를 나타냅니다.

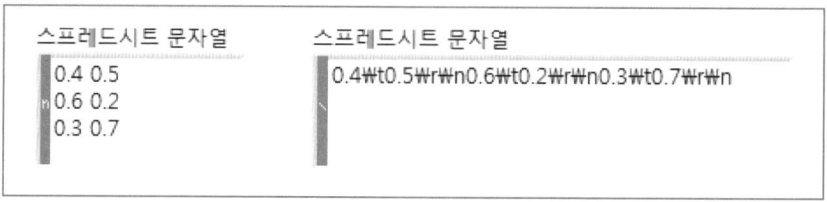

다음은 스프레드시트 문자열을 입력 받아서 2차원 DBL 숫자형 배열을 출력하는 예제입니다. 포맷 문자열은 %f입니다.

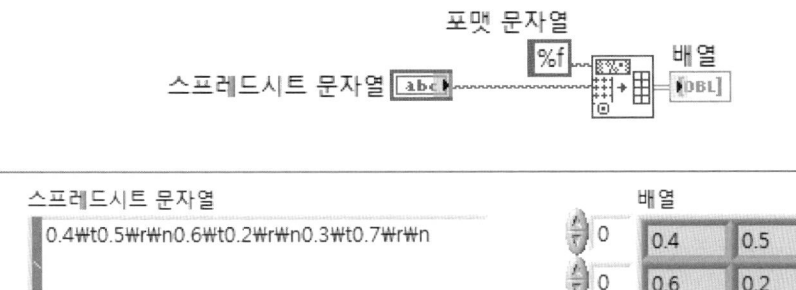

E. 부분 문자열 대체 함수

부분 문자열 대체 함수는 지정한 오프셋에서 부분 문자열을 삽입, 삭제, 또는 대체합니다. 기존 문자열의 일부를 다른 문자열로 대체하는 목적으로 사용됩니다.

'부분 문자열'은 문자열의 '오프셋'에서 길이만큼을 대체하려는 문자열입니다.

'오프셋'은 문자열에서 함수가 부분 문자열을 배치하는 곳까지의 문자의 개수를 결정합니다. 오프셋의 단위는 byte입니다. 한글은 2byte 언어이므로 한글을 사용하는 경우에는 글자 한 개당 2byte로 계산하여 오프셋을 입력해야 됩니다.

'길이'는 부분 문자열로 대체할 문자열의 문자의 개수를 결정합니다. 입력하지 않는 경우에는 부분 문자열의 길이만큼 설정됩니다.

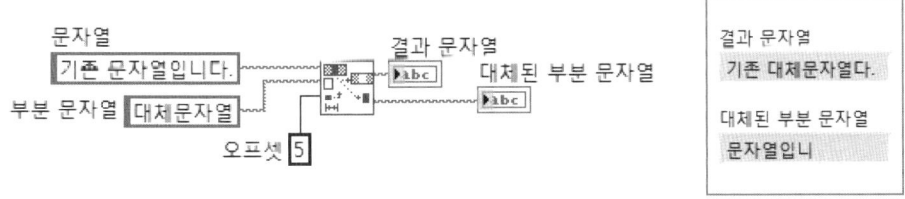

아. 숫자/문자열 변환 팔레트

문자열의 하위 팔레트인 **숫자/문자열 변환 팔레트**에는 문자열을 숫자형으로 변환하거나 숫자형을 문자열로 변환하는 함수들이 있습니다.

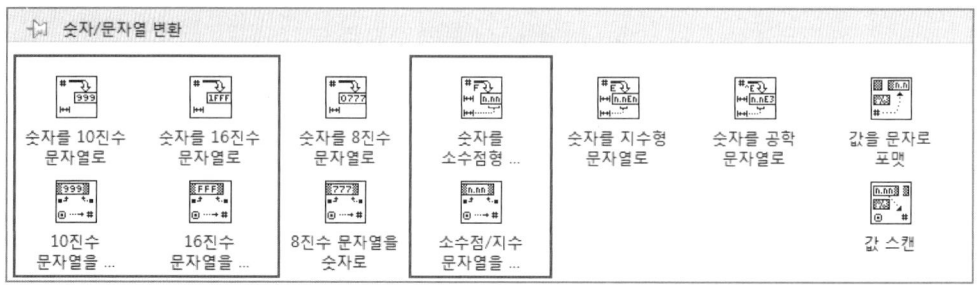

숫자형에는 정수와 실수가 있고 정수에는 10진수, 16진수, 8진수, 2진수 표기법이 있고, 실수에는 부동소수 표기법과 과학적 표기법이 있습니다. 그리고 숫자형과 문자열을 상호 변환시키기 위해서는 숫자형의 표기 방법에 대응하는 함수를 사용해야 됩니다.

2진수 표기에 대한 함수는 제공되지 않고 8진수 표기는 더 이상 사용하지 않기 때문에 정수(Integer)는 '**10진수 문자열**' 함수와 '**16 진수 문자열**' 함수만 사용됩니다.

또한 '과학적 표기법'도 숫자/문자열 변환에서 사용되지 않기 때문에 실수는 **소수점형 문자열** 함수를 사용합니다.

A. 숫자를 10진수 문자열로 함수와 10진수 문자열을 숫자로 함수

숫자를 10진수 문자열로 [Number to Decimal String] 함수는 정수를 10진수 문자열(Decimal String)으로 변환해줍니다. 다루는 숫자형은 정수입니다.

10진수 문자열(Decimal String)은 {0,1,2,3,4,5,6,7,8,9,-}만 사용하는 문자열입니다.

다음과 같이 10진수 표기의 정수 123을 문자열 "123"로 변환할 수 있습니다. (일반 디스플레이)

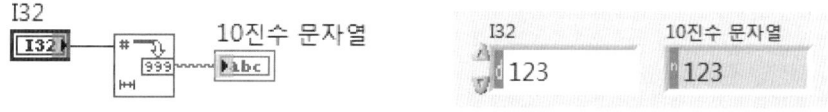

10진수 문자열을 숫자로 [Decimal String to Number] 함수는 10진수 문자열(Decimal String)을 정수로 변환해줍니다. 기본 출력은 I32 정수입니다. 그러나 '기본' 입력에 U16 숫자형 상수를 입력하면 U16 정수를 출력할 수 있습니다.

B. 숫자를 16진수 문자열로 함수와 16진수 문자열을 숫자로 함수

16진수 문자열(Hexadecimal String)이란 {0,1,2,3,4,5,6,7,8,9,A,B,C,D,E,F}로 숫자의 16진수 표기를 문자열로 표현한 것을 의미합니다.

숫자를 16진수 문자열로 [Number to Hexadecimal String] 함수는 정수를 16진수 문자열(Hexadecimal String)으로 변환해줍니다.

예를 들어, 숫자 65535는 16진수 표기로 FFFF입니다. 그래서 숫자 65535를 10진수 문자열(Decimal String)로 변환하면 "65535"가 되고 16진수 문자열(Hexadecimal String)로 변환하면 "FFFF"가 됩니다.

다음은 U16(Word)를 문자열로 변환한 예제입니다. U16(Word)에 대한 16진수 문자열은 반드시 4글자여야 되므로 Length = 4라고 입력해야 됩니다.

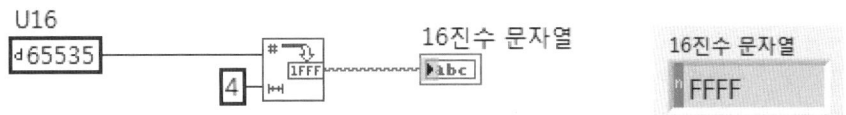

[주의] LabVIEW 문자열에는 '16진수 디스플레이' 스타일이 제공되지만 '16진수 디스플레이' 문자열이 16진수 문자열은 아닙니다. 예제와 같이 16진수 문자열은 '일반 디스플레이' 스타일로 디스플레이해야합니다.

16진수 문자열을 숫자로 [Hexadecimal String To Number] 함수는 16진수 문자열(Hexadecimal String)을 정수(Integer)로 변환합니다.

다음은 16진수 문자열 "0A30" (일반 디스플레이)를 입력하여 U16(Word)를 출력하는 예제입니다. 함수의 기본 출력이 U32 숫자형이므로 '기본'에 U16 숫자형 상수를 입력하여 변경시켜줬습니다.

예제에서 "숫자" 출력은 10진수로 2608입니다. 이 값은 16진수로 A30입니다. 기수를 16진수로 변경하면 16진수 값을 확인할 수 있을 것입니다.

C. 숫자를 소수점형 문자열로 함수와 소수점/지수 문자열을 숫자로 함수

숫자를 소수점형 문자열로 함수와 소수점/지수 문자열을 숫자로 함수는 부동소수 표기법의 **실수** 숫자형을 문자열로 상호 변환시키는 함수입니다.

실수에는 **부동소수 표기법**과 **과학적 표기법**이 제공되지만 계측 및 자동화 어플리케이션에서는 부동소수 표기법만 사용됩니다.

숫자를 소수점형 문자열로 [Number To Fractional String] 함수는 배정도 부동소수(DBL)나 단정도 부동소수(SGL)를 문자열로 변환하는 함수입니다.

'정밀도'는 문자열의 소수점 이하 자리 수를 나타냅니다. 다음 예제와 같이 정밀도를 6으로 입력하면 소수점 이하가 6자리인 문자열로 변환됩니다.

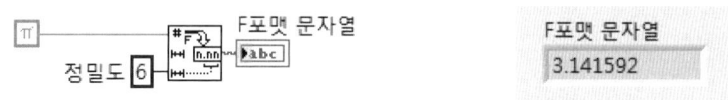

소수점/지수 문자열을 숫자로 [Fract/Exp String to Number] 함수는 숫자 문자열을 배정도 부동소수(DBL) 타입으로 변환하는 함수입니다.

실습 2-8   문자열 함수 사용

문자열 연결, 문자열 길이, 문자열 잘라내기, 소수점/지수 문자열을 숫자로, 패턴 일치 함수들의 사용법을 익힙니다.

1. 새 VI를 만들고 **문자열함수.vi**라고 저장합니다.

2. 프런트패널에 **문자열 컨트롤**과 **문자열 인디케이터**를 위치시킵니다.

3. 블록다이어그램에 **문자열 연결** 함수를 위치시키고 입력을 3개로 늘여줍니다. 함수를 선택하고 아래로 당겨서 입력 개수를 늘여줄 수 있습니다. (문자열 팔레트)
   A. 문자열 연결 함수의 2번 입력에 "문자열" 컨트롤을 연결해주고 출력에 "문자열 2" 인디케이터를 연결해줍니다.
   B. 1번 입력에서 바로 가기 메뉴로 '상수 생성'를 선택하여 문자열 상수를 생성합니다. "측정 데이터 = "라고 입력합니다.
   C. 3번 입력에서 문자열 상수를 생성해줍니다. "Volt 입니다."라고 입력합니다.

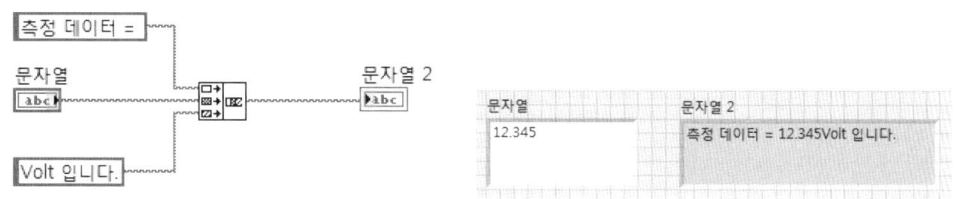

4. **문자열 길이** 함수를 이용하여 문자열 상수인 "측정 데이터 = "의 길이를 계산합니다. VI를 실행하고 결과를 확인하면 "길이" = 14일 것입니다. 한글 한 글자는 2Byte이기 때문입니다.

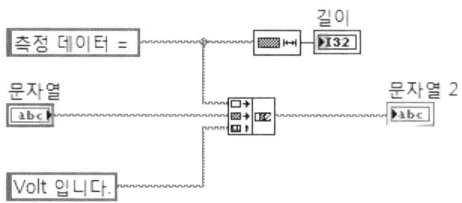

5. "문자열 2"를 복사하여 붙여놓습니다. 바로 가기 메뉴에서 '컨트롤로 변경'을 선택하여 컨트롤로 변경시킵니다. "문자얼 3"라고 라벨합니다.

6. 편집(E) 메뉴에서 '현재 값을 기본값으로' 메뉴를 선택하고 저장합니다.

7. **문자열 잘라내기** 함수를 "문자열 3"에 연결합니다. '오프셋'에서 상수를 생성하고 14를 입력합니다. '길이'에서 상수를 생성하고 6을 입력합니다. (문자열 팔레트)

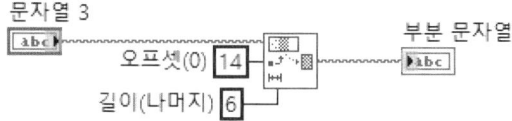

8. **소수점/지수 문자열을 숫자로** 함수를 연결해주고 '숫자' 출력에서 인디케이터를 생성해줍니다. (문자열 > 숫자/문자열 변환 팔레트)

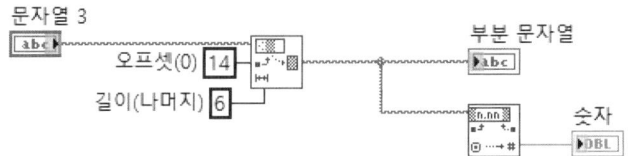

9. "문자열 3"에 **패턴 일치** 함수를 2개 차례로 연결해줍니다. 첫 번째 함수의 '이후 부분 문자열' 출력을 두 번째 함수에 입력하고, 두 번째 함수의 '이전 부분 문자열' 출력에서 인디케이터를 생성해줍니다. 첫 번째 함수의 정규식에 "="라고 입력하고, 두 번째 함수의 정규식에 "Volt"라고 입력합니다. (문자열 팔레트)

10. **소수점/지수 문자열을 숫자로** 함수를 연결해주고 '숫자' 출력에서 인디케이터를 생성해줍니다. (문자열 > 숫자/문자열 변환 팔레트)

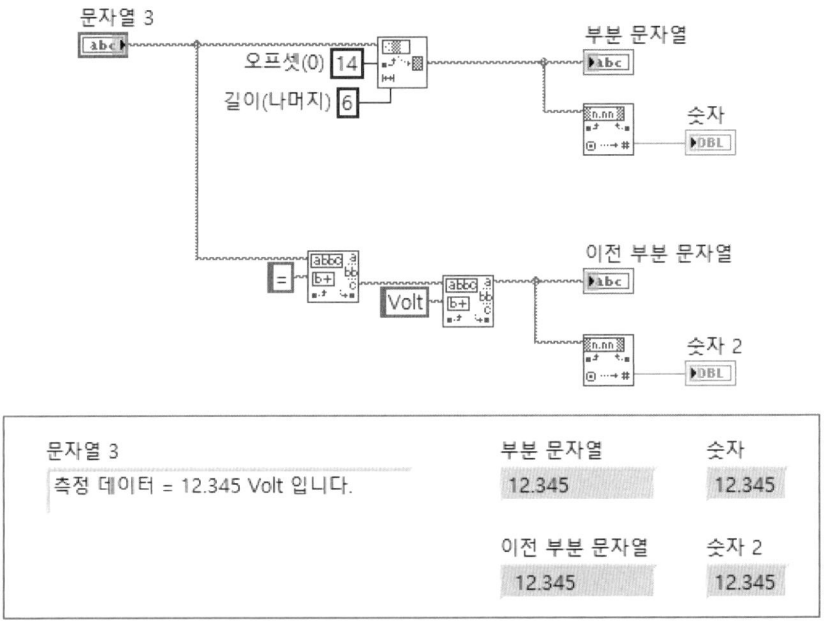

실습 2-8 끝

실습 2-9   응답 프레임 문자열 처리

LS산전의 XGT 시리즈 PLC를 시리얼 통신으로 제어할 경우에 응답되는 응답 프레임에서 의미있는 정보는 추출하는 예제를 만들어봅니다.

다음은 XGT 시리즈 PLC의 매뉴얼에서 소개된 응답 프레임의 예입니다. 이 실습에서는 응답 프레임에서 데이터 부분만 분리할 것입니다. 분리할 데이터는 {3039}와 {1A85}입니다.

구분	Header	국번	명령어	명령어타입	데이터 개수	데이터	Tail	Check
일반	ACK	0A	R	SB	04	30391A85	ETX	
Hex	h06	h3041	h52	h5342	h3034	h3330 3339 3141 3835	h03	

1. 새 VI를 만들고 **XGT응답프레임.vi**라고 저장합니다.

2. 프런트패널에 **문자열 컨트롤**을 위치시킵니다. "응답 프레임"라고 라벨합니다. 바로 가기 메뉴에서 '보이는 아이템 > 디스플레이 스타일'을 선택합니다. '**16진수 디스플레이**' 스타일로 변경하고 "**0603**"을 입력합니다.

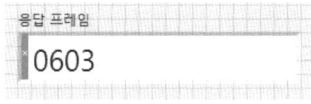

3. 디스플레이 스타일을 '**일반 디스플레이**'로 변경하고 특수 문자 사이에 "**0ARSB0430391A85**"라고 입력합니다.

   ACK**0ARSB0430391A85**ETX를 입력한 것입니다. ACK(\06)와 ETX(\03)는 ASCII 특수문자여서 일반 디스플레이 스타일에서는 확인할 수 없습니다. 일반 디스플레이 스타일에서 다음과 같이 입력되어야만 합니다.

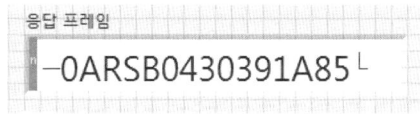

4. 편집(E) 메뉴에서 '현재 값을 기본값으로' 메뉴를 선택하고 저장합니다.

5. 블록다이어그램에 **문자열 잘라내기** 함수 2개를 위치시킵니다. 첫 번째 문자열 잘라내기 함수로 Offset=8, Length=4를 잘라주고, 두 번째 문자열 잘라내기 함수는 Offset=12, Length=4로 잘라냅니다. '**부분 문자열**' 출력에서 인디케이터를 생성하고 실행해봅니다. (문자열 팔레트)

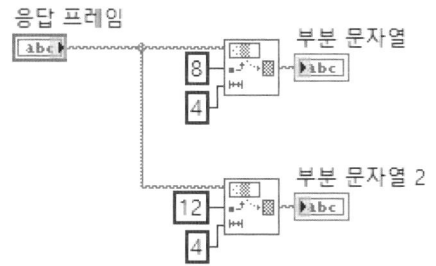 

6. "부분 문자열"과 "부분 문자열 2"를 삭제합니다.

7. **16진수 문자열을 숫자로** 함수를 2개 위치시키고 문자열 잘라내기 함수에 연결합니다. '숫자' 출력에서 인디케이터를 생성해줍니다. (문자열 > 숫자/문자열 변환 팔레트)

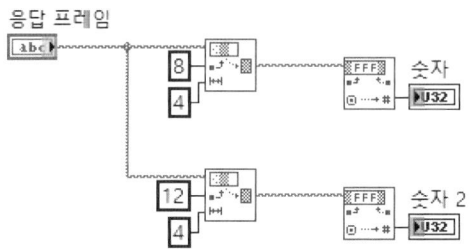

8. 프런트패널에서 "숫자", "숫자 2"의 바로 가기 메뉴에서 '보이는 아이템 > 기수'를 선택해주고, 기수를 **10진수**로 선택해줍니다. VI를 저장하고 실행합니다.

실습 2-9 끝

 **문자열 데이터 타입**

문자열(String)은 문자(Character)의 나열입니다. 한 개 문자열은 최대 2^{32}개의 문자까지 다룰 수 있습니다.

문자열을 배열로 만들 수도 있습니다. 1차원 문자열 배열과 2차원 문자열 배열이 있습니다.

리스트는 1차원 문자열 배열이고 테이블은 2차원 문자열 배열입니다. 리스트, 테이블 & 트리 팔레트에서 리스트와 테이블을 찾을 수 있습니다.

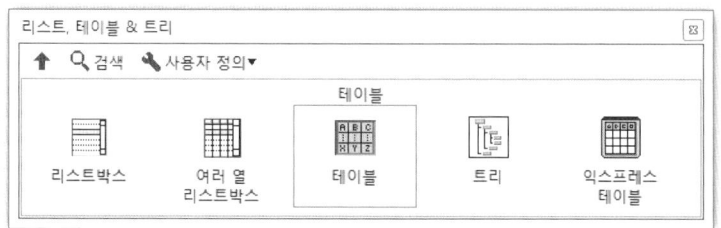

문자열에는 모든 유니코드 문자를 입력할 수 있습니다. 그러나 모든 코드를 디스플레이 해줄 수는 없습니다.

문자열에 입력한 모든 유니코드를 디스플레이하기 위해서는 문자열을 '16진수 디스플레이' 스타일로 변경해줘야만 됩니다.

문자열의 바로 가기 메뉴에서 '보이는 아이템 > 디스플레이 스타일'을 선택하면 스타일을 지정할 수 있는 버튼이 왼쪽에 추가됩니다.

숫자형 데이터를 문자열로 변환하는 것을 "포맷한다"라고 부릅니다.

문자열로 포맷은 숫자를 표현하는 {0, 1, 2, 3, 4, 5, 6, 7, 8, 9, A, B, C, D, E, F, 소수점, 음수기호}을 ASCII 코드 {30, 31, 32, ..., 2D, 2E}로 변환하는 작업을 의미합니다.

문자열로 포맷될 때 정보의 앞과 뒤에 다른 문자를 추가할 수도 있습니다. 예를 들어, 숫자 3.141592를 "측정 전압 = 3.1415 Volt입니다."라고 포맷할 수 있습니다.

숫자형은 형에 따라 8bits, 16bits, 32bits, 64bits로 고정된 데이터 사이즈를 가지지만 문자열에서는 글자 한 개당 1byte 크기입니다. (한글 등은 2byte입니다.)

문자열의 기본값은 '빈 문자열'입니다.

자. 경로

파일 I/O 함수는 파일이나 폴더의 경로를 기반으로 운용됩니다. 그래서 경로 정보가 필요합니다.

LabVIEW에서는 **경로**라는 데이터 타입을 사용합니다. 문자열 & 경로 팔레트에서 **파일 경로 컨트롤**과 **파일 경로 인디케이터**를 찾을 수 있습니다.

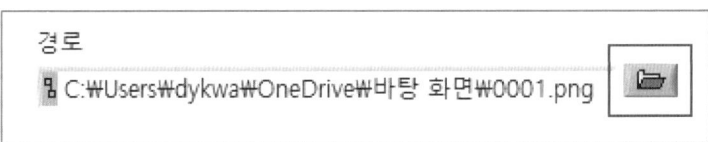

오른쪽에 위치한 **탐색 버튼**에서 바로 가기 메뉴로 '탐색 옵션'을 선택하고 팝업되는 [경로 프로퍼티] 창에서 선택 모드를 '파일/폴더'라고 변경해주면 파일뿐아니라 폴더까지 탐색하여 선택할 수 있게 탐색 버튼의 설정이 변경됩니다.

파일 I/O 팔레트에서 **경로 만들기**, **경로 분리**, **파일 상수** 등을 찾을 수 있습니다. 그리고 문자열 > 경로/배열/문자열 변환 팔레트에서 **문자열을 경로로**와 **경로를 문자열로** 함수를 찾을 수 있습니다.

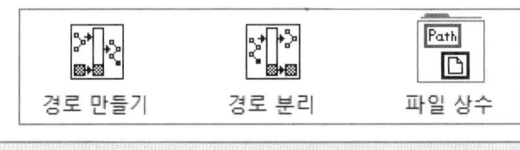
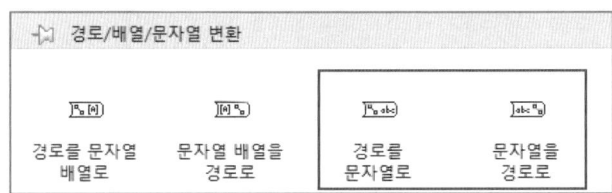

 **요약**

- 숫자형은 수학 연산을 수행하기 위한 목적의 데이터 타입입니다.
- 부동소수에는 32비트 포맷의 단정도 부동소수(SGL)와 64비트 포맷의 배정도 부동소수(DBL), 그리고 128비트 포맷의 확장형 부동소수(EXT)가 있습니다.
- 고정소수(FXP)를 사용할 때는 부호 있음/없음, 전체 워드 길이, 정수부분의 워드 길이를 설정해줘야 됩니다.
- 정수(Integer)는 부호 있는(signed)와 부호 없는(unsigned) 정수로 나누어집니다.
- 정수 숫자형의 터미널과 와이어는 파란색입니다. 반면 실수 숫자형은 주황색 터미널과 와이어입니다.
- 타임스탬프는 시스템의 시간, 날짜 정보 값입니다.
- 색 상자는 지정된 값에 대응하는 색을 디스플레이합니다. 색 값은 RRGGBB라는 형식으로 16진수의 숫자로 표시됩니다.
- 식 노드는 한 개의 숫자형 입력을 받아서 한 개 값을 출력하는 구문 연산자입니다.
- 수식 노드를 이용하여 C 프로그래밍과 유사하게 텍스트 기반의 구문으로 수학 연산을 수행할 수 있습니다.
- 불리언은 버튼, 스위치, LED와 같은 물리적 논리 소자를 구현하기 위한 데이터 타입입니다.
- 불리언 버튼의 바로 가기 메뉴에서 '기계적 동작'을 선택하여 동작 방식을 변경할 수 있습니다. 여섯 가지의 기계적 동작 방식을 선택할 수 있습니다.
- 참 또는 거짓의 논리 값을 가지는 불리언은 AND, OR, XOR, NOT 등의 논리 연산 함수를 사용합니다.
- 문자열은 문자(Character)의 나열입니다.
- 문자열의 바로 가기 메뉴에서 네 가지의 디스플레이 스타일(일반 디스플레이, '₩' 코드 디스플레이, 임호 디스플레이, 16진수 디스플레이)을 바꿔서 선택할 수 있습니다.
- 문자열 함수는 크게 세 가지 종류의 함수를 제공합니다. 새 문자열 만들기, 문자열에서 특정 문자(패턴) 찾기/검색, 숫자형/문자열 포맷하기 등입니다.
- 경로 컨트롤과 인디케이터를 사용하여 파일 또는 폴더의 위치를 탐색하여 입력하거나 반환할 수 있습니다.

 노트

Chapter 03
While 루프와 For 루프

*학습목표

While 루프와 For 루프에 대하여 배웁니다.

루프의 데이터 입력과 출력에 대하여 배웁니다.

시프트레지스터 사용 방법에 대하여 배웁니다.

타이밍 함수에 대하여 배웁니다.

01. While 루프

02. For 루프

03. 루프 입력과 출력

04. 시프트레지스터

05. 타이밍 함수

Section

1. While 루프

코드를 반복 실행하기 위하여 While 루프와 For 루프를 이용합니다. While 루프는 정지 조건을 만족할 때까지 계속 실행하고 For 루프는 지정한 N 회를 실행합니다.

While 루프는 루프 속의 코드를 반복 실행합니다. 한 개 VI에서 여러 개의 While 루프를 사용할 수 있습니다. 그리고 LabVIEW는 모든 While 루프에 스레드를 할당하여 멀티스레드 프로그래밍합니다.

While 루프의 모양은 회색의 직사각형 틀입니다. 자세히 보면 오른쪽 아래에 화살표가 있는 직사각형임을 확인할 수 있습니다. 루프 속의 코드를 반복 실행한다는 의미를 나타내는 것입니다.

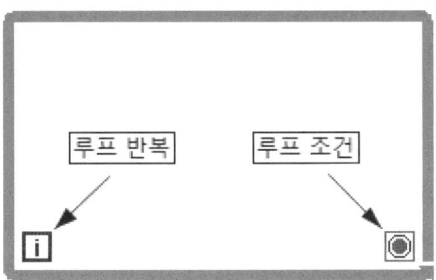

While 루프는 **루프 반복** 출력과 **루프 조건** 입력을 가집니다.

루프 조건에 TRUE를 입력하면 루프가 정지합니다. 그리고 루프 조건을 마우스로 클릭하여 '참인 경우 정지' 또는 '참인 경우 계속'을 선택할 수 있습니다. NOT과 동일한 효과입니다.

　　　참인 경우 정지
　　　참인 경우 계속

While 루프의 '루프 조건'은 필수 입력입니다.

While 루프는 VI나 어플리케이션을 실행하면 루프 반복을 시작하고 정지 조건을 만족하면 정지합니다. 그리고 어플리케이션 실행 도중에 한번 정지한 While 루프는 재실행할 수 없습니다. VI를 다시 실행해야만 정지한 While 루프를 재실행할 수 있습니다.

루프 반복은 현재 루프의 반복 횟수를 나타내며 0부터 시작하여 1씩 증가하는 I32 숫자형 값입니다. 즉, 첫 번째 반복에서 루프 반복 횟수는 제로(0)이고 최대 값은 2,147,483,647입니다. 이 값을 초과하여도 While 루프는 계속 실행되지만 루프 반복은 2,147,483,647로 고정됩니다.

다음과 같은 방식으로 While 루프를 사용할 수 있습니다. 루프 조건이 '참인 경우 정지'일 때,

1. 루프 조건으로 **거짓 상수**를 입력하여 멈추지 않고 계속 실행합니다.

2. 루프 조건으로 **참 상수**를 입력하여 1회 실행하고 멈춥니다.

3. 서브다이어그램의 알고리즘에 의하여 조건을 충족하면 멈추도록 구성합니다.
    ** 정지 조건이 가능하도록 알고리즘을 구성해줘야 될 것입니다.

4. 정지 버튼을 이용하여 사용자가 루프 실행을 정지시킵니다.
    ** 타이밍 함수를 사용하여 루프 속도를 조절해주거나 이벤트 구조를 이용합니다.

루프 조건으로 참 상수를 입력하더라도 While 루프는 반드시 한 번은 실행합니다. 다음과 같이 루프 조건으로 TRUE를 입력하면 루프는 1회 실행하고 멈춥니다.

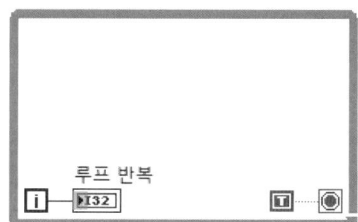

While 루프는 컴퓨터 리소스가 허용하는 한도 내에서 최대한 빨리 실행됩니다. 그리고 초당 1000만 번 이상 실행되는 While 루프는 컴퓨터 프로세서를 100% 사용합니다. 그래서 루프의 실행 속도를 조절해줄 필요가 있습니다.

타이밍 팔레트에서 제공하는 **기다림(ms)** 함수나 **다음 ms 배수까지 기다림** 함수를 이용하여 루프의 실행 속도를 조절할 수 있습니다.

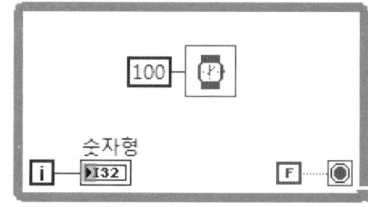

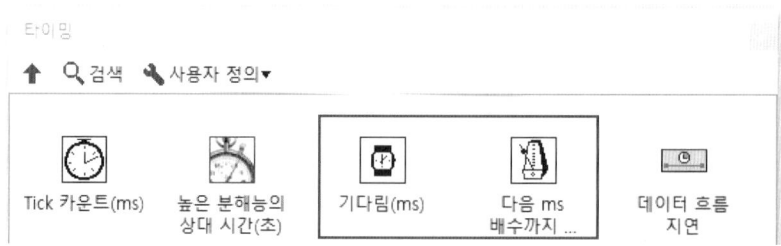

실습 3-1   연속적인 난수 발생

While 루프와 난수(0-1)를 이용하여 난수를 발생시키고 웨이브폼 차트에 플롯합니다. VI를 실행하면 While 루프가 작동하고 "정지" 버튼을 클릭하면 While 루프가 정지하고 VI 실행도 종료합니다.

1. 새 VI를 만들고 **난수발생.vi**라고 저장합니다.

2. 프런트패널에 **정지 버튼**과 **웨이브폼 차트**를 위치시킵니다.

3. 블록다이어그램을 다음과 같이 구성합니다.
   A. **While 루프**를 위치시키고 루프 조건에 "정지" 버튼을 연결합니다.
   B. **난수(0-1)**을 위치시키고 "웨이브폼 차트"에 연결합니다. (숫자형 팔레트)
   C. **기다림(ms)** 함수를 위치시킵니다. 바로 가기 메뉴로 숫자형 상수를 생성하고 100을 입력합니다. (타이밍 팔레트)

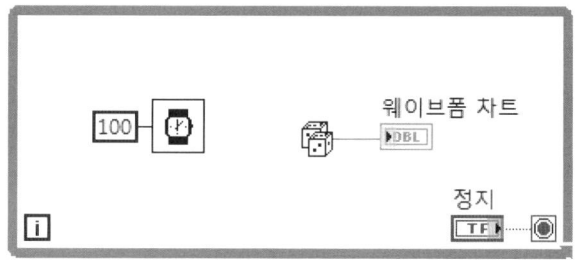

4. VI를 저장하고 실행합니다.
   실행 중에 웨이브폼 차트의 바로 가기 메뉴로 **업데이트 모드**를 변경해봅니다.
   웨이브폼 차트는 업데이트 모드로 스트립 차트, 스코프 차트, 스윕 차트를 지원합니다.

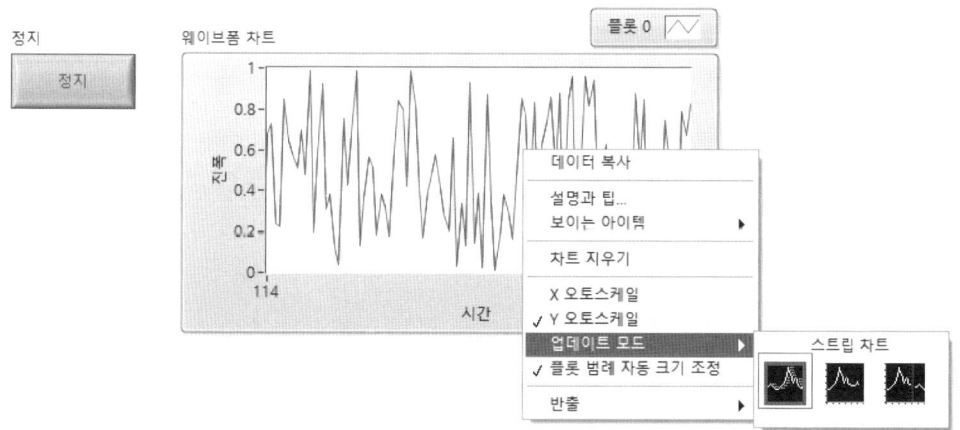

실습 3-1 끝

실습 3-2   난수 맞추기

While 루프와 난수(0-1)를 이용하여 "숫자형"에 입력한 값과 동일한 난수가 발생하면 멈추는 예제를 만들어봅니다.

난수(0-1)은 0에서 1사이의 임의의 난수를 발생시키는 함수입니다. 그리고 난수는 0과 1사이의 숫자를 골고루 중복되지 않게 발생시킵니다. 그래서 중복된 숫자가 나와서는 안됩니다. 동일한 숫자가 나왔다면 난수의 정의와 "모순"됩니다.

난수(0-1)에 10000을 곱하여 0에서 10000사이의 숫자로 바꾸고 다시 반올림 함수를 이용하여 소수점 아래 단위를 없애줍니다. 그러면 10001 분의 1 확률로 동일한 정수를 맞출 수 있습니다.

1. 새 VI를 만들고 **난수맞추기.vi**라고 저장합니다.

2. 프런트패널에 **숫자형 컨트롤**과 **숫자형 인디케이터**를 위치시킵니다. 라벨은 "숫자형"과 "숫자형 2"입니다.

3. "숫자형" 컨트롤의 바로 가기 메뉴에서 '데이터 입력'을 선택하여 "숫자형 프로퍼티" 창을 띄웁니다.
    A. 데이터 입력 탭에서 '기본 리미트 사용'의 선택을 해제합니다.
        기본 리미트가 아니라 새로운 리미트를 지정하여 "숫자형"에 임의의 숫자를 입력할 수 없도록 강제하기 위한 목적입니다.
    B. 최소값 **0**이라고 입력하고, 리미트 밖의 값에 응답은 '**강제 변환**'라고 선택합니다.
    C. 최대값 **10000**라고 입력하고, 리미트 밖의 값에 응답은 '**강제 변환**'라고 선택합니다.
    D. 증가 **1**라고 입력하고, 리미트 밖의 값에 응답은 '**최근접 값으로 강제**'라고 선택합니다.

4. 블록다이어그램을 다음과 같이 구성합니다.
    A. **While 루프**를 위치시킵니다.
    B. "숫자형" 터미널은 루프 앞에 위치시키고 "숫자형 2" 터미널은 루프 안에 위치시킵니다.
    C. **난수(0-1)** 함수를 While 루프에 위치시킵니다. (숫자형 팔레트)

D. **곱하기** 함수를 위치시키고 난수(0-1)을 x입력에 연결합니다. y입력에서 바로 가기 메뉴로 '상수 생성'를 선택하고 10000을 입력합니다. (숫자형 팔레트)
E. **반올림** 함수를 연결하고 반올림한 결과를 "숫자형 2"에 연결합니다. (숫자형 팔레트)
F. **같음?** 함수를 이용하여 루프 밖의 "숫자형" 값과 반올림한 값이 같은지 비교합니다. 함수 출력을 While 루프의 '루프 조건'에 입력합니다. (비교 팔레트)
G. While 루프의 '루프 반복'을 오른쪽 위로 이동시킵니다.
H. **증가** 함수를 위치시키고 '루프 반복'을 루프 밖의 증가 함수에 연결합니다. 증가 함수의 출력에서 바로 가기 메뉴로 인디케이터를 생성해줍니다. (숫자형 팔레트)

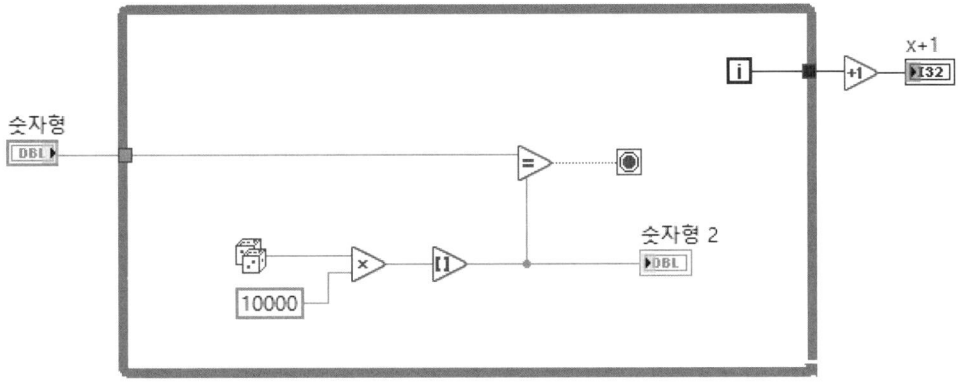

5. VI를 저장하고 실행합니다. 숫자형 컨트롤에 100을 입력하고 실행했을 때 몇 번에 일치하는 난수가 발생했는지 확인할 수 있습니다.

실습 3-2 끝

Section

2. For 루프

For 루프는 루프 카운터에 입력한 횟수만큼 루프 속의 코드를 반복 실행할 때 사용되는 구조입니다. 다음과 같이 N에 숫자형 상수 10을 입력하면 10회 실행하고 멈춥니다.

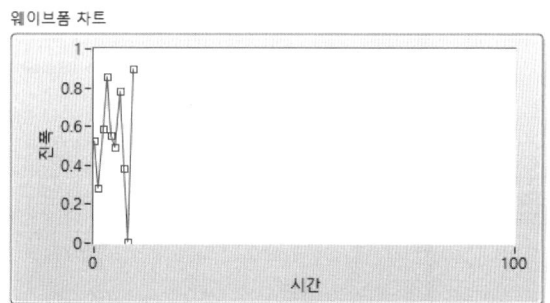

N 루프 카운트로는 I32 숫자형을 입력합니다. 0부터 최대 2,147,483,647까지 카운트를 입력할 수 있고 범위 밖의 값을 입력하는 경우에는 강제로 2,147,483,647로 변환시킵니다.

루프 카운트에 0을 입력하면 For 루프 속의 코드는 한번도 실행하지 않습니다. 이것은 While 루프의 조건 입력에 True 상수를 입력해도 루프 속의 코드를 1회 실행하고 멈추는 것과 차이가 납니다.

i 루프 반복는 While 루프 때와 동일하게 0부터 시작하여 1씩 증가하는 I32 정수 값을 출력합니다. 최대값은 2,147,483,647입니다.

가. For 루프의 조건 터미널

원칙적으로 For 루프는 목표한 루프 카운트까지 반드시 실행합니다. 그러나 For 루프의 바로 가기 메뉴에서 '조건 터미널'을 선택하여 **조건 터미널**을 For 루프에 추가할 수 있습니다. 이때 조건 터미널이 있는 For 루프라는 것을 표시하기 위하여 루프 카운트 N에도 조건 터미널 기호가 표시됩니다.

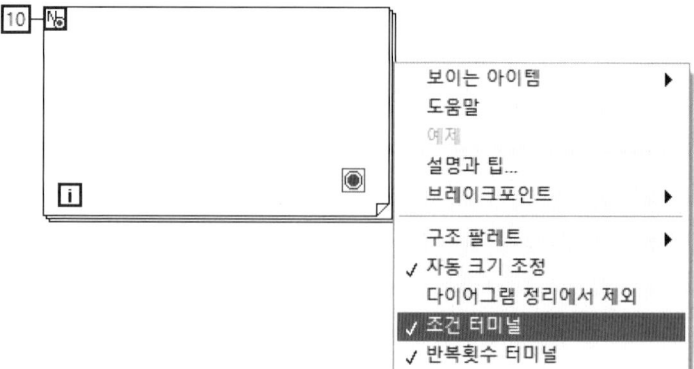

나. 기다림(ms) 함수

For 루프의 실행 속도도 컴퓨터 리소스가 허용하는 한도 내에서 최대한 빨리 실행됩니다. 그리고 **기다림(ms)** 함수를 사용하여 For 루프의 실행 속도를 조절할 수 있습니다.

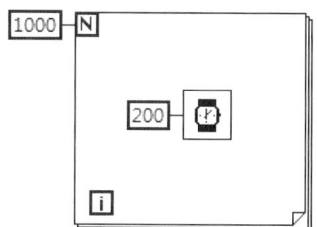

다. For 루프와 While 루프의 차이점

For 루프는 몇 회 실행할 지를 미리 설정하고 루프를 실행합니다. 반면에 While 루프는 몇 회 실행할 지를 지정하지 않고 실행하고 정지 조건이 되면 멈춥니다.

For 루프는 N에 0을 입력하였을 때 한번도 실행하지 않습니다. 그러나 While 루프는 반드시 1회는 실행합니다.

라. 배열을 For 루프에 입력하는 경우

배열을 For 루프에 입력하면 For 루프의 '인덱싱' 기능이 작동하여 '루프 카운트'가 배열의 원소 개수에 맞춰 설정됩니다. 다음과 같이 다섯 개 원소의 배열을 For 루프에 입력하면 루프 카운터는 5가 됩니다.

그리고 배열노 입력하고 농시에 '루프 카운터'에도 값을 입력한 경우에는 둘 중에서 작은 값에 맞춰서 루프 카운트 값이 결정됩니다.

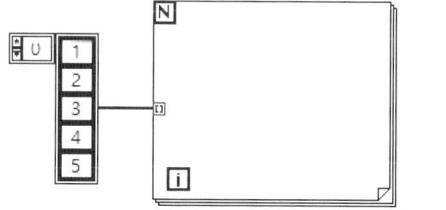 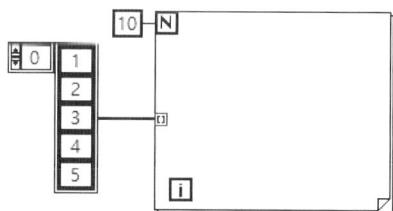

실습 3-3   계단식 증가 전압 만들기

0에서부터 시작하여 출력 전압이 5V가 될 때까지 매초마다 0.5V씩 증가하는 Ramp 형태의 전압 신호를 시뮬레이션 해봅니다.

1. 새 VI를 만들고 **Ramp전압.vi**라고 저장합니다.

2. 프런트패널에 **웨이브폼 차트**를 위치시킵니다. 시간 눈금을 최대 10으로 바꿔줍니다. 플롯 0의 바로 가기 메뉴에서 '일반 플롯'을 선택하고 점/선 플롯으로 바꿔줍니다.

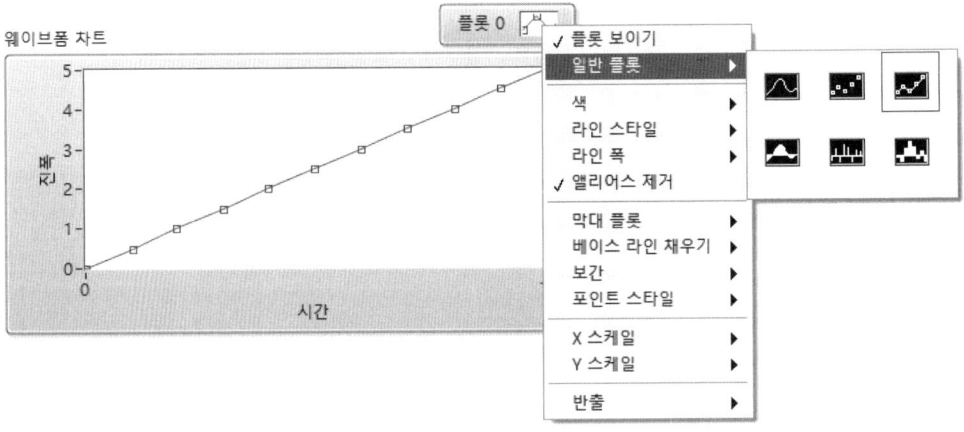

3. 블록다이어그램을 다음과 같이 구성합니다.
   A. **For 루프**를 위치시키고 '루프 카운트'에서 바로 가기 메뉴로 상수를 생성하고 11을 입력합니다.
   B. **배정도 부동소수로** 함수를 '루프 반복'에 연결합니다. (숫자형 > 변환 팔레트)
   C. **곱하기** 함수를 위치시키고 0.5를 곱해줍니다.
   D. **기다림(ms)** 함수를 위치시키고 상수 1000을 입력합니다. (타이밍 팔레트)

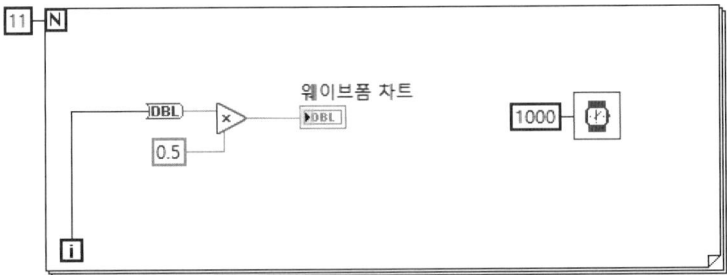

실습 3-3 끝

Section

3. 루프 입력과 출력

LabVIEW의 코드는 와이어의 연결 순서에 따라 실행 순서가 결정됩니다. 그리고 와이어 입력이 있는 함수, 노드, 루프는 해당 와이어로 데이터가 모두 입력되어야만 실행할 수 있습니다.

다음 예제에서 숫자형 X와 Y에서 값이 모두 전달되어야만 더하기 연산이 수행됩니다. 그리고 더하기에서 값이 출력되어 While 루프로 전달되어야만 While 루프가 실행됩니다. 또한 While 루프가 정지하고 While 루프에서 값이 출력되어 For 루프로 전달되어야만 For 루프가 실행됩니다.

그래서 실행 순서는 더하기 연산, While 루프 실행, While 루프 정지, For 루프 실행 순입니다.

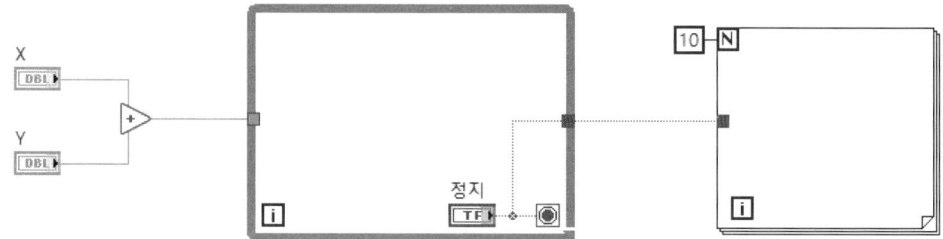

가. While 루프의 데이터 입력과 출력

외부에서 전달되는 데이터는 와이어를 통하여 While 루프에 전달됩니다. 그리고 모든 데이터는 컨트롤에서 출발하여 함수 노드나 구조로 전달됩니다.

다음은 더하기의 출력과 불리언 컨트롤, 문자열 컨트롤이 While 루프로 전달된 사례입니다. 위치와 관계없이 데이터 입력이 와이어된 곳이 **입력 터널**입니다.

While 루프에서 데이터 출력이 와이어된 곳이 **출력 터널**입니다. While 루프에서 생성된 데이터는 루프의 실행이 종료한 뒤에만 루프 밖으로 출력할 수 있으므로 루프 실행 중에는 와이어를 통한 데이터 전달이 수행되지 않습니다.

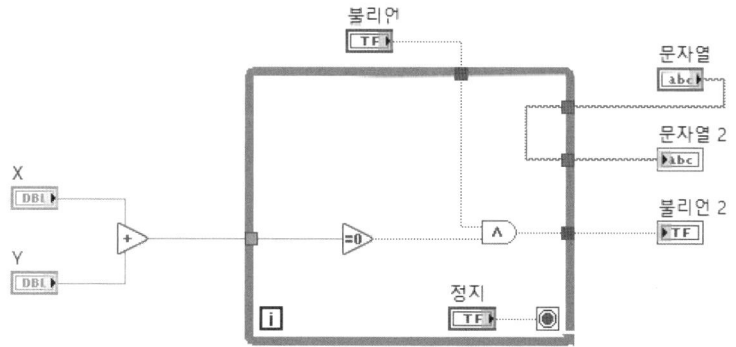

나. For 루프의 데이터 입력과 출력

다음과 같이 배열을 왼쪽 For 루프로 입력하면 배열의 원소들이 For 루프 **입력 터널**에서 인덱싱되어 한 개씩 전달되고 웨이브폼 차트에 차례로 플롯됩니다. 배열이 와이어된 터널은 [ ]로 표시됩니다. 입력 인덱싱된 경우에는 For 루프의 '루프 카운트'에 값을 입력하지 않아도 됩니다.

오른쪽 For 루프는 '루프 카운트'에 10을 입력했습니다. 숫자형 컨트롤을 오른쪽 For 루프에 입력하고 '루프 반복'과 더한 다음에 루프 밖으로 와이어하면 **출력 터널**에서 인덱싱되어 배열이 출력됩니다. 배열이 출력되는 터널은 [ ]로 표시됩니다.

For 루프에서 '입력 인덱싱'과 '출력 인덱싱'은 다른 기능입니다. '입력 인덱싱'은 배열에서 원소를 분리하는 과정이라면 '출력 인덱싱'은 원소를 모아서 새로운 배열을 생성하는 과정입니다.

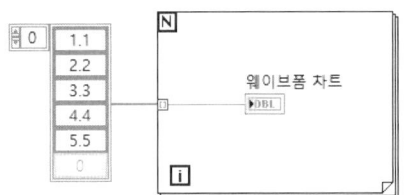 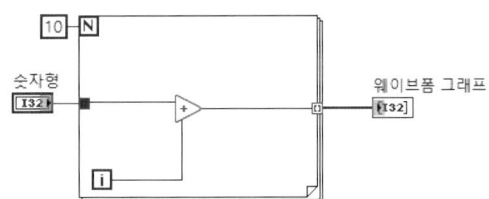

For 루프의 입력 터널은 기본적으로 '인덱싱'으로 설정되어 있지만 바로 가기 메뉴에서 '인덱싱 비활성화'를 선택하여 비활성화시킬 수 있습니다. 그리고 For 루프의 출력 터널은 기본적으로 '인덱싱'으로 설정되어 있지만 바로 가기 메뉴에서 '터널 모드 > 마지막 값'를 선택하여 비활성화시킬 수 있습니다. 인덱싱을 비활성화 한 경우에는 마지막 값이 전달됩니다.

다. 배열 인덱싱

배열 인덱싱이란 루프에서 배열 데이터를 입력 받거나 출력할 때 제공되는 기능입니다. 배열에서 원소를 인덱싱하여 분리할 수 있고 반대로 원소를 인덱싱하여 배열로 만들 수 있습니다.

For 루프의 출력 인덱싱은 배열 만들기 기능으로 많이 사용됩니다. 다음과 같이 출력 인덱싱을 이용하여 100개 원소를 가진 사인 패턴을 만들 수 있습니다. '루프 반복'을 100으로 나누고 2π를 곱하여 0에서 2π까지 100개 숫자를 만들고 이것을 **사인** 함수에 입력하여 한 주기의 사인 패턴을 만들었습니다. (수학 > 기본 & 특수 함수 > 삼각 함수 팔레트)

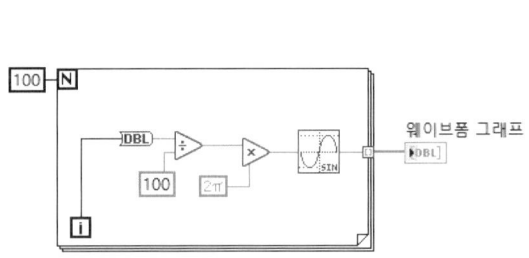 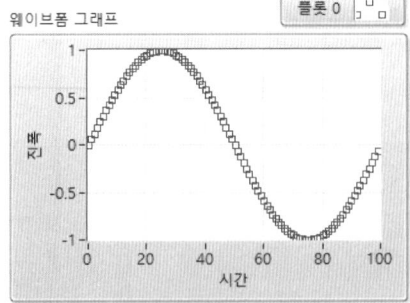

For 루프의 출력 터널 모드를 '**조건적**'라고 설정하면 조건적으로 인덱싱하거나 하지 않을 수 있습니다. 다음과 같이 터널 모드의 기본 설정은 '인덱스하기'이고 '조건적'을 추가로 설정할 수 있습니다.

While 루프에도 입출력 인덱싱 기능이 제공되지만 비활성화되어 있습니다.

출력 인덱싱은 루프가 한 번 실행할 때마다 한 개의 원소가 새롭게 추가되기 때문에 루프의 반복 횟수가 최종적인 배열의 크기가 됩니다. 그리고 For 루프는 '루프 카운트'의 설정으로 몇 번 루프가 실행할 지 미리 정하기 때문에 인덱싱 기능으로 만들어지는 배열의 크기를 명확히 알 수 있습니다.

반면에 While 루프는 몇 회 실행할 지 미리 지정할 수 없습니다. 그래서 While 루프에서 출력 인덱싱을 활성화시키면 생성될 배열의 크기를 컴파일 단계에서는 알 수가 없습니다. 결과적으로 메모리 사용에서 치명적인 에러가 발생할 수 있습니다.

배열을 For 루프에 입력하는 경우에 인덱싱으로 배열의 모든 원소를 읽고 처리할 수 있습니다. 입력 인덱싱은 외부에서 입력된 배열의 원소를 첫 번째 원소에서 시작하여 한 번에 하나씩 루프에 전달합니다. 이때 For 루프의 반복 횟수는 '루프 카운트'의 설정과 함께 입력 배열의 크기로 제한됩니다.

While 루프로 입력되는 배열에 대해 인덱싱을 활성화하면 While 루프는 For 루프와 같은 방법으로 배열을 인덱싱합니다. 그러나 While 루프는 정지 조건이 발생할 때까지 실행이 반복되는 것이므로 루프의 반복 횟수는 입력 배열의 크기로 제한되지 않습니다. While 루프의 반복 횟수가 입력 배열의 크기를 넘어서면 그 배열 원소 타입의 기본값이 루프로 전달됩니다.

실습 3-4   조건적 인덱싱

조건적 인덱싱 기능을 이용하여 100개 원소를 가진 사인 파형과 50개 원소를 가진 사인 파형을 만들어 웨이브폼 그래프에 플롯해봅니다.

조건적 인덱싱은 다음과 같이 For 루프의 출력 터널에서 바로 가기 메뉴로 '터널 모드 > 조건적'라고 설정할 수 있습니다.

1. 새 VI를 만들고 **조건적 인덱싱.vi**라고 저장합니다.

2. 프런트패널에 **웨이브폼 그래프**를 2개 위치시킵니다.

3. 다음과 같이 블록다이어그램을 구성합니다.
    A. **For 루프**를 위치시키고 '루프 카운트'에서 숫자형 상수를 생성하고 **100**을 입력합니다.
    B. **배정도 부동소수로** 함수를 '루프 반복'에 연결합니다. (숫자형 > 변환 팔레트)
    C. **나누기**와 **곱하기**를 위치시킵니다. 100을 나누고 **2π**를 곱해줍니다.
       (숫자형 > 수학 & 과학 상수 팔레트)
    D. **사인** 함수를 연결해줍니다. (수학 > 기본 & 특수 함수 > 삼각 함수 팔레트)
    E. 사인 값을 For 루프 밖에 위치한 "웨이브폼 그래프"에 연결해줍니다. 루프 밖으로 데이터가 출력될 때 인덱싱이 활성화됩니다.
    F. 사인 값을 For 루프 밖에 위치한 "웨이브폼 그래프 2"에도 연결해줍니다.
    G. 두 번째 출력 터널에서 바로 가기 메뉴로 '**터널 모드 > 조건적**'을 선택하여 조건적 인덱싱으로 바꿔줍니다.

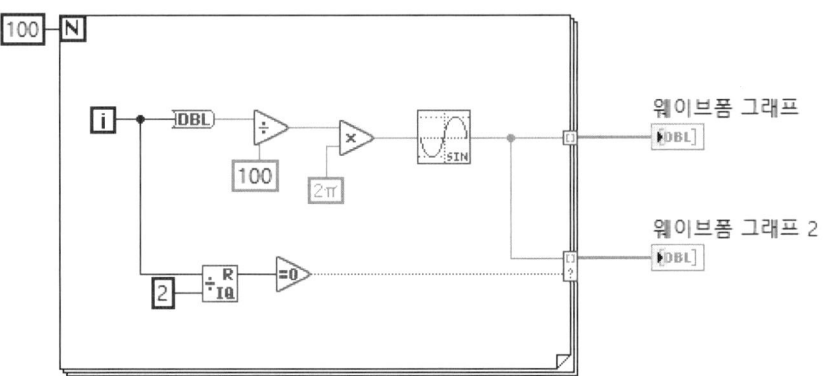

   H. **몫과 나머지** 함수를 위치시키고 '루프 반복'를 x입력에 연결합니다. y입력에서 바로 가기 메뉴로 '상수 생성'를 선택하고 **2**를 입력합니다. (숫자형 팔레트)

   ** I ÷ 2에 대한 나머지가 R로 출력됩니다. 그리고 2로 나눈 나머지는 0 또는 1입니다.

   I. **0과 같음?** 함수를 위치시키고 몫과 나머지 함수의 '나머지' 출력을 입력합니다. 0과 같음? 함수의 출력을 조건적 오토 인덱싱의 '조건' 입력에 연결합니다. (비교 팔레트)

4. VI를 저장하고 실행합니다.

   "웨이브폼 그래프"에는 100개 원소의 사인 파형이 플롯되고 "웨이브폼 그래프 2"에는 50개 원소의 사인 파형이 플롯됩니다.

   플롯되는 데이터의 개수는 X축의 눈금으로 확인할 수 있습니다.

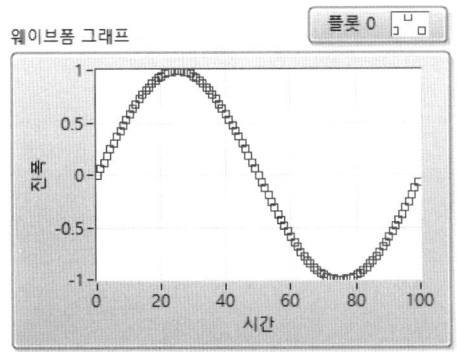 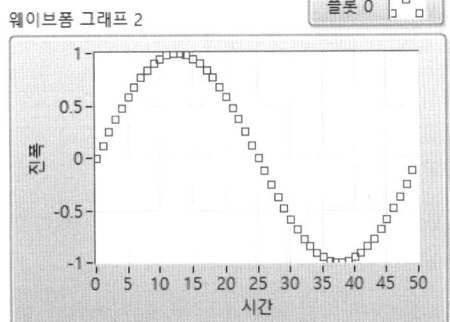

실습 3-4 끝

Section

4. 시프트레지스터

While 루프와 For 루프는 루프 속의 코드를 반복 실행합니다. 그리고 루프 속의 여러 로직이나 함수가 모두 연산을 종료한 경우에만 다음 번 루프가 실행될 수 있습니다.

루프 속 코드의 연산 결과는 디지털 인디케이터로 디스플레이 하거나 웨이브폼 차트로 플롯할 수 있고 출력 터널로 연결하여 루프 종료 시에 밖으로 출력할 수도 있습니다.

그리고 이번 루프의 실행 결과를 저장해두었다가 다음 루프나 그 다음 루프로 전달하여 사용할 수도 있습니다. 매 루프의 실행 결과를 저장해두었다가 다음 루프에서 사용할 수 있는 기능을 **시프트레지스터**라고 부릅니다.

For 루프나 While 루프의 가장자리를 선택하고 바로 가기 메뉴로 '시프트레지스터 추가'을 선택하여 시프트레지스터를 추가할 수 있습니다.

다음과 같이 시프트레지스터는 루프 경계의 양 옆에 서로 반대인 터널 쌍으로 나타납니다. 오른쪽이 **입력 터널**이고 왼쪽이 **출력 터널**입니다. 입력 터널은 윗 방향 화살표이고 출력 터널은 아래 방향 화살표입니다. 시프트레지스터의 오른쪽 터널에 저장된 데이터를 왼쪽 터널로 전송합니다.

이 과정은 루프의 모든 반복에서 계속됩니다. 그리고 루프가 종료된 후에는 마지막 값이 시프트레지스터에 저장되어 남아있습니다.

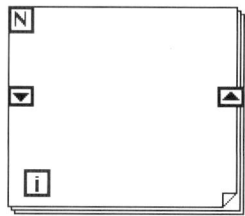 

가. 원소 추가하기

시프트레지스터의 바로 가기 메뉴에서 '원소 추가'를 선택하여 원소를 추가하거나 출력 터널을 마우스로 선택하고 아래로 당겨서 출력 원소 개수를 늘일 수 있습니다.

처음에 시프트레지스터는 한 개 입력과 한 개 출력만 가지만 '원소 추가'를 통하여 출력 터널의 개수를 늘일 수 있습니다. 그래서 한 개의 입력 터널에 여러 개의 출력 터널을 가진 시프트레지스터를 만들 수 있습니다.

다음 예제는 세 개의 출력 터널을 가진 시프트레지스터입니다. 오른쪽 입력 터널에 '루프 반복'이 입력되었고 왼쪽 출력 터널은 위에서부터 차례로 이전 루프, 이전이전 루프, 이전이전이전 루프의 값을 출력합니다. 이전 값이므로 현재 '루프 반복' 값보다 1씩 감소한 값이 출력됨을 확인할 수 있습니다.

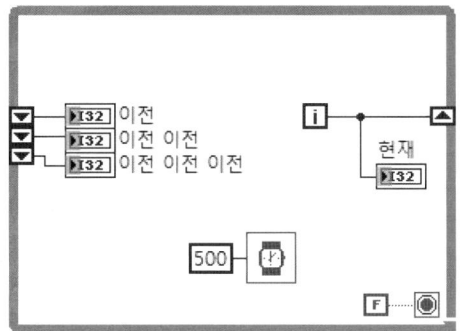 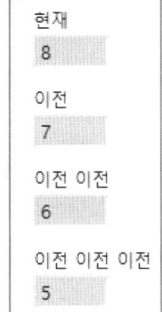

나. 시프트레지스터 초기화

루프가 종료된 후에는 시프트레지스터에 마지막 값이 저장되어 남아있기 때문에 루프를 다시 실행하면 이전 실행의 값이 시프트레지스터의 초기값으로 출력됩니다.

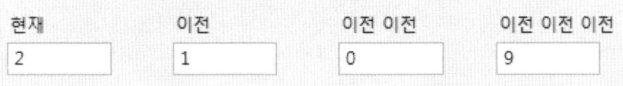

루프 시작 시에 시프트레지스터에서 특정 값이 출력되기를 원한다면 다음과 같이 시프트레지스터를 초기화할 수 있습니다.

시프트레지스터를 초기화하고자 하는 경우에는 **원소들을 모두 초기화 해줘야 됩니다.** 원소의 일부만 초기화하면 에러가 발행합니다. 즉, 원소를 모두 초기화해주거나 혹은 모두 초기화하지 않는 것만 가능합니다.

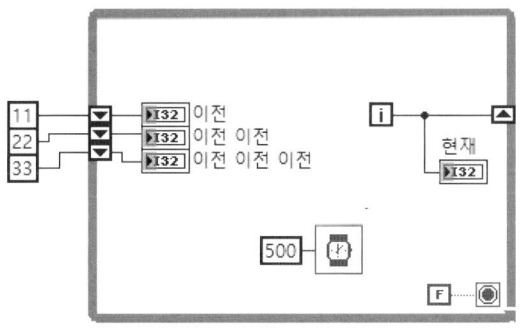 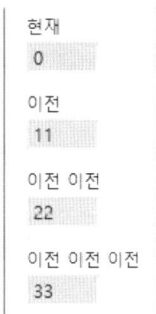

실습 3-5   Moving Average

노이즈가 포함된 신호를 Moving Average하여 노이즈 필터링을 구현해봅니다. 이것은 Low pass 필터의 한 종류입니다.

1. 새 VI를 만들고 **MovingAverage.vi**라고 저장합니다.

2. 프런트패널에 **웨이브폼 차트**를 위치시킵니다.

3. 다음과 같이 블록다이어그램을 구성합니다.
    A. **While 루프**를 위치시킵니다.
    B. **배정도 부동소수로**를 위치시키고 '루프 반복'를 입력해줍니다. (숫자형 > 변환 팔레트)
    C. **나누기** 함수를 이용하여 '루프 반복'을 **100**으로 나눠줍니다. (숫자형 팔레트)
    D. **곱하기** 함수를 이용하여 **2π**를 곱해줍니다.
       (숫자형 > 수학 & 과학 상수 팔레트)
    E. **사인** 함수를 연결해줍니다.
       (수학 > 기본 & 특수 함수 > 삼각 함수 팔레트)
    F. **더하기** 함수로 **난수(0-1)**을 더해줍니다. (숫자형 팔레트)
    G. **더하기** 함수를 하나 더 위치시키고 **5.4**를 더해줍니다.
    H. 생성한 신호를 "웨이브폼 차트"에 입력해줍니다.
    I. 루프 조건에서 바로 가기 메뉴로 '컨트롤 생성'을 선택하여 "정지" 버튼을 생성해줍니다.
    J. **기다림(ms)**를 위치시키고 20을 입력합니다. (타이밍 팔레트)

4. VI를 저장하고 실행합니다. 노이즈가 실려있는 사인 패턴이 "웨이브폼 차트"에 플롯 될 것입니다.

5 Points Moving Average

5. 다음과 같이 블록다이어그램을 수정합니다.
    A. While 루프에서 바로 가기 메뉴로 **시프트레지스터**를 추가해 줍니다.
    B. 더하기의 출력을 시프트레지스터의 오른쪽 터널에 입력해줍니다.
    C. 시프트레지스터의 왼쪽 터널을 아래로 당겨서 '출력 터널'을 4개로 만들어줍니다.

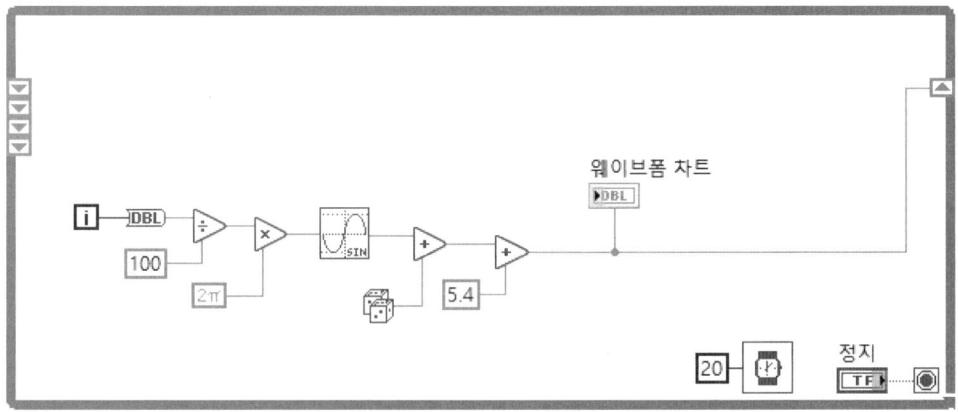

D. **복합 연산**을 위치시키고 아래로 당겨서 5개 입력으로 만들어줍니다. 시프트레지스터 출력값 4개와 입력값 1개를 더해줍니다. (숫자형 팔레트)
E. **나누기** 함수를 이용하여 복합 연산의 출력을 5로 나눠줍니다.
   ** 5개 값을 더하고 다시 5로 나눠줘서 평균값을 구하는 연산입니다.
F. **묶기** 함수를 위치시키고 나누기의 출력과 더하기의 출력을 묶어줍니다. 묶기 함수의 출력을 "웨이브폼 차트"에 연결합니다. (클러스터, 클래스, & 배리언트 팔레트)

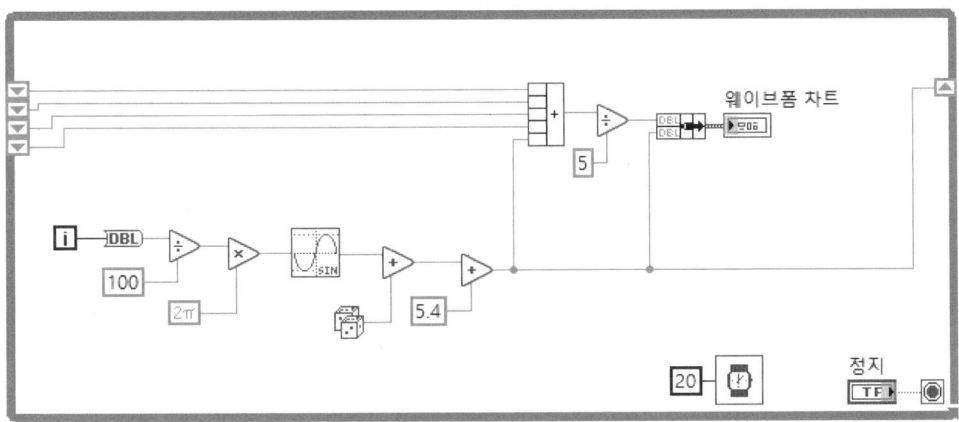

6. VI를 저장하고 실행합니다.
   Moving Average가 신호에서 노이즈를 완화시킴을 확인할 수 있습니다.

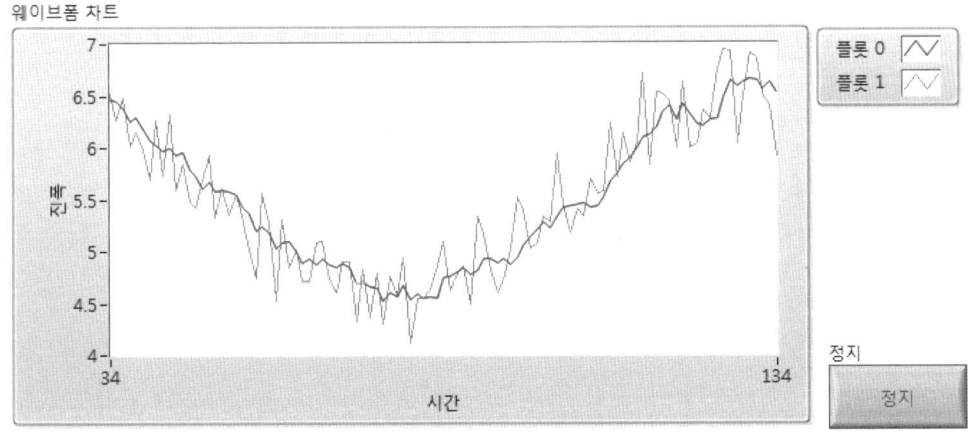

실습 3-5 끝

Section

5. 타이밍 함수

루프의 실행 속도 조절, 시퀀스 구조의 기다림 설정, 현재 시간 정보 읽어오기 등의 기능이 타이밍 함수로 제공됩니다.

다음 표는 타이밍 팔레트의 일부 함수에 대한 설명을 정리한 것입니다.

함수	설명
틱 카운트(ms)	틱 카운트 함수를 2개 사용하여 틱과 틱 사이의 시간을 측정합니다. Millisecond 타이머의 값을 반환합니다. U32 숫자형을 출력합니다.
높은 분해능의 상대시간 (초)	틱 카운트(ms) 함수로 얻을 수 있는 자릿수보다 훨씬 높은 자릿수를 얻을 수 있습니다. 소수점 14 자리로 값을 반환합니다. Second 타이머의 값을 반환합니다. DBL 숫자형을 출력입니다.
기다림(ms)	지정된 시간을 기다리고 ms 타이머의 값을 반환합니다. For 루프나 While 루프의 실행 속도를 조정하거나 시퀀스 구조의 기다림을 설정합니다.
다음 ms 배수까지 기다림	음악에서 박자를 맞추는 메트로놈과 유사하게 루프 속 코드의 실행 시간까지 고려하여 전체 루프 속도를 지정된 값으로 맞춥니다. 'ms 배수' 입력 값의 배수가 될 때까지 기다릴 수 있습니다.
시간 지연	[익스프레스] 시간 지연을 초 단위로 삽입합니다. 기다림(ms) 함수와 유사한 기능입니다.
경과 시간	[익스프레스] 시작 시간부터 경과된 시간을 나타내고 목표 시간이 경과되면 '시간이 경과됨'에서 True가 출력됩니다.
높은 분해능 폴링 기다림	[SubVI] 밀리초 이하의 분해능으로 기다림을 설정합니다. 높은 타이밍 분해능을 얻기 위하여 폴링을 사용하기도 하므로 이 VI를 사용할 때는 높은 CPU 부하에 주의해야 됩니다. (2018 버전)

가. 틱 카운트(ms)

틱 카운트(ms) 함수는 millisecond 타이머의 값을 반환합니다. 컴퓨터 내부 Clock 값을 읽어오는 것이고 이 값을 실제 시간 또는 날짜로 변환할 수는 없습니다.

U32 숫자형으로 0부터 2,147,483,647까지 카운트합니다. 2,147,483,647은 ($2^{32} - 1$)입니다. 이 값을 초과하면 다시 0부터 카운트합니다.

틱 카운트(ms)의 출력은 시스템에 의하여 결정되기 때문에 LabVIEW에서 읽어오는 틱 카운트(ms)의 현재 값에는 아무런 의미가 없습니다. 그러나 틱 카운트(ms)를 두 번 사용하고 서로 빼주면 시간의 변화 량을 구할 수 있습니다.

A. 시간 정보 만들기

다음은 While 루프에서 **틱 카운트(ms)** 함수로 누적된 시간 경과를 측정하는 예제입니다. 높은 분해능이 필요한 경우에는 **높은 분해능의 상대 시간(초)** 함수를 이용합니다.

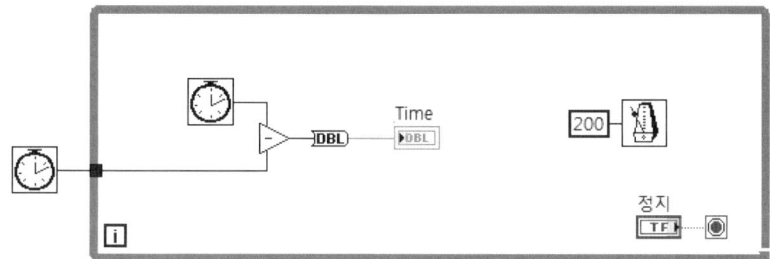

NI DAQ 하드웨어를 포함한 계측 하드웨어들은 시간 정보를 주지 않습니다. 그래서 사용자가 요구하는 시간 정보를 **틱 카운터(ms)** 함수나 **높은 분해능의 상대 시간(초)** 함수를 이용하여 생성해줘야만 합니다.

다음은 NI DAQ 보드로 Dev1/ai1 채널을 측정하는 예제입니다. **DAQmx 읽기** 함수가 측정 데이터를 읽어오고 **높은 분해능의 상대 시간(초)** 함수가 시간 정보를 계산해줍니다.

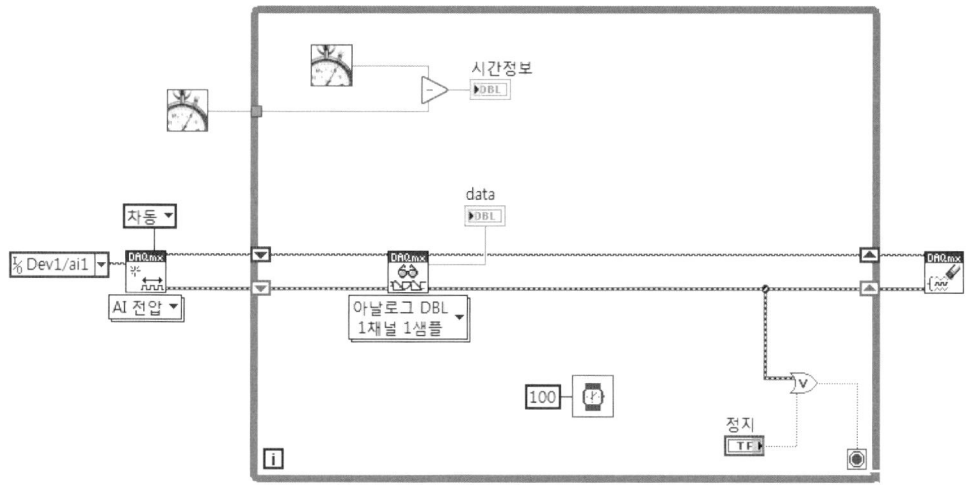

높은 분해능의 상대 시간(초) 함수는 2014 버전부터 추가된 함수입니다. 소수점 14자리의 정밀도로 타이머의 값을 반환합니다. 즉, micro second 아래의 정밀도까지 시간 간격을 측정할 수 있습니다.

B. 경과 시간 계산하기

"5초 뒤에 정지하기" 혹은 "정지 후 3초 뒤에 측정하기" 등의 어플리케이션을 구현하기 위해서는 경과 시간을 계산해줘야 됩니다. **틱 카운터(ms)** 함수나 **높은 분해능의 상대 시간(초)** 함수를 이용하여 경과 시간을 계산할 수 있습니다.

다음은 난수(0-1)을 웨이브폼 차트에 플롯하는 예제입니다. Target 시간 (초) = 5라고 설정하면 While 루프는 5초 뒤에 정지합니다.

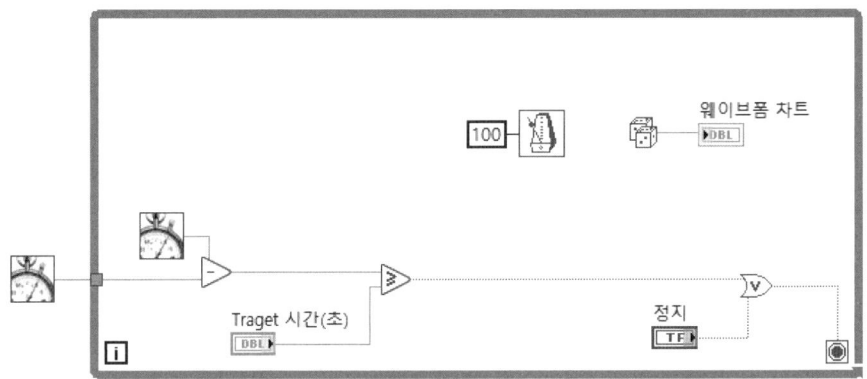

다음과 같이 **경과 시간** 함수를 이용하여 동일하게 구현할 수 있습니다. Auto Reset = '거짓'이라고 설정하였습니다. (타이밍 팔레트)

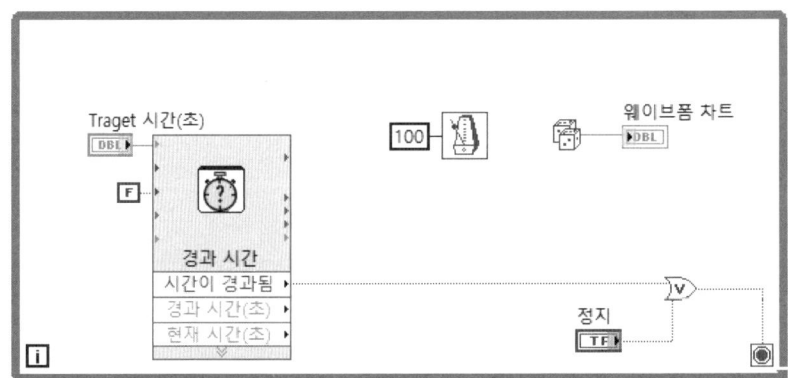

C. 기다림(ms) 함수와 다음 ms 배수까지 기다림 함수의 차이 확인

다음과 같이 틱 카운트(ms) 함수와 시퀀스 구조를 이용하여 For 루프의 실행 시간을 측정할 수 있습니다.

아래 예제에서는 **기다림(ms)** 함수를 이용하여 100ms 기다림을 설정하였습니다. For 루프가 100ms 주기로 10번 실행하면 1000ms가 될 것입니다. 그래서 x-y의 값은 1000~1003 정도로 출력됩니다.

기다림(ms) 함수는 For 루프 속의 다른 알고리즘과는 관계없이 목표한 시간을 무조건 기다립니다. For 루프 속에 난수(0-1) 값을 웨이브폼 차트에 플롯하는 부분이 있지만 이것은 마이크로 초 미만의 속도로 수행되기 때문에 실질적인 For 루프의 속도는 기다림(ms) 함수에 의하여 결정됩니다. 그래서 10번 수행한 시간을 정확히 1000이 됩니다.

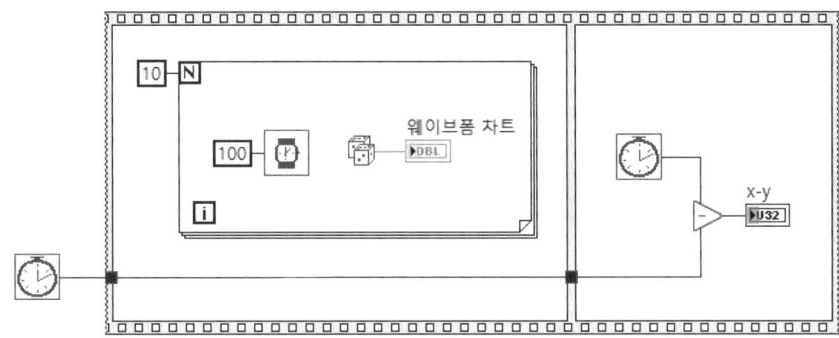

그러나 다음과 같이 **다음 ms 배수까지 기다림** 함수로 대체하면 x-y의 값은 900 ~ 1000 사이의 값이 출력됩니다. 100ms 주기로 10번 실행되었다면 절대로 이런 값이 출력될 수는 없을 것입니다.

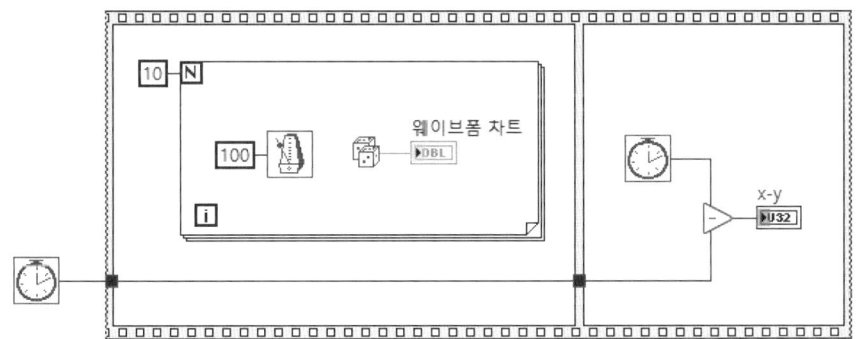

다음 ms 배수까지 기다림 함수는 For 루프나 While 루프 속의 다른 알고리즘들의 상태를 확인하고 대응하면서 루프 주기를 맞춰줍니다. 즉, 난수(0-1) 값을 웨이브폼 차트에 플롯하는 시간을 확인하고 부족한 시간을 기다려서 목표한 주기인 100ms를 맞춰줍니다.

그러나 루프 속의 다른 알고리즘의 실행 시간을 확인하기 위해서는 첫 번째 루프 실행 때는 기다림을 수행할 수 없습니다. 10번 수행 중에서 첫 번째 루프에서는 기다림을 수행하지 못하고 나머지 9번만 주기를 맞춰주는 것입니다. 그래서 첫 번째 루프는 어떤 속도로 수행할 지 알 수 없으므로 900에서 1000사이의 값이 x-y에 출력되는 것입니다.

나. 기다림(ms)

기다림(ms) 함수는 millisecond 단위의 실행 Delay를 주는 함수입니다. For 루프나 While 루프의 실행 속도를 조절하기 위한 용도로 많이 사용되며 시퀀스 구조와 함께 사용하여 단계별로 Time Delay를 주는 용도로도 많이 사용됩니다.

For 루프나 While 루프의 실행 속도를 조절하는 목적으로 기다림(ms)를 사용할 때는 루프 속 코드의 실행과 기다림(ms) 함수가 병렬로 실행되어 더 긴 시간에 맞춰서 루프의 속도가 정해집니다.

기다림(ms) 함수는 루프 속의 다른 코드들과 상호 작용하지 않고 독립적으로 작동합니다. 기다림(ms) 함수는 지정한 시간만큼 기다릴 뿐입니다.

다음 예제에서 난수(0-1)을 웨이브폼 차트에 플롯하는 부분과 100ms 기다림 부분은 상호 작용하지 않고 병렬로 실행됩니다. 그리고 100ms 기다림이 오래 걸리기 때문에 While 루프는 100ms 주기로 실행됩니다.

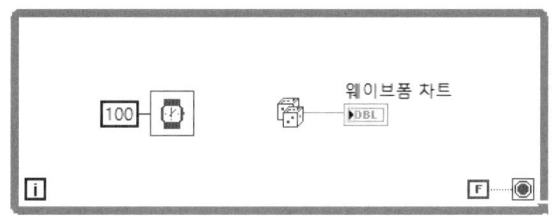

기다림(ms) 함수는 **시퀀스 구조**와 함께 사용하여 실행 순서에 기다림을 추가할 수 있습니다.

다음과 같이 VISA 함수를 사용한 인스트루먼트 통신에서 시퀀스 구조와 기다림(ms) 함수를 사용하여 VISA 쓰기 함수와 VISA 읽기 함수 사이에 100ms 기다림을 추가합니다.

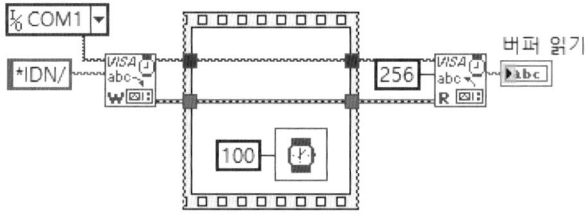

시간 지연 함수는 익스프레스 방식으로 초 단위의 시간 지연을 VI에 추가하는 함수입니다. 이 함수에는 '에러 입력'과 '에러 출력'이 있기 때문에 시퀀스 구조 없이도 시간 지연을 추가할 수 있다는 장점을 가집니다. 그리고 바로 가기 메뉴에서 '아이콘으로 보기'라고 설정하여 작은 아이콘으로 보이게 만들 수 있습니다.

다. 다음 ms 배수까지 기다림

다음 ms 배수까지 기다림 함수는 음악에서 박자를 맞추는 메트로놈 기능을 구현한 것입니다. 루프의 주기를 설정하는 목적이므로 사용됩니다. 그러나 기다림(ms) 함수로도 루프 주기를 설정할 수 있기 때문에 사용이 매우 제한적이 함수입니다.

이 함수는 다른 코드의 실행 시간까지 고려하여 전체 루프 주기를 지정된 값으로 맞춥니다. 그리고 루프 속 코드의 실행 시간이 타이머 값보다 길어질 경우에는 다음 배수로 설정이 바뀝니다.

이 함수는 첫 번째 호출에서는 설정 값보다 짧게 기다립니다. 첫 번째 호출에서는 기다리지 않고 준비 작업만 수행하기 때문입니다. 첫 번째 호출에서 다른 코드의 실행 시간을 측정하고 CPU 리소스를 할당 받는 등의 준비 작업을 수행하고 두 번째 호출부터 설정 값에 맞춰서 기다립니다.

다음은 100ms 주기로 난수(0-1)을 웨이브폼 차트에 플롯하는 예제입니다. 이 예제에서 다음 ms 배수까지 기다림 함수는 다른 코드의 실행 속도를 확인하고 부족한 시간을 기다려서 100ms의 주기를 맞춰줍니다.

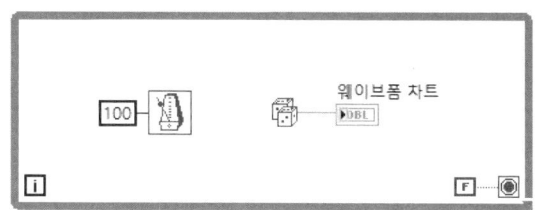

[주의] 다음 ms 배수까지 기다림 함수는 첫 번째 호출에서 기다림을 수행하지 않기 때문에 For 루프나 시퀀스 구조에서는 사용할 수 없습니다. 그나마 첫 번째 루프의 실행 주기를 무시해도 되는 While 루프에서만 사용할 수 있는 함수입니다.

예를 들어, 시퀀스 구조에 다음 ms 배수까지 기다림 함수를 사용하면 기다림을 수행하지 않기 때문에 목표한 100ms 기다림을 적용시킬 수 없습니다.

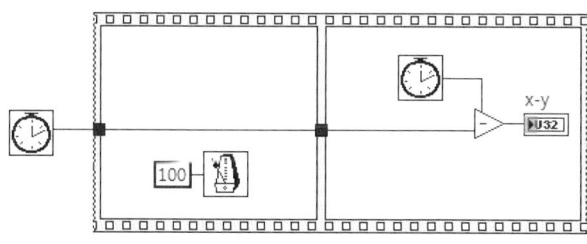 

타이밍 팔레트에는 날짜/시간을 문자열로 포맷 함수들과 타임스탬프 함수들도 제공됩니다.

함수	설명
날짜/시간을 문자열로 얻기	시스템의 절대 시간을 읽어와서 '날짜 문자열'과 '시간 문자열'을 출력해줍니다. 날짜 문자열은 YYYY-mm-dd 형식입니다. 시간 문자열은 오전/오후 HH:MM:SS 형식입니다.
날짜/시간 문자열로 포맷	'시간 포맷 문자열'로 지정하면 시스템 시간을 문자열로 포맷하여 출력해줍니다.
날짜/시간을 초로 얻기	시스템 시간을 타임스탬프로 반환합니다.
날짜/시간을 초로	[변환 함수] 날짜/시간 정보를 클러스터로 입력 받고 타임스탬프를 출력합니다.
초를 날짜/시간으로	[변환 함수] 타임스탬프 또는 숫자 값을 입력 받아서 시간 클러스터를 출력합니다.
타임스탬프로	[변환 함수] 숫자를 타임스탬프로 변환합니다.
타임스탬프 상수 오후 00:00:00.000 YYYY-MM-DD	[상수] 타임스탬프 상수를 사용하여 시간과 날짜 값을 전달합니다.

라. 날짜/시간 문자열로 얻기

날짜/시간 문자열로 얻기 함수는 시스템 시간을 읽어와서 '날짜 문자열'과 '시간 문자열'을 출력하는 함수입니다.

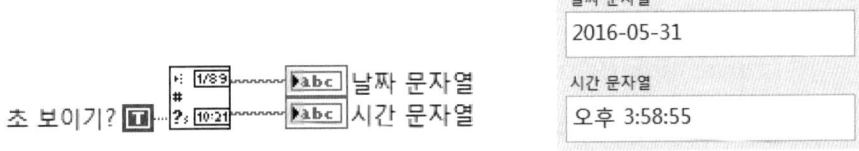

시스템 시간은 "1904년 1월 1일, 금요일, 오전 12시" 이후부터 경과된 표준 시간을 독립적인 초의 수로 해석합니다. 서울은 9시간 앞선 시간대입니다.

이 함수의 출력은 고정된 포맷입니다. 날짜 문자열은 YYYY-mm-dd 형식이고, 시간 문자열은 오전/오후 HH:MM:SS 형식입니다. ('초 보이기?'에 True를 입력해야 됩니다.)

마. 날짜/시간 문자열로 포맷

날짜/시간 문자열로 포맷 함수는 '시간 포맷 문자열'을 사용하여 포맷된 '날짜/시간 문자열'을 출력해 줍니다.

시간 포맷은 다음과 같습니다. 소문자와 대문자를 정확히 구분하여 사용해야 됩니다.

포맷	설명		실행 값(사례)
%c	날짜/시간 정보	YYYY-mm-dd 오전/오후 시:분:초	2023-06-25 오후 9:19:03
%x	날짜 정보	YYYY-MM-DD	2023-06-25
%X	시간 정보	오전/오후 시:분:초	오후 9:19:03
%I	시	12시간	09
%H	시	24시간	13
%M	분	분	19
%S	초	초	03
%<숫자>u		<숫자>정밀도를 가진 소수점 초	.444
%p	오전/오후	오전/오후	오후
%y	축약된 연도	YY	23
%Y	연도	YYYY	2023
%m	달	mm	06
%b	축약된 달	m	6
%d	날짜	dd	25
%a	요일	요일	화

시간 문자열의 앞과 뒤에 다른 문자열을 추가할 수 있습니다.
다음과 같이 "**측정 데이터 %H%M%S.txt**"라고 포맷할 수 있습니다.

다음은 "**%H-%M-%S%5u**"라고 포맷한 경우입니다.

바. 타임스탬프

타임스탬프의 기본값은 세계시를 기준으로 1904년 1월 1일 금요일 오전 12시부터 0초가 지난 시간입니다[01-01-1904 00:00:00]. 이때 컴퓨터의 시스템 시간을 읽어옵니다.

컨트롤의 숫자형 팔레트에서 **타임스탬프 컨트롤**과 **타임스탬프 인디케이터**를 찾을 수 있습니다. 그리고 함수의 타이밍 팔레트에서 **타임스탬프 상수**를 찾을 수 있습니다.

바로 가기 메뉴에서 '데이터 처리 > 시간과 날짜 설정...'을 선택하여 "시간과 날짜 설정" 창을 띄우고 "시간을 현재로 설정" 버튼을 클릭하면 현재 시간으로 설정됩니다. 밀리초 단위까지 출력합니다.

배정도 부동소수로 함수를 이용하여 타임스탬프를 DBL 숫자형으로 변환할 수 있습니다. 반대로 **타임스탬프로** 함수를 이용하여 DBL 숫자형을 타임스탬프로 변환할 수 있습니다. (타이밍 팔레트)

날짜/시간을 초로 얻기 함수를 이용하여 시스템 시간을 타임스탬프로 읽어올 수 있습니다.

 **요약**

- While 루프는 루프 속의 코드를 반복 실행하는 용도로 사용됩니다.
- 정지 조건을 이용하여 While 루프가 포함된 VI를 정상 종료시킵니다.
- For 루프는 입력 받은 반복 횟수만큼 루프 속의 코드를 반복 실행할 때 사용되는 구조입니다.
- LabVIEW의 코드는 와이어의 연결 순서에 따라서 실행 순서가 결정됩니다.
- For 루프에 배열을 입력하여 배열 원소를 인덱싱할 수 있습니다.
- For 루프의 출력 터널의 기본 설정은 '인덱스하기'이므로 출력 터널에서 데이터를 인덱싱하여 배열을 만들어 줍니다.
- 타이밍 함수를 사용하여 루프의 실행 속도를 조절합니다.
- 이전 루프의 데이터를 이용해야 할 경우에는 시프트레지스터에 저장해 두었던 데이터를 불러옵니다.
- 타이밍 함수를 이용하여 루프의 실행 속도를 조절하거나 시퀀스 구조에 기다림을 설정하거나 현재 시간 정보를 읽어올 수 있습니다.

 노트

Chapter 04
배열

*학습목표

배열에 대하여 배웁니다.

배열 함수 사용법을 익힙니다.

01. 배열

02. 배열 함수

Section

1. 배열

배열은 같은 타입의 원소를 그룹화한 것입니다. 배열은 원소와 차원으로 구성됩니다. 원소(Elements)는 배열을 구성하는 데이터입니다. 차원(Dimensions)은 배열의 길이, 높이, 또는 폭입니다. 배열은 하나 또는 그 이상의 차원을 가질 수 있습니다.

배열은 1차원, 2차원, 3차원 등으로 차원을 높일 수 있습니다. 그리고 한 차원마다 최대 2,147,483,647개의 원소를 가질 수 있습니다.

LabVIEW는 계측 및 제어 전용 프로그래밍 언어이므로 LabVIEW가 다루는 데이터는 실존하는 물리량입니다. 실존 물리량은 2차원까지만 다룹니다. 그래서 LabVIEW에는 2차원 배열까지만 사용됩니다. 3차원 배열은 수학이나 3차원 시뮬레이션, 가상 현실 어플리케이션 등에서 사용되는데 LabVIEW의 영역과는 다릅니다.

배열의 원소에는 순서가 있습니다. 배열은 사용자가 특정 원소에 접근할 수 있게 하기 위하여 **인덱스(Index)**를 사용합니다. 인덱스는 0부터 시작합니다. N개의 원소를 가진 배열은 0에서 N-1 범위로 인덱스됨을 의미합니다.

가. 배열 만들기

데이터 컨테이너 팔레트에서 **배열**을 찾을 수 있습니다. 이 배열은 배열의 틀만 가지고 있고 어떤 데이터 타입의 배열인지가 정의되지 않은 상태입니다. (2018 이전은 배열, 행렬, 클러스터 팔레트)

A. 배열 만들기 1단계

빈 배열에 숫자형, 불리언, 문자열, 경로, 참조 번호, 클러스터 등의 컨트롤 또는 인디케이터를 끌어다 놓아서 프런트패널에 배열 컨트롤 또는 배열 인디케이터를 생성합니다.

다음은 숫자형 컨트롤 배열, 불리언 인디케이터 배열, 문자열 컨트롤 배열을 만든 것입니다.

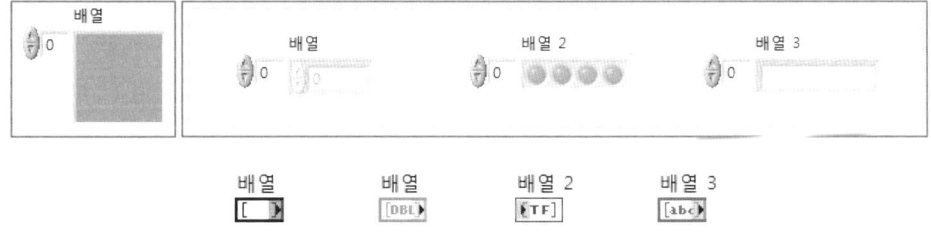

배열의 터미널은 배열 원소의 데이터 타입에 맞춰집니다.

- **빈 배열**은 검은색 직사각형 속에 [ ]이 들어 있는 모양입니다.
- **DBL 숫자형 컨트롤 배열**의 경우에는 주황색 직사각형 속에 주황색 [ ]과 "DBL" 문자가 표시되어 있습니다. 컨트롤은 진한 테두리이고 오른쪽에 나간다는 삼각형 마크가 있습니다.

- **불리언 인디케이터 배열**의 경우에는 초록색 직사각형 속에 초록색 [ ]과 "TF" 문자가 표시되어 있습니다. 인디케이터는 연한 테두리이고 왼쪽에 들어온다는 삼각형 마크가 있습니다.

- **문자열 컨트롤 배열**의 경우에는 분홍색 직사각형 속에 분홍색 [ ]과 "abc" 문자가 표시되어 있습니다. 컨트롤은 진한 테두리이고 오른쪽에 나간다는 삼각형 마크가 있습니다.

블록다이어그램의 배열 팔레트에서 **배열 상수**를 찾을 수 있습니다. 블록다이어그램에 위치시킨 다음에 숫자형 상수, 불리언 상수, 문자열 상수, 클러스터 상수 등을 빈 배열 상수 안에 놓습니다.

B. 배열 만들기 2단계

앞서 생성한 DBL 숫자형 컨트롤 배열, 불리언 인디케이터 배열, 문자열 컨트롤 배열, I32 숫자형 배열 상수, 불리언 배열 상수, 문자열 배열 상수 등에는 아직 원소 개수와 원소 값이 없는 상태입니다.

배열에는 반드시 원소 개수와 원소 값이 지정되어야 합니다. 원소의 데이터 타입과 개수만큼 메모리가 할당될 것입니다. 그리고 키보드나 마우스로 원소 값을 직접 입력할 수 있습니다. 또한 For 루프를 이용하거나 배열 초기화 함수를 이용하여 원소 값을 배열에 할당할 수 있습니다.

배열에는 반드시 원소가 있어야 되지만 배열의 기본 값은 원소가 없는 배열입니다. 그래서 배열에 원소 값를 입력한 다음에는 반드시 **편집(E) > 현재 값을 기본값으로(M)** 메뉴를 선택해서 원소가 있는 배열 상태를 기본값으로 설정해주고 저장해야만 배열 만들기가 완료됩니다.

디스플레이되는 원소의 개수가 모두 배열 원소의 개수인 것은 아닙니다. 아래 그림은 8개 원소를 가진 불리언 상수 배열입니다. 보이는 원소는 15개이지만 활성화된 원소가 8개이기 때문입니다. 활성화되지 않은 부분은 원소가 없는 부분입니다.

나. 배열의 모양 바꾸기

배열을 마우스로 선택하고 디스플레이되는 원소의 개수를 늘여줄 수 있습니다. 이때 마우스로 선택하는 위치를 잘 잡아야 됩니다. 다음과 같이 바깥쪽 가장자리를 잡으면 디스플레이되는 원소의 개수를 늘여줄 수 있습니다.

다음과 같이 안쪽 가장자리를 잡으면 원소의 크기를 키우거나 줄일 수 있습니다.

다. 배열의 원소 개수

C 언어 등에서 배열을 선언할 때는 반드시 배열의 크기를 함께 선언해야 됩니다. 그러나 LabVIEW에서는 배열의 원소 개수가 다이내믹하게 할당되기 때문에 배열을 만들 때 원소 개수를 지정하지 않아도 에러가 발생하지 않습니다.

그러나 배열의 원소 개수를 다이내믹하게 할당한다는 것은 어플리케이션이 운영되는 동안 CPU는 계속 새로운 리소스를 할당해야 된다는 의미입니다. 그래서 다이내믹 리소스 할당은 장시간 운전하는 경우에 블루스크린과 함께 시스템이 다운되는 원인으로 작동합니다.

LabVIEW에서 배열의 원소 개수는 다이내믹하게 할당되도록 설정되어 있지만 개발자는 배열의 원소 개수를 명확히 정해주면서 프로그래밍해야만 안정적인 어플리케이션을 만들 수 있습니다.

라. 배열 인덱스

배열의 차원당 한 개의 인덱스가 필요합니다. LabVIEW에서 인덱스는 배열을 탐색하고 블록다이어그램 함수에서 원소, 행, 열을 인덱싱하기 위해 사용됩니다.

인덱스는 0부터 시작하여 1씩 증가합니다. 인덱스는 첫 번째 위치에 있는 원소의 인덱스를 나타냅니다. 아래 그림에서 첫 번째 원소의 인덱스가 99입니다.

작은 배열은 배열 컨트롤이나 인디케이터로 원소들을 모두 디스플레이 할 수 있지만 큰 배열의 경우에는 모든 원소를 화면에 디스플레이 할 수는 없습니다. 그래서 배열 인덱스를 사용하여 관심 영역까지만 원소를 디스플레이합니다.

마. 2차원 배열 만들기

2차원 이상의 배열을 만들고자 하는 경우에는 배열 인덱스의 바로 가기 메뉴에서 [차원 추가]를 선택하여 한 차원씩 높여나갈 수 있습니다. 반대로 [차원 제거]를 선택하여 한 차원씩 낮출 수 있습니다. 혹은 배열 인덱스를 아래로 당겨서 차원을 늘이거나 위로 올려서 줄일 수도 있습니다.

이와 같은 방법으로 차원을 계속 높일 수 있겠지만 LabVIEW는 2차원 배열까시만 사용합니다.

2차원 배열은 행과 열을 가집니다. **행(row)**은 수평으로 배열되는 원소들입니다. **열(column)**은 수직으로 배열되는 원소들입니다.

2차원 배열 인덱스에서 첫 번째가 행(row) 인덱스이고 두 번째가 열(column) 인덱스입니다. 그림에서 1행 2열의 원소 값은 6입니다. 행 인덱스와 열 인덱스에 (1, 2)를 입력하면 첫 번째 원소가 6이됨을 확인할 수 있습니다.

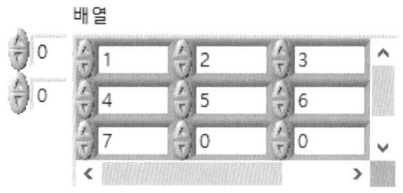 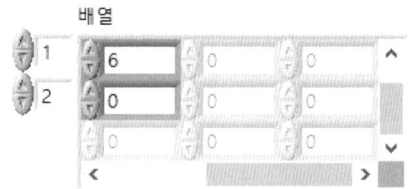

특정한 원소를 탐색하기 위해 배열의 **스크롤 막대**를 사용할 수 있습니다. 배열의 테두리에서 바로 가기 메뉴로 '보이는 아이템 > 수직 스크롤 막대' 또는 '보이는 아이템 > 수평 스크롤 막대'를 선택하여 스크롤 막대를 보이게합니다.

바. 배열 연산

배열은 원소의 데이터 타입에서 제공하는 모든 연산을 수행할 수 있습니다. 예를 들어, 1D 숫자형 배열은 더하기, 빼기, 곱하기, 나누기를 수행할 수 있습니다.

그러나 1D 배열이나 2D 배열만 입력 받을 수 있는 함수도 있습니다. 숫자형 팔레트에서 제공하는 배열 원소 더하기 함수와 배열 원소 곱하기 함수가 대표적인 사례입니다.

A. 1D 배열 + 1D 배열 = 1D 배열입니다. 만약 더하는 두 개 배열의 원소 개수가 다르다면 원소 개수가 작은 쪽에 맞춰서 계산됩니다. 예를 들어, 원소 개수가 5개인 1D 배열과 6개인 1D 배열을 더하면 원소 개수가 5개인 1D 배열이 출력됩니다.

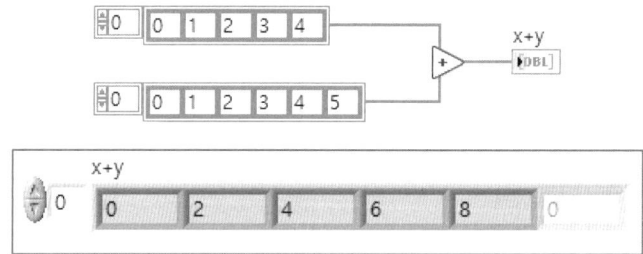

B. 1D 배열 + 스칼라 = 1D 배열입니다. 배열과 스칼라의 연산은 배열의 모든 원소에 동일한 스칼라 값을 연산해주는 방식으로 진행됩니다.

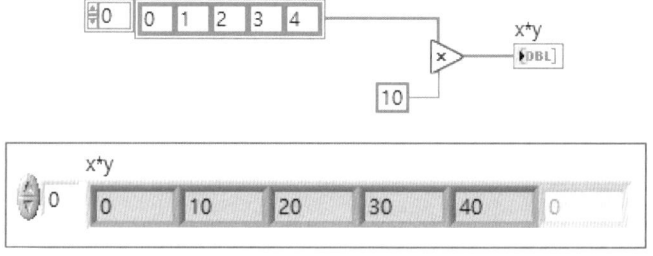

C. 비교 연산을 수행할 수 있습니다. 비교 연산은 같은 인덱스의 원소끼리 비교하는 방식입니다. 다음 예제에서는 5개 원소의 불리언 배열을 출력해줍니다.

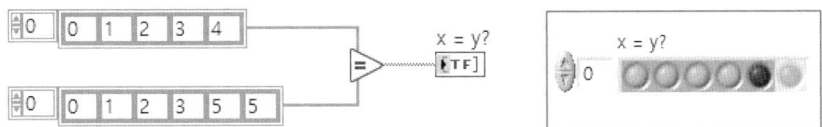

★ 비교 함수의 바로 가기 메뉴에서 '비교 모드 > 집합 비교'라고 변경하면 집합 대 집합을 비교하고 불리언 인디케이터를 출력합니다.

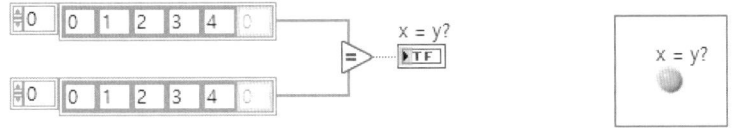

실습 4-1 배열 만들기

2차원 배열을 만들고 3X4으로 원소를 입력합니다. 그리고 모든 원소에 2.2를 더해줍니다.

1. 새 VI를 만들고 **배열만들기.vi**라고 저장합니다.

2. 프런트패널에 배열을 위치시킵니다. (데이터 컨테이너 팔레트)
    A. **숫자형 컨트롤**을 배열 속에 넣어서 **숫자형 컨트롤 배열**을 만듭니다. (숫자형 팔레트)
    B. 배열 인덱스에서 바로 가기 메뉴로 '차원 추가'를 선택하여 2차원 배열로 만들어 줍니다.
    C. 2차원 배열의 원소를 마우스로 선택하고 4X5 형태로 디스플레이를 확장해줍니다.
    D. (2, 3) 위치에 23를 입력해줍니다. 3행 4열까지 배열 원소가 활성화되고 데이터를 입력하지 않은 부분은 0으로 채워질 것입니다.
    E. **편집(E) > 현재 값을 기본값으로(M)** 메뉴를 선택해주고 저장합니다.

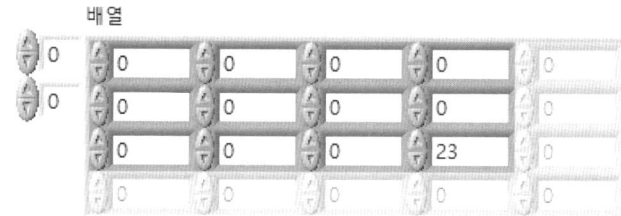

3. 블록다이어그램에 **더하기** 함수를 위치시키고 배열을 x입력에 연결합니다.
    A. **DBL 숫자형 상수**를 더하기의 y입력에 연결합니다. (숫자형 팔레트)
    ★ '상수 생성' 바로 가기 메뉴의 경우에는 같은 차원의 배열 상수만 생성하기 때문에 여기에서는 사용할 수 없습니다.

    B. 더하기의 출력에서 바로 가기 메뉴로 '인디케이터 생성'를 선택하여 2차원 숫자형 배열 인디케이터를 생성해줍니다.

4. VI를 저장하고 실행합니다.

    2차원 숫자형 배열과 스칼라 값의 더하기 연산은 배열의 모든 원소에 동일한 값을 더해주는 방식으로 계산됩니다.

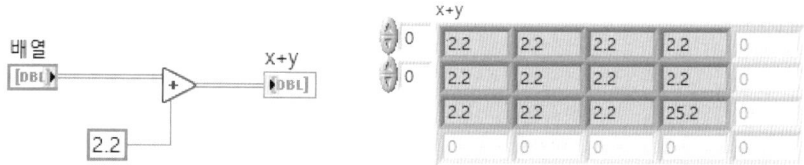

실습 4-3 끝

사. 배열 원소값 입력하기

배열의 원소 값을 입력하기 위하여 **For 루프**를 사용하거나 **배열 초기화** 함수를 사용합니다.

For 루프의 '루프 반복'을 이용하여 일정한 패턴을 가진 1차원 배열이나 2차원 배열 원소 값을 입력할 수 있습니다. 그리고 **배열 초기화** 함수를 이용하여 동일한 값을 배열 원소를 입력할 수 있습니다.

다음과 같이 1,000,000개 원소를 가지는 1차원 배열을 만들고 모든 원소 값을 3.33로 입력할 수 있습니다. 배열 팔레트에서 **배열 초기화** 함수를 찾을 수 있습니다.

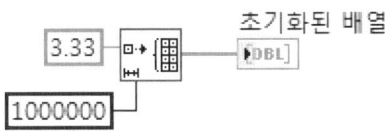

다음과 같이 5행/100열의 2차원 배열을 만들고 모든 원소 값을 5.5로 입력할 수 있습니다. **배열 초기화** 함수를 위치시키고 아래로 당겨서 차원 입력을 두 개로 만들어줍니다.

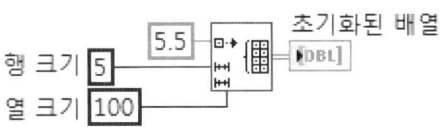

다음과 같이 **For 루프**를 이용하여 0에서 99까지 1씩 증가하는 1D 배열을 만들 수 있습니다. For 루프의 '루프 반복'이 0에서 시작하여 1씩 증가하는 값이라는 것을 이용한 경우입니다.

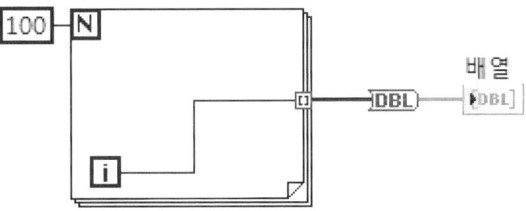

다음과 같이 **For 루프**를 2개 겹쳐서 5행/100열의 2차원 배열을 만들 수 있습니다. 이때 바깥쪽 For 루프가 행의 크기를 나타내고 안쪽 For 루프가 열의 크기를 나타냅니다.

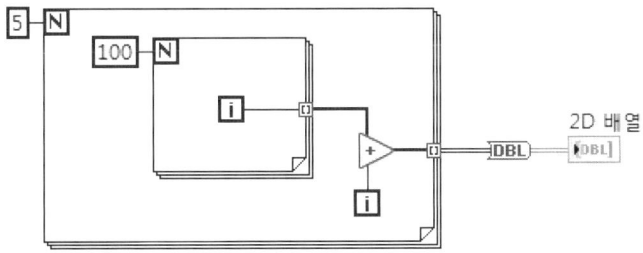

For 루프의 출력 인덱싱 기능을 이용하여 배열을 만드는 것입니다. 스칼라 값인 '루프 반복'이 출력 인덱싱되면 1차원 배열이 되고, 1차원 배열이 출력 인덱싱되면 2차원 배열이 됩니다.

반대로 For 루프의 입력 인덱싱은 차원을 낮추기 때문에 2차원 배열은 1차원 배열이 되고 1차원 배열은 스칼라 값이 됩니다. 그리고 배열이 For 루프에 입력될 때 2차원 배열에서 행을 분리해줍니다. 다음 예제에서 For 루프는 3개의 행을 인덱싱하여 분리하기 위하여 3회 실행됩니다.

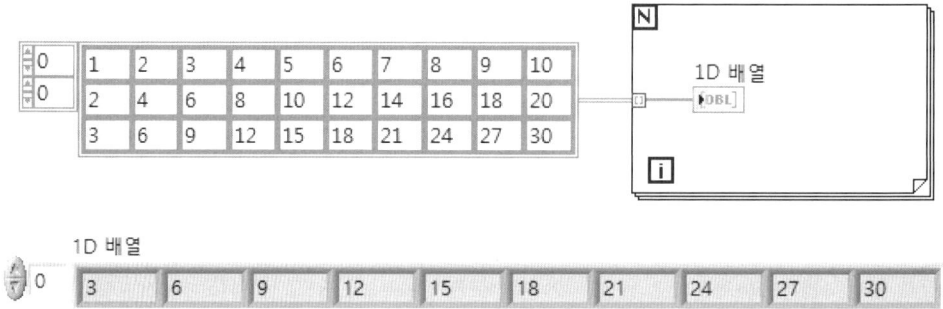

아. 강도 그래프

강도 그래프는 2차원 배열의 원소 값을 Color로 플롯해줍니다. Y축은 '행 인덱스'이고 X축은 '열 인덱스'입니다. 그리고 오른쪽에 있는 '진폭'의 Color로 원소 값이 플롯됩니다.

'진폭'은 색 보간으로 설정되어 있기 때문에 최대값, 중간값, 최소값의 색만 지정하면 보간된 색으로 모든 Color가 설정됩니다. 최대값과 최소값만 설정해도 됩니다.

다음과 같이 최대값 100을 흰색으로 설정하고 최소값 0을 검정색으로 설정하면 0과 100사이 값은 색 보간됩니다. 그리고 100 이상은 모두 흰색이 되고 0 이하는 모두 검정색이 됩니다.

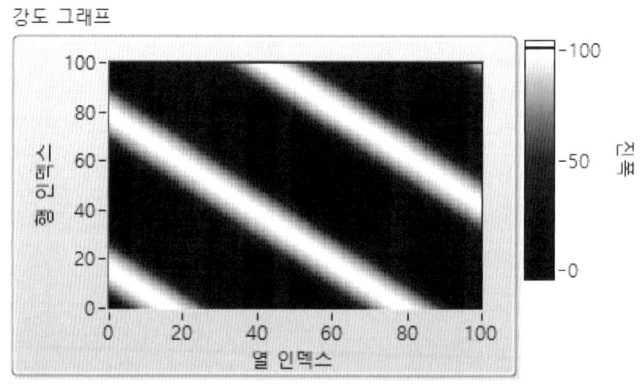

실습 4-2   강도 그래프 사용하기

For 루프를 이용하여 2차원 배열을 만들고 강도 그래프로 플롯해봅니다.

1. 새 VI를 만들고 **강도그래프.vi**라고 저장합니다.

2. 프런트패널에 **강도 그래프**를 위치시킵니다. (그래프 팔레트)

3. 블록다이어그램에 For 루프 두 개를 중첩하여 위치시킵니다.
   A. '루프 카운트'에서 바로 가기 메뉴로 '상수 생성'를 선택하고 100을 입력합니다.
   B. 바깥쪽 루프 카운트 값을 안쪽 루프 카운트에 연결해줍니다.
   C. **더하기**를 위치시키고 두 개 루프의 '루프 반복'을 더해줍니다.
   D. **배정도 부동소수로**를 더하기의 출력에 연결합니다. (숫자형 > 변환 팔레트)
   E. **곱하기**를 위치시키고 0.1을 곱해줍니다.
   F. **사인** 함수를 연결합니다. (수학 > 기본 & 특수 함수 > 삼각 함수 팔레트)
   G. For 루프 밖에 **곱하기**를 위치시키고 sin(x) 출력을 두 개의 For 루프 밖으로 출력하여 곱하기의 x에 입력합니다. **DBL 숫자형 상수**를 y에 연결하고 100라고 입력합니다. (숫자형 팔레트)
   H. 곱하기 출력을 **강도 그래프**에 연결합니다. 그리고 바로 가기 메뉴로 '인디케이터 생성'을 선택하여 2차원 배열 인디케이터를 생성하고 "배열"라고 라벨합니다.

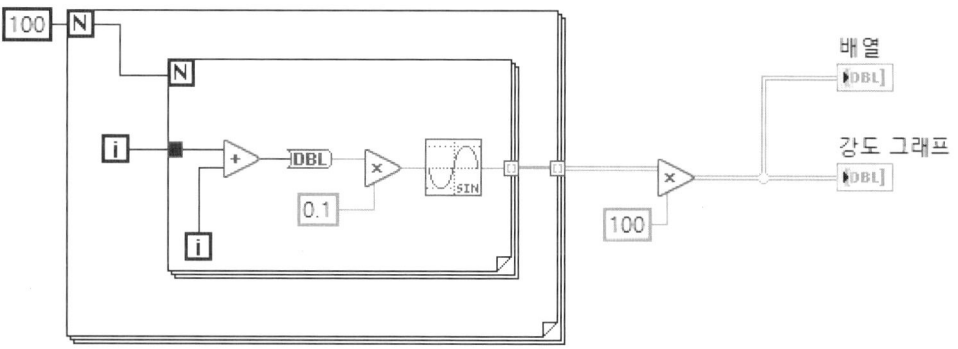

4. VI를 저장하고 실행합니다.

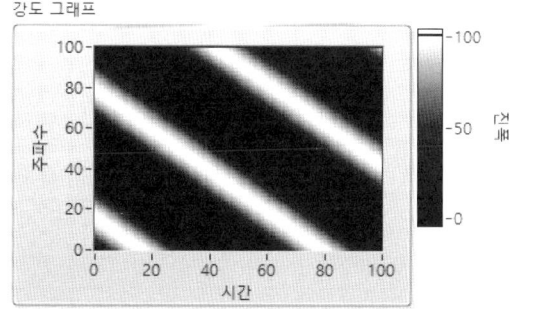

실습 4-2 끝

Section

2. 배열 함수

배열은 원소의 데이터 타입에 대응하는 함수를 사용할 수 있습니다. 숫자형 배열은 숫자형 데이터 타입에 대응하는 모든 함수를 사용할 수 있고, 불리언 배열은 불리언 데이터 타입 함수를 사용할 수 있고, 문자열 배열은 모든 문자열 함수를 사용할 수 있습니다.

그러나 배열 자체를 다루는 함수가 추가로 필요합니다. 배열 팔레트에서 배열 함수들을 찾을 수 있습니다. 다음 표는 배열 팔레트에서 제공되는 함수들에 대한 설명입니다.

LabVIEW에는 1D 배열과 2D 배열까지만 사용하기 때문에 배열 함수는 1D 배열 전용 함수, 2D 배열 전용 함수, 1D/2D 배열 공용 함수로 구성됩니다.

1D 배열 전용 함수는 1D 배열 정렬, 1D 배열 검색, 1D 배열 분리, 1D 배열 뒤집기 함수처럼 "1D 배열"라는 이름이 붙어 있습니다.

2D 배열 전용 함수는 2D 배열 전치 함수처럼 "2D 배열"라는 이름이 붙어 있습니다.

그리고 배열 크기, 배열 인덱스, 배열 초기화, 배열 만들기 함수 등은 1D 배열을 입력 받을 수도 있고 2D 배열을 입력 받을 수도 있습니다. 그러나 1D 배열을 사용하는 경우와 2D 배열을 사용하는 경우에 따라서 함수의 용도와 사용법이 바뀝니다.

LabVIEW 2017 이후 버전에 배리언트 데이터 타입과 In Place 원소 구조 등을 이용한 SubVI 함수들이 추가되었습니다. 배열 원소 증가, 배열 원소 감소, 1D 배열 섞기, 2D 배열 정렬, 2D 배열 섞기 등의 함수이고 갈색 아이콘으로 구분되어 있습니다.

함수	설명
배열 크기	1차원 배열의 원소 개수를 I32 숫자형으로 반환합니다. 2차원 배열의 행 크기와 열 크기를 I32 숫자형 배열로 반환합니다.
배열 초기화	'원소' 입력으로 초기화된 1차원 배열이나 2차원 배열을 생성합니다. 1차원 배열은 원소 개수를 지정해줍니다. 2차원 배열은 행 크기와 열 크기를 지정해줍니다.
배열 인덱스	1차원 배열에서 지정한 인덱스의 '원소'를 반환합니다. 2차원 배열에서 행을 잘라서 '부분배열'로 반환하거나 열을 잘라서 '부분배열'로 반환합니다. 또한 (n, m) 좌표의 '원소'를 반환합니다.
배열 만들기	원소를 붙여서 1D 배열을 만들거나 1D 배열을 붙여서 2D 배열을 만듭니다. 1D 배열에 원소를 추가하거나 2D 배열에 행을 추가합니다. 1D 배열을 연결하여 연결된 1D 배열을 만듭니다.
배열 부분 대체	'인덱스'로 지정하는 위치의 원소 또는 부분배열을 대체합니다.

배열에 삽입	'인덱스'로 지정하는 위치에 원소 또는 부분배열을 삽입합니다.
배열로부터 삭제	'인덱스'에서 시작하여 '길이'만큼의 부분배열을 삭제합니다. '부분이 삭제된 배열'과 '삭제된 부분'을 각각 출력합니다.
배열 잘라내기	'인덱스'에서 시작하여 '길이'만큼을 잘라서 반환합니다. '부분배열'을 출력합니다.
배열 최대 & 최소	배열의 최대값과 최소값을 반환합니다. 그리고 각 값의 인덱스도 함께 반환합니다.
배열 차원 변경	'차원 크기' 입력에 따라 배열의 차원을 변경합니다. 예를 들어, 1차원 배열을 입력 받아서 2차원 배열로 변경할 수 있습니다.
1D 배열 정렬	1차원 배열을 오름차순으로 정렬합니다.
1D 배열 검색	1차원 배열에서 '시작 인덱스'부터 시작하여 '원소'를 검색합니다. 검색된 첫 번째 원소만 반환합니다.
1D 배열 분리	1차원 배열을 '인덱스'에서 나눕니다. 첫 번째 부분배열과 두 번째 부분배열로 나눠집니다. 인덱스부터가 두 번째 부분 배열이 됩니다.
1D 배열 뒤집기	1차원 배열의 원소 나열 순서를 반대로 뒤집습니다.
1D 배열 회전	1차원 배열의 원소를 n에 의해 지정된 횟수와 방향으로 회전합니다.
1D 배열 보간	1차원 배열에서 '소수 인덱스 또는 x' 값을 입력 받아서 그 값에 대응하는 y 값을 보간하여 출력합니다.
1D 배열 임계점	오름차순의 1차원 배열에서 '임계점 y'와 '시작 인덱스'를 입력 받아서 그 값에 대응하는 첫 번째 '소수 인덱스 또는 x' 값을 반환합니다.
1D 배열 끼워넣기	입력된 1D 배열들을 하나씩 끼워 넣어서 새로운 1D 배열을 생성합니다.

기능	설명
1D 배열 데시메이트	한 개의 1D 배열을 여러 개의 1D 배열로 나눕니다. 이때 인덱스 별로 하나씩 제거하면서 나누는 방식을 사용합니다.
2D 배열 전치	2차원 배열 원소를 전치합니다. 배열 [i, j]가 배열 [j, i]로 전치됩니다.
배열 상수	배열 상수를 만듭니다.
배열을 클러스터로	1D 배열을 같은 데이터 타입의 클러스터로 변환합니다. 이때 클러스터의 원소 개수가 8개로 한정되기 때문에 프로퍼티 노드에서 '클러스터 원소 개수'를 변경해줘야 됩니다.
클러스터를 배열로	같은 데이터 타입으로 구성된 클러스터를 동일한 데이터 타입의 1D 배열로 변환합니다.
배열을 행렬로	배열 원소와 같은 타입 원소의 행렬로 변환합니다.
행렬을 배열로	원소의 행렬을 같은 데이터 타입 원소의 배열로 변환합니다.
배열 원소 증가	[Increment Array Element.vim] 1D 배열 전용 함수입니다. 지정한 인덱스의 원소 값을 1증가시킵니다.
배열 원소 감소	[Decrement Array Element.vim] 1D 배열 전용 함수입니다. 지정한 인덱스의 원소 값을 1감소시킵니다.
1D 배열 섞기	[Shuffle 1D Array.vim] 1차원 배열을 Random 순서로 재 배열합니다.
2D 배열 정렬	[Sort 2D Array.vim] 지정한 열 또는 행의 원소를 오름차순으로 다시 정렬하여 2D 배열의 열 또는 행을 정렬합니다.
2D 배열 섞기	[Shuffle 2D Array.vim] 2차원 배열을 Random 순서로 재 배열합니다.

가. 배열 크기

1D 배열을 입력받으면 I32 숫자형으로 '원소 개수'를 반환합니다. 그리고 2D 배열을 입력받으면 I32 숫자형 배열로 '행 크기'와 '열 크기'를 반환합니다.

다음은 두 개의 For 루프로 2차원 배열을 생성하고 생성된 배열의 크기를 측정하는 예제입니다. "크기" 출력은 차례로 행 크기와 열 크기를 나타냅니다. 20행 2열짜리 배열이라는 의미입니다.

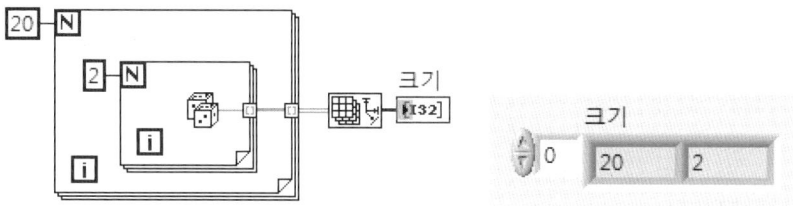

나. 배열 초기화

'원소' 입력으로 초기화된 1차원 배열이나 2차원 배열을 생성하는 함수입니다.

다음과 같이 '원소'와 '차원 크기'를 입력하여 초기화된 1D 배열을 생성할 수 있습니다. 아래 예제에서는 100개 원소를 가진 1D 배열이 생성됩니다. 그리고 초기화된 원소 값은 5.55입니다.

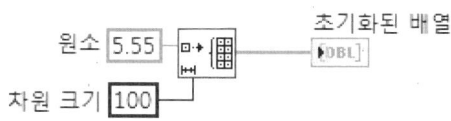

배열 초기화 함수의 아래 부분을 선택하고 당기면 '차원 크기' 입력을 두 개로 늘일 수 있습니다. 그리고 다음과 같이 '원소', '차원 크기(행)', '차원 크기(열)'를 입력하여 초기화된 2D 배열을 생성할 수 있습니다. 아래 예제에서는 1000행 3열짜리 배열이 생성됩니다. 초기화된 원소 값은 3.14입니다.

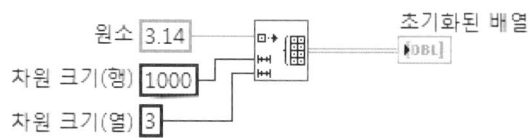

다. 배열 인덱스

배열 인덱스 함수는 1D 배열을 입력받을 수도 있고 2D 배열을 입력받을 수도 있습니다.

1D 배열을 입력받은 경우에는 '인덱스'를 지정하여 '원소'를 찾습니다. 그리고 2D 배열을 입력받은 경우에는 '행 인덱스'를 지정하여 '행 부분 배열'을 반환할 수도 있고, '열 인덱스'를 지정하여 '열 부분 배열'을 반환할 수도 있고, '행/열 인덱스'를 지정하여 (행, 열)의 원소 값을 반환할 수도 있습니다.

다음은 1D 배열에서 0, 1, 2, 3 인덱스의 값을 차례로 반환하는 예제입니다. 1D 배열을 입력한 다음에 함수의 '인덱스' 입력을 아래로 당겨서 출력 개수를 늘려줬습니다. 그리고 '인데스' 값을 입력하지 않은 경우에는 0부터 차례로 증가하는 인덱스의 값을 반환해줍니다.

다음은 1D 배열에서 3번 인덱스와 5번 인덱스 값을 지정하여 반환받은 예제입니다.

다음은 2D 배열에서 5행의 부분배열을 출력하는 경우와 0열의 부분배열을 출력하는 경우와 (5, 0) 원소를 출력하는 경우에 대한 예제입니다.

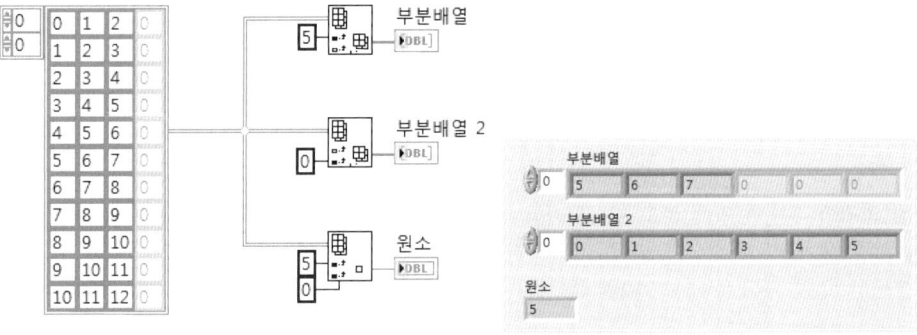

다음과 같이 배열 인덱스 함수를 아래로 당겨서 입출력을 늘이면 위와 동일한 예제을 한 개 함수로 구현할 수 있습니다.

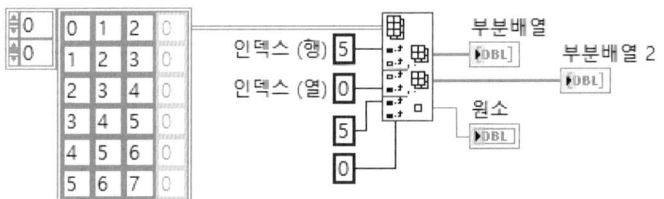

실습 4-3 배열 인덱스 함수 사용

배열 인덱스 함수를 사용하여 다음을 수행해봅니다.

- 2차원 배열에서 지정한 행을 부분 배열로 반환합니다.
- 2차원 배열에서 지정한 열을 부분 배열로 반환합니다.
- 2차원 배열에서 지정한 행-열의 원소를 스칼라 값으로 반환합니다.

1. 새 VI를 만들고 **배열인덱스.vi**라고 저장합니다.

2. 다음과 같이 2차원 배열 상수를 만들고 배열 인덱스 함수에 입력합니다.
   A. **배열 상수**를 위치시키고 인덱스를 2개로 늘여줍니다. (배열 팔레트)
   B. **DBL 숫자형 상수**를 배열 원소로 넣어줍니다. (숫자형 팔레트)
   C. 보이는 원소 개수를 늘여주고 임의의 값을 입력해줍니다.
   D. **배열 인덱스** 함수에 연결합니다. 다음과 같이 배열 인덱스 함수의 모양이 변경될 것입니다. 행 인덱스와 열 인덱스 입력이 생깁니다. (배열 팔레트)

0	1	2	3	4	5
0	11	22	33	44	55
	111	222	333	444	555
	0.1	0.2	0.3	0.4	0.5
	0.11	0.22	0.33	0.44	0.55
	-1	-2	-3	-4	-5
	0	0	0	0	0
	-11	-123	-1234	-2345	12345

3. 다음과 같이 블록다이어그램을 구성합니다.
   A. **배열 인덱스** 함수를 2개 더 연결해줍니다 (배열 팔레트)
   B. 첫 번째 배열 인덱스 함수의 "인덱스(행)"에서 상수를 생성하고 3을 입력합니다.
   C. 두 번째 배열 인덱스 함수의 "인덱스(열)"에서 상수를 생성하고 4을 입력합니다.
   D. 세 번째 배열 인덱스 함수의 "인덱스(행)"과 "인덱스(열)"에서 상수를 생성하고 5와 2를 입력합니다.
   E. '부분 배열'과 '원소' 출력에서 인디케이터를 생성해줍니다.

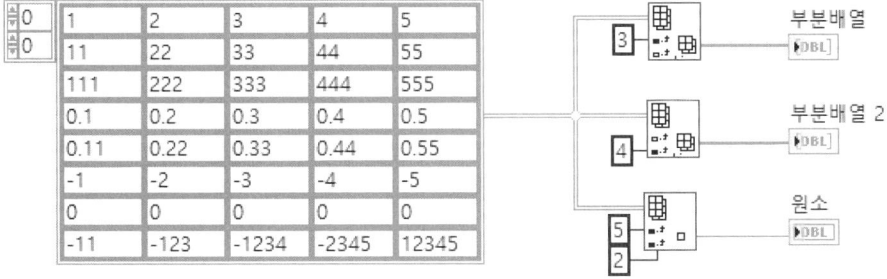

4. VI를 저장하고 실행합니다. 3번 행이 "부분배열"에서 출력되고, 4번 열이 "부분배열 2"에서 출력되고, (5, 2)의 원소가 "원소"에 출력됩니다.

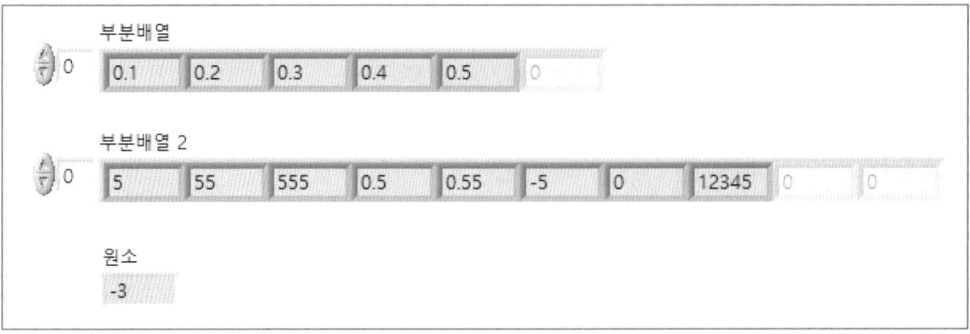

5. 다음과 같이 블록다이어그램을 수정합니다. 3번부터 다시 작성합니다.
   A. **배열 인덱스** 함수의 인덱스 입력 부분을 아래로 당겨서 입력 3개로 만듭니다.
   B. 첫 번째 "인덱스(행)"에서 상수를 생성하고 3을 입력합니다.
   C. 두 번째 "인덱스(열)"에서 상수를 생성하고 4을 입력합니다.
   D. 세 번째 "인덱스(행)"과 "인덱스(열)"에서 상수를 생성하고 5와 2를 입력합니다.
   E. '부분 배열'과 '원소' 출력에서 인디케이터를 생성해줍니다.

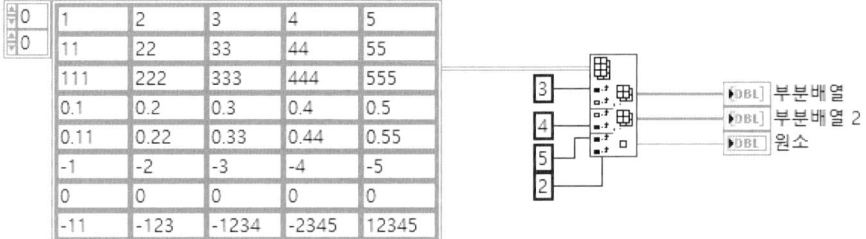

실습 4-3 끝

라. 배열 만들기

배열 만들기 함수는 1D/2D 배열 공용 함수입니다. 배열 만들기 함수는 6가지의 다른 용도로 사용되고 용도에 따라 함수의 모양이 바뀝니다.

1. 1D 배열 만들기

원소를 붙여서 1D 배열을 만들 수 있습니다. 다음은 숫자형 컨트롤 4개와 숫자형 상수 1개를 붙여서 5개 원소를 가진 1D 숫자형 배열을 만드는 예제입니다.

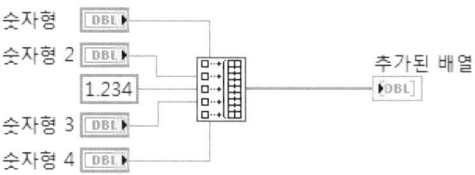

2. 2D 배열 만들기

1D 배열 붙여서 2D 배열을 만들 수 있습니다. 이때 1D 배열들은 2D 배열의 행으로 추가됩니다. 그리고 1D 배열의 원소 개수가 다를 경우에는 가장 큰 배열의 크기에 맞추고 부족한 부분을 0으로 채워넣습니다.

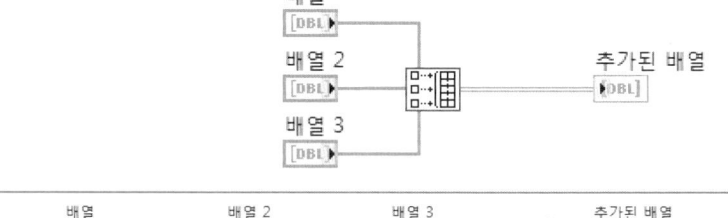

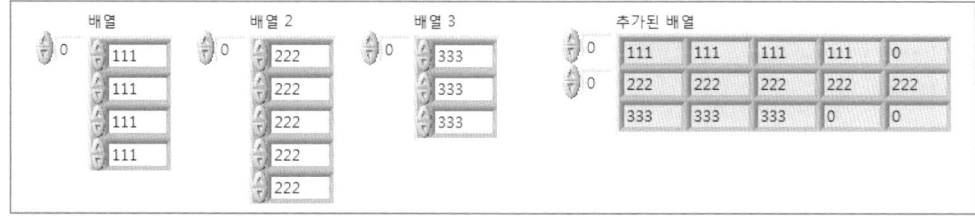

위 예제에서 1D 배열들은 2D 배열의 행으로 추가되어 3행 5열의 배열이 생성되었습니다. 그리고 부족한 부분은 0으로 채워졌습니다.

3. 1D 배열에 원소 추가하기

1D 배열의 앞 또는 뒤에 원소를 추가합니다. 다음은 배열의 앞에 2개 원소를 추가하고 뒤에 2개 원소를 추가하는 예제입니다.

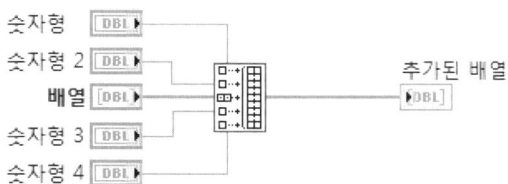

157

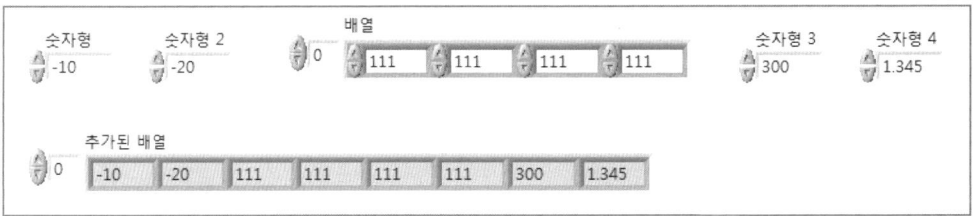

4. 2D 배열에 행 추가하기

2D 배열의 앞 또는 뒤에 행을 추가합니다. 추가하는 행의 원소 개수와 2D 배열의 열 크기가 다를 경우에는 가장 큰쪽으로 맞추고 부족한 부분은 0으로 채워넣습니다.

배열 만들기 함수로는 행 추가만 가능하고 열 추가는 할 수 없습니다.

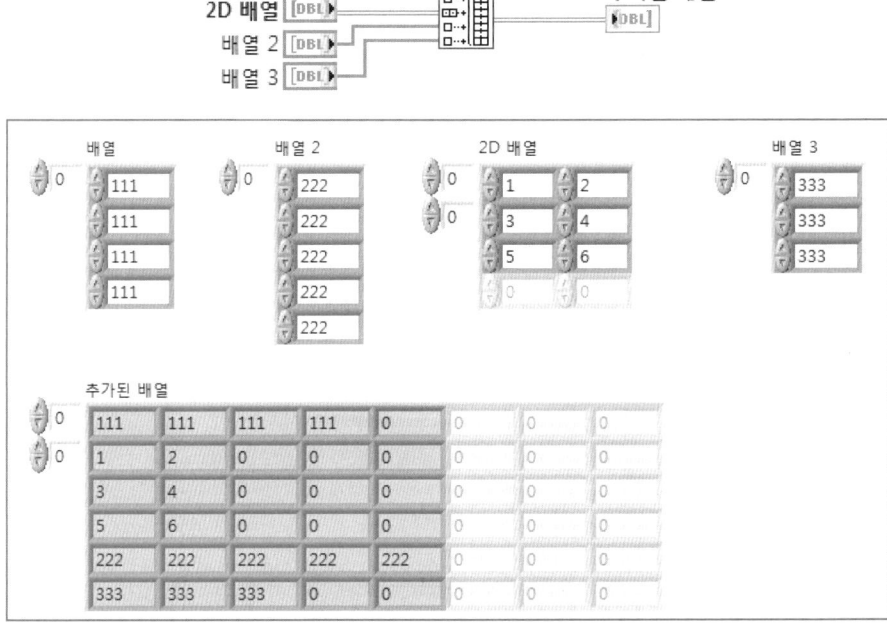

5. 1D 배열 연결하기

1D 배열들을 연결하여 '연결된 1D 배열'을 만들 수 있습니다. 그러나 배열 만들기 함수의 기본 설정은 입력을 붙이는 것이므로 바로 가기 메뉴에서 '입력 연결'이라고 설정해줘야 됩니다.

다음과 같이 '입력 연결'이 활성화된 배열 만들기 함수와 활성화되지 않은 배열 만들기의 모양은 다릅니다.

다음과 같이 1D 배열 3개를 연결하여 연결된 1D 배열을 만들 수 있습니다.

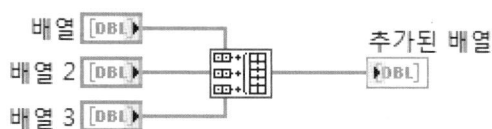

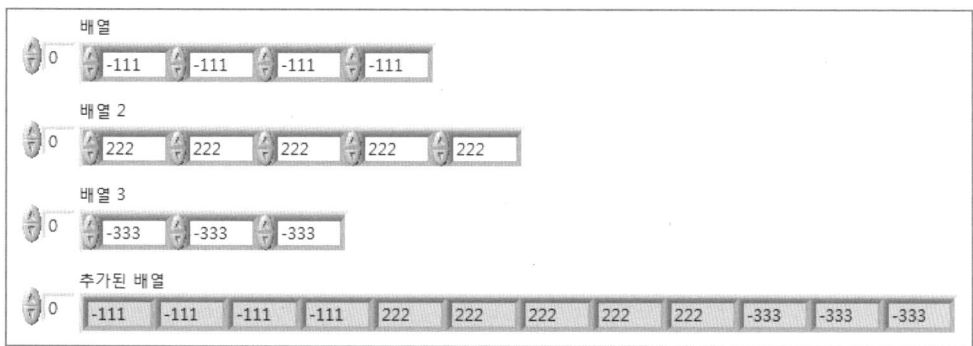

6. 차원 높이기

함수 중에서는 반드시 1D 배열을 입력해야되는 함수가 있고 반드시 2D 배열을 입력해야되는 함수가 있습니다.

수학 > 확률 & 통계 팔레트에 있는 **평균** 함수는 1D 배열 전용 함수입니다. 그래서 난수(0-1)을 평균 함수에 입력하기 위하여 배열 만들기 함수로 차원을 높여줍니다.

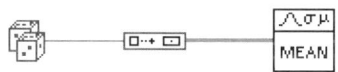

다음과 같이 2D 배열 전용 함수에 1D 배열을 입력하기 위하여 배열 만들기 함수로 차원을 높여줍니다.

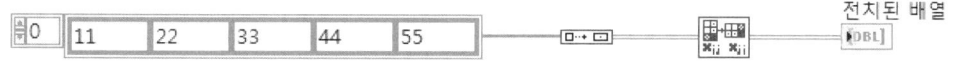

실습 4-4 배열 원소 분류하기

입력된 배열에서 양의 값과 음의 값을 분리하여 새로운 배열로 만들어봅니다. For 루프의 조건적 인덱싱 기능을 이용해 봅니다.

1. 새 VI를 만들고 **음양분류.vi**라고 저장합니다.
    A. **1차원 숫자형 컨트롤 배열**을 만들고 {3.4, 7, -7, 0, 3.14, -2.4, -5.1}라고 입력합니다.
    B. **1차원 숫자형 인디케이터 배열** 두 개를 만들고 "양의 숫자", "음의 숫자"라고 라벨합니다.

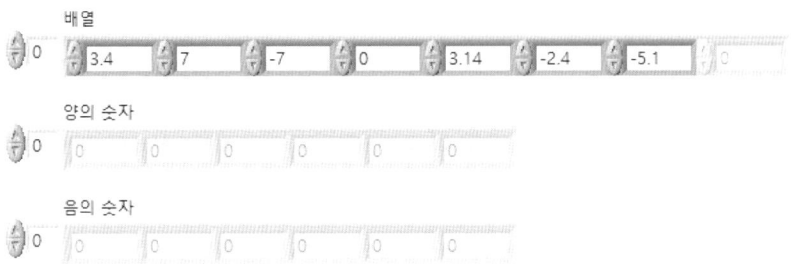

케이스 구조, 시프트레지스터, 배열 만들기 함수를 이용하는 방법

2. 다음과 같이 블록다이어그램을 구성합니다.
    A. **For 루프**를 위치시키고 "배열"을 For 루프로 입력합니다. 입력 인덱싱 기능으로 원소들이 하나씩 분리되어 입력될 것입니다.
    B. **배열 상수**에 **DBL 숫자형 상수**를 넣어서 'DBL 숫자형 배열 상수'를 만들어줍니다. (배열 팔레트)(숫자형 팔레트)
    C. For 루프에 바로 가기 메뉴로 **시프트레지스터** 두 개를 추가합니다. 시프트레지스터의 초기값으로 'DBL 숫자형 배열 상수'를 연결합니다.
    D. **케이스 구조**를 For 루프 속에 위치시킵니다.
    E. **0보다 크거나 같음?** 함수를 위치시키고 "배열" 입력에 연결하여 "배열" 원소가 0보다 큰지 여부를 확인합니다. 'x >= 0?' 출력을 '케이스 선택자'에 입력합니다. (비교 팔레트)

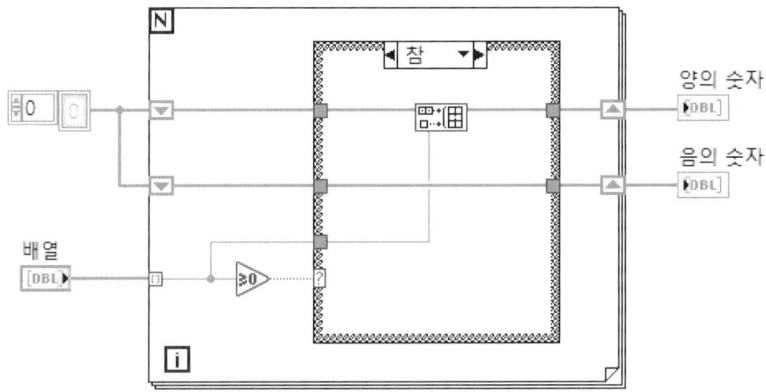

3. <참> 케이스 속에 **배열 만들기** 함수를 위치시킵니다.
   A. 배열 만들기 함수의 입력을 두 개로 늘여줍니다.
   B. 첫 번째 시프트레지스터 값을 배열 만들기 함수의 '첫 번째' 입력에 연결합니다.
   C. "배열"의 원소를 케이스 구조 속으로 가져와서 '두 번째' 입력에 연결합니다.
   D. 배열 만들기 함수의 출력을 시프트레지스터에 입력해줍니다.
   E. 두 번째 시프트레지스터는 케이스로 입력해서 그대로 출력으로 연결해줍니다.
   F. 첫 번째 시프트레지스터의 출력을 "양의 숫자"에 연결하고 두 번째 시프트레지스터의 출력을 "음의 숫자"에 연결합니다.

4. <거짓> 케이스로 선택합니다. 참 케이스와 반대로 첫 번째 시프트레지스터는 변화 없이 그대로 연결해주고, 두 번째 시프트레지스터를 **배열 만들기** 함수를 이용하여 값을 추가해줍니다.

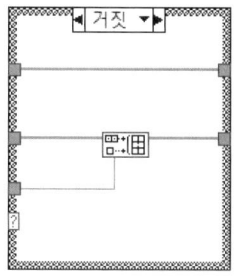

For 루프의 조건적 인덱싱

5. 조건적 인덱싱 기능을 이용하여 다음과 같이 VI를 간략하게 만들 수 있습니다.
   A. "배열"을 For 루프에 입력합니다.
   B. For 루프 입력에서 인덱싱된 원소를 For 루프 밖의 "양의 숫자"와 "음의 숫자"로 연결합니다. 출력 인덱싱에 의하여 배열이 만들어지므로 배열 인디케이터에 연결이 가능합니다.
   C. For 루프의 출력 터널에서 바로 가기 메뉴로 '**티널 모드 > 조건적**'을 선택합니다.
   D. **0보다 크거나 같음?** 함수를 위치시키고 원소가 0보다 큰지 여부를 확인합니다. "양의 숫자"로 출력되는 터널의 '조건'에 연결해줍니다. (비교 팔레트)
   E. **NOT** 함수를 추가로 연결하고 NOT 연산한 결과를 "음의 숫자"로 출력되는 터널의 '조건'에 연결해줍니다. (불리언 팔레트)

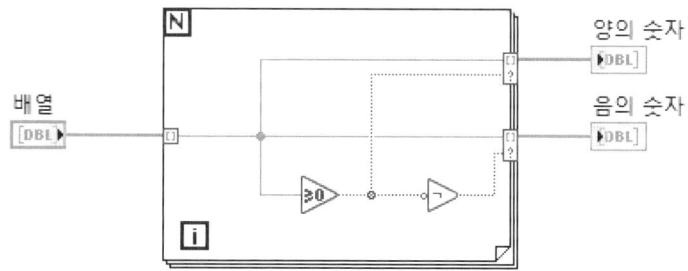

실습 4-4 끝

마. 1D/2D 배열 공용 함수

배열 팔레트에는 1D/2D 배열 공용 함수들이 제공됩니다. 그러나 1D 배열을 입력받을 경우와 2D 배열을 입력받을 경우에 따라서 함수의 모양이 바뀌고 사용 방법이 바뀝니다.

배열 크기, 배열 초기화, 배열 인덱스, 배열 만들기 함수 등이 1D/2D 배열 공용 함수들입니다.

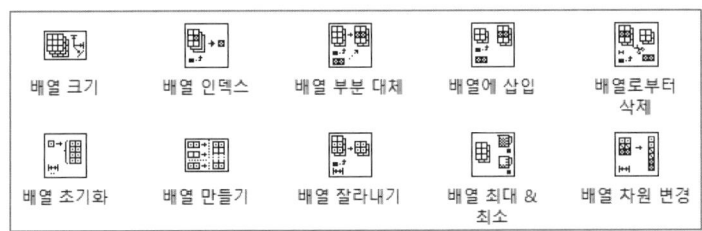

A. 배열 부분 대체

배열 부분 대체 함수는 '인덱스'에서 지정하는 위치의 원소 또는 부분배열을 대체합니다.

다음은 2차원 배열의 4행을 {-1, -1, -1, 2}로 대체하는 예제입니다. 그러나 4행에는 3개의 원소밖에 없기 때문에 {-1, -1, -1}만 대체되었습니다.

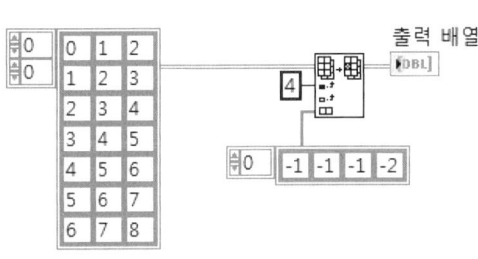 

B. 배열 삽입

배열 삽입 함수는 '인덱스'에서 지정한 위치에 원소 또는 부분배열을 삽입합니다.

다음은 2차원 배열의 4행에 {-1, -1, -1, 2}를 삽입하는 예제입니다. 원래 행들은 아래로 Shift하였습니다. 그리고 3개 원소만 필요하므로 {-1, -1, -1}만 삽입되었습니다.

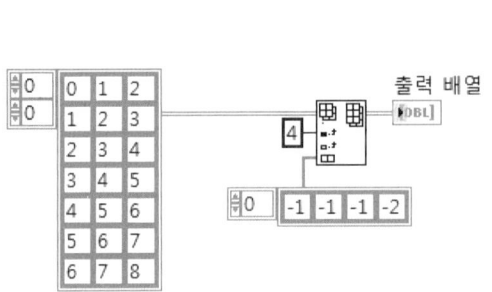 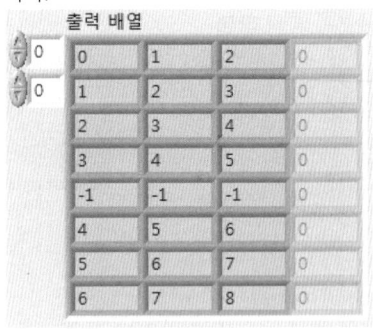

C. 배열로부터 삭제

배열로부터 삭제 함수는 '인덱스'에서 시작하여 '길이'만큼의 부분배열을 삭제하고 '부분이 삭제된 배열'과 '삭제된 부분'을 각각 출력합니다.

다음은 2차원 배열의 2행부터 4개 행을 잘라서 분리한 예입니다.

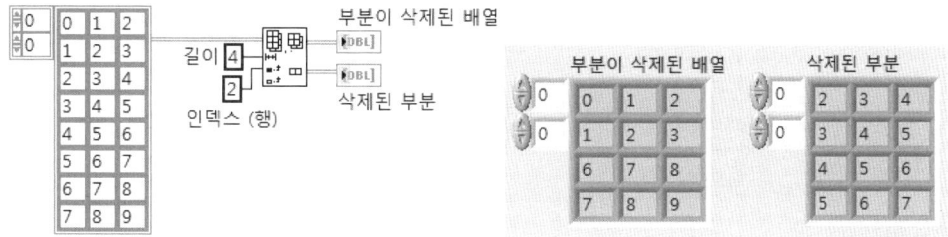

D. 배열 잘라내기

배열 잘라내기 함수는 '인덱스'에서 시작하여 '길이'만큼을 잘라서 반환합니다. 이때 입력과 동일한 차원의 배열을 출력합니다.

'인덱스'와 '길이'는 배열의 차원만큼 지원됩니다. 예를 들어, 1차원 배열은 한 개의 '인덱스'와 '길이'가 제공되고 2차원 배열은 두 개의 '인덱스'와 '길이'가 지원됩니다. 그리고 2차원 배열의 경우에는 위에서부터 차례로 '행 인덱스', '열 인덱스'입니다.

다음과 같이 2차원 배열을 입력 받아서 3행부터 4개 행을 잘라서 반환할 수 있습니다.

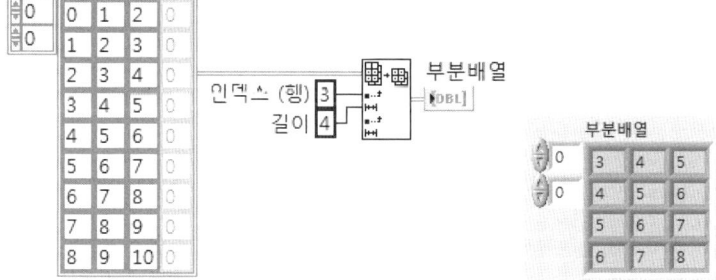

또는 2차원 배열을 입력 받아서 1열부터 2개 열을 잘라서 반환할 수 있습니다.

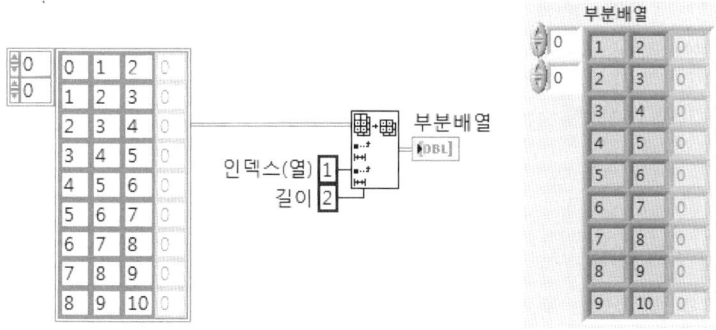

그리고 다음과 같이 2차원 배열을 입력 받아서 3행부터 4개 행을 잘라내고 잘라낸 배열에서 다시 1열부터 2개 열을 잘라서 반환할 수 있습니다.

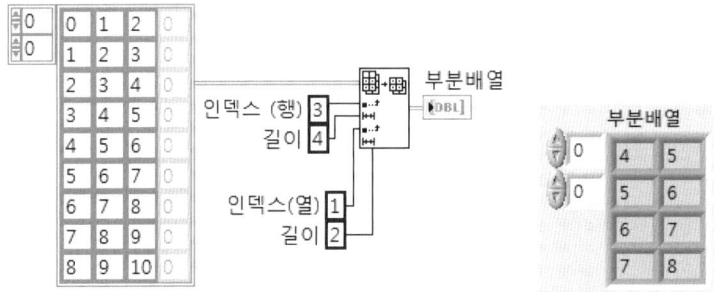

E. 배열 최대 & 최소

배열 최대 & 최소 함수는 배열의 최대값과 최소값을 반환합니다. 그리고 각 값의 인덱스도 함께 반환합니다.

다음은 For 루프를 이용하여 10행 4열의 2차원 배열을 생성하고 생성된 배열에서 최대값과 최소값을 구하는 예제입니다. 최대값의 위치와 최소값의 위치도 인덱스로 출력해줍니다.

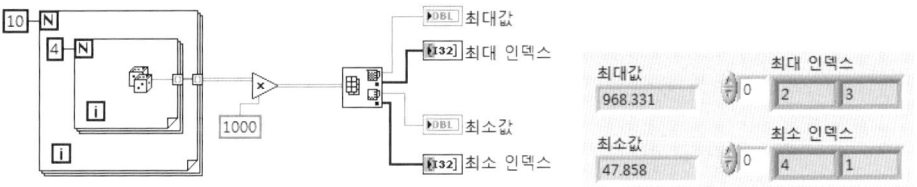

F. 배열 차원 변경

배열 차원 변경 함수는 '차원 크기' 입력에 따라 배열의 크기와 차원을 변경합니다.

다음은 5개 원소를 가진 1D 숫자형 배열을 **배열 차원 변경** 함수에 입력하고 '차원 크기' = 6으로 설정하여 6개 원소를 가진 1D 숫자형 배열을 출력하는 예제입니다. 추가된 부분의 원소 값은 0입니다.

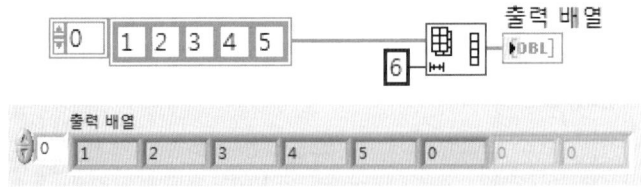

다음은 5개 원소를 가진 1D 숫자형 배열을 **배열 차원 변경** 함수에 입력하고 '차원 크기' 입력을 2개로 늘인 다음에 행 차원 크기 = 2, 열 차원 크기 = 3으로 설정하여 2행 3열의 2D 숫자형 배열이 출력하는 예제입니다. 추가되는 부분의 원소 값은 0입니다.

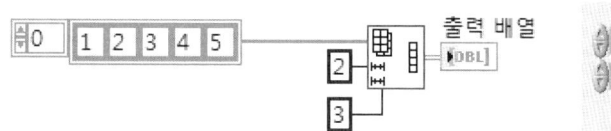 

바. 1D 배열 전용 함수

배열 팔레트에서 1D 배열 전용 함수를 찾을 수 있습니다. 1D 배열 정렬, 1D 배열 검색, 1D 배열 뒤집기, 1D 배열 회전, 1D 배열 끼워넣기, 1D 배열 데시메이트, 1D 배열 보간, 1D 배열 임계점 함수 등이 제공됩니다.

A. 1D 배열 정렬

1D 배열 정렬 함수는 입력된 1D 배열을 오름차순으로 정렬합니다.

다음은 난수(0-1)과 For 루프를 이용하여 0에서 64사이의 정수 10개를 만들고 오름차순으로 정렬한 예제입니다.

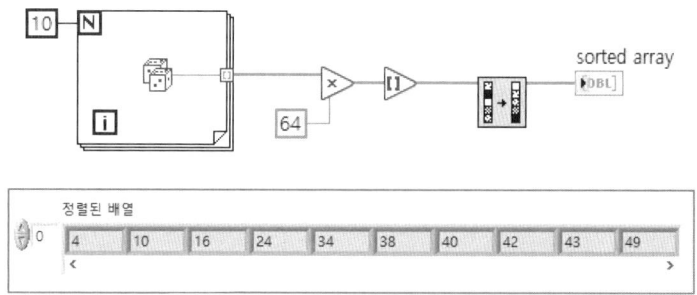

B. 1D 배열 검색

1D 배열 검색 함수는 '원소'에 입력된 값과 동일한 원소를 검색합니다. 그리고 첫 번째로 찾은 원소의 인덱스 값을 반환합니다. 만약 찾은 원소가 없다면 -1을 반환합니다. 이 함수는 '시작 인덱스'에서 시작하여 1D 배열에서 '원소'를 검색합니다. '시작 인덱스'의 기본값은 0입니다.

다음은 10개 원소를 가진 "정렬된 배열"에서 '원소' = 20을 검색하는 예제입니다.

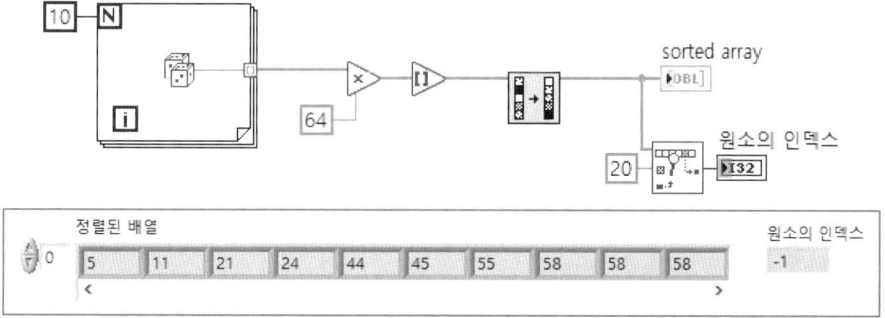

C. 1D 배열 뒤집기

1D 배열 뒤집기 함수는 배열의 원소의 순서를 반대로 뒤집습니다. 다음은 오름차순으로 정렬한 1D 배열을 반대 순서로 뒤집어서 내림차순으로 바꾼 예제입니다.

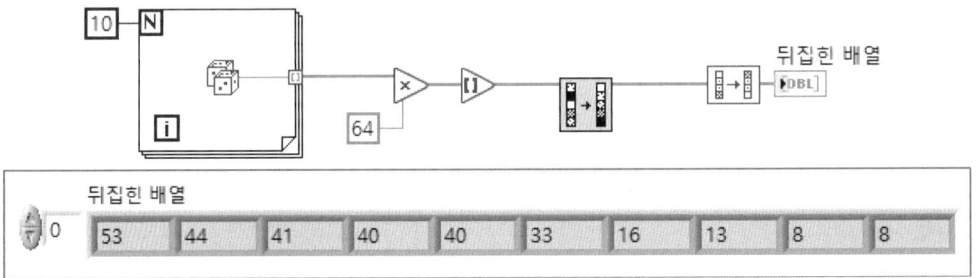

D. 1D 배열 회전

1D 배열 회전 함수는 배열의 원소를 **n**에 의해 지정된 횟수와 방향으로 회전합니다.

예를 들어 n=2를 입력하면 오른쪽으로 Shift하여 마지막 두 개 원소가 처음으로 이동됩니다.

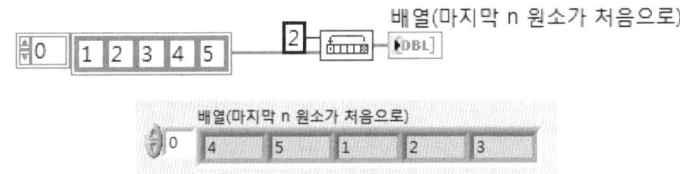

n=-1을 입력하면 왼쪽으로 Shift하여 첫 번째 한 원소가 맨 뒤로 이동합니다.

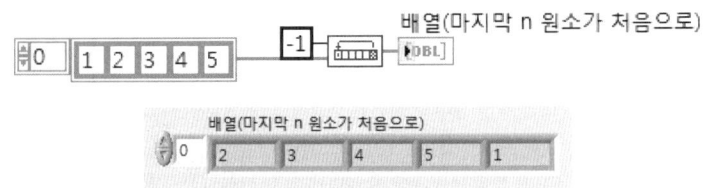

E. 1D 배열 끼워넣기

1D 배열 끼워넣기 함수는 입력된 1D 배열들의 원소를 하나씩 교차로 끼워 넣어서 새로운 1D 배열을 만듭니다. 원소의 개수가 다르면 작은 크기에 맞춰지고 나머지 원소는 무시됩니다.

다음은 두 개의 1D 배열을 끼워 넣기 한 예제입니다. 첫 번째 배열은 5개 원소를 가졌고 두 번째 배열은 4개 원소를 가졌습니다. 그래서 끼워 넣기는 4개 원소로 맞춰졌습니다. 남은 원소는 무시됩니다.

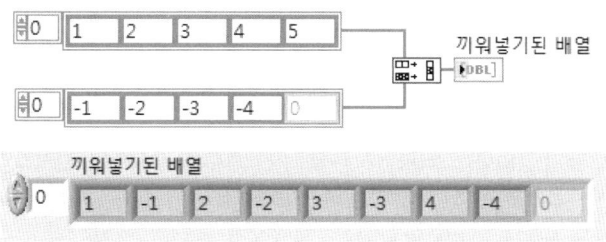

다음은 3개의 1D 배열을 서로 끼워 넣은 예제입니다. 인덱스로 {0, 0, 0, 1, 1, 1, 2 ,2, 2, 3, 3, 3} 순서로 끼워 넣었습니다. 남은 원소는 무시됩니다.

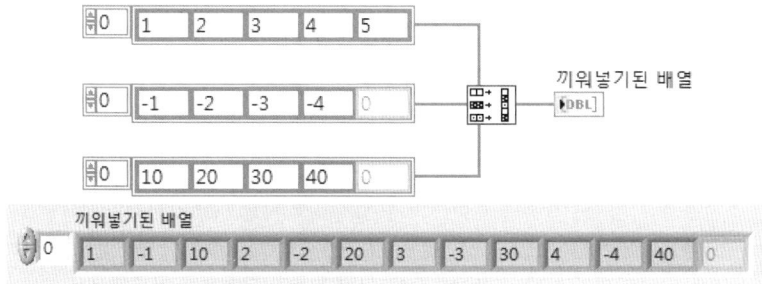

F. 1D 배열 데시메이트

1D 배열 데시메이트 함수는 끼워넣기 함수의 반대 개념입니다. 한 개의 1D 배열을 여러 개의 1D 배열로 나눕니다. 이때 인덱스 별로 하나씩 제거하면서 나누는 방식을 사용합니다. 짝이 맞지 않는 원소는 무시됩니다.

다음은 11개의 원소를 가진 1차원 배열을 세 개의 1차원 배열로 분리한 사례입니다. 9개 원소까지만 3개씩 짝을 맞출 수 있습니다. {0, 1, 2, 3, 4, 5, 6, 7, 8, 9, 10}을 나눠서 {0, 3, 6}, {1, 4, 7}, {2, 5, 8}로 분리하였습니다. 그리고 남은 두 개 원소는 무시되었습니다.

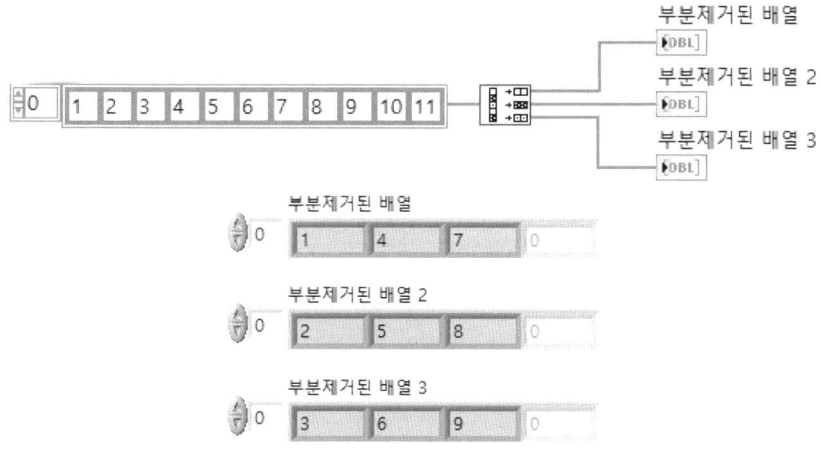

G. 1D 배열 보간

1D 배열 보간 함수는 인덱스와 인덱스 사이의 **소수 인덱스** 원소 값을 출력해줍니다. 즉, 소수점을 가진 실수 인덱스를 입력으로 받아서 대응하는 y값을 계산하여 출력해줍니다.

배열의 인덱스는 I32 정수입니다. 그러나 1D 배열 보간 함수를 사용하면 인덱스와 인덱스 사이의 소수 인덱스에 대응하는 보간된 원소 값을 찾을 수 있습니다.

다음과 같이 20개의 원소를 가진 1차원 배열에서 **1D 배열 보간** 함수를 이용하여 인덱스 = 10.2에 해당하는 "y 값"을 구할 수 있습니다.

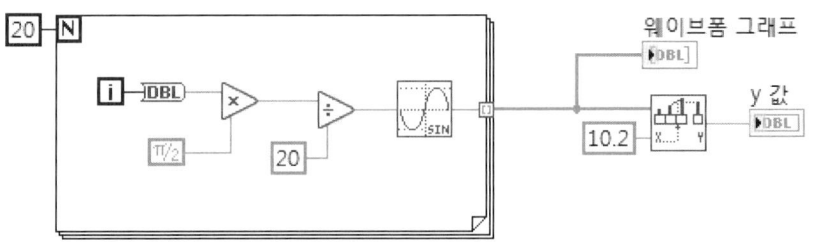

이해를 돕기 위하여 20개의 원소로 사인 파형의 1/4 주기를 만들어 주었습니다. 그리고 웨이브폼 그래프의 플롯 형태를 점&선으로 설정해줘서 20개의 원소가 어떤 포인터인지 표시해줬습니다. 또한 커서 범례를 이용하여 인덱스 10.2에 해당될 값을 커서로 선택해줬습니다. 커서 범례는 웨이브폼 그래프의 '보이는 아이템 > 커서 범례'를 선택하여 디스플레이할 수 있습니다.

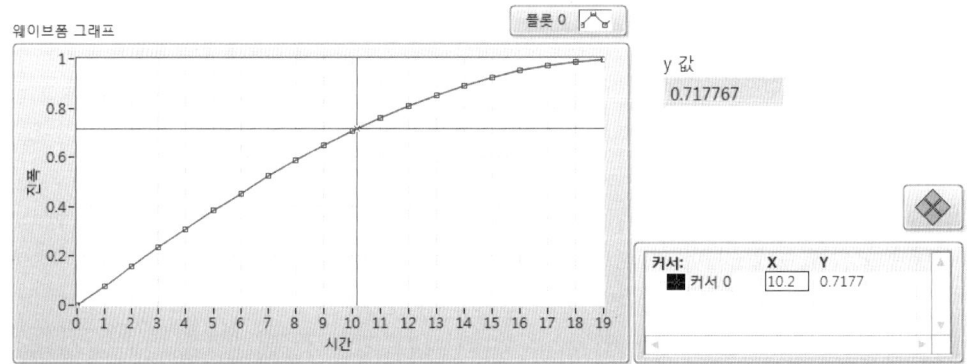

H. 1D 배열 임계점

1D 배열 임계점 함수는 **임계점 y**를 입력 받아서 그 값에 대응하는 첫 번째 "소수 인덱스 또는 x" 값을 반환합니다. 앞에서 배운 1D 배열 보간과 반대의 경우입니다.

그러나 1D 배열 임계점 함수는 **오름차순**의 배열에서만 사용할 수 있는 함수입니다.

다음과 같이 20개의 원소를 가진 배열에서 **1D 배열 임계점** 함수를 이용하여 임계점 y = 0.71776에 해당하는 '소수 인덱스'를 구할 수 있습니다. 반환된 "소수 인덱스 또는 x" 값은 10.1999임을 확인할 수 있습니다.

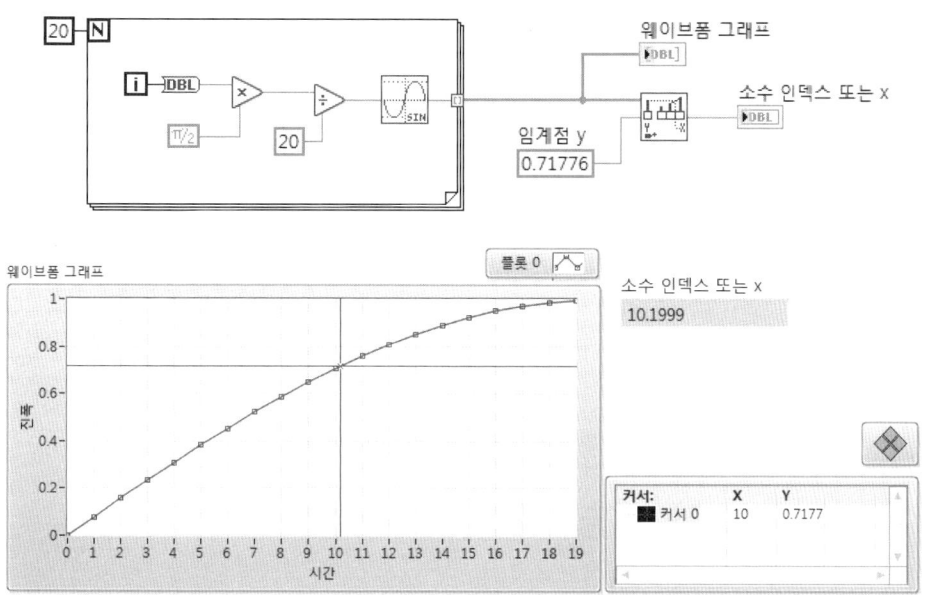

I. 배열 원소 증가

배열 원소 증가 함수는 지정한 인덱스의 원소 값을 1증가시킵니다. 다음과 같이 index = 2라고 입력하면 인덱스 2번의 원소 값이 1 증가합니다.

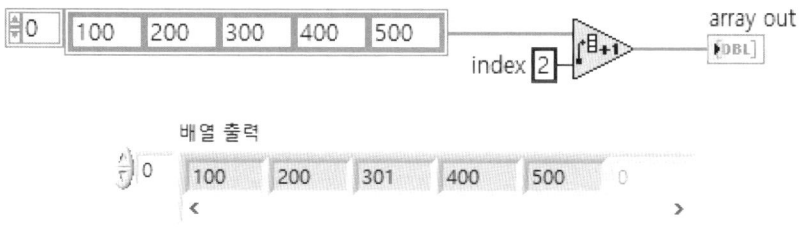

I 배열 원소 감소

배열 원소 감소 함수는 지정한 인덱스의 원소 값을 1 감소시킵니다. 다음과 같이 index = 3라고 입력하면 인덱스 3번의 원소 값이 1 감소합니다.

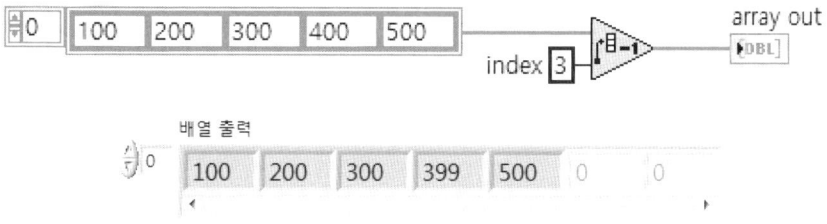

배열 원소 증가 함수와 배열 원소 감소 함수는 **In Place 원소 구조**를 이용한 SubVI입니다. 그래서 **In Place 원소 구조**의 '배열 인덱스 / 원소 대체 추가', **증가** 함수, **감소** 함수를 이용하여 동일한 예제를 작성할 수 있습니다.

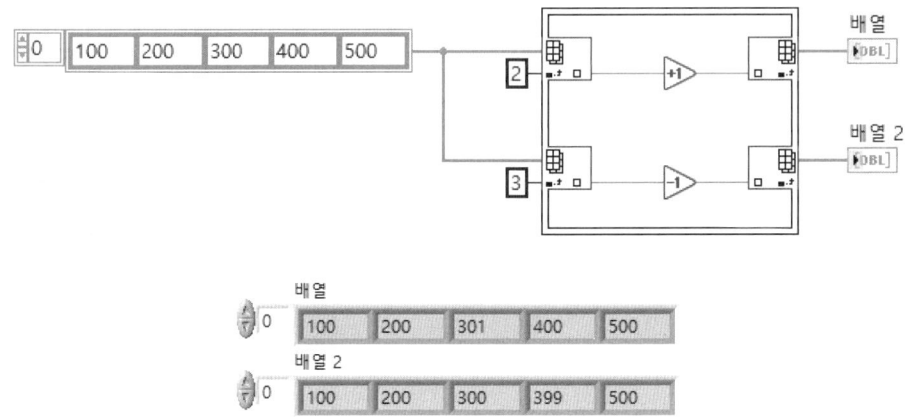

K. 1D 배열 섞기

1D 배열 섞기 함수는 1차원 배열을 Random 순서로 재 배열합니다.

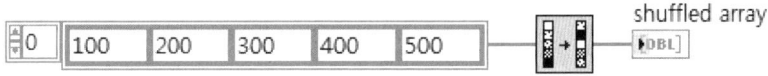

사. 2D 배열 전용 함수

2D 배열 전치, 2D 배열 정렬, 2D 배열 섞기 함수 등이 있습니다.

A. 2D 배열 전치

2D 배열 전치 함수는 2차원 배열의 행/열을 전치시켜줍니다. 다음과 같이 2행 5열의 배열을 입력받아서 5행 2열의 배열을 출력합니다.

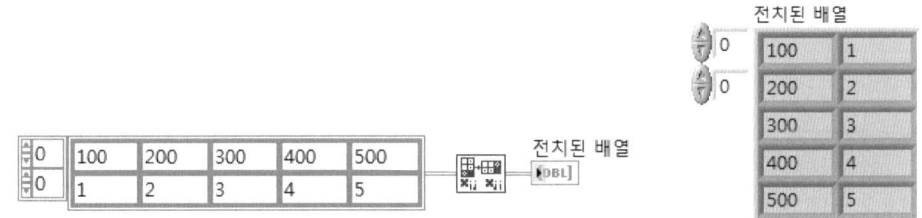

B. 2D 배열 정렬

2D 배열 정렬 함수는 지정한 열의 원소를 **오름차순**으로 정렬하거나 지정한 행의 원소를 오름차순으로 정렬합니다. 나머지 열이나 행은 정렬된 열이나 행의 순서에 맞춰서 정렬합니다.

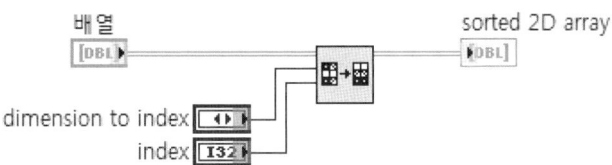

다음과 같이 1열(column)의 원소를 오름차순으로 정렬할 수 있습니다. {3, 30, 300}의 순서로 정렬되었고 나머지는 같은 순서로 재 정렬되었습니다. 1행 {40, 3, 20, 600, 5}이 0행으로 이동하고, 2행 {4, 30, 200, -60, 50}이 1행을 이동하고, 0행 {400, 300, 2, 6, 500}이 2행으로 이동하였습니다. 이때 행에서 원소 순서는 바뀌지 않습니다.

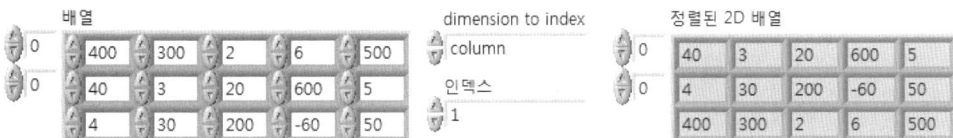

다음과 같이 2행(row)의 원소를 오름차순으로 정렬할 수 있습니다. {-60, 4, 30, 50, 200}의 순서로 정렬되었고 나머지는 같은 순서로 재 정렬되었습니다. 이때 열에서 원소 순서는 바뀌지 않습니다. 3열 {6, 600, -60}이 0열로 이동하고, 0열 {400, 40, 4}이 1열로 이동하였습니다. 그리고 1열은 2열로, 2열은 4열로, 4열은 3열로 이동하였습니다.

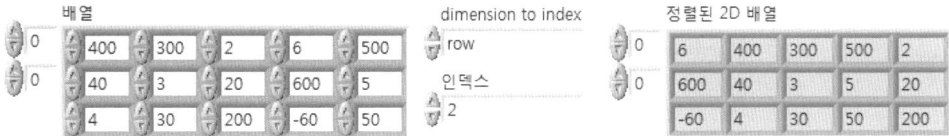

C. 2D 배열 섞기

2D 배열 섞기 함수는 2차원 배열의 행/열의 크기는 바뀌지 않은 상태에서 원소들을 Random 순서로 재 배열합니다.

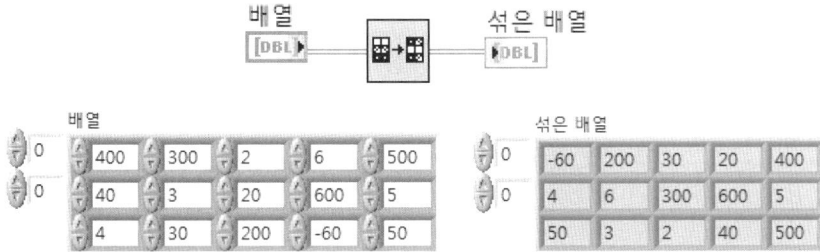

실습 4-5   로또 6/45

난수(0-1) 함수를 이용하여 Random Number를 중복 없이 6개 생성해봅니다. 다음과 같이 난수(0-1)에 45를 곱하고 올림 처리하면 1부터 45까지의 정수를 Random으로 발생시킬 수 있습니다.

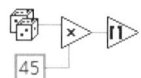

1. 새 VI를 만들고 **로또456.vi**라고 저장합니다.

2. 다음과 같이 블록다이어그램을 구성합니다.
   A. While 루프를 위치시킵니다.
   B. 바로 가기 메뉴에서 '시프트 레지스터 추가'를 선택하여 시프트 레지스터를 추가합니다.
   C. **배열 상수**와 **DBL 숫자형 상수**를 이용하여 **1차원 DBL 배열 상수**를 만들고 시프트레지스터에 입력합니다. (배열 팔레트)(숫자형 팔레트)
   D. **난수(0-1)**을 루프 속에 위치시킵니다. (숫자형 팔레트)
   E. **곱하기** 함수를 위치시키고 x입력에 난수(0-1)을 연결합니다. y입력에서 바로 가기 메뉴로 '상수 생성'를 선택하여 숫자형 상수를 생성하고 45를 입력합니다.
   F. **올림** 함수를 곱하기에 연결합니다. (숫자형 팔레트)
   G. **1D 배열 검색** 함수를 위치시킵니다. '1D 배열'에 시프트레지스터의 출력을 연결합니다. 그리고 '원소'에 올림 함수의 출력을 연결합니다. (배열 팔레트)
   ** 1D 배열 검색 함수는 일치하는 원소가 없을 경우에 -1을 출력합니다.
   H. **같음?** 함수를 위치시키고 1D 배열 검색 함수의 출력이 -1인지 확인합니다. (비교 팔레트)

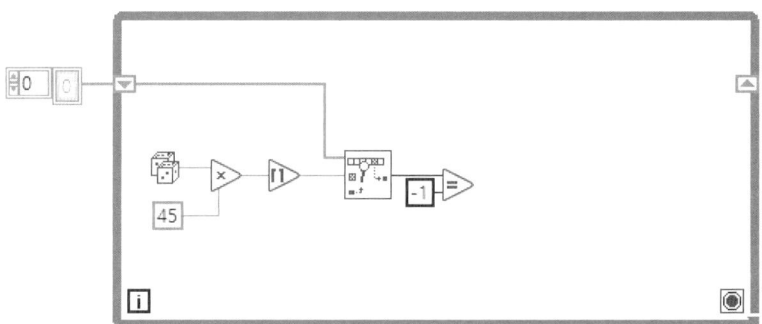

3. 다음과 같이 블록다이어그램을 완성합니다. 시프트레지스터의 1D 배열에 동일한 원소가 없을 경에만 원소를 추가하도록 구성할 예정입니다.
   A. **케이스 구조**를 루프 속에 위치시키고 '케이스 선택자'에 같음? 함수의 출력을 연결합니다.
   B. [참] 케이스 속에 **배열 만들기** 함수를 위치시키고 두 개의 입력으로 늘여줍니다. 첫 번째 입력에 시프트레지스터를 연결하고 두 번째 입력에는 올림 함수의 출력을 연결합니다.
   C. 배열 만들기 함수의 출력을 시프트레지스터의 오른쪽 입력에 연결해줍니다.
   D. [거짓] 케이스에는 값이 변화 없이 전달되도록 그대로 와이어를 연결해줍니다.
   E. **배열 크기** 함수와 **같음?** 함수를 이용하여 배열 크기가 **6**인지 확인합니다. 그리고 'x = y?' 출력을 '루프 조건'에 입력합니다. (배열 팔레트)(비교 팔레트)

F. **1D 배열 정렬** 함수를 위치시키고 배열 원소를 오름차순으로 정렬합니다.
G. 바로 가기 메뉴로 인디케이터를 생성하고 "로또456"라고 라벨합니다.

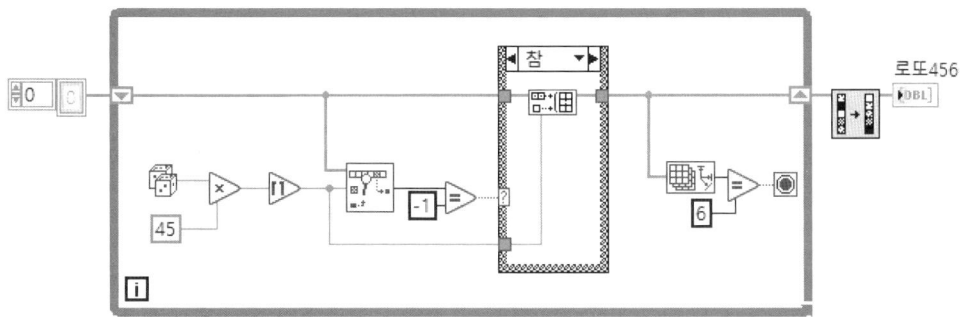

[거짓] 케이스는 다음과 같습니다.

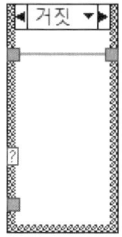

4. VI를 저장하고 실행합니다.

실습 4-5 끝

요약

- LabVIEW는 세 가지 데이터 타입을 사용합니다. 숫자형, 불리언, 문자열이 그것입니다. 그리고 각 데이터 타입은 스칼라와 배열로 사용할 수 있습니다.

- 빈 배열에 숫자형, 불리언, 문자열, 경로, 참조 번호, 클러스터 등의 데이터 객체 또는 원소를 끌어다 놓아서 프런트패널에 배열 컨트롤 또는 인디케이터를 생성합니다.

- LabVIEW에서 배열의 원소 개수는 다이내믹하게 할당됩니다. 배열의 원소 개수를 다이내믹하게 할당한다는 것은 어플리케이션이 운영되는 동안 CPU는 계속 새로운 리소스를 할당해야 된다는 의미입니다. 그러나 다이내믹 리소스 할당은 장시간 운전하는 경우에 블루스크린과 함께 시스템이 다운되는 원인으로 작용합니다.

- 배열의 원소 개수는 명확해야 됩니다. 그래서 배열에 원소를 입력한 다음에는 **편집(E) > 현재 값을 기본값으로(M)** 메뉴를 선택해서 원소가 있는 배열 상태를 기본값으로 설정해주고 저장해야만 배열 만들기가 완료됩니다.

- 배열의 차원당 한 개의 인덱스가 필요합니다. LabVIEW에서 인덱스는 배열을 탐색하고 블록다이어그램 함수에서 원소, 행, 열을 인덱싱하기 위해 사용됩니다.

- LabVIEW는 다차원 배열을 만들어 사용할 수 있지만 실질적인 제어 및 계측 어플리케이션에서는 2차원 배열까지만 사용합니다.

- 2차원 배열은 행과 열을 가집니다. 2차원 배열에서 수평으로 배열된 원소를 행이라고 부르고 수직으로 배열된 원소를 열이라고 부릅니다.

- 숫자형 배열은 숫자형, 수학, 비교 팔레트에서 제공되는 대부분의 연산을 동일하게 수행할 수 있습니다.

- 배열 팔레트에서 사용법과 용도가 다른 여러 가지 배열 함수들이 제공됩니다.

- 배열 함수에는 1D 배열 전용 함수, 2D 배열 전용 함수, 1D/2D 배열 공용 함수가 있습니다.

 **노트**

Chapter 05
클러스터 및 그래프

*학습목표

클러스터에 대하여 배웁니다.

클러스터 함수 사용법을 익힙니다.

웨이브폼 그래프와 웨이브폼 차트에 대하여 배웁니다.

01. 클러스터

02. 클러스터 함수

03. 그래프와 차트

Section

1. 클러스터

데이터를 그룹화한 것을 구조체(structure)라고 부릅니다. LabVIEW에서는 구조체로 배열과 클러스터를 제공합니다.

앞 장에서 배운 배열은 동일한 모양이고 동일한 데이터 타입인 원소들만 묶어줍니다. 원소의 아이콘 모양이 다르거나 데이터 타입이 다른 경우에는 배열로 묶을 수 없습니다.

다음은 온도계 인디케이터를 1D 배열로 묶은 예입니다. 온도계의 스케일 범위는 -10에서 200이고 슬라이더는 빨간색으로 통일되어 있습니다. 배열에서는 원소 별로 스케일 범위를 바꾸거나 슬라이더 색을 바꿀 수 없습니다.

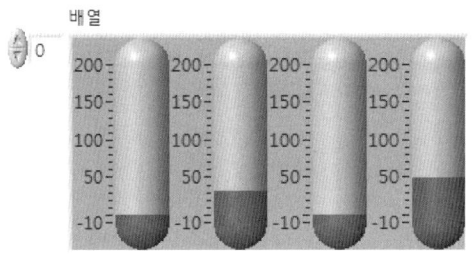

반면 클러스터에는 제약이 없습니다. 다양한 모양의 원소를 묶어주고 다양한 데이터 타입의 원소들을 묶어줍니다. 다음은 온도계를 클러스터로 묶은 예입니다. 원소 별로 스케일 범위를 다르게 설정하였고 슬라이더 색도 다르게 설정하였습니다.

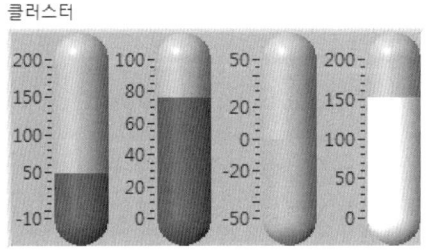

가. 클러스터

클러스터는 다양한 데이터 타입과 다양한 모양의 원소들을 묶을 수 있는 구조체입니다. 그렇지만 클러스터는 LabVIEW의 데이터 흐름 원칙을 준수합니다. 그래서 클러스터는 모두 컨트롤이거나 모두 인디케이터로 묶어줘야 됩니다. 컨트롤과 인디케이터를 섞어서 묶을 수는 없습니다.

클러스터는 데이터의 묶음입니다. 그리고 이 묶음에 포함된 데이터들의 순서가 중요한 의미를 가집니다. 클러스터를 만들 때 묶어주는 순서가 원소의 순서이고 묶음을 풀 때도 이 순서로 풀게 됩니다.

네트워크 케이블을 구성하는 다른 색깔의 8개 와이어 연결 순서를 지켜야만 네트워크 통신이 가능한 것처럼 클러스터 컨트롤과 클러스터 인디케이터를 서로 연결하기 위해서는 같은 순서에 같은 데이터 타입의 원소가 위치해야 됩니다.

예를 들어, 에러 클러스터는 {불리언, I32 숫자형, 문자열}의 순서로 묶어진 클러스터입니다. 각 위치의 데이터 타입이 맞으면 클러스터의 색이 올리브색으로 변경됩니다.

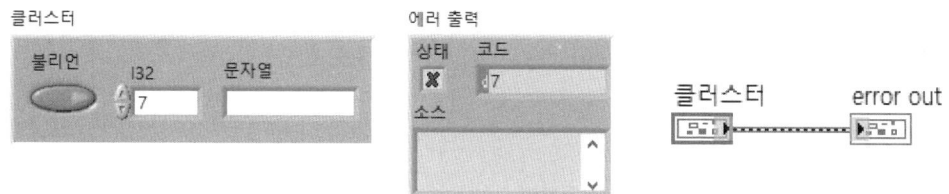

여러 원소를 클러스터로 묶으면 블록다이어그램에서 와이어의 복잡한 연결을 피할 수 있으며 SubVI에 필요한 커넥터 팬 터미널의 수를 감소시킬 수 있습니다.

블록다이어그램에서 일반 클러스터는 **핑크색** 와이어와 터미널을 가집니다. 반면에 에러 클러스터는 **올리브색** 와이어와 터미널을 가지고 숫자형 클러스터는 **갈색** 와이어와 터미널을 가집니다.

그리고 갈색 숫자형 클러스터를 숫자형 함수에 연결하여 클러스터 원소 모두에 같은 연산을 동시에 수행하게 할 수 있습니다.

나. 클러스터 만들기

데이터 컨테이너 팔레트에서 **클러스터**를 찾아서 위치시키고 묶어줄 원소를 클러스터 속에 차례로 넣어줍니다. 다음은 숫자형, 불리언, 문자열, 숫자형의 1D 배열, 그리고 에러 출력 3D를 차례로 넣어준 예임니다.

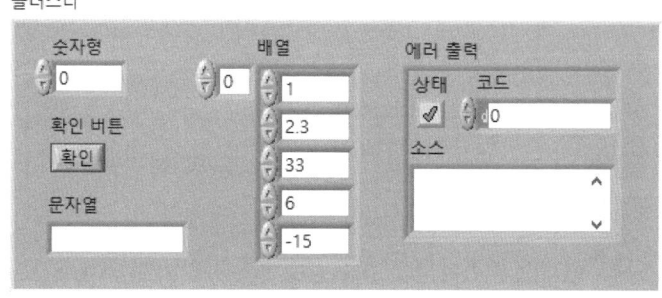

클러스터 상수

블록다이어그램의 클러스터, 클래스, & 배리언트 팔레트에서 **클러스터 상수**를 찾을 수 있습니다.

문자열 상수, 숫자형 상수, 불리언 상수, 또는 클러스터 상수를 클러스터 상수 안에 놓습니다. 그리고 바로 가기 메뉴에서 '클러스터를 아이콘으로 보기'를 선택하면 작은 아이콘으로 보기를 바꿀 수 있습니다. 이 변경을 실행 취소하려면 클러스터 상수 아이콘을 더블 클릭하면 됩니다.

대화상자 & 사용자 인터페이스 팔레트에서 **에러 클러스터 상수**를 찾을 수 있습니다.

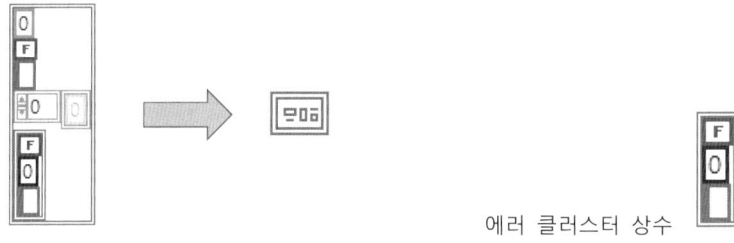

에러 클러스터 상수

다. 클러스터 내의 컨트롤 순서 재설정

클러스터 원소는 그 위치에 관계없이 논리적인 순서를 가지고 있습니다. 논리적 순서는 클러스터에 원소를 놓은 순서입니다. 클러스터에 놓은 첫 번째 객체가 0번이고 두 번째가 1번이 됩니다. 그리고 원소를 삭제하면 순서가 자동으로 조정됩니다.

같은 순서에 동일한 데이터 타입의 원소가 있는 경우에만 클러스터 컨트롤과 인디케이터를 서로 연결할 수 있습니다. 숫자형이나 숫자형 배열의 경우에는 형을 맞춰줘야 됩니다.

클러스터 내의 원소들 순서를 재설정하고자 하는 경우에는 바로 가기 메뉴에서 '**클러스터 내의 컨트롤 순서 재설정...**'을 선택하여 다음과 같이 '순서 재설정' 창을 띄웁니다. '순서 재설정' 창에서 마우스로 선택하는 순서에 따라 새로운 0, 1, 2, 3, ... 순서가 정해집니다.

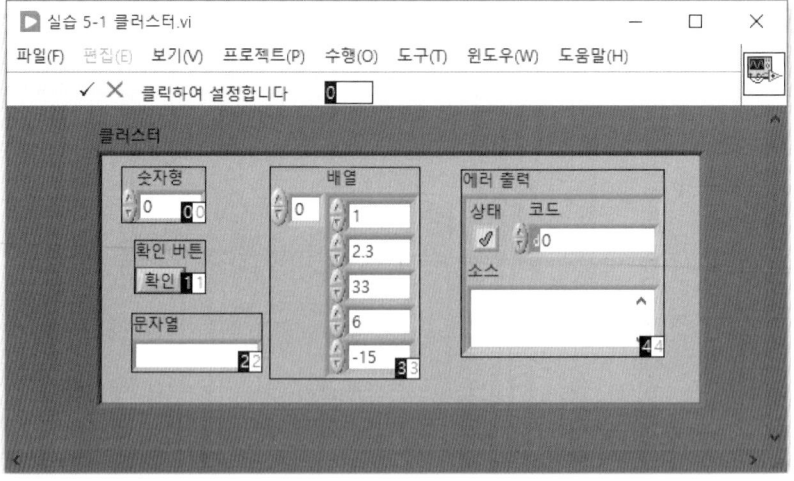

Section

2. 클러스터 함수

클러스터는 다양한 데이터 타입의 묶음입니다. 그래서 클러스터에는 풀기 함수와 묶기 함수가 필요합니다.

- 풀기 함수에는 **풀기**와 **이름으로 풀기**가 제공됩니다.
- 묶기 함수에는 **묶기**와 **이름으로 묶기**가 제공됩니다.

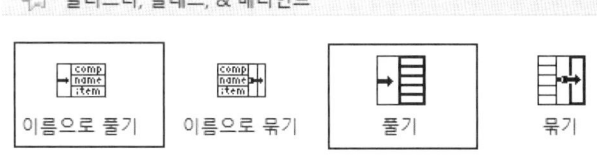

이름으로 풀기 함수는 원소의 이름을 사용하여 개별적으로 풀어줍니다. 각 클러스터 원소에는 라벨이 반드시 있어야 합니다.

이름으로 묶기 함수는 원소의 이름을 사용하여 원소 값을 개별적으로 대체합니다.

풀기 함수는 클러스터 원소들을 논리적 순서에 따라 모두 풀어줍니다. 출력 터널에는 원소의 데이터 타입만 표기됩니다.

묶기 함수는 원소를 묶어서 클러스터를 만들거나 원소 값을 대체하는 목적으로 사용됩니다.

가. 풀기

풀기는 클러스터의 원소들을 논리적 순서에 따라 모두 풀어주는 함수입니다. 이 함수는 모든 원소를 그 원소의 데이터 타입으로 풀어줍니다. 푼 원소들에서 필요한 것만 사용하면 됩니다.

다음은 클러스터에서 "숫자형"과 "배열"을 출력한 예제입니다. '인디케이터 생성' 바로 가기 메뉴를 사용하면 클러스터 내의 원소 이름과 동일한 라벨을 가진 인디케이터가 생성됩니다.

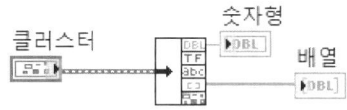

나. 이름으로 풀기

이름으로 풀기는 클러스터에서 한 개 또는 여러 개의 원소를 이름으로 풀어내는 함수입니다. 이름으로 풀기 위해서는 원소에 라벨이 있어야 됩니다. 그러나 클러스터 내에서 원소의 순서를 알아둘 필요는 없습니다.

클러스터 속에 클러스터가 있는 경우에는 다음과 같이 계층 구조로 원소 이름을 선택할 수 있도록 지원합니다.

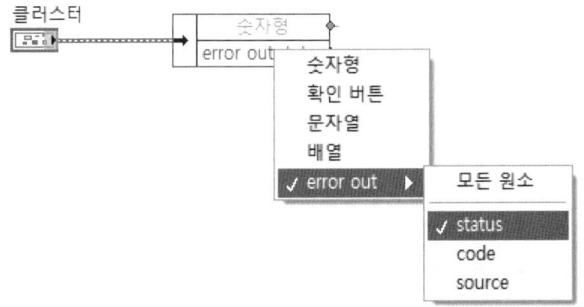

다. 묶기

묶기 함수를 이용하여 다른 원소에 영향을 미치지 않고 클러스터의 하나 또는 여러 원소의 값을 대체할 수 있습니다.

    I. 기존의 클러스터를 묶기 함수의 '클러스터' 입력에 연결합니다. 이때 묶기 함수는 자동으로 확장되어 기존 클러스터의 원소를 모두 디스플레이해줍니다.

    II. 대체할 값을 묶기 함수에 연결합니다. 아래 예제에서는 "숫자형"과 "문자열"의 값을 대체해줬습니다.

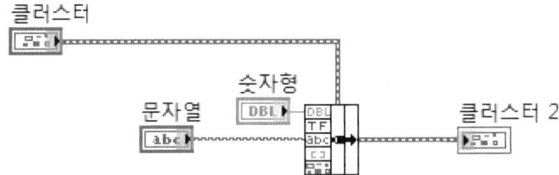

라. 이름으로 묶기

이름으로 묶기 함수는 클러스터 원소들을 이름으로 참조한 다음에 그 값을 대체합니다. '입력 클러스터'에 기존 클러스터를 연결하면 원소 입력에서 이름으로 원소를 선택할 수 있습니다. 이름 터미널의 개수는 여러 개로 늘일 수 있습니다.

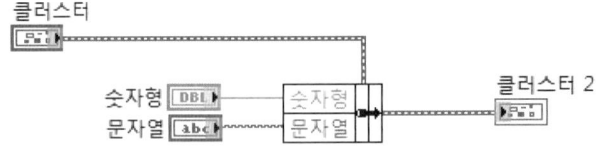

실습 5-1   클러스터 함수

클러스터를 만들고 클러스터 함수 사용법을 익힙니다.

1. 새 VI를 만들고 **클러스터.vi**라고 저장합니다.

2. 프런트패널에 **클러스터**를 위치시킵니다. (데이터 컨테이너 팔레트)

3. 빈 클러스터에 원소를 넣어 줍니다.
   A. **숫자형 컨트롤, 확인 버튼, 문자열 컨트롤**을 차례로 위치시킵니다.
   B. **숫자형 배열 컨트롤**을 위치시킵니다. 그리고 보이는 원소를 5개로 늘려주고 임의의 원소 값을 입력해줍니다.
   C. **에러 출력 3D**를 찾아서 위치시킵니다. (데이터 컨테이너 팔레트)

4. "클러스터"가 완성되면 복사하여 붙여놓습니다. <Ctrl> 키를 누른 상태에서 클러스터를 선택하고 옮겨 놓으면 "클러스터 2"가 복사되어 생성될 것입니다.

5. '인디케이터로 변경' 바로 가기 메뉴를 사용하여 "클러스터 2"를 인디케이터로 변경합니다.

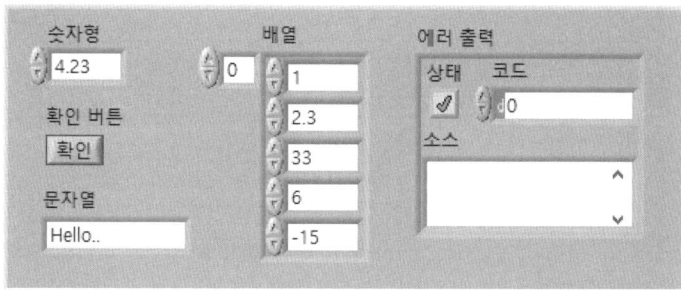

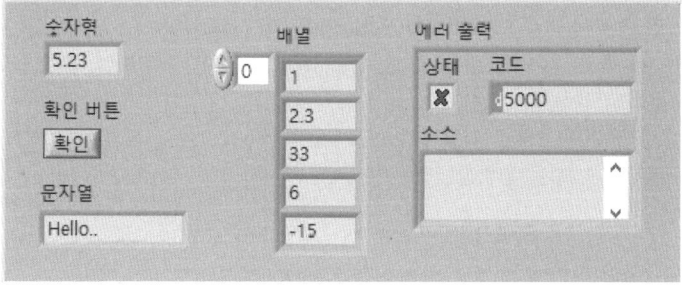

6. 다음과 같이 블록다이어그램을 구성합니다.
   A. **풀기** 함수와 **묶기** 함수를 위치시킵니다.

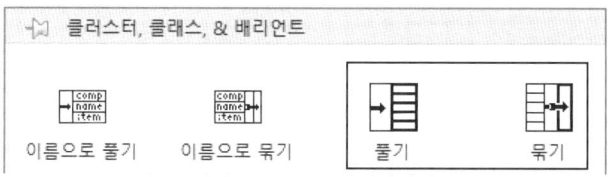

183

B. "클러스터"를 **풀기** 함수의 '클러스터'에 입력합니다. 또한 **묶기** 함수의 '클러스터'에도 입력합니다.
C. **증가** 함수를 위치시키고 첫 번째 원소인 DBL 값을 증가 함수에 입력합니다. 증가 함수의 출력을 묶기 함수의 첫 번째 원소인 DBL 입력에 연결해줍니다. (숫자형 팔레트)
D. 묶기 함수의 '출력 클러스터'를 "클러스터 2"에 연결해줍니다.

7. 다음과 같이 이름으로 풀기 함수와 이름으로 묶기 함수를 이용하여 클러스터 안에 위치한 "error out" 클러스터를 풀고 대체하고 다시 묶어 줍니다.
   A. **이름으로 풀기** 함수와 **이름으로 묶기** 함수를 위치시킵니다.

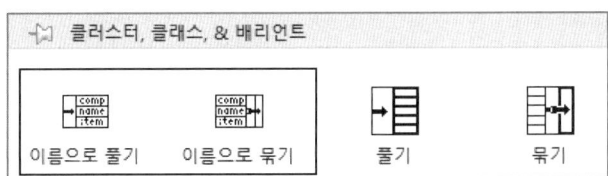

   B. 풀기 함수의 마지막 원소인 "error out"을 **이름으로 풀기** 함수에 연결합니다. 그리고 'status'라고 선택해줍니다.
   C. "error out"을 **이름으로 묶기** 함수의 '입력 클러스터'에도 연결합니다. 마우스로 당겨서 입력을 두 개로 늘여주고 'status'와 'code'라고 선택해줍니다.
   D. 이름으로 풀기 함수의 'status' 출력에 **NOT** 함수를 연결하고 이름으로 묶기 함수의 'status'에 입력해줍니다. (불리언 팔레트)
   E. 이름으로 묶기의 'code' 입력에서 바로 가기 메뉴로 '상수 생성'를 선택하여 숫자형 상수를 생성하고 5000을 입력합니다.

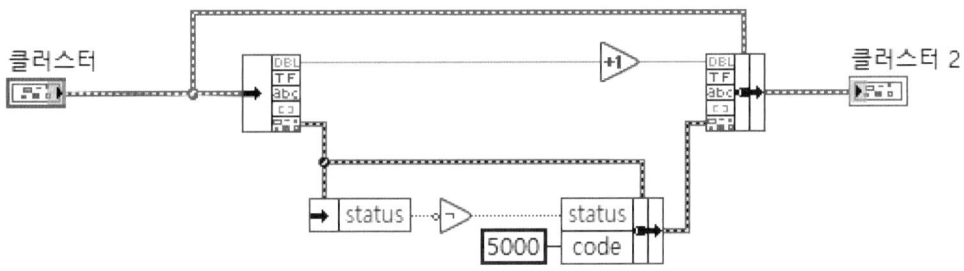

In Place 원소 구조

8. 파일(F) > 다른 이름으로 저장(A) 메뉴를 선택하여 VI를 복제합니다. **클러스터(In Place 원소 구조).vi**라고 저장합니다.

    A. "클러스터" 컨트롤과 "클러스터 2" 인디케이터만 남기고 모두 삭제합니다.
    B. **In-Place 원소 구조**를 위치시킵니다. (구조 팔레트)
    C. 바로 가기 메뉴에서 '원소 풀기 / 묶기 추가' 메뉴를 선택하여 풀기와 묶기 터미널을 추가합니다.
    D. '입력 클러스터'에 "클러스터" 컨트롤을 연결하고, '출력 클러스터'에 "클러스터 2" 인디케이터를 연결해줍니다.
    E. 원소를 3개로 늘여주고 '숫자형', 'error out.status', 'error out.code'라고 선택합니다.
    F. **증가** 함수와 **NOT** 함수를 추가하고 'error out.code'에서 **상수**를 생성하여 5000을 입력합니다. (숫자형 팔레트)(불리언 팔레트)

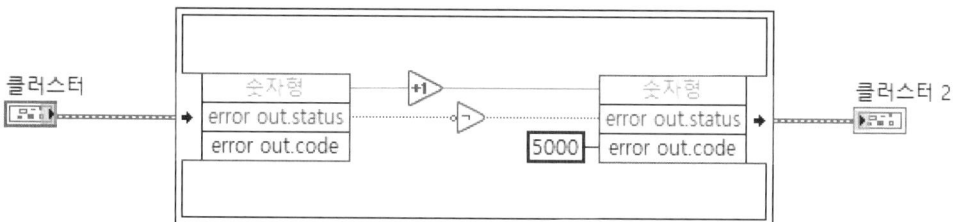

실습 5-1 끝

실습 5-2   Task 선택

불리언 컨트롤을 배열로 묶으면 '래치' 기능을 사용할 수 없고 '불리언 텍스트'를 다르게 입력할 수 없습니다. 그러나 불리언 컨트롤을 클러스터로 묶으면 '래치' 기능도 사용할 수 있고 '불리언 텍스트'를 다르게 입력할 수 있습니다. 이와 같이 클러스터를 사용하여 사용자 인터페이스를 효율적으로 구성할 수 있습니다. 그러나 클러스터에는 묶기와 풀기를 제외한 다른 함수 기능이 없기 때문에 블록다이어그램에서는 클러스터를 배열로 변환시킨 다음에 배열 함수를 이용합니다.

1. 새 VI를 만들고 **Task선택.vi**라고 저장합니다.

2. 프런트패널에 **클러스터**를 위치시키고 **확인 버튼** 3개와 **정지 버튼**을 차례로 놓습니다. 바로 가기 메뉴로 라벨을 보이지 않게 설정하고 '불리언 텍스트'를 "작업 1", "작업 2", "작업 3"으로 바꿔줍니다.

3. 다음과 같이 블록다이어그램을 구성합니다.
   A. **클러스터를 배열로** 함수와 **1D 배열 검색** 함수를 차례로 연결합니다. (배열 팔레트)
   B. **참 상수**를 1D 배열 검색 함수의 '원소'에 입력합니다. (불리언 팔레트)
   C. **문자열 상수**를 **배열 상수**에 넣어서 **문자열 배열**을 만듭니다. 원소를 다섯 개로 늘여주고 {"작업1", "작업2", "작업3", "종료"}라고 입력합니다. (문자열 팔레트)(배열 팔레트)
   D. **배열 인덱스** 함수를 위치시킵니다. 1D 배열 검색 함수의 출력을 '인덱스'에 연결하고, {"작업1", "작업2", "작업3", "종료"} 문자열 배열을 '배열' 입력에 연결해줍니다. '원소' 출력에서 인디케이터를 생성해줍니다. (배열 팔레트)

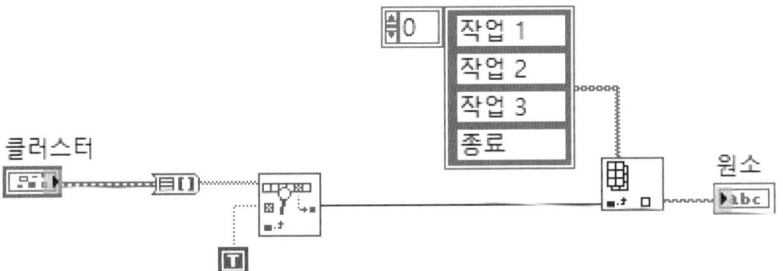

실습 5-2 끝

마. 묶기 함수의 다른 용도

묶기 함수가 원소를 묶어서 클러스터를 만드는 목적이 아니라 웨이브폼 차트와 XY 그래프에서 다른 용도로 사용됩니다.

A. 웨이브폼 차트에 여러 채널 플롯하기

웨이브폼 차트를 이용하여 여러 채널을 플롯하고자 하는 경우에 **묶기** 함수를 이용하여 묶어줍니다.

다음과 같이 두 개의 숫자형 데이터를 생성하고 **묶기** 함수로 묶어서 웨이브폼 차트에서 플롯하면 각각 다른 채널로 플롯됩니다.

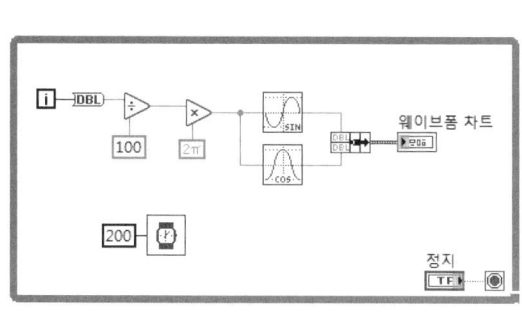 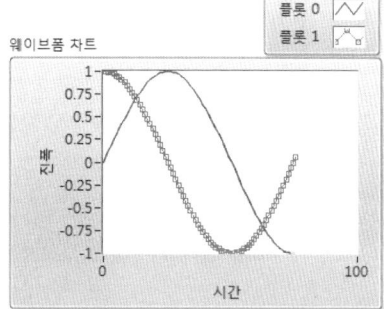

B. XY 그래프의 채널 구성하기

X 배열과 Y 배열을 **묶기** 함수로 묶어서 **XY 그래프**로 플롯할 수 있습니다. 다음 예제는 묶기 함수를 이용하여 사인 패턴 배열과 코사인 패턴 배열을 묶어서 XY 그래프에서 플롯한 것입니다.

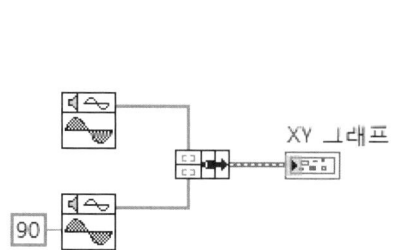 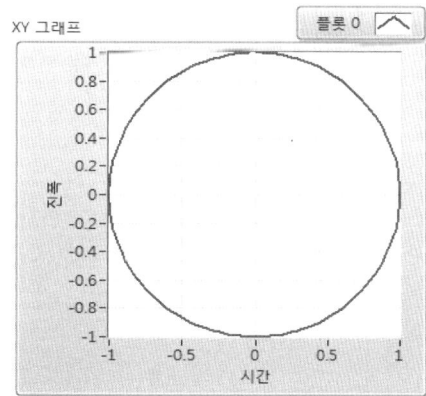

실습 5-3   원 그리기

사인 패턴을 X축으로 하고 코사인 패턴을 Y축으로 하여 XY 그래프에서 플롯해봅니다.

1. 새 VI를 만들고 **원그리기.vi**라고 저장합니다.
2. **XY 그래프(실버)**를 위치시킵니다. (실버 > 그래프 팔레트)
3. 다음과 같이 블록다이어그램을 구성합니다.
   A. **사인 패턴** 함수를 2개 위치시킵니다. (신호 처리 > 신호 생성 팔레트)
   B. 두 번째 사인 패턴 함수의 '위상(각도)' 입력에서 숫자형 상수를 생성하고 90을 입력합니다. ** 90도 위상차에 의하여 코사인 패턴이 출력될 것입니다.
   C. **묶기** 함수를 이용하여 사인 패턴과 코사인 패턴을 묶어 줍니다. (클러스터, 클래스, & 배리언트 팔레트)
   D. 사인 패턴 함수들과 묶기 함수를 모두 선택하고 복사하여 아래로 붙여놓습니다.
   E. 복사된 사인 패턴 함수들의 '진폭' 입력에서 숫자형 상수를 생성하고 3을 입력합니다.
   F. **배열 만들기** 함수를 이용하여 묶기 함수의 출력들을 붙여주고 "XY 그래프"에 입력해줍니다. (배열 팔레트)

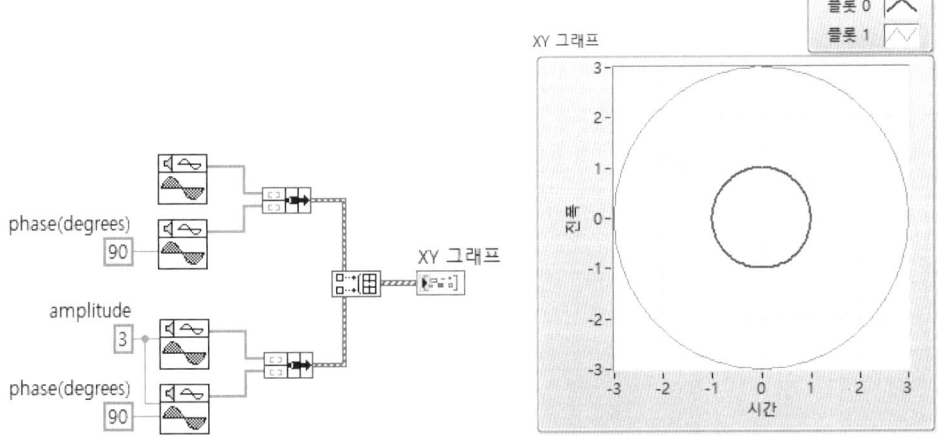

4. VI를 저장하고 실행합니다. XY 그래프에 원이 2개 플롯 됨을 확인할 수 있습니다. 진폭 = 1인 원과 진폭 = 3인 원입니다.

실습 5-3 끝

Section

3. 그래프와 차트

실버, 일반, 클래식의 그래프 팔레트에서 웨이브폼 그래프, 웨이브폼 차트, XY 그래프를 찾을 수 있습니다. **웨이브폼 그래프**는 1D 숫자형 배열이나 2D 숫자형 배열을 플롯할 수 있는 그래프 객체입니다. 그러나 숫자형 스칼라 값은 웨이브폼 그래프에서 플롯할 수 없습니다. **웨이브폼 차트**는 숫자형 스칼라 값, 1D 숫자형 배열, 2D 숫자형 배열을 모두 플롯할 수 있습니다. **XY 그래프**는 두 개의 1D 숫자형 배열을 묶기 함수로 묶어서 플롯합니다.

가. 웨이브폼 그래프

웨이브폼 그래프는 숫자형 배열을 플롯하는 객체입니다. 웨이브폼 그래프를 이용하여 1차원 숫자형 배열과 2차원 숫자형 배열을 플롯할 수 있습니다.

다음과 같이 신호 처리 > 신호 생성 팔레트에 있는 신호 시뮬레이션 함수들을 이용하여 300개 원소의 신호 패턴들을 만들고 배열 만들기 함수로 붙여주면 3행 300열의 2차원 숫자형 배열이 생성됩니다. 그리고 웨이브폼 그래프에 입력하면 3개 채널로 플롯할 수 있습니다.

웨이브폼 그래프는 2차원 숫자형 배열의 **행**으로 채널을 구분합니다.

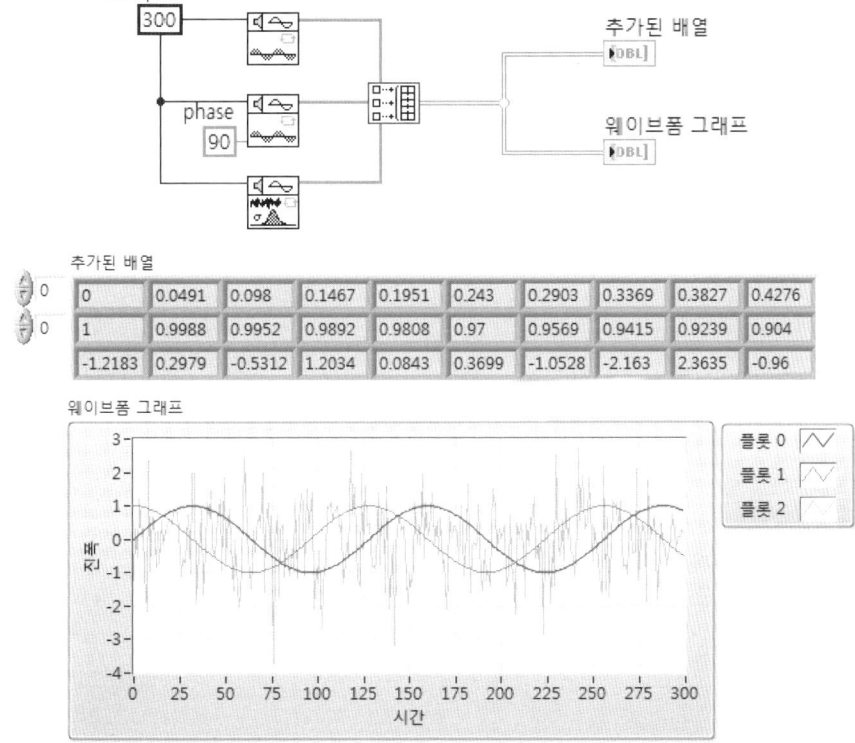

웨이브폼 그래프에는 히스토리가 없기 때문에 현재 데이터만 디스플레이할 수 있습니다. 즉, 예전 데이터와 현재 데이터를 동시에 보여줄 수 없습니다. 항상 예전 데이터를 지우고 새로운 데이터를 플롯합니다.

웨이브폼 그래프의 X축 스케일 이름은 "시간"이지만 시간 정보를 나타내는 것은 아닙니다. X축은 배열의 인덱스 정보입니다. 앞 예제에서 채널당 300개 원소를 가지므로 X축은 0부터 299까지 대응됩니다.

그러나 샘플링 속도가 일정한 경우에는 X축의 배율을 dt(시간 증분, 샘플링 속도의 역수)로 변경시키는 방법으로 웨이브폼 그래프의 X축을 시간 정보로 표시할 수 있습니다.

예를 들어, Sampling Rate = 100Hz이면 dt = 0.01이고 X축 배율을 0.01로 변경해주면 X축 스케일이 시간 정보와 같게 될 것입니다. 다음과 같이 웨이브폼 그래프의 프로퍼티 팝업에서 X축 스케일의 **배율과 오프셋**을 변경할 수 있습니다. 오프셋은 t0에 대응시킬 수 있습니다.

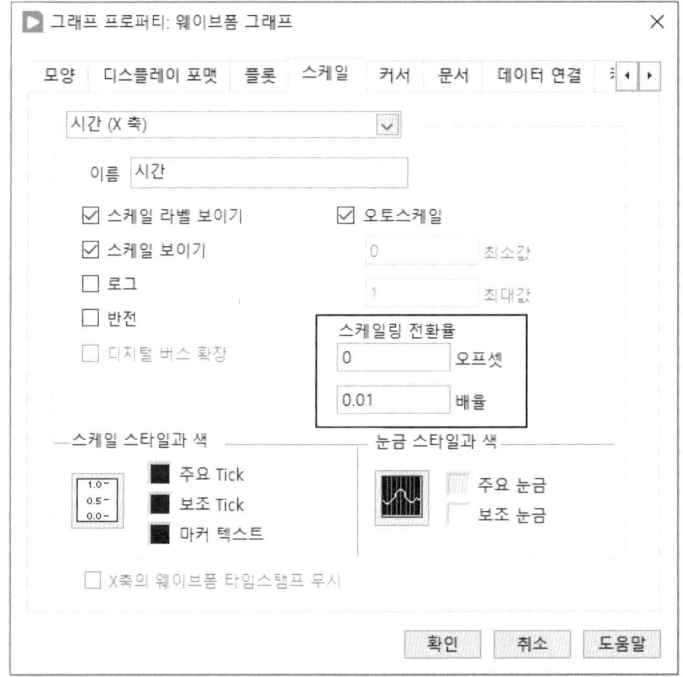

나. 웨이브폼 차트

웨이브폼 차트는 **히스토리**를 가지고 있어서 현재 데이터와 예전 데이터를 함께 보여줍니다. 히스토리 길이의 기본 설정은 1024입니다. 이 값은 바로 가기 메뉴에서 '차트 히스토리 길이'를 선택하여 바꿀 수 있습니다. 채널당 히스토리 길이를 의미합니다.

다음과 같이 웨이브폼 차트에 난수(0-1)을 플롯하면 예전 데이터에 이어서 현재 데이터가 업데이트 되는 것을 확인할 수 있습니다.

1024개 데이터까지는 차트 히스토리에 저장될 것입니다. 그리고 1024개 이후에는 First In First Out의 원칙으로 앞 데이터부터 삭제됩니다. 웨이브폼 차트를 'X 오토스케일'라고 설정하면 차트 히스토리에 데이터가 쌓이는 것을 확인할 수 있습니다.

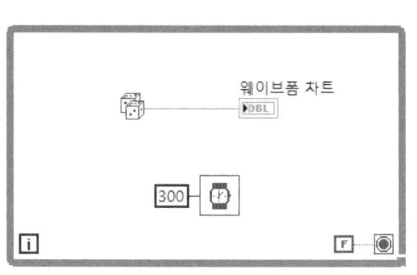
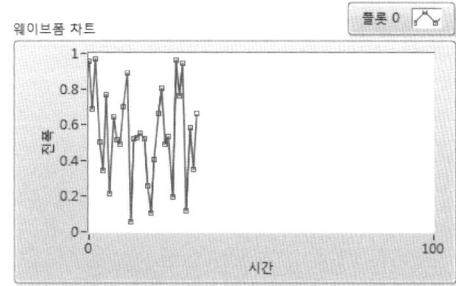

숫자형 데이터 2개를 **배열 만들기** 함수로 붙여서 웨이브폼 차트에 입력하면 웨이브폼 차트는 이것을 2개 원소를 가진 1D 배열로 인식하여 차트 히스토리에 넣고 한 채널로 플롯해줍니다. 그러나 **묶기** 함수로 묶어주면 웨이브폼 차트는 이들을 다른 채널로 인식하고 2개의 다른 차트 히스토리에 넣고 2채널로 플롯해줍니다.

예를 들어, 2개 데이터를 **배열 만들기** 함수로 붙여서 1D 배열을 만들고 웨이브폼 차트에 플롯하면 이들은 한 채널로 인식됩니다. For 루프를 100회 실행하여 200개 원소가 한 채널에 플롯 되었음을 확인할 수 있습니다.

이것은 2개 데이터씩 차트 히스토리에 넣어주는 방식으로 플롯 되었다는 것을 의미합니다.

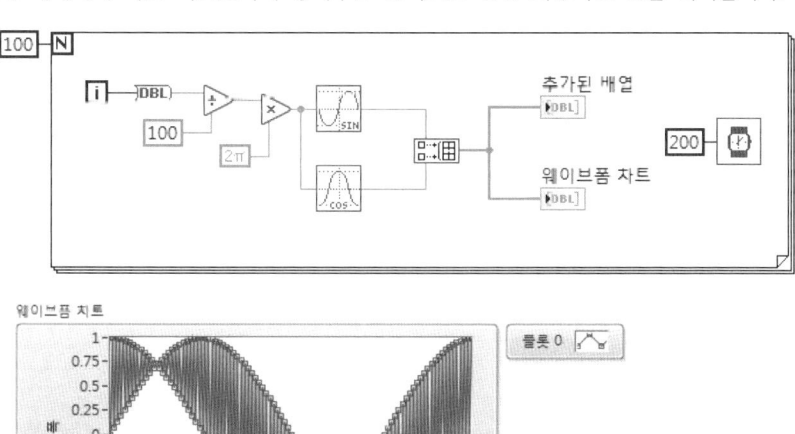

웨이브폼 차트에 2개 데이터를 다른 채널로 구분하여 플롯하고자 한다면 **묶기** 함수로 묶어줘야 됩니다. 다음과 같이 2개 데이터를 묶어서 2채널로 구분하여 플롯할 수 있습니다.

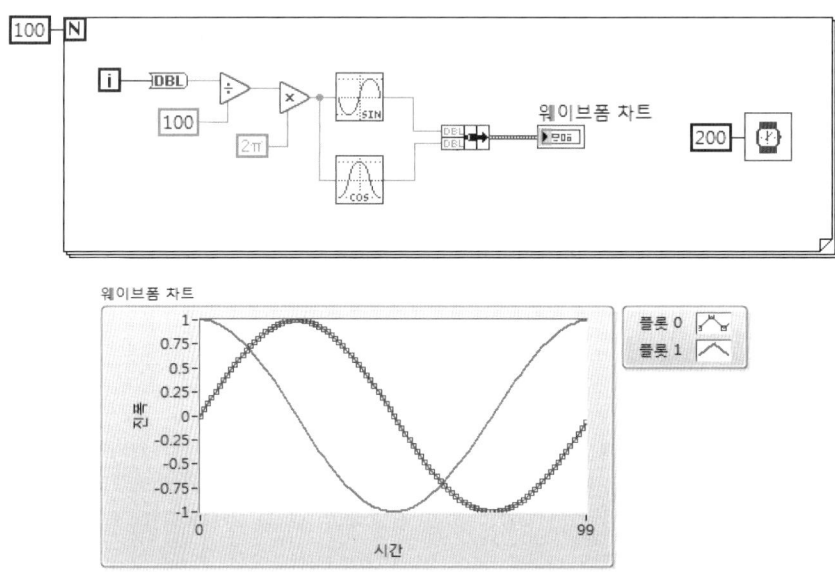

배열 만들기 함수로 1D 배열 3개를 붙여서 2D 배열로 만들고 다시 **2D 배열 전치** 함수로 전치하여 웨이브폼 차트에 플롯해줍니다. 'X 오토스케일'라고 설정해주고 이 VI를 2회 실행해봅니다.

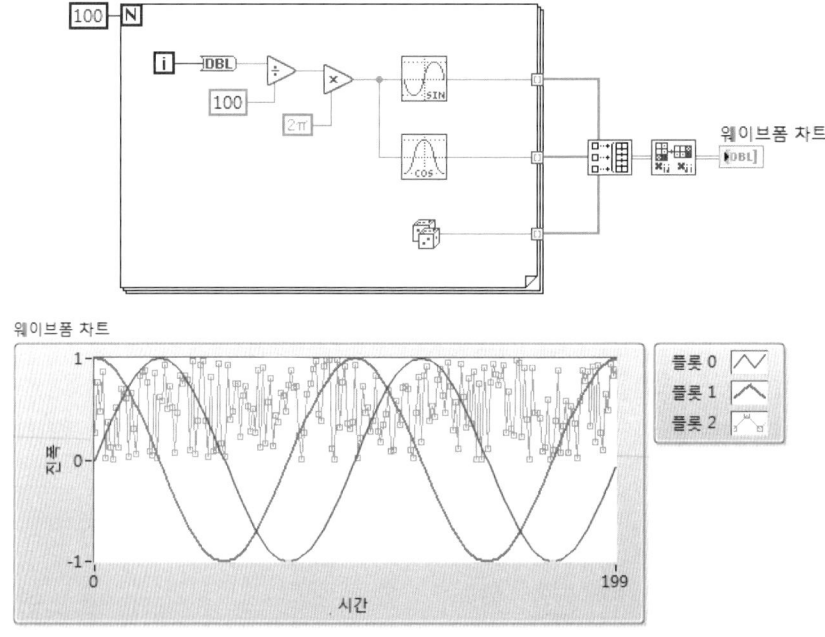

2D 숫자형 배열은 웨이브폼 차트에서도 플롯할 수 있고 웨이브폼 그래프에도 플롯할 수 있습니다. 이때 웨이브폼 그래프와는 다르게 웨이브폼 차트는 '배열 전치'가 자동으로 활성화된 상태이므로 아래와 같이 웨이브폼 차트에 **2D 배열 전치** 함수를 추가해주거나 웨이브폼 차트의 바로 가기 메뉴에서 '배열 전치' 항목을 비활성화시켜줘야 됩니다.

'X 오토스케일'라고 설정하고 아래 예제를 여러 번 실행해보면 웨이브폼 그래프와 다르게 웨이브폼 차트는 채널당 히스토리를 할당하여 예전 데이터까지 누적하여 보여줍니다.

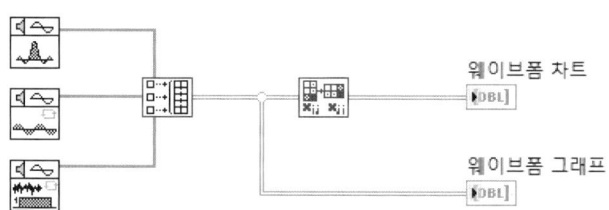

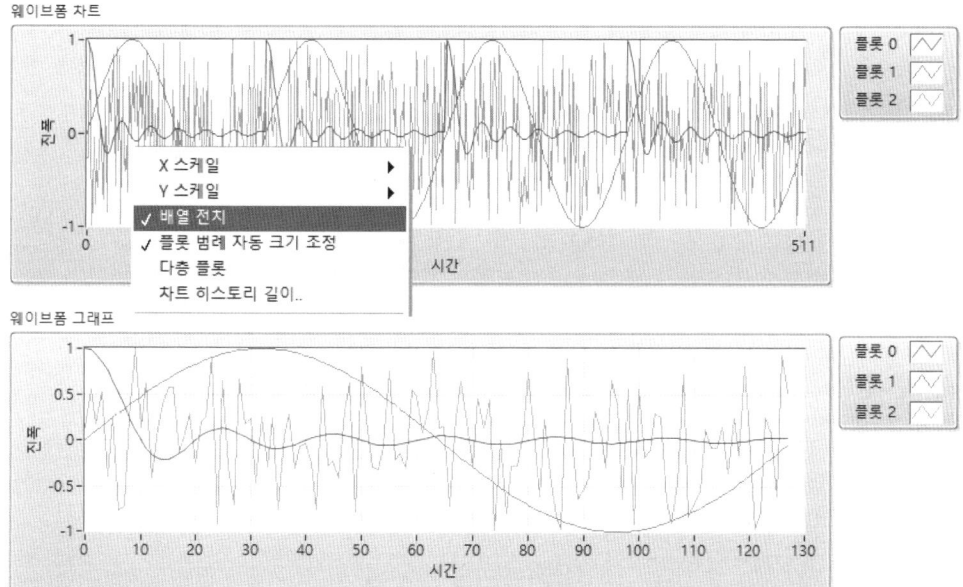

웨이브폼 차트의 X축 스케일 이름은 "시간"이지만 시간 정보를 나타내는 것은 아닙니다. X축은 배열의 인덱스 정보입니다. 앞 예제에서 채널당 512개 원소를 가지므로 X축 인덱스는 0부터 511까지 대응됩니다.

웨이브폼 차트의 X축 스케일에 시간 정보를 표시하고 싶다면 X축의 배율을 dt(시간 증분)로 변경하면 될 것입니다.

다. XY 그래프

웨이브폼 그래프나 웨이브폼 차트는 X축이 일정한 간격이라는 것을 전제로 합니다. 그래서 데이터 수집이나 계측에서 일정한 샘플링 속도로 측정이 이루어지면 X축이 일정한 시간 간격이 될 것입니다. 그러나 X축이 임의의 간격인 경우에는 웨이브폼 그래프나 웨이브폼 차트가 아니라 XY 그래프로 플롯해야 됩니다.

예를 들어, 디지털 멀티미터(DMM)로 전압 신호를 10번 측정하고 X축은 시간, Y축은 전압으로 플롯하고자 한다면 일정한 시간 간격으로 측정된 것이 아니므로 10개의 전압 데이터와 함께 10개의 시간 데이터도 있어야만 XY 그래프에서 플롯할 수 있습니다.

또 다른 예로는 전압을 X축으로 하고 전류를 Y축으로 하여 소자의 전압-전류 특성 곡선을 XY 그래프에 플롯할 수 있습니다.

시간과 다르게 X축이 일정하게 증가만 하는 것이 아니라 다시 감소하여 음의 수를 가지는 경우도 있습니다.

XY 그래프는 **1D 숫자형 배열 두 개**를 입력 받아서 X축과 Y축에 대응시킵니다. 이때 두 개의 배열은 **묶기** 함수를 사용하여 묶어줘야 됩니다. 그리고 2채널을 플롯하는 경우에는 채널 별로는 묶기 함수로 묶어주고 채널들은 **배열 만들기** 함수로 붙여줍니다.

다음은 사인 패턴과 코사인 패턴(90도 위상)을 묶어서 XY 그래프에 플롯한 예제입니다.

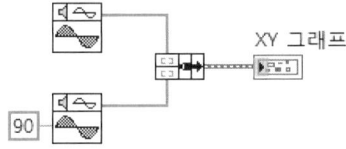

다음은 반지름 1인 원과 반지름 2인 원을 XY 그래프에 2채널로 플롯한 예제입니다. 각 채널에서는 **묶기** 함수를 이용하여 X축 배열과 Y축 배열을 묶어주고 완성된 채널들은 **배열 만들기** 함수로 붙여서 두 개 채널로 플롯해줍니다.

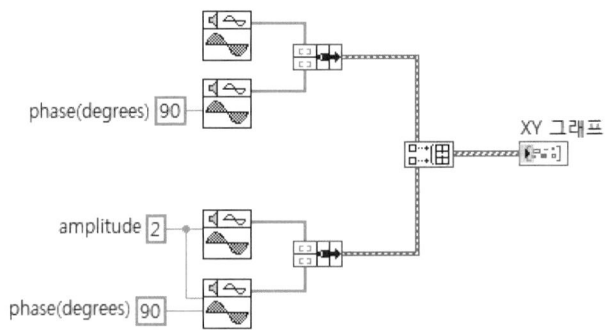

라. 웨이브폼 데이터 타입

웨이브폼 그래프와 웨이브폼 차트의 X 스케일이 "시간"이 아니라는 것을 앞에서 설명하였습니다. 그리고 X 스케일의 배율 프로퍼티를 dt에 맞춰주는 방법으로 시간 정보를 적용시킬 수 있다고도 설명하였습니다.

A. X 스케일 배율 프로퍼티

다음과 같이 프로퍼티 노드를 이용하여 블록다이어그램에서 X 스케일의 배열을 dt에 대응시킬 수 있습니다. 웨이브폼 차트나 웨이브폼 그래프의 블록다이어그램 터미널에서 바로 가기 메뉴로 **생성 > 프로퍼티 노드 > X 스케일 > 오프셋 및 배율 > 배율**을 선택하여 "XScale.Multiplier" 프로퍼티 노드를 생성할 수 있습니다. 프로퍼티를 쓰기 모드로 변경하고 "dt"를 입력해줍니다.

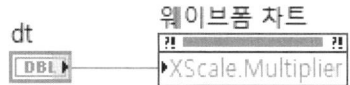

B. 웨이브폼 클러스터

다음과 같이 **묶기** 함수를 이용하여 {DBL 숫자형, DBL 숫자형, 1D DBL 숫자형 배열}의 순서로 묶어서 웨이브폼 그래프에 플롯하면 차례로 오프셋 t0, 배율 dt, 데이터 배열이 적용됩니다. 그러나 웨이브폼 클러스터 방식은 웨이브폼 그래프만 지원하고 웨이브폼 차트에서는 사용할 수 없습니다.

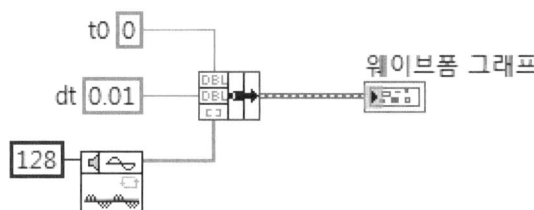

C. 웨이브폼 데이터 타입

웨이브폼 데이터 타입은 웨이브폼 클러스터를 캡슐화한 것입니다. 그리고 웨이브폼 그래프와 웨이브폼 차트에서 모두 사용할 수 있습니다.

캡슐화에 의하여 웨이브폼 데이터 타입은 전용 함수로만 풀고 묶을 수 있습니다. **웨이브폼 팔레트**에서 웨이브폼 전용 함수를 찾을 수 있습니다.

웨이브폼 데이터는 **초기 시간 t0, 시간 간격 dt, 데이터 배열 Y, 그리고 속성(attributes) 배리언트**로 구성된 데이터의 구조체입니다. 초기 시간 t0는 타임 스탬프를 사용합니다. 그리고 배리언트는 여러 가지 데이터 타입들 사이에서 정보를 상호 전달하기 위해 만들어진 정보 전달 방식입니다. 웨이브폼 데이터에서 배리언트 Attributes는 잡다한 보조 정보를 전달하기 위한 예비 항목입니다. 그래서 보이지 않게 숨겨놓았습니다.

프런트패널의 I/O 팔레트에서 **웨이브폼**을 찾을 수 있습니다. 그리고 블록다이어그램의 웨이브폼 팔레트에서 **웨이브폼 만들기** 함수를 찾을 수 있습니다.

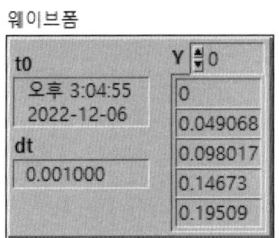 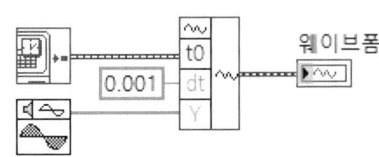

I. 초기 시간 **t0**는 타임스탬프로 초기 시간을 입력 받습니다. 날짜/시간을 초로 얻기 함수를 이용하여 현재 시간 타임스탬프를 얻을 수 있습니다. (타이밍 팔레트)
II. 시간 간격 **dt**에는 시간 증분을 입력합니다. 위의 경우에는 0.001을 입력하여 증분이 1ms 임을 나타내었습니다. DBL 숫자형입니다.
III. 데이터 배열 **Y**에는 1차원 DBL 숫자형 배열을 입력합니다.

다음 예제는 사인 패턴 함수와 **웨이브폼 만들기** 함수를 이용하여 웨이브폼 데이터 타입으로 만든 예입니다. (웨이브폼 팔레트)

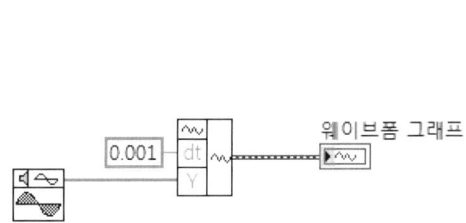 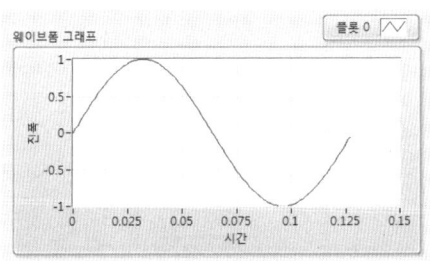

웨이브폼 데이터는 한 개당 한 채널이므로 여러 채널을 다루기 위해서는 웨이브폼 데이터의 배열을 이용해야 합니다. 다음과 같이 **배열 만들기** 함수를 이용하여 **웨이브폼 데이터 배열**을 만들 수 있습니다. (배열 팔레트)

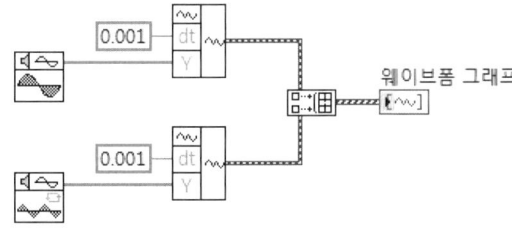 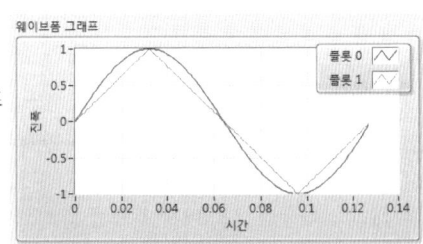

실습 5-4   웨이브폼 그래프에 플롯하기

세 개의 신호를 생성하여 웨이브폼 그래프에 플롯합니다. 그리고 데이터 원본을 테이블에서 디스플레이합니다.

1. 새 VI를 만들고 **그래프플롯.vi**라고 저장합니다.
2. 프런트패널에 **테이블 컨트롤**과 **웨이브폼 그래프**를 위치시킵니다.
   A. 테이블 컨트롤의 바로 가기 메뉴에서 '인디케이터로 변경'을 선택하여 인디케이터로 바꿔줍니다.
   B. 테이블 컨트롤의 바로 가기 메뉴에서 '보이는 아이템 > 행 헤더', '보이는 아이템 > 열 헤더'를 선택하여 행 헤더와 열 헤더를 보이게 합니다. 열 헤더에 "Sine", "Cosine", "Noise"를 입력해줍니다. 행 헤더는 비워둡니다.
   C. 웨이브폼 그래프의 플롯 범례를 그래프 오른쪽으로 옮기고 세 개의 범례로 확장해줍니다.

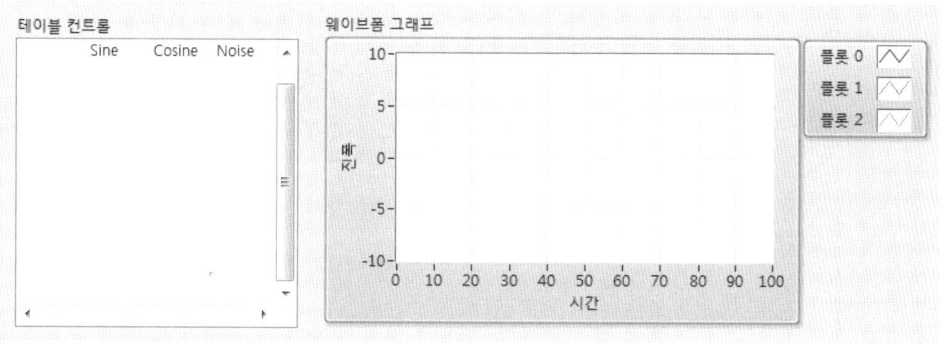

3. 행 헤더를 입력하는 코드를 추가해주고 한번 실행한 후에 비활성화시킵니다.
   A. For 루프를 위치시키고 N = 128라고 입력합니다.
   B. **'루프 반복'**를 루프 밖으로 출력합니다.
   C. **증가** 함수를 연결해줍니다. (숫자형 팔레트)
   D. **숫자를 10진수 문자열로** 함수를 찾아서 위치시키고 '숫자' 입력에 연결해줍니다.
      (문자열 > 숫자/문자열 변환 팔레트)
   E. 테이블 컨트롤의 바로 가기 메뉴로 '생성 > 프로퍼티 노드 > 행 헤더 문자열[ ]'을 선택하여 **프로퍼티 노드**를 생성합니다. 생성된 프로퍼티 노드의 바로 가기 메뉴에서 '쓰기로 변경'을 선택해주고 숫자를 10진수 문자열로 함수의 '10진수 문자열' 출력을 언결합니다.
   F. VI를 1회 실행하여 테이블 컨트롤의 행 헤더를 입력합니다. 그리고 **다이어그램 비활성화 구조**를 이용하여 비활성화시켜 줍니다. (구조 팔레트)

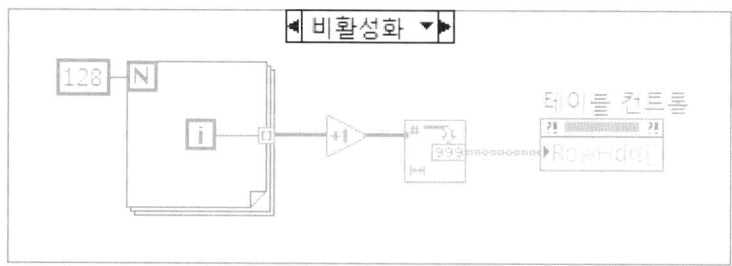

4. 다음과 같이 블록다이어그램을 완성합니다.
   A. **사인 패턴** 함수 2개와 **균일한 화이트 노이즈** 함수 1개를 위치시킵니다.
      (신호 처리 > 신호 생성 팔레트)
   B. 두 번째 사인 패턴의 '위상' 입력에서 바로 가기 메뉴로 상수를 생성해줍니다. 위상으로 90을 입력해줍니다.
   C. **배열 만들기** 함수를 이용하여 세 개의 배열을 붙여서 2차원 배열을 만들어줍니다. 출력을 웨이브폼 그래프에 입력합니다. (배열 팔레트)
   D. **2D 배열 전치** 함수를 이용하여 배열을 전치해줍니다. (배열 팔레트)
   E. **숫자를 소수점형 문자열로** 함수를 연결해줍니다. '정밀도'에 상수를 생성하고 1을 입력합니다. 'F포맷 문자열' 출력을 테이블에 연결합니다. (문자열 > 숫자/문자열 변환 팔레트)

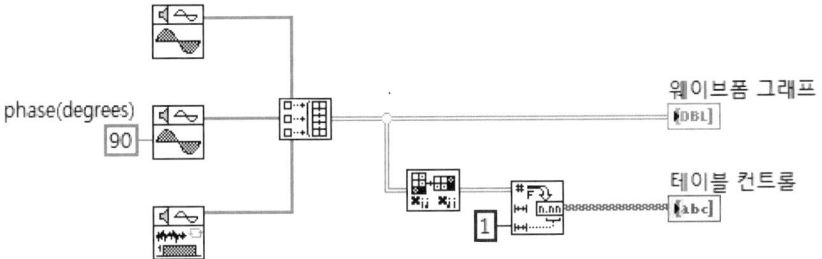

5. VI를 저장하고 실행합니다.

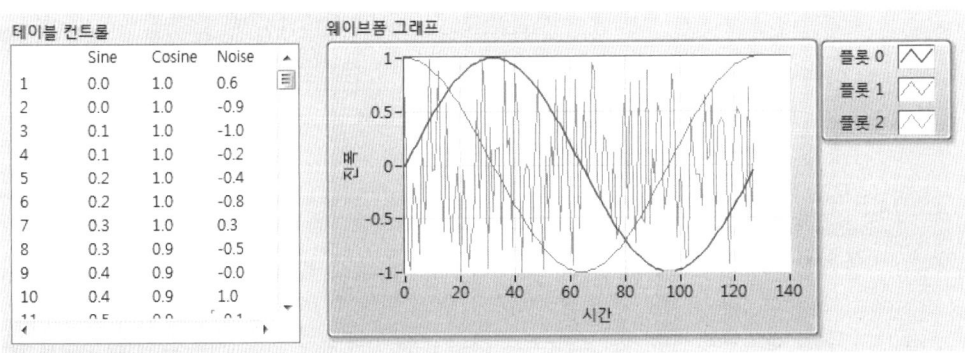

웨이브폼 그래프로 3개 채널 데이터를 플롯하였습니다. 이때 배열 만들기 함수를 이용하여 1D 배열 3개를 묶어서 2D 배열을 만들어서 웨이브폼 그래프에 입력하였습니다. 플롯의 이름은 차례로 플롯0, 플롯1, 플롯2입니다. 플롯 이름을 마우스로 선택하고 키보드로 새로운 이름을 입력할 수 있습니다.

테이블은 문자열의 2D 배열입니다. 숫자를 소수점형 문자열로 함수를 이용하여 2D 숫자형 배열을 2D 문자열 배열로 바꾼 뒤에 테이블로 디스플레이해준 것입니다. 테이블의 열 헤더와 행 헤더는 라벨과 같은 독립적인 정보입니다. 직접 입력해주거나 프로퍼티 노드를 이용하여 프로그램적으로 입력할 수 있습니다.

실습 5-4 끝

실습 5-5 웨이브폼 데이터 타입

FFT 파워 스펙트럼 및 PSD 함수를 사용하여 파워 스펙트럼을 구할 수 있습니다. 신호 처리 > 웨이브폼 측정 팔레트에서 찾을 수 있습니다.

1. 새 VI를 만들고 **파워스펙트럼 및 PSD.vi**라고 저장합니다.

2. **신호 시뮬레이션** 함수를 위치시킵니다. 신호 타입: 사인파, 주파수: 1000Hz, 노이즈 추가: 균일한 화이트 노이즈, 초당 샘플: 10000Hz, 샘플 개수: **4096** (자동 아님)라고 설정합니다.
   (익스프레스 > 입력 팔레트)

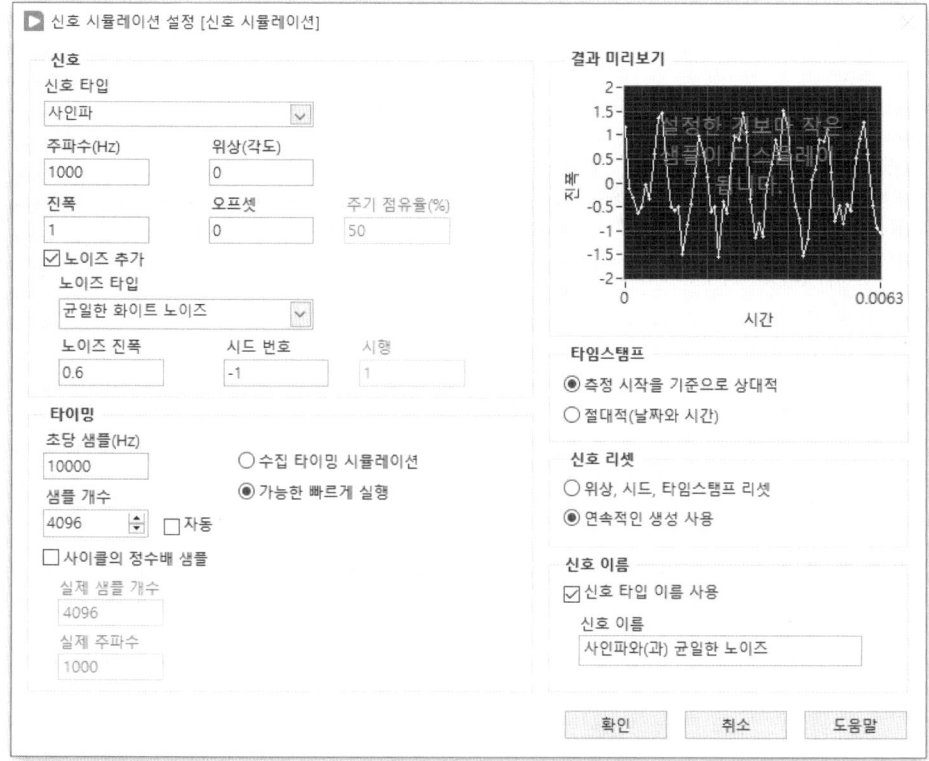

3. 익스프레스 > 신호 조작 팔레트에서 **다이나믹 데이터로부터 변환** 함수를 찾아서 위치시킵니다. '**단일 웨이브폼**'라고 선택해줍니다.

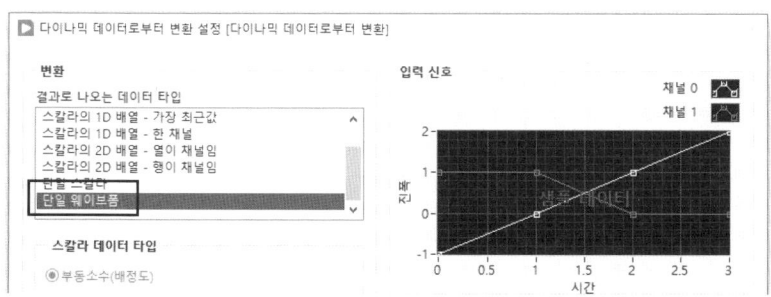

다이나믹 데이터 타입은 캡슐화하여 만들어진 데이터의 구조체입니다. 그래서 다이나믹 데이터 타입 전용 함수에서만 사용할 수 있습니다.

이 예제에서는 웨이브폼 전용 함수인 **FFT 파워 스펙트럼 및 PSD** 함수를 사용할 예정이므로 **다이나믹 데이터로부터 변환** 함수를 이용하여 다이나믹 데이터 타입을 웨이브폼 데이터 타입으로 변환해줬습니다.

4. **FFT 파워 스펙트럼 및 PSD** 함수를 위치시킵니다. 반출 모드 = 파워 스펙트럼 밀도, dB On = "참"라고 설정합니다. '파워 스펙트럼 / PSD' 출력을 웨이브폼 그래프에 입력합니다.
   (신호 처리 > 웨이브폼 측정 팔레트)

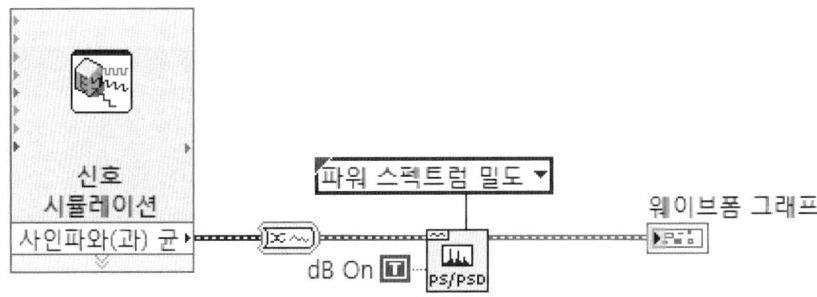

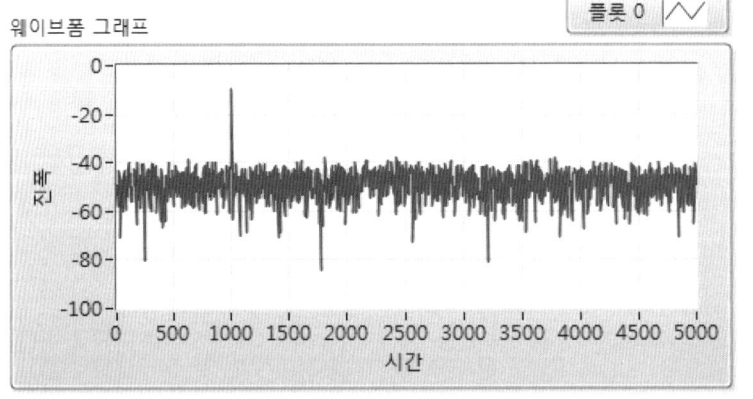

실습 5-5 끝

 **요약**

- 클러스터는 다양한 타입의 데이터를 묶어서 그룹화합니다.

- LabVIEW에서 클러스터는 한 방향을 향합니다. 즉, 클러스터 컨트롤과 클러스터 인디케이터로 구현됩니다. 데이터는 컨트롤로 입력되어 인디케이터로 출력되는 LabVIEW의 데이터 흐름 원칙을 준수합니다.

- 클러스터에서 데이터들의 순서가 중요한 의미를 가집니다. 클러스터를 만들 때 넣어주는 순서가 원소의 순서입니다.

- 클러스터는 다양한 데이터들의 묶음입니다. 그래서 클러스터에는 풀기 함수와 묶기 함수가 필요합니다.

- 풀기 함수에는 풀기와 이름으로 풀기가 제공됩니다.

- 묶기 함수에는 묶기와 이름으로 묶기가 제공됩니다.

- 웨이브폼 그래프는 숫자형 배열 데이터를 플롯합니다.

- 웨이브폼 차트는 히스토리를 이용하여 숫자형 스칼라 값과 숫자형 배열을 모두 플롯할 수 있습니다. 아울러 히스토리를 이용하여 예전 데이터와 현재 데이터를 함께 디스플레이해줄 수 있습니다.

- XY 그래프는 두 개의 숫자형 배열을 입력 받아서 X축과 Y축에 대응시킵니다. 이때 두 개의 배열은 묶기 함수를 사용하여 묶어줘야 됩니다.

- 웨이브폼 데이터 타입은 초기 시간 t0, 시간 간격 dt, Y 배열, 그리고 속성 (attributes) 배리언트로 구성된 데이터의 구조체입니다.

 노트

Chapter 06
케이스 구조와 이벤트 구조

*학습목표

케이스 구조에 대하여 배웁니다.

이벤트 구조에 대하여 배웁니다.

시퀀스 구조에 대하여 배웁니다.

01. 케이스 구조

02. 이벤트 구조

03. 시퀀스 구조

Section

1. 케이스 구조

케이스 구조를 이용하여 Case 문 또는 IF 문을 구현할 수 있습니다. 케이스 구조는 하나 또는 그 이상의 서브다이어그램을 가지며 구조가 실행되면 그 중 하나만이 실행됩니다.

케이스 구조는 아래와 같이 사각형 모양의 구조로 구성됩니다. 케이스 구조의 위 부분에는 '**선택자 라벨**'이 있고, 왼쪽에는 물음표 ? 문양이 있는 '**케이스 선택자**'가 위치합니다.

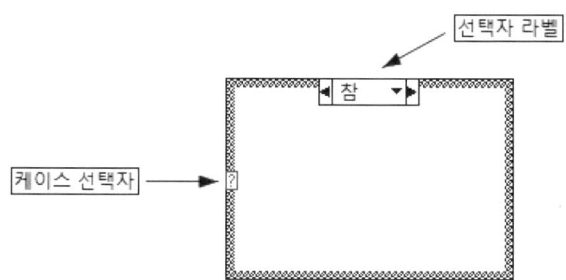

케이스 구조는 층층으로 쌓여있는 구조이고 상단에 있는 '선택자 라벨'을 클릭하면 다른 케이스로 전환할 수 있습니다.

케이스 구조는 한번에 한 개 케이스만 실행할 수 있습니다. 그리고 '케이스 선택자'에 연결된 값이 어떤 케이스를 실행할 지 결정합니다. '케이스 선택자'로는 불리언, 문자열, 정수 숫자형, 열거형 타입, 에러 클러스터 등을 사용할 수 있습니다.

케이스 구조를 생성한 후, 케이스를 추가, 복제, 재배열, 삭제할 수 있습니다.

가. 불리언 케이스 선택자

불리언을 선택자로 사용할 수 있습니다. 불리언은 **참**과 **거짓**의 두 값만 가지므로 케이스 구조는 [참] 케이스와 [거짓] 케이스만 가집니다.

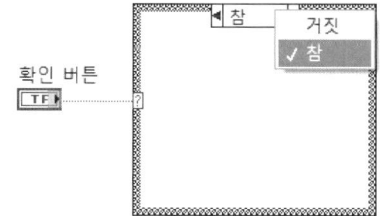

나. 문자열 케이스 선택자

문자열 데이터 타입을 선택자로 사용할 수 있습니다. 문자열 컨트롤을 '케이스 선택자'에 연결하면 [" 거짓", 기본] 케이스와 ["참"] 케이스로 바뀝니다. 큰 따옴표로 표시해줍니다.

문자열이 선택자인 경우에 여러 케이스 중에서 **반드시 한 개의 [기본] 케이스가 지정되어야 됩니다.** 아래 예제에서는 ["거짓", 기본] 케이스가 지정되어있습니다.

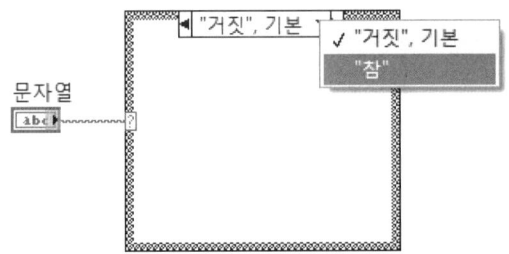

바로 가기 메뉴에서 '다음 케이스 추가'라고 선택하여 새로운 케이스를 추가할 수 있습니다. 추가된 케이스의 선택자 라벨로 임의 문자를 입력해줍니다. 문자열 값이 큰 따옴표 안에 나타납니다. (예를 들어, "red", "green", "blue").

범위를 ["a".."c"]으로 지정할 수 있습니다. 이는 a나 b로 시작하는 모든 문자열이 포함되지만 c는 포함되지 않습니다. 예를 들어, "add"나 "bear" 같은 문자열이 이 범위에 속합니다.

문자열 범위는 대소문자를 구분합니다. 예를 들어, 범위 ["A".."c"]는 ["a".."c"]와 다르게 작동하는데 이는 LabVIEW가 ASCII 값을 사용하여 문자열 범위를 결정하기 때문입니다.

백슬래쉬 코드를 사용하여 특수 기호를 입력합니다. 예를 들어, ₩r은 캐리지 리턴, ₩n은 라인 피드, ₩t는 탭입니다.

다음은 ["A", 기본] 케이스와 ["a".."c"] 케이스, 그리고 ["green", "red"] 케이스를 가지는 케이스 구조입니다.

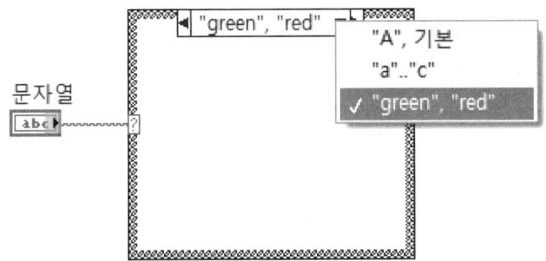

케이스 선택자 입력에 대응하는 케이스는 유일해야 됩니다. 한 개 케이스 선택자 값에 대응하는 케이스가 여러 개일 경우에는 에러 "선택자 값이 유일하지 않습니다."가 발생합니다. 예를 들어, 위 예제에서는 ["blue"] 케이스를 추가할 수 없습니다. 왜냐하면 blue는 ["a".."c"] 케이스에 포함되기 때문입니다.

다. 숫자형 케이스 선택자

정수 숫자형을 선택자로 사용할 수 있습니다. 정수에는 I8, I16, I32, I64, U8, U16, U32, U64가 있습니다. DBL 실수를 연결한 경우에는 정수로 강제 형변환됩니다.

숫자형 컨트롤을 케이스 선택자에 연결하면 [0, 기본] 케이스와 [1] 케이스로 바뀝니다. 바로 가기 메뉴에서 '다음 케이스 추가'를 선택하여 [2] 케이스를 추가할 수 있습니다. 같은 방법으로 필요한 개수만큼의 케이스를 추가할 수 있습니다. 여러 케이스 중에서 반드시 한 개의 [기본] 케이스가 지정되어야 됩니다. 다음은 0, 1, 2의 세 개 케이스를 가진 케이스 구조이고 [0, 기본] 케이스입니다.

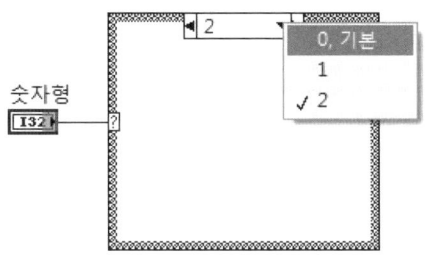

범위 [10..20]으로 지정할 수 있습니다. 10부터 20까지의 모든 숫자를 포함하는 것을 의미합니다.

범위 [30..]으로 지정할 수 있습니다. 30보나 크거나 같은 모든 숫자를 의미합니다.

범위 [..-10]으로 지정할 수 있습니다. -10보다 작거나 같은 모든 숫자를 의미합니다.

쉼표를 사용하여 값을 구분합니다. 예를 들어, [..10, 12..14]로 케이스 선택자를 지정하여 10보다 작거나 같은 숫자 또는 12, 13, 14을 의미합니다.

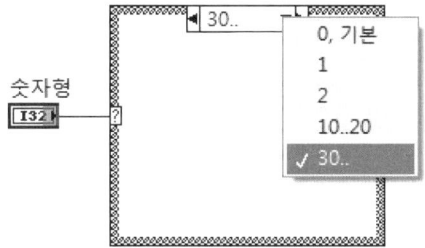

라. 에러 클러스터 케이스 선택자

에러 클러스터를 선택자로 사용할 수 있습니다. [에러]와 [에러 없음] 케이스를 가집니다. [에러]는 빨간색 테두리로 표시되고 [에러 없음]은 초록색 테두리로 표시됩니다.

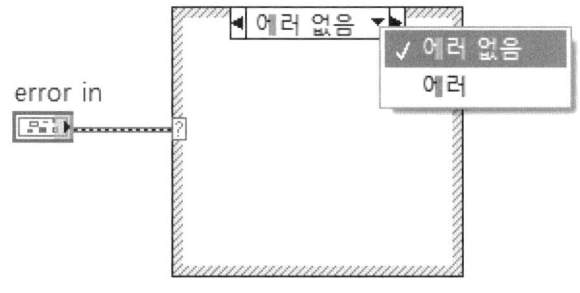

마. 열거형 케이스 선택자

열거형을 케이스 선택자로 사용합니다. 열거형 데이터 타입은 풀다운 되는 문자열의 리스트로 보이지만 실제 데이터는 부호 없는 정수형 데이터입니다. 열거형은 케이스 선택자로 사용하기 위한 목적의 데이터 타입이라고 생각해도 될 것입니다.

바로 가기 메뉴에서 '아이템 편집'을 선택하여 **열거형 프로퍼티** 창을 팝업할 수 있습니다.

열거형을 케이스 선택자로 사용하면 값이 아니라 '아이템 이름'으로 케이스 라벨이 만들어 집니다.

열거형을 케이스 선택자에 연결하면 처음에는 두 개 케이스만 나타납니다. 바로 가기 메뉴에서 '다음 케이스 추가'를 선택하여 나머지 아이템에 대한 케이스를 추가할 수 있습니다. 그러나 열거형의 아이템만큼만 케이스를 추가할 수 있습니다.

여러 케이스 중에서 반드시 한 개의 [기본] 케이스가 지정되어야 됩니다.

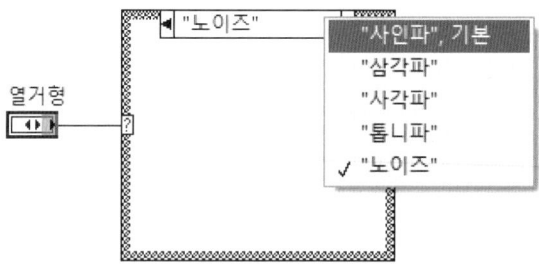

탭 컨트롤은 대표적인 열거형 컨트롤입니다. 탭 컨트롤을 케이스 선택자로 사용할 수 있습니다. 레이아웃 팔레트에서 탭 컨트롤을 찾을 수 있습니다.

바. 서브다이어그램 추가 및 복제하기

케이스 구조의 바로 가기 메뉴에서 '다음 케이스 추가', '이전 케이스 추가', 그리고 '케이스 복제' 메뉴를 이용하여 케이스를 추가 또는 복제할 수 있습니다.

다음 케이스 추가는 선택된 케이스 다음에 새로운 케이스를 추가합니다. LabVIEW는 사용 가능한 케이스 선택자 라벨을 자동으로 지정해줍니다. 없을 경우에 새로운 선택자 라벨을 입력할 수 있도록 대기해줍니다.

이전 케이스 추가는 선택된 케이스 이전에 새로운 케이스를 추가합니다.

케이스 복제는 선택된 케이스와 동일한 서브다이어그램을 가진 복제 케이스를 만들어줍니다. 사용 가능한 케이스 선택자 라벨이 있을 경우에는 그 이름으로 케이스가 복제되고 없을 경우에는 새로운 선택자 라벨을 입력할 수 있도록 대기해줍니다.

사. 케이스 삭제하기

바로 가기 메뉴에서 '이 케이스 삭제'를 선택하여 해당 케이스를 제거할 수 있습니다.

아. 케이스 재배치

바로 가기 메뉴에서 '케이스 재배치'를 선택하여 **케이스 재배치** 팝업 창을 띄울 수 있습니다. 이 팝업 창에서 케이스들의 순서를 새로 설정할 수 있습니다.

자. 케이스 구조 서브다이어그램 교환하기

케이스의 서브다이어그램을 다른 케이스와 교환하고자 하는 경우에는 바로 가기 메뉴에서 '**케이스와 함께 다이어그램 맞바꾸기**'를 선택하여 바꿀 수 있습니다. 이 바로 가기 메뉴를 선택하면 맞바꿀 수 있는 다른 케이스들의 리스트가 나열되고 교환할 케이스를 선택하면 선택된 두 케이스의 서브다이어그램을 맞바꿉니다.

다음은 ["노이즈"] 케이스의 내용과 다른 케이스를 맞바꾸는 과정을 보여줍니다.

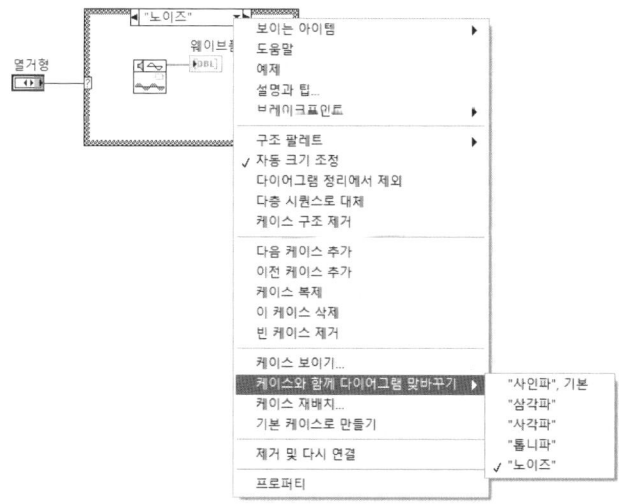

차. 케이스 구조의 입력과 출력

LabVIEW는 데이터 흐름으로 프로그램이 구현됩니다. 그래서 데이터 흐름이 끊어지면 에러가 발생합니다. 그래서 다음 예제는 에러가 발생합니다. 케이스 구조 밖에 위치한 숫자형 인디케이터 "x+y"로 데이터 값이 입력되지 않는 경우가 있기 때문입니다.

이 예제에서 불리언이 참인 경우에는 A+B가 x+y로 입력됩니다. 그러나 불리언이 거짓인 경우에는 오른쪽 그림과 같이 x+y로 입력되는 데이터가 없습니다. 이것은 LabVIEW의 데이터 흐름 프로그래밍 원칙을 위배합니다.

에러 "터널: 터널 지정 찾을 수 없음"이 발생합니다. 세부설명은 "(중략) 구조의 한 프레임만 실행되기 때문에 모든 프레임의 출력에는 반드시 어떤 값이 지정되어 있어야 합니다."입니다.

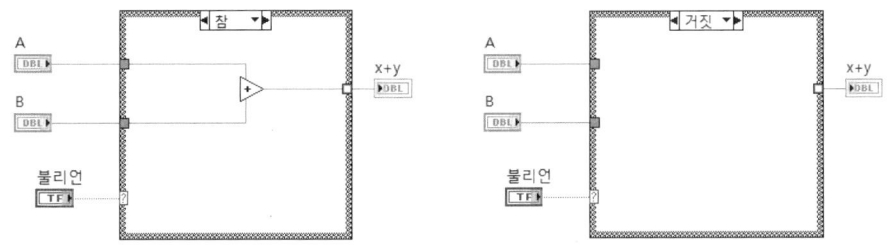

이 에러를 해결하는 방법은 아래와 같이 [거짓] 케이스에서도 값을 출력해주면 됩니다. 이와 같이 모든 케이스에서 출력 터널에 값이 입력되어야만 에러가 발생하지 않습니다. 그리고 모든 케이스에서 출력 터널로 값이 입력되면 비었던 출력 터널이 데이터의 대표 색으로 매워집니다.

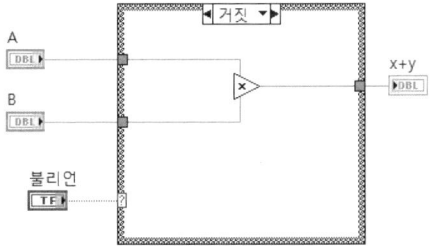

◆ **연결되지 않으면 기본값 사용**

출력 터널의 바로 가기 메뉴에서 '**연결되지 않으면 기본값 사용**'을 선택해주면 출력 터널에 와이어로 값이 연결되지 않으면 그 데이터 타입의 기본값을 사용하여 출력하도록 설정할 수 있습니다. 숫자형의 기본값은 **0**이고 불리언의 기본값은 **False**이고 문자열의 기본값은 **빈문자열**입니다.

실습 6-1   열거형 케이스 선택자

신호 생성 함수를 이용하여 다양한 신호를 생성해봅니다. 생성된 신호는 웨이브폼 그래프에 플롯합니다.

1. 새 VI를 만들고 **신호시뮬레이션.vi**라고 저장합니다.

2. 프런트패널에 **웨이브폼 그래프**와 **열거형** 컨트롤을 위치시킵니다. (링 & 열거형 팔레트)

3. 열거형의 바로 가기 메뉴에서 '아이템 편집'을 선택하여 [열거형 프로퍼티] 창의 아이템 편집 탭을 팝업해줍니다. 다음과 같이 아이템을 추가합니다.

값	0	1	2	3	4
아이템	사인파	삼각파	사각파	톱니파	노이즈

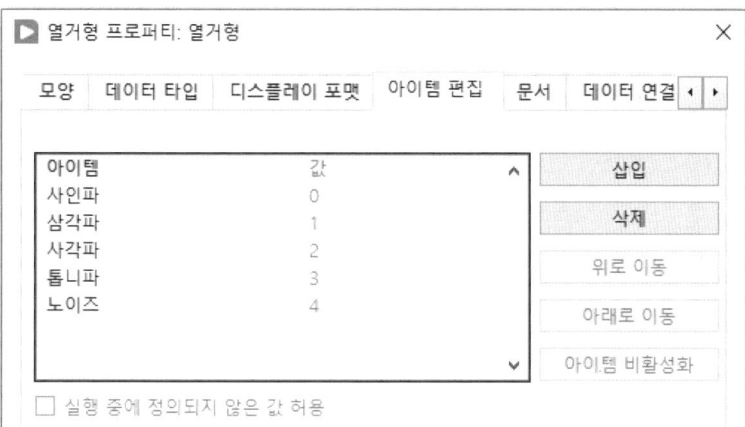

4. **케이스 구조**를 블록다이어그램에 위치시키고 열거형 터미널을 '케이스 선택자'에 입력합니다. [거짓] 케이스와 [참] 케이스가 ["사인파", 기본] 케이스와 ["삼각파"] 케이스로 변경될 것입니다.

5. **사인파** 함수를 ["사인파", 기본] 케이스에 위치시키고 웨이브폼 그래프에 연결합니다.
   (신호 처리 > 신호 생성 팔레트)

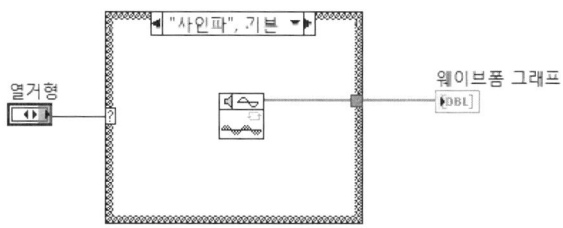

6. **삼각파** 함수를 ["삼각파"] 케이스에 위치시키고 웨이브폼 그래프에 연결합니다.
   (신호 처리 > 신호 생성 팔레트)

7. 케이스 구조의 바로 가기 메뉴에서 '다음 케이스 추가' 메뉴를 선택하여 ["사각파"] 케이스를 추

가합니다. **사각파** 함수를 위치시키고 웨이브폼 그래프에 연결합니다.

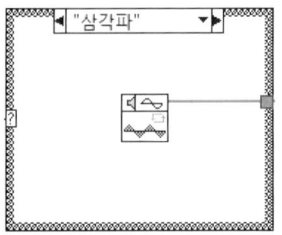 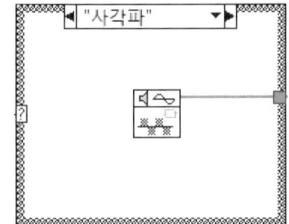

8. '케이스 복제' 바로 가기 메뉴를 선택하여 ["톱니파"] 케이스로 복제합니다. 복제된 사각파 함수를 선택하고 '대체 > 신호 생성 팔레트 > 톱니파'를 선택하여 **톱니파** 함수로 대체합니다.

9. '케이스 복제' 바로 가기 메뉴를 선택하여 ["노이즈"] 케이스로 복제합니다. 복제된 톱니파 함수를 선택하고 '대체 > 신호 생성 팔레트 > 균일한 화이트 노이즈'를 선택하여 **균일한 화이트 노이즈** 함수로 대체합니다.

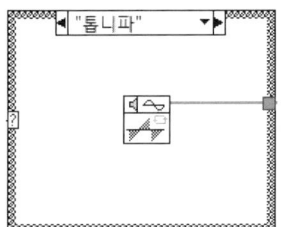 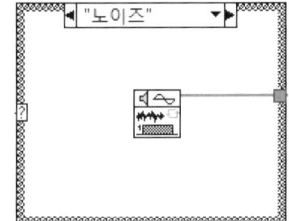

10. **While 루프**와 **기다림(ms)** 함수를 이용하여 다음을 완성합니다. 기다림(ms) = 200으로 입력해 줍니다. While 루프의 '루프 조건'에서 "정지" 버튼을 생성해줍니다.

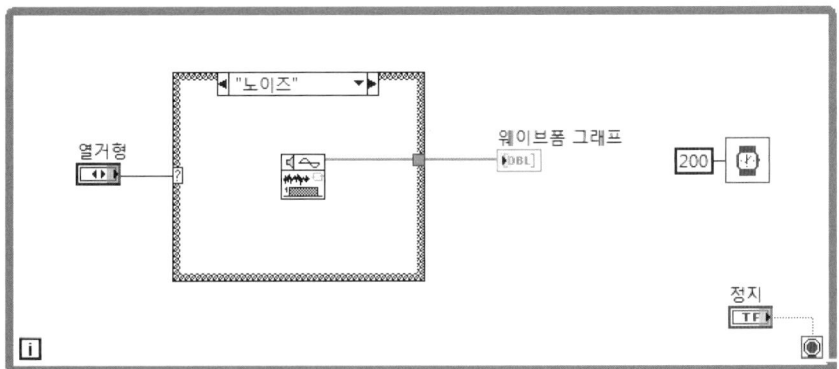

실습 6-1 끝

Section

2. 이벤트 구조

이벤트는 어떤 일이 발생했다는 것을 알리는 알림입니다. 이벤트는 사용자 인터페이스, 하드웨어 I/O, 또는 프로그램의 다른 부분에서 발생할 수 있습니다. 그러나 이벤트 구조는 사용자 인터페이스 이벤트를 핸들링합니다.

프런트패널의 사용자 동작과 블록다이어그램 실행을 동기화하려면 **사용자 인터페이스 이벤트**를 사용합니다. 이벤트는 사용자가 특정 동작을 수행할 때마다 특정 이벤트 핸들링 케이스를 실행합니다.

이벤트 핸들링의 반대 개념인 폴링(Polling) 방식에서는 블록다이어그램이 프런트패널 객체의 상태 변화를 확인하기 위해 주기적으로 폴링해야 합니다. 프런트패널 폴링에는 상당한 CPU 사용이 필요하며 변화가 너무 빨리 일어나면 감지하지 못할 수도 있습니다.

이벤트를 사용하여 특정 사용자 동작에 반응하면 사용자가 수행한 동작을 알기 위해 프런트패널을 폴링하지 않아도 됩니다. LabVIEW는 지정한 동작이 발생할 때마다 이를 블록다이어그램에 알립니다.

가. 이벤트 구조

이벤트 구조는 "사용자 인터페이스 이벤트 핸들러"라고도 부릅니다. LabVIEW에서 사용자 인터페이스(UI)는 프런트패널입니다. 그래서 이벤트 구조가 취급하는 이벤트 소스(source)는 프런트패널입니다.

다음과 같이 프런트패널의 웨이브폼 그래프, 확인 버튼, 취소 버튼, 구획, 분리자, 수평 스크롤, 수직 스크롤, 도구 모음, 메뉴 모음, 윈도우 닫기 버튼 등이 모두 이벤트 소스로 사용됩니다.

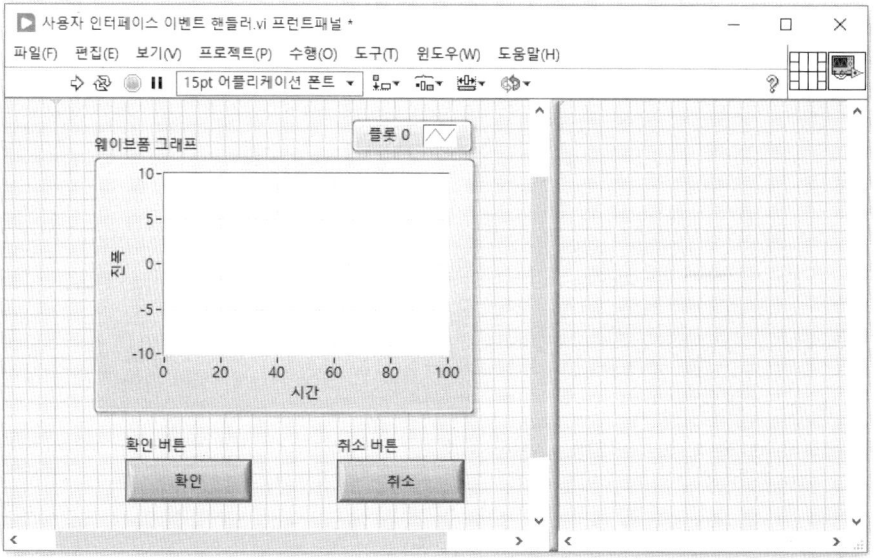

이벤트 소스에 대응하는 이벤트(event)에는 키보드 이벤트와 마우스 이벤트가 있습니다. VI의 사용자가 사용자 인터페이스에 작용할 수 있는 방법은 키보드, 마우스(터치 스크린) 밖에 없기 때문입니다.

예를 들어, 음성 인식은 사용자 인터페이스 이벤트가 될 수 없습니다. 음성 인식을 위해서는 마이크로폰으로 입력된 음파가 사운드 카드로 측정되어야 합니다. 이것은 하드웨어 I/O 이벤트입니다.

이벤트 구조는 이벤트를 처리하는 여러 개의 이벤트 케이스로 구성됩니다. 한 개의 이벤트 케이스가 하나 이상의 이벤트를 처리할 수도 있지만 한번에 오직 한 개의 이벤트만이 발생할 수 있습니다.

다음과 같이 블록다이어그램에 이벤트 구조를 놓고 바로 가기 메뉴에서 '이 케이스에 의해 핸들되는 이벤트 편집'을 선택하여 **이벤트 편집** 팝업창을 띄울 수 있습니다.

가장 먼저 **이벤트 편집** 창의 중앙에 위치한 '이벤트 소스' 항목에서 이벤트 소스(source)를 지정합니다. 그리고 이벤트 소스를 지정하면 해당 소스에서 설정 가능한 '이벤트'가 오른쪽에 리스트 됩니다. '이벤트' 항목에 리스트되는 이벤트들은 선택한 이벤트 소스에 따라 바뀝니다.

'이벤트 소스'와 '이벤트'를 지정하면 왼쪽에 위치한 '이벤트 지정자'에 이 케이스에 의해 핸들되는 이벤트의 정보가 리스트됩니다. "이벤트 추가" 버튼을 클릭하여 한 개의 이벤트 케이스에 하나 이상의 이벤트를 할당할 수도 있습니다.

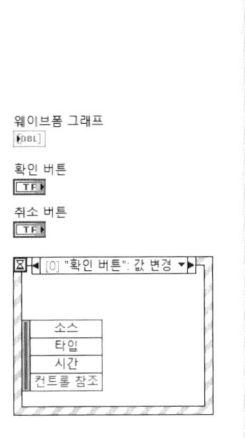
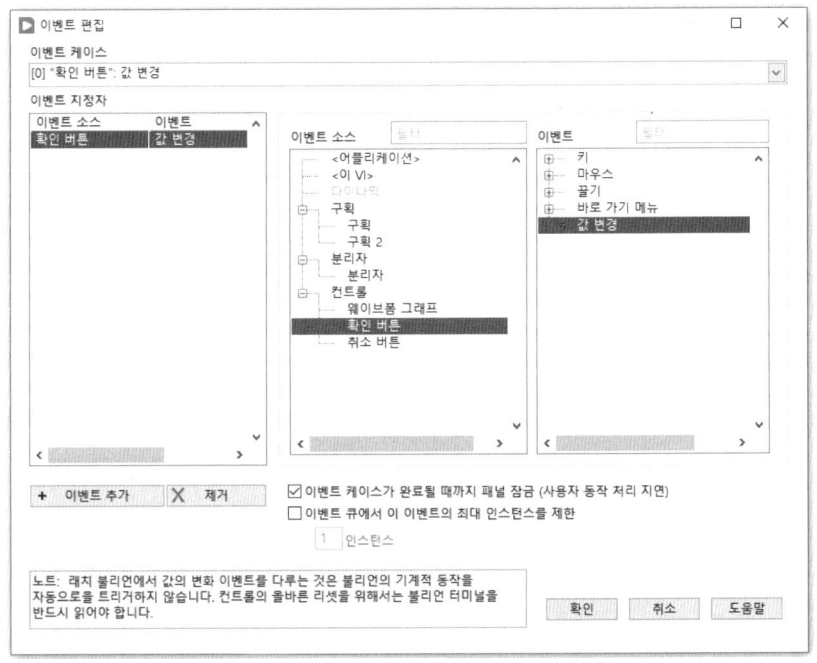

A. 이벤트 선택자 라벨

이벤트 구조의 맨 위에 있는 **이벤트 선택자 라벨**은 어떤 이벤트가 현재 케이스를 실행시키는지 나타냅니다. 케이스 이름 오른쪽에 있는 화살표를 클릭하면 풀다운되는 링 메뉴로 이벤트 케이스의 리스트를 보여줍니다. 리스트에서 케이스를 선택하여 다른 이벤트 케이스로 이동할 수 있습니다.

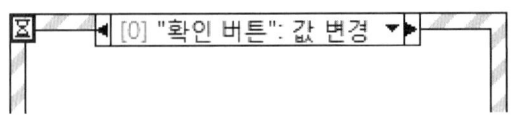

B. 타임아웃 터미널

이벤트 구조의 왼쪽 위 코너에 있는 **타임아웃 터미널**에서 타임아웃 시간 (ms)을 지정할 수 있습니다. 타임아웃의 기본값은 –1이고 이 값은 이벤트 발생을 무한히 기다리도록 지정합니다. 타임아웃 터미널에 값을 연결한 경우에는 타임아웃 케이스가 반드시 있어야 합니다.

C. 이벤트 데이터 노드

이벤트 데이터 노드는 [이름으로 풀기] 함수와 비슷하게 동작합니다. 이 노드는 각 이벤트 케이스의 왼쪽 경계에 있습니다. 노드는 이벤트가 발생했을 때 LabVIEW가 제공하는 다양한 정보를 나타냅니다. 이 노드를 아래로 늘려 데이터 아이템을 추가하거나 위로 올려서 항목을 줄일 수 있습니다.

보이는 이벤트 데이터 노드를 사용하지 않아도 무관합니다. 그리고 바로 가기 메뉴에서 '보이는 아이템 > 이 케이스의 이벤트 데이터 노드'의 체크를 지우면 해당 케이스의 이벤트 데이터 노드를 보이지 않게 설정할 수 있습니다.

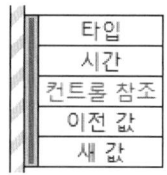

D. 팝업 창 만들기

While 루프 없이 이벤트 구조만 사용하여 "확인" 버튼과 "취소" 버튼을 가진 팝업 윈도우를 만들 수 있습니다. 이벤트 구조를 가진 팝업 VI는 "확인" 또는 "취소" 버튼을 클릭할 때까지 계속 대기합니다.

"확인 버튼"과 "취소 버튼"의 기계적 동작은 '놓을 때 래치'입니다. '놓을 때 래치' 기계적 동작이 작동하기 위해서는 버튼의 터미널을 해당 이벤트 케이스에 위치시켜야 됩니다. 그래서 ["확인 버튼": 값 변경] 이벤트 케이스를 만들고 "확인 버튼"의 터미널을 해당 케이스 안에 위치시키고, ["취소 버튼": 값 변경] 이벤트 케이스를 만들고 "취소 버튼"의 터미널을 해당 케이스 안에 위치시킵니다.

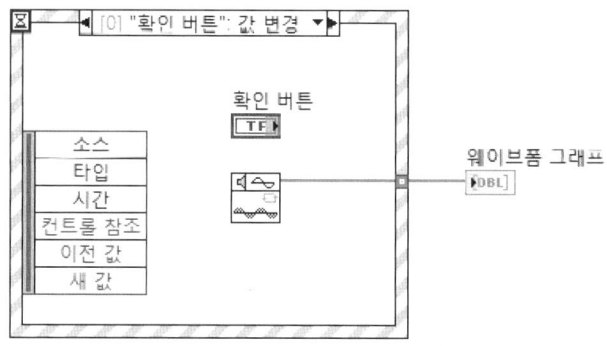

E. 연속 이벤트 핸들링

사용자 이벤트를 반복하여 처리해야된다면 While 루프를 사용합니다. 다음과 같이 While 루프로 이벤트 구조를 둘러줍니다. 그리고 While 루프의 정지 조건에 해당하는 ["정지": 값 변경] 이벤트 케이스를 추가해줍니다.

정지 버튼도 '놓을 때 래치' 버튼이므로 [값 변경] 이벤트가 적합하고 기계적 동작이 작동하기 위하여 "정지" 터미널을 해당 케이스 안에 위치시키고 '루프 조건'에 연결해줍니다.

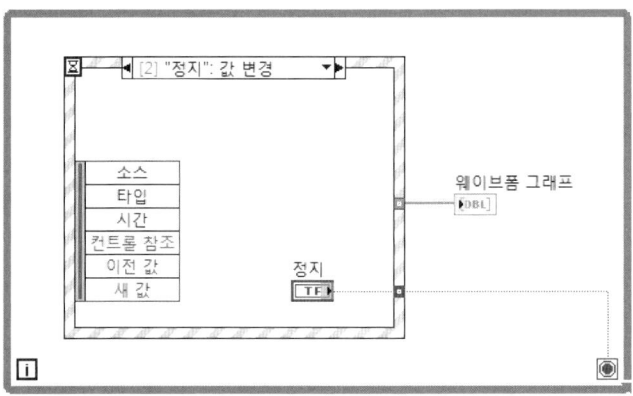

한 개 VI에 여러 개의 While 루프를 사용할 수 있습니다. 그러나 이벤트 구조는 프런트패널에 작동하는 사용자 인터페이스 이벤트를 핸들링하는 것이므로 한 개 VI 당 한 개의 이벤트 구조만 사용합니다.

F. 윈도우 모양 설정

VI 프로퍼티 팝업 창에서 '윈도우 모양 > 사용자 정의'를 선택하여 다음과 같이 [윈도우 모양 사용자 정의] 창을 띄울 수 있습니다. 사용자 인터페이스 이벤트 핸들링에 방해되는 불필요한 항목은 모두 없애줘야 됩니다. 그래서 '제목 표시줄 보이기'와 '실행 버튼 보이기'만 남기고 모두 없앱니다.

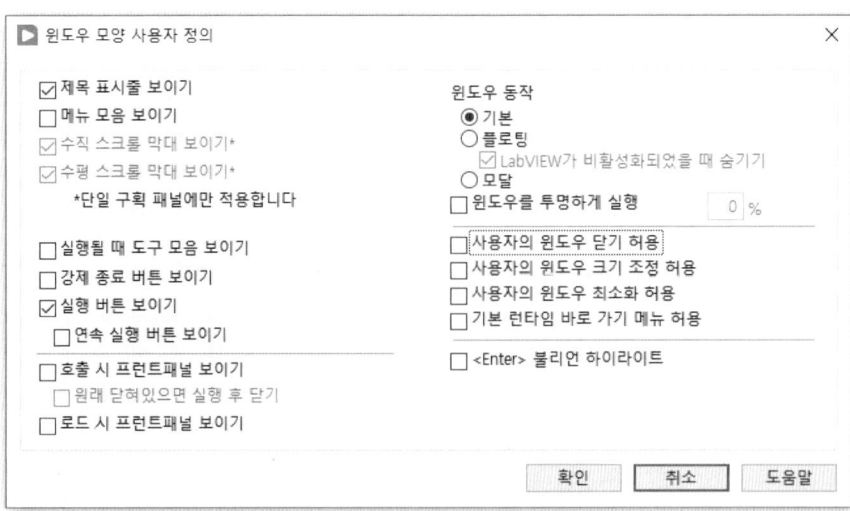

실습 6-2   이벤트 구조 사용

버튼을 클릭하면 해당 이벤트가 실행되는 VI를 만들어 봅니다.

1. 새 VI를 만들고 **이벤트핸들러.vi**라고 저장합니다.

2. 프런트패널에 **확인 버튼** 두 개, **정지 버튼**, **웨이브폼 그래프**를 위치시킵니다. "사인파", "삼각파", "정지" "웨이브폼 그래프"라고 라벨합니다.

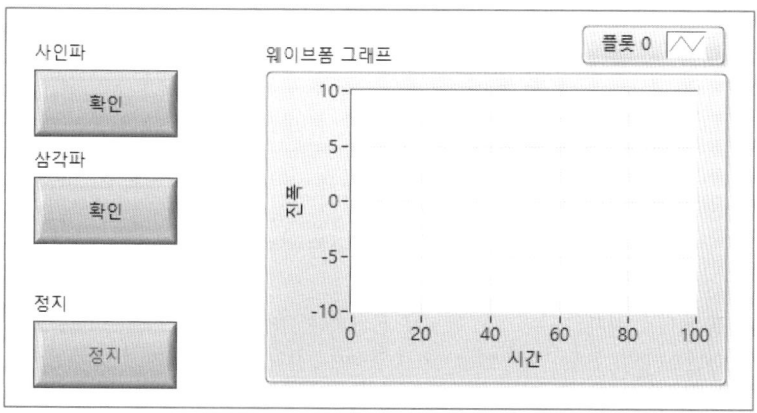

3. 블록다이어그램에 **While 루프**와 **이벤트 구조**를 위치시킵니다. (구조 팔레트)
   A. 이벤트 구조의 바로 가기 메뉴에서 '이 케이스에 의해 핸들되는 이벤트 편집'을 선택하여 **이벤트 편집** 창을 띄웁니다.
   B. 이벤트 편집 창의 '이벤트 소스' 항목에서 "정지"를 선택하고 '이벤트'로 "값 변경"을 선택하여 ["정지": 값 변경] 케이스로 만듭니다.
   C. "정지" 터미널을 ["정지": 값 변경] 케이스 속에 옮겨 넣고 While 루프의 '루프 조건'에 연결합니다.

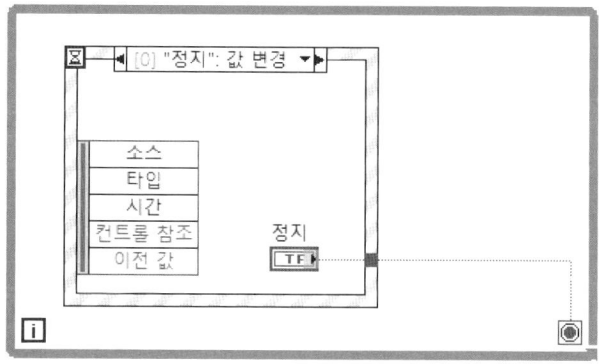

4. **'이벤트 케이스 추가'** 바로 가기 메뉴를 선택하여 새로운 이벤트 케이스를 추가합니다.
   A. 이벤트 편집 창의 '이벤트 소스' 항목에서 "사인파"을 선택하고 '이벤트'로 "값 변경"을 선택하여 ["사인파": 값 변경] 케이스로 만듭니다.

B. "사인파" 불리언 터미널을 ["사인파": 값 변경] 케이스 속에 옮겨 넣습니다.
C. **사인파** 함수를 위치시키고 웨이브폼 그래프에 연결합니다.
(신호 처리 > 신호 생성 팔레트)

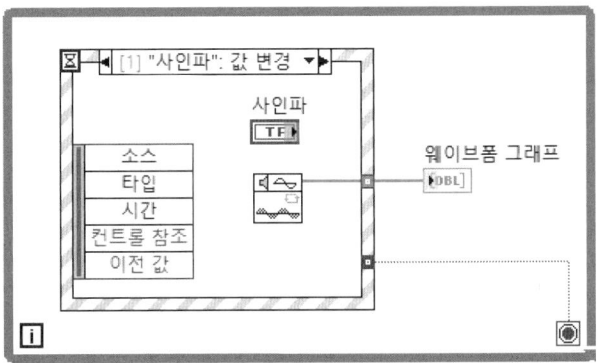

5. **'이벤트 케이스 복제'** 바로 가기 메뉴를 선택하여 ["사인파": 값 변경] 이벤트를 복제합니다.
   A. 이벤트 편집 창의 '이벤트 소스' 항목에서 "삼각파"을 선택하고 '이벤트'로 "값 변경"을 선택하여 ["삼각파": 값 변경] 케이스로 만듭니다.
   B. 이벤트 복제와 함께 "사인파" 버튼이 복제되어 "사인파 2" 버튼이 생성될 것입니다. 생성된 "사인파 2" 버튼을 삭제합니다.
   C. "삼각파" 불리언 터미널을 ["삼각파": 값 변경] 케이스 속에 옮겨 넣습니다.
   D. 사인파 함수의 바로 가기 메뉴에서 '대체 > 신호 생성 팔레트 > 삼각파' 함수를 선택하여 **삼각파** 함수로 대체해줍니다.

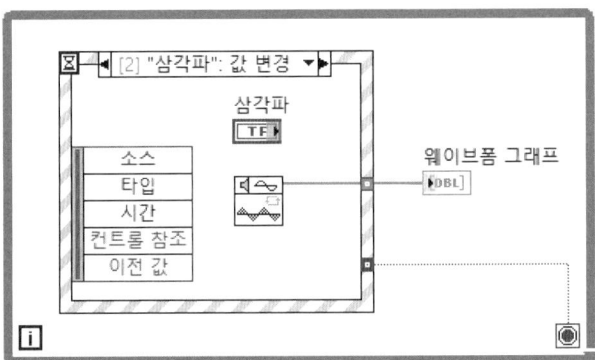

실습 6-2 끝

나. 필터 이벤트

일반적으로 이벤트가 발생하면 해당 이벤트 케이스를 실행하여 이벤트를 처리합니다. 그러나 **필터 이벤트**는 이벤트가 발생했을 때 바로 이벤트를 처리하지 않고 사용자가 지정한 추가 옵션을 실행하도록 설정할 수 있습니다. 다음은 필터 이벤트인 '마우스 다운?'을 사용한 사례입니다.

필터 이벤트는 **빨간색 화살표**로 구분되고 이름에는 **물음표(?)**가 붙습니다. 그리고 생성된 이벤트 케이스의 오른 쪽에 **이벤트 필터 노드**가 생성됩니다. 이벤트 필터 노드는 이벤트가 발생했을 때 추가적인 조건을 설정하는 노드입니다.

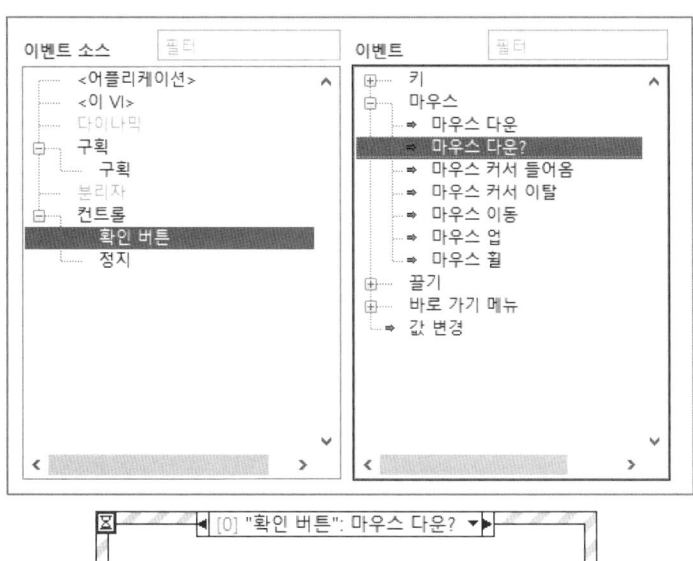

마우스로 클릭하는 이벤트는 [마우스 다운]과 [마우스 업]으로 구성됩니다. 마우스 다운은 마우스의 왼쪽 버튼을 클릭하는 것과 오른쪽 버튼을 클릭하는 것으로 나눠집니다. 그리고 다음과 같이 VI의 [윈도우 모양 사용자 정의]에서 '기본 런타임 바로 가기 메뉴 허용' 옵션이 활성화되어 있다면 마우스 오른쪽 버튼을 다운할 경우에 런타임 바로 가기 메뉴가 팝업됩니다. 그러나 VI 실행 중에 팝업되는 런타임 바로 가기 메뉴는 사용자 인터페이스 이벤트 핸들링을 방해하는 불필요한 메뉴입니다.

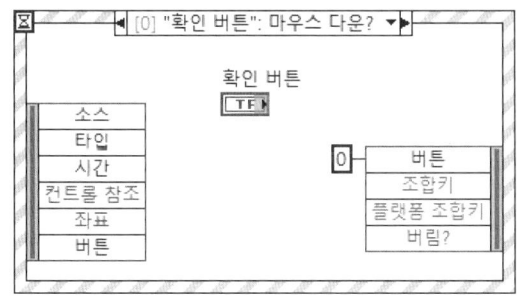

이벤트 핸들링을 방해하는 불필요한 런타임 바로 가기 메뉴를 제거하는 첫 번째 방법은 [윈도우 모양 사용자 정의]에서 '기본 런타임 바로 가기 메뉴 허용' 항목을 비활성화시키는 것입니다. 그리고 두 번째 방법은 필터 이벤트인 '마우스 다운?'를 사용하고 이벤트 필터 노드의 '버튼' = 0라고 입력하는 것입니다.

윈도우 닫기 버튼을 사용한 While 루프 정지

[윈도우 모양 사용자 정의]에서 '사용자의 윈도우 닫기 허용' 항목을 활성화시켜 놓습니다.

'이벤트 소스'로 <이 VI>를 선택하고 '이벤트'로는 "패널 닫기?"을 선택합니다. 그리고 [패널 닫기?] 이벤트 케이스에서 **참 상수**를 '버림?' 필터 노드와 '루프 조건' 터널에 입력해줍니다. 이제 사용자가 윈도우 닫기 버튼을 클릭해도 윈도우를 닫지 않고 While 루프만 정지시킬 것입니다.

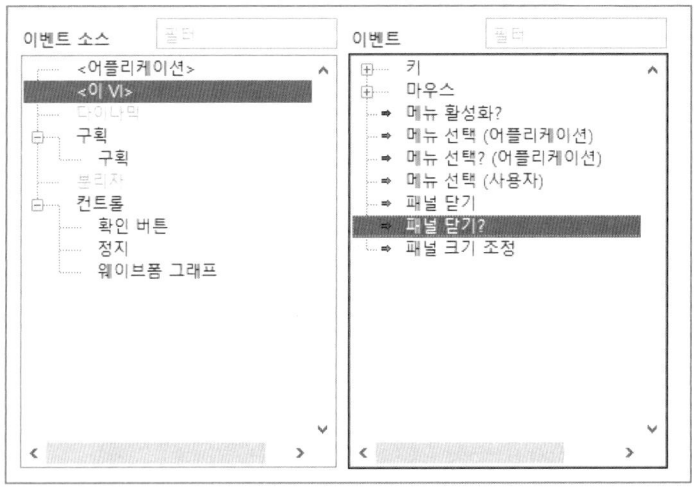

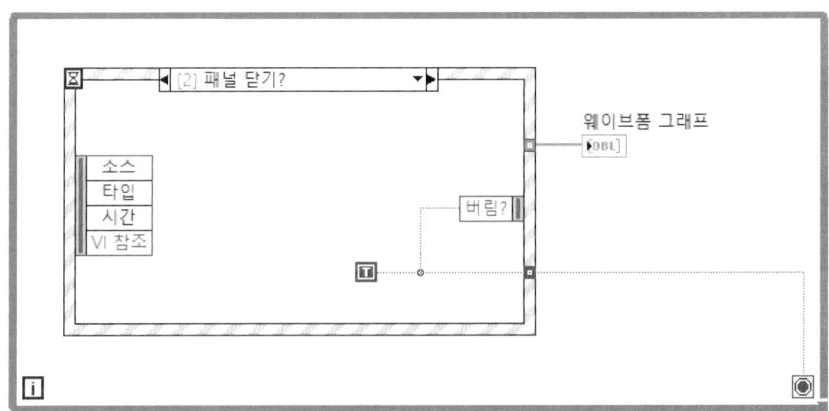

실습 6-3   신호시뮬레이션(이벤트)

1차원 DBL 배열의 신호 패턴을 만들고 생성된 신호 패턴을 웨이브폼 그래프에 플롯합니다. 이 예제에서는 열거형 컨트롤로 선택한 신호가 생성되도록 케이스 구조를 사용합니다. 그리고 열거형 컨트롤의 [값 변경] 이벤트에 대응하여 신호 시뮬레이션 이벤트를 수행합니다.

1. 새 VI를 만들고 **신호시뮬레이션(이벤트).vi**라고 저장합니다.

2. 프런트패널에 **웨이브폼 그래프**와 **열거형** 컨트롤을 위치시킵니다. (링 & 열거형 팔레트)

3. 열거형의 바로 가기 메뉴에서 '아이템 편집'을 선택하여 **아이템 편집** 프로퍼티 창을 띄웁니다. 다음 표와 같이 열거형의 아이템을 편집합니다.

아이템	사인파	삼각파	사각파	톱니파	노이즈
값	0	1	2	3	4

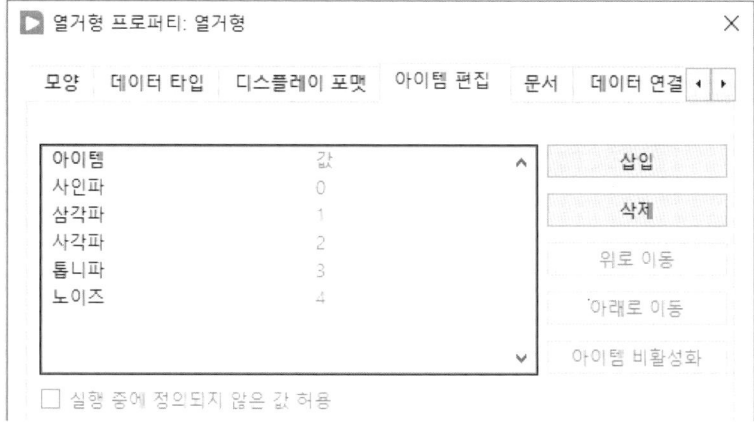

4. 블록다이어그램에 **While 루프**와 **이벤트 구조**를 위치시킵니다. (구조 팔레트)
   A. [타임아웃] 이벤트의 바로 가기 메뉴에서 '이 케이스에 의해 핸들되는 이벤트 편집'을 선택하여 이벤트 편집 창을 띄웁니다.
   B. 이벤트 편집 창에서 '이벤트 소스' 항목으로 "정지"를 선택하고 '이벤트'로 "값 변경"을 선택하여 **["정지": 값 변경]** 케이스로 만듭니다.
   C. "정지" 터미널을 ["정지": 값 변경] 케이스 속에 옮겨 넣고 '루프 조건'에 연결합니다.

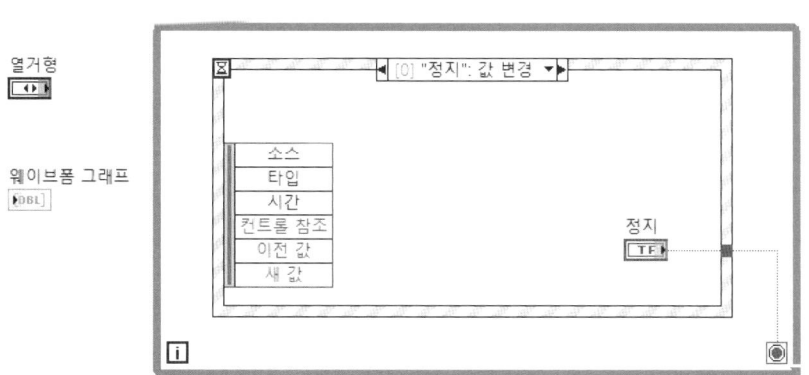

5. **이벤트 구조**의 바로 가기 메뉴에서 '이벤트 케이스 추가' 선택하여 이벤트 편집 창을 띄웁니다.
   A. 이벤트 편집 창에서 '이벤트 소스'로 <이 VI>를 선택하고 '이벤트'로 "패널 닫기?"를 선택하여 **[패널 닫기?]** 이벤트 케이스로 만듭니다.
   B. **참 상수**를 버림? 이벤트 필터 노드에 연결하고 "정지" 출력 터널에 연결하여 '루프 조건'으로 이어줍니다. (불리언 팔레트)

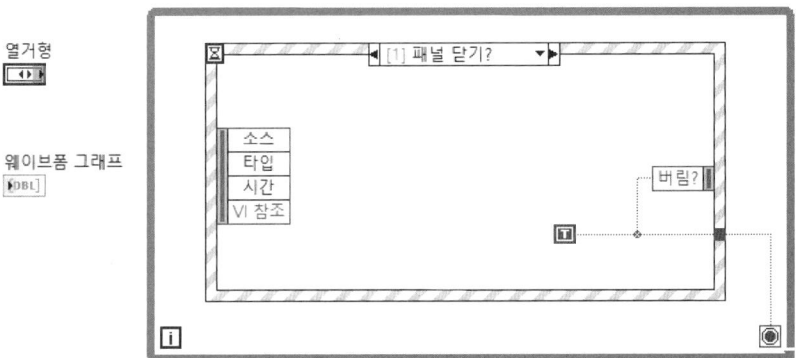

6. VI 오른쪽 상단에 있는 아이콘을 선택하고 바로 가기 메뉴에서 '**VI 프로퍼티**'를 선택합니다.
   A. [VI 프로퍼티] 창에서 "윈도우 모양" 항목을 선택합니다.
   B. 윈도우 제목에서 'VI 이름과 동일' 체크를 없고 "신호시뮬레이션"라고 입력합니다.

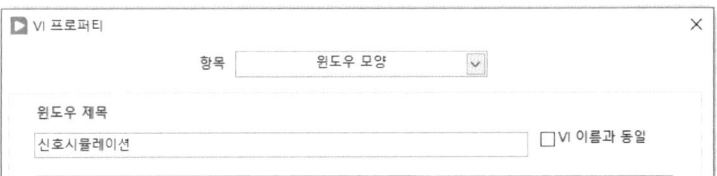

   C. "사용자 정의" 버튼을 클릭하여 [윈도우 모양 사용자 정의] 창을 띄우고 '제목 표시줄 보이기', '실행 버튼 보이기', '사용자의 윈도우 닫기 허용'만 활성화해줍니다.

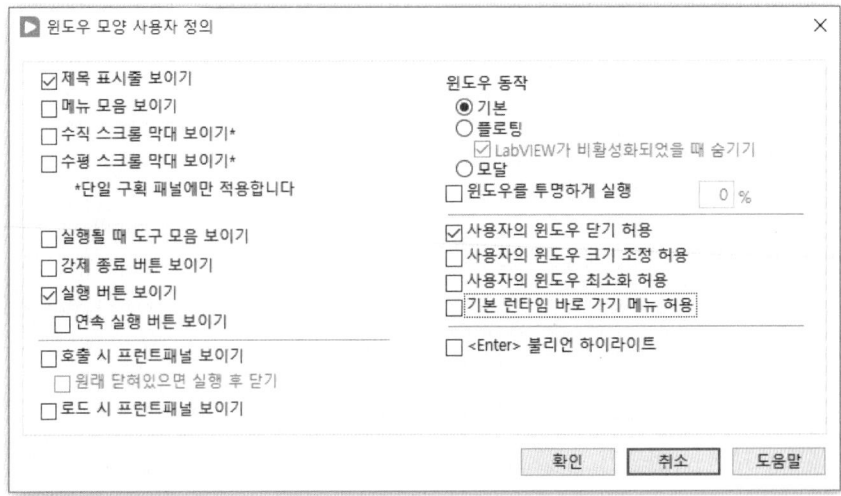

7. **이벤트 구조**의 바로 가기 메뉴에서 '이벤트 케이스 추가' 선택하여 이벤트 편집 창을 띄웁니다.
   A. 이벤트 편집 창에서 '이벤트 소스' 항목으로 "열거형"을 선택하고 '이벤트'로 "값 변경"을 선택하여 **["열거형": 값 변경]** 케이스로 만듭니다.
   B. ["열거형": 값 변경] 이벤트 케이스 속에 **케이스 구조**를 위치시킵니다.
   C. 왼쪽에 위치한 '이벤트 데이터 노드'에서 **'새 값'**을 '케이스 선택자'에 입력합니다.
   D. <"사인파", 기본> 케이스에 **사인파** 함수를 위치시키고 "웨이브폼 그래프"에 연결해줍니다.
   (신호 처리 > 신호 생성 팔레트)

   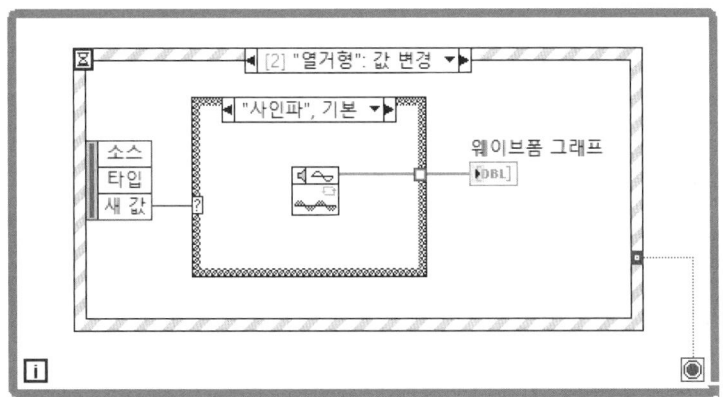

   E. <"삼각파"> 케이스에 **삼각파** 함수를 위치시키고 "웨이브폼 그래프"에 연결해줍니다.
   (신호 처리 > 신호 생성 팔레트)

   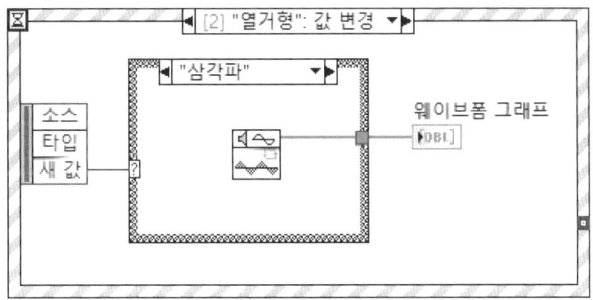

8. **케이스 구조**의 바로 가기 메뉴에서 '다음 케이스 추가'를 선택하면 다음 케이스로 <"사각파"> 케이스가 추가됩니다. **사각파** 함수를 위치시키고 "웨이브폼 그래프"에 연결해줍니다.
   (신호 처리 > 신호 생성 팔레트)

   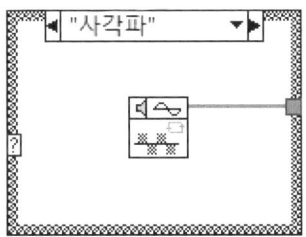

9. 같은 방법으로 <"톱니파"> 케이스와 <"노이즈"> 케이스를 추가하고 각 케이스에 **톱니파** 함수와 **균일한 화이트 노이즈** 함수를 위치시킵니다. (신호 처리 > 신호 생성 팔레트)

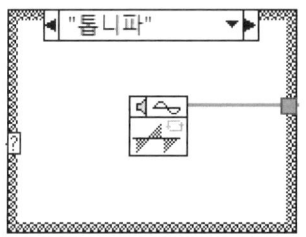 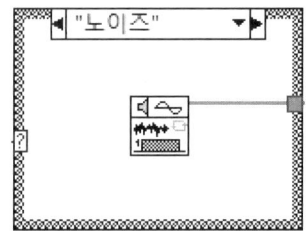

10. 완성된 VI는 다음과 같습니다.

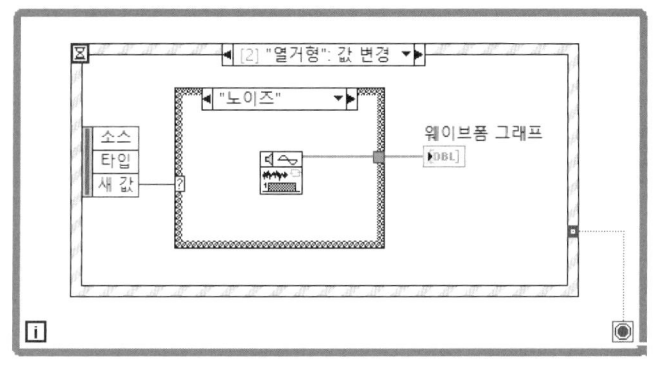
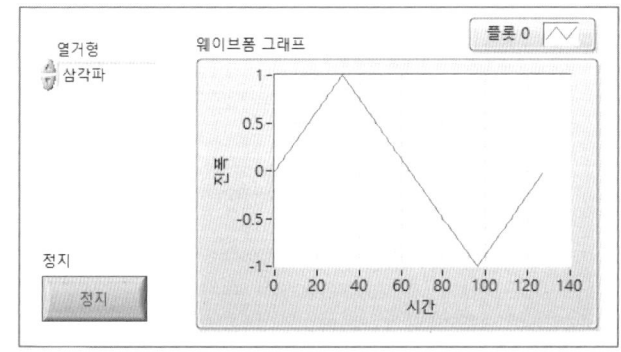

11. VI를 저장하고 실행합니다. 열거형에서 원하는 신호 타입을 선택하면 대응하는 파형이 시뮬레이션 됩니다. 그리고 "정지" 버튼이나 **윈도우 닫기**를 클릭하면 정지합니다. 윈도우 닫기는 오른쪽 상단에 위치한 빨간색 X 버튼입니다.

실습 6-3 끝

Section

3. 시퀀스 구조

시퀀스 구조는 순차적으로 서브다이어그램 또는 프레임을 실행합니다. 정해진 순서로 함수나 구조를 실행시키는 목적으로 사용됩니다.

구조 팔레트에서 플랫 시퀀스 구조를 찾을 수 있습니다. 플랫 시퀀스 구조는 왼쪽에서 오른쪽으로 프레임의 순서가 정해집니다.

LabVIEW는 와이어에 의한 데이터 흐름으로 실행됩니다. 그래서 와이어 등으로 명확한 실행 순서가 정의됩니다. 그리고 와이어 연결이 힘들거나 불가능한 경우에는 시퀀스 구조를 사용하여 실행 순서를 지정합니다. 예를 들어, 순차적인 실행 중간에 기다림(ms) 함수를 이용하여 Time Delay를 넣어주고자 한다면 시퀀스 구조를 이용합니다.

다음은 시리얼 통신 예제입니다. VISA 쓰기 함수가 장비로 명령을 보내면 장비가 명령을 수행하고 답변하는 동안 50ms를 기다리고 VISA 읽기 함수로 답변을 읽어오는 예제입니다. 여기에서 기다림(ms) 함수가 VISA 쓰기와 VISA 읽기 함수 사이에 위치해야 되지만 와이어를 이용해서는 순서를 정해줄 수 없습니다. 이런 경우에 시퀀스 구조를 이용하여 순서를 정해줄 수 있습니다.

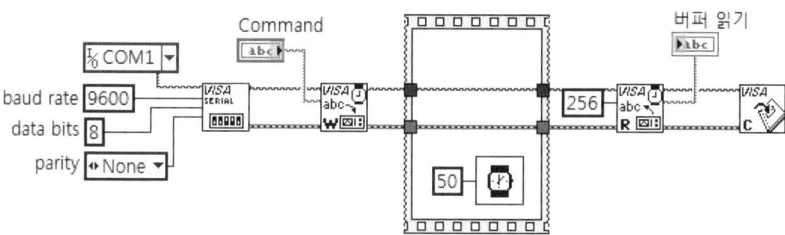

시퀀스 구조에는 **플랫 시퀀스 구조**와 **다층 시퀀스 구조**가 있습니다. **플랫 시퀀스 구조**는 프레임에 연결된 모든 데이터 값이 사용 가능할 때 왼쪽에서 오른쪽으로 프레임을 실행합니다. 각 프레임의 실행이 종료했을 때 다음 프레임을 실행할 수 있습니다. 바로 가기 메뉴에서 '다음 프레임 추가', '이전 프레임 추가', '이 프레임 삭제' 등을 선택하여 프레임을 추가하거나 삭제할 수 있습니다.

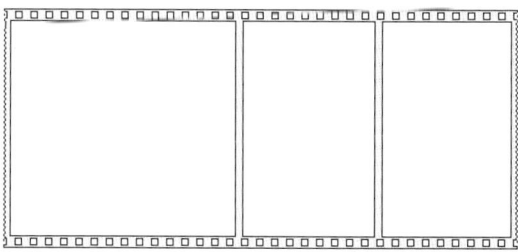

다층 시퀀스 구조는 각 프레임을 쌓아서 한 번에 하나의 프레임을 보여주며, 0번 프레임, 1번 프레임의 순으로 마지막 프레임까지 실행됩니다. 다층 시퀀스 구조는 마지막 프레임까지 실행을 마친 후에만 데이터를 반환합니다.

먼저 플랫 시퀀스 구조는 위치시키고 바로 가기 메뉴에서 '**다층 시퀀스로 대체**'라고 선택하여 다층 시퀀스 구조로 대체해줍니다.

'시퀀스 선택자 라벨'은 다층 시퀀스 구조의 맨 위쪽에 있으며 현재 프레임 번호와 전체 프레임의 크기를 보여줍니다. 선택자 라벨을 사용하여 프레임을 탐색하고 프레임의 순서를 조정할 수 있습니다.

다층 시퀀스 구조의 '시퀀스 선택자 라벨'은 케이스 구조의 '케이스 선택자 라벨'과 유사합니다. 프레임 번호가 가운데 있고 양 옆으로 증가와 감소 화살표가 있습니다.

바로 가기 메뉴에서 '다음 프레임 추가', '이전 프레임 추가', '이 프레임 삭제' 등을 선택하여 다층 시퀀스 구조에 프레임을 추가하거나 삭제할 수 있습니다.

다층 시퀀스 구조에서 프레임에서 다른 프레임으로 데이터를 전달할 때 **시퀀스 로컬**을 사용합니다. 바로 가기 메뉴에서 '**시퀀스 로컬 추가**'를 선택하여 시퀀스 로컬을 추가할 수 있습니다.

시퀀스 로컬은 앞 프레임에서 뒤 프레임으로 데이터를 전달하는 용도로 사용됩니다. 앞 프레임에서 입력된 데이터는 뒤따르는 모든 프레임에서 사용할 수 있습니다.

다음과 같이 0번 프레임에서 난수(0-1)을 시퀀스 로컬에 입력하고 2번 프레임에서 시퀀스 로컬 값을 "출력" 인디케이터로 출력할 수 있습니다.

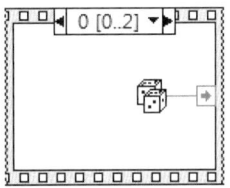 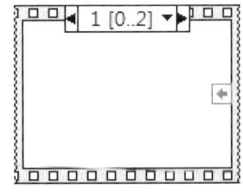 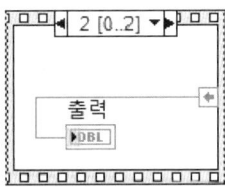

 **요약**

- 케이스 구조를 이용하여 Case 또는 IF 문을 구현할 수 있습니다. 케이스 구조는 하나 또는 그 이상의 케이스를 가지며 구조가 실행되면 그 중 하나만이 실행됩니다.
- 케이스 선택자로는 불리언, 문자열, 정수 숫자형, 열거형 타입, 에러 클러스터 등을 사용할 수 있습니다.
- 이벤트는 어떤 일이 발생했다는 것을 알리는 알림입니다. 이벤트는 사용자 인터페이스, 하드웨어 I/O, 또는 프로그램의 다른 부분에서 발생할 수 있습니다.
- 이벤트 구조는 사용자 인터페이스 이벤트를 핸들링하는 목적으로 사용됩니다.
- 이벤트 구조만 사용하여 "확인" 버튼과 "취소" 버튼을 가진 팝업 윈도우를 만들 수 있습니다. 이벤트 구조를 가진 팝업 VI는 "확인" 또는 "취소" 버튼을 클릭할 때까지 계속 대기합니다.
- 사용자 인터페이스 이벤트를 연속하여 입력 받고 처리하기 위해서는 While 루프로 이벤트 구조를 둘러줘야만 됩니다. 그리고 While 루프의 정지 조건에 대한 이벤트 케이스가 필요합니다.
- 필터 이벤트는 이벤트가 발생했을 때 바로 이벤트를 처리하지 않고 사용자가 지정한 추가 옵션을 실행하도록 설정할 수 있습니다.
- 시퀀스 구조는 순차적으로 서브다이어그램 또는 프레임을 실행합니다.
- 시퀀스 구조에는 플랫 시퀀스 구조와 다층 시퀀스 구조의 두 가지 타입이 있습니다.

 노트

Chapter 07
SubVI 및 사용자 컨트롤

*학습목표

SubVI를 만들고 사용하는 방법을 익힙니다.

사용자 컨트롤을 만들고 사용하는 방법을 익힙니다.

01. SubVI 소개

02. SubVI 만들기

03. 사용자 컨트롤

Section

1. SubVI 소개

다른 VI의 블록다이어그램에서 호출되는 VI를 SubVI라고 부릅니다. 그리고 모든 VI는 다른 VI에서 SubVI로 사용될 수 있습니다.

함수 팔레트에서 **VI 선택**을 클릭하여 가져올 VI를 탐색하여 블록다이어그램에 붙여놓을 수 있습니다. 그리고 VI가 열려 있거나 프로젝트에 포함되어 있다면 해당 VI를 선택하여 블록다이어그램으로 끌어서 붙여놓을 수 있습니다.

VI는 **이름, 아이콘, 커넥터 팬**을 가지며 이것은 VI의 고유한 속성입니다. 그래서 VI를 다른 VI에서 SubVI로 사용할 때 이름, 아이콘, 커넥터 팬으로 구분되고 활용됩니다. 다음은 커넥터 팬과 아이콘의 기본 모양입니다. 연결되지 않은 커넥터들과 기본 아이콘입니다.

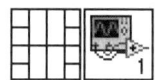

SubVI와 호출하는 VI 사이의 데이터 흐름을 구현하기 위해서는 커넥터 팬의 연결이 필요합니다. 그리고 VI를 함축적으로 설명하고 표현할 수 있는 아이콘으로 디자인해줘야 됩니다.

SubVI는 텍스트 기반 프로그래밍 언어의 서브루틴 호출에 해당합니다. 동일한 SubVI를 여러 번 불어와서 사용할 수 있고, 컨트롤과 인디케이터는 커넥터 팬을 통하여 데이터를 입력 받고 출력합니다.

블록다이어그램에 위치한 SubVI를 더블 클릭하면 그 SubVI의 프런트패널을 열 수 있습니다. 또한 SubVI를 수정 및 편집할 수 있습니다. 수정한 SubVI를 저장하면 SubVI의 변경은 현재 인스턴스를 포함한 모든 SubVI에 대한 호출에 영향을 미칩니다.

지나치게 큰 블록다이어그램은 읽기 및 관리하기가 어렵습니다. 그래서 공통적으로 재사용할 수 있는 코드 일부를 찾아서 SubVI로 대체하면 공간을 절약할 수 있습니다.

가. VI 계층구조

VI를 만들기 위하여 여러 계층으로 SubVI를 호출하여 사용합니다. 이러한 VI의 계층구조를 확인하기 위해서는 보기 메뉴에서 **VI 계층구조(H)** 메뉴를 선택하여 "VI 계층구조" 윈도우를 띄울 수 있습니다.

"VI 계층구조" 윈도우를 사용하여 메모리 상에 로드되어 있는 SubVI와 함수 노드들을 볼 수 있습니다. "VI 계층구조" 윈도우에서 최상위 아이콘은 LabVIEW 어플리케이션 인스턴스를 나타냅니다. 그리고 그 아래에는 어플리케이션에 필요한 객체가 모두 나타납니다.

기본 도움말을 이용하여 "VI 계층구조" 윈도우에서 SubVI를 선택하여 함수의 정보를 확인할 수 있고 VI를 선택하여 다른 VI의 블록다이어그램으로 끌어다 붙일 수도 있습니다.

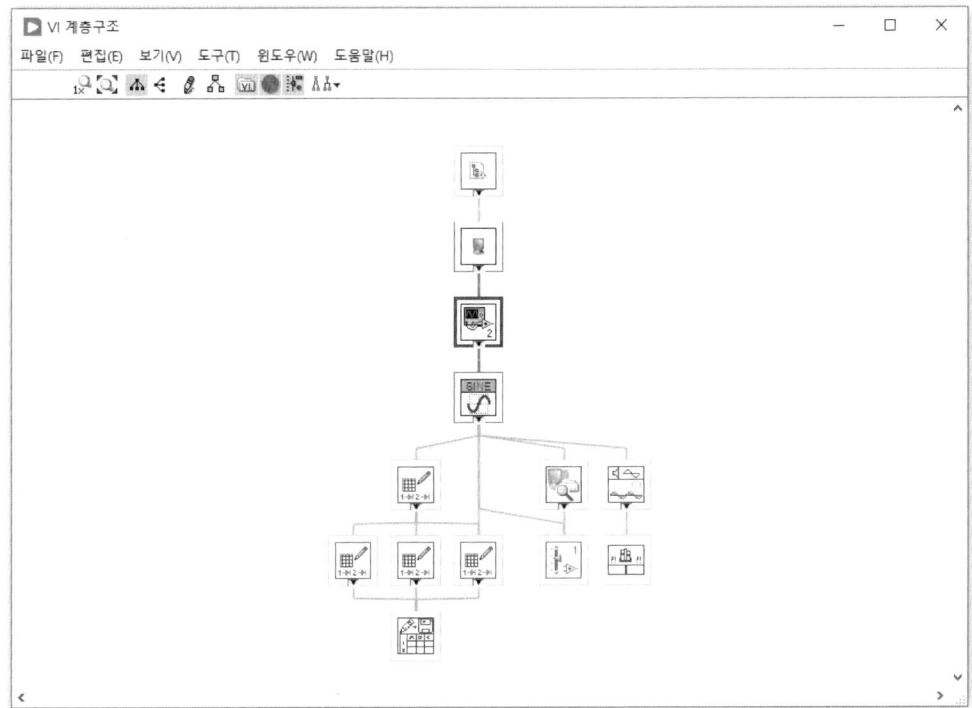

VI 아래에 있는 화살표 버튼을 클릭하여 하위에 있는 모든 SubVI를 숨길 수 있습니다. 하위 SubVI가 숨겨지면 화살표는 빨간색이 됩니다. 검은색 화살표는 숨긴 하위 SubVI가 없다는 의미입니다.

VI가 재귀 호출을 포함하는 경우에 "VI 계층구조" 윈도우는 재귀 VI 사이에 점선을 그려서 이러한 재귀적인 관계를 표시합니다.

나. 아이콘 모양

VI를 아이콘 또는 확장 가능 노드로 나타낼 수 있습니다. 함수의 바로 가기 메뉴에서 '아이콘으로 보기'를 비활성화시키면 익스프레스 VI 형태의 확장 가능 노드로 나타낼 수 있습니다. 그리고 노드를 아래로 당겨서 입출력 터미널을 늘여줄 수 있습니다.

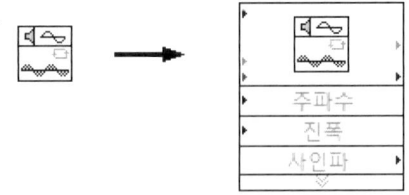

232

다. VI 프로퍼티

VI의 속성을 설정하기 위하여 "VI 프로퍼티" 팝업 창을 이용합니다. 파일(F) 메뉴에서 **VI 프로퍼티**를 찾을 수 있습니다. 또는 VI의 아이콘에서 바로 가기 메뉴로 'VI 프로퍼티'라고 선택하여 "VI 프로퍼티" 창을 팝업할 수 있습니다.

[문서]

VI 프로퍼티의 [문서] 항목에 해당 VI의 설명을 기입할 수 있습니다. 문서에 기입된 설명은 기본 도움말 창에서 아이콘과 커넥터 정보와 함께 디스플레이됩니다.

[윈도우 모양]

호출될 때 SubVI의 프런트패널이 디스플레이되기를 원한다면 VI 프로퍼티의 [윈도우 모양] 항목에서 "사용자 정의..." 버튼을 선택하고 "윈도우 모양 사용자 정의" 창이 팝업되면 **'호출 시 프런트패널 보이기'**와 **'원래 닫혀있으면 실행 후 닫기'** 설정을 선택해줍니다. 이때 윈도우 동작은 **'기본'**라고 설정해 줘야 됩니다.

"모달" 윈도우는 최상위 윈도우로 팝업되어 다른 윈도우의 동작을 통제합니다. 그래서 "윈도우 동작 = 모달"라고 설정한 VI에 While 루프를 사용하면 멈추지 못하는 루프가 될 수 있습니다. 즉, While 루프를 포함한 VI는 절대로 "모달" 윈도우라고 설정하면 안됩니다.

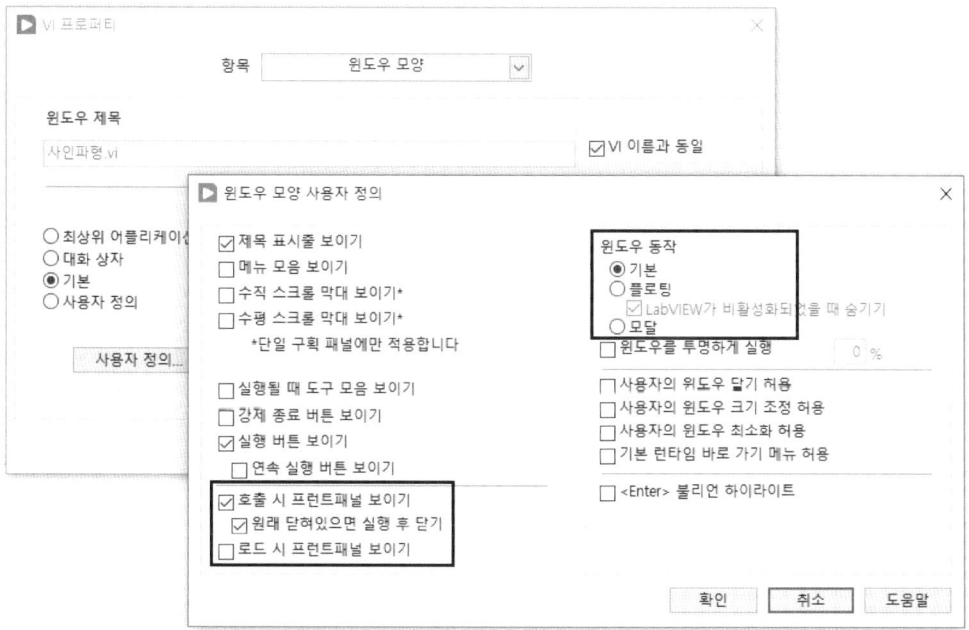

[윈도우 런타임 위치]

실행시에 VI의 위치를 지정합니다. 위치 = "중앙"라고 설정하면 모니터 중앙에 위치하게됩니다.

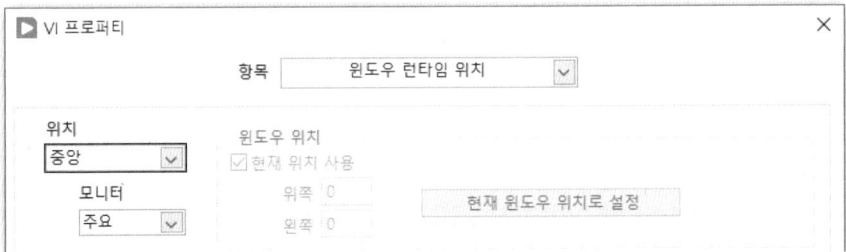

[실행]

VI 프로퍼티의 [실행] 항목에서 VI가 SubVI 등으로 실행될 때의 실행 옵션을 설정할 수 있습니다. VI의 실행 우선 순위와 재호출 허용 여부 등을 설정할 수 있습니다.

VI의 각 인스턴스에 대하여 개별적인 데이터 공간을 생성하는 경우에 그 VI를 재호출 VI라고 합니다. 이를 통해 SubVI에 대한 여러 개별 호출이 병렬로 실행될 수 있습니다. 그래서 FPGA 어플리케이션 개발 시에는 '미리 할당된 복제 재호출 실행'라고 설정합니다.

Windows 어플리케이션이나 Real Time 어플리케이션 개발 시에는 재호출이 아닌 실행 VI를 사용합니다. 재호출이 아닌 SubVI를 하나 이상의 위치에서 호출하려는 경우에 한 호출이 실행되고 끝날 때까지 다음 호출은 기다립니다. 리소스를 공유하기 때문입니다. '재호출이 아닌 실행'라고 설정합니다.

참고로 Functional Global Variable (FGV)은 재호출이 아닌 실행 VI입니다.

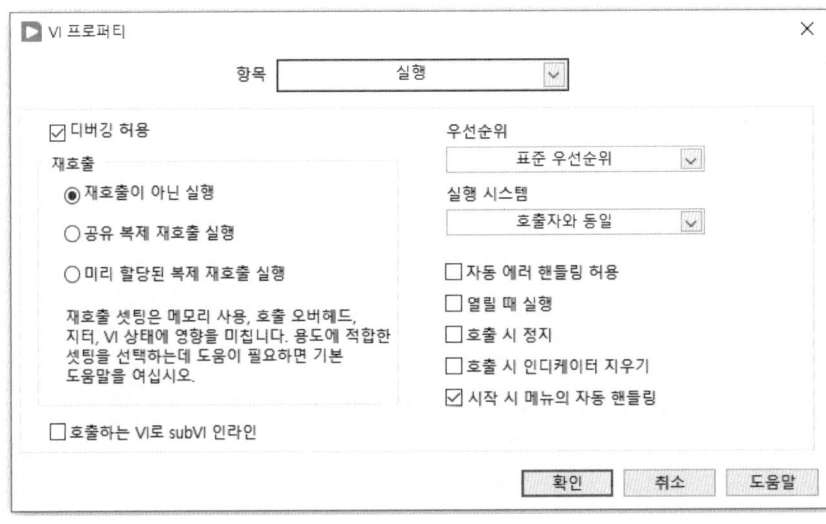

'디버깅 허용', '자동 에러 핸들링 허용', '시작 시 메뉴의 자동 핸들링' 등의 옵션은 비활성화시켜 주는 것이 VI를 더 효율적으로 만들어줍니다.

VI 프로퍼티의 실행 항목에서 **우선순위**를 설정할 수 있습니다. 다음과 같이 여섯 가지의 우선순위를 설정할 수 있습니다. 그리고 각 우선 순위는 상대적인 순위입니다.

우선순위	설명
백그라운드 우선순위(최저)	가장 낮은 우선 순위입니다.
표준 우선순위	표준 우선순위가 모든 VI의 기본 설정입니다.
표준 우선순위 이상	표준 우선순위보다 높은 순위입니다.
높은 우선순위	높은 우선순위입니다. 그러나 Timed 루프보다는 낮은 우선 순위입니다.
시간에 결정적인 우선순위(최고)	Timed 루프보다 높은 우선 순위입니다.
서브루틴	운영체제의 서브루틴 우선 순위입니다.

Timed 루프는 '높은 우선순위'와 '시간에 결정적인 우선순위(최고)' 사이의 우선순위를 1에서 65535 단계로 나눈 것입니다.

서브루틴 우선순위는 시스템 리소스를 모두 차지하기 때문에 다른 VI나 객체가 실행될 여유를 빼앗게 됩니다. 그래서 단순한 계산을 아주 짧게 수행하는 SubVI에서만 사용합니다.

서브루틴 우선순위의 VI는 프런트패널에 데이터를 디스플레이할 수 없고 타이밍 함수 등을 호출할 수 없습니다. 또한 디버깅이나 자동 에러 핸들링 등을 사용할 수 없습니다.

[메모리 사용]

VI 프로퍼티의 '메모리 사용' 항목에서 그 VI의 메모리 사용량을 확인할 수 있습니다. VI 메모리 사용은 프런트패널 객체, 블록다이어그램 객체, 코드, 데이터로 나누어집니다.

SubVI의 경우에도 이들 네 가지 메모리를 모두 가지고 있지만 프런트패널 객체와 블록다이어그램 객체는 SubVI를 열 경우에만 메모리가 할당되고 평소에는 코드와 데이터만 메모리에 상주하여 메모리의 사용을 최소화시켜줍니다. 예외적으로 프런트패널 객체를 소프트웨어적으로 컨트롤하는 프로퍼티 노드를 사용할 경우에는 프런트패널 객체도 메모리에 상주하게 됩니다.

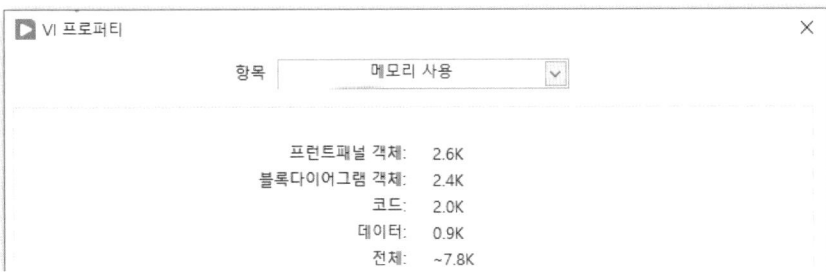

Section

2. SubVI 만들기

VI 전체를 SubVI로 만드는 방법과 VI의 일부분을 SubVI로 만드는 방법이 있습니다.

VI를 생성하고 저장하면 기본 아이콘과 연결되지 않은 커넥터로 구성됩니다. 이 VI를 SubVI로 사용하기 위해서는 아이콘을 편집해주고 프런트패널의 입력과 출력을 커넥터 팬에 연결해줘야 됩니다.

다음은 더하기와 빼기.vi를 SubVI로 만든 예입니다. 프런트패널에 위치한 두 개의 컨트롤과 두 개의 인디케이터를 커넥터 팬에 연결하였고 아이콘 모양을 편집해주었습니다.

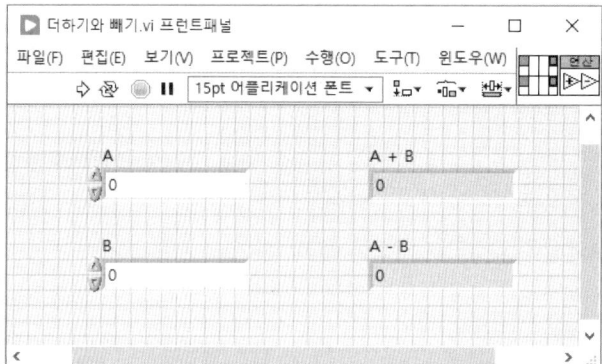

그리고 블록다이어그램의 일부를 마우스로 선택하고 **편집(E) > SubVI 생성(S)** 메뉴로 기존 VI의 일부분만 SubVI로 만들어 줄 수 있습니다. 이렇게 생성된 SubVI는 필요한 커넥터 정보를 포함하고 있지만 저장해야 되고 아이콘 편집도 해줘야 됩니다.

가. 커넥터 연결하기

프런트패널의 컨트롤과 인디케이터를 커넥터 팬에 연결하기 위해서는 다음 순서를 따라야 됩니다.

1. 커넥터 팬에서 연결할 **커넥터**를 마우스로 클릭하여 선택합니다.
2. 프런트패널에서 연결할 **객체**를 마우스로 선택해줍니다.

이렇게 커넥터와 객체를 한번씩 차례로 선택하여 1 대 1로 연결해줍니다.

연결이 잘못되었을 때는 커넥터에서 바로 가기 메뉴로 '이 터미널 연결 끊기'를 선택해주거나 '모든 터미널 연결 끊기'를 선택하여 연결을 끊어줄 수 있습니다.

컨트롤은 왼쪽에 연결하고 인디케이터는 오른쪽에 연결해줍니다. 실제로 어느 곳에 연결하여도 에러는 발생하지 않지만 LabVIEW의 데이터 흐름이 왼쪽에서 오른쪽으로 연결되기 때문에 반대로 연결하면 와이어가 꼬이게 됩니다.

컨트롤을 연결한 커넥터는 입력 터미널이 되고 인디케이터를 연결한 커넥터는 출력 터미널이 됩니다. 입력 터미널은 [이 연결은] '필수', '권장', '옵션'으로 설정해줄 수 있습니다.

연결이 완성된 SubVI를 기본 도움말 윈도우로 확인하면 **필수** 연결은 굵은 글씨체로 표시되고 **권장** 연결은 보통 글씨체로 표시됩니다. 그리고 **옵션** 연결은 커넥터의 이름이 나타나지 않습니다. 반면 출력 연결은 모두 **권장** 연결입니다. 다음은 기본 도움말로 더하기와 빼기.vi의 SubVI를 확인한 것입니다. 컨트롤 A와 B를 왼쪽 커넥터에 연결했지만 A는 필수 연결로 설정해줬고 B는 옵션 연결로 설정해준 경우입니다.

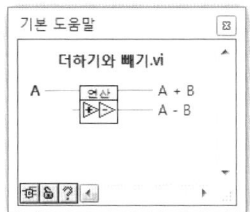

커넥터 패턴을 변경할 수 있습니다. 다양한 패턴을 선택할 수 있지만 12개 커넥터보다 많은 패턴은 너무 복잡하기 때문에 피하는 것이 좋습니다. 입출력이 많다면 클러스터로 묶어서 개수를 줄여주는 것이 바람직합니다.

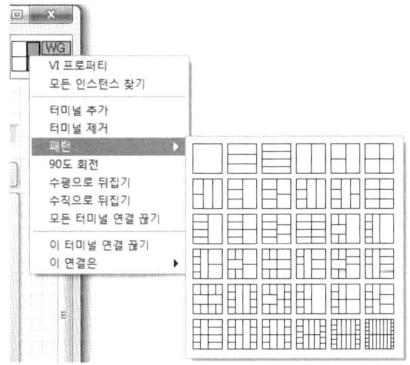

나. 아이콘 편집기

프런트패널이나 블록디이그램의 오른쪽 상단에 위치한 VI 아이콘을 더블 클릭하면 **아이콘 편집기**를 띄울 수 있습니다.

다음과 같이 아이콘 편집기의 오른쪽에 위치한 [미리보기]에서 아이콘의 확대된 미리보기를 디스플레이합니다. 미리 보기에서는 아이콘을 24비트 색으로 나타내줍니다. 그러나 실제로 적용되는 아이콘은 8비트 색입니다. 그러므로 편집 창에서 보는 아이콘 모양과 실제 아이콘이 다소 다르게 나타날 수 있습니다.

아이콘 편집기는 현재 아이콘을 기반으로 새로운 아이콘을 편집하는 것입니다. 그래서 LabVIEW 기본 아이콘을 먼저 지워야만 아이콘 편집이 가능합니다. 모두 지우기 단축키는 <Ctrl + Shift + Delete>입니다.

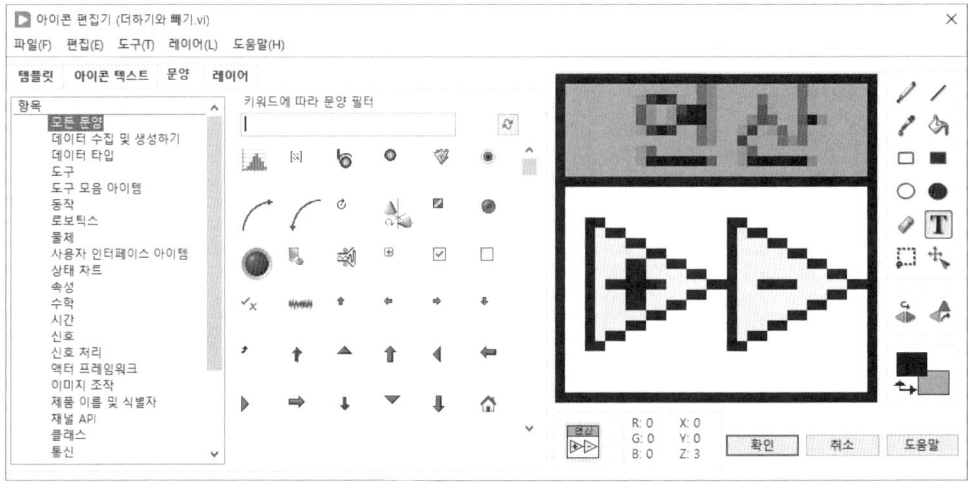

아이콘 편집기의 오른쪽에는 다음과 같은 도구들이 제공됩니다.

도구	설명
선택	영역을 선택할 때 사용하는 도구입니다. **더블 클릭**하면 아이콘 그림 전체를 선택할 수 있습니다.
사각형	사각형 테두리를 만들 때 사용하는 도구입니다. **더블 클릭**하면 아이콘 외곽 테두리를 그릴 수 있습니다. 테두리의 색은 색 선택에서 결정합니다. 라인 색입니다.
색 선택	색 도구를 이용하여 글자, 테두리, 채우기 색 등을 지정할 수 있습니다. 색 도구에서 **라인 색**(왼쪽 위)과 **채우기 색**(오른쪽 아래)을 지정합니다.
색 채우기	선택된 색으로 채워 넣습니다.
텍스트 도구	글자 입력 도구입니다. 글자를 입력한 직후에는 키보드의 상하좌우 키를 이용하여 글자의 위치를 조정할 수 있습니다. **더블 클릭**하면 텍스트 도구 옵션을 띄울 수 있고 폰트를 바꿀 수 있습니다.
채운 사각형	색으로 채워진 사각형을 만들 때 사용하는 도구입니다. 색 선택의 **라인 색**으로 테두리를 그리고 **채우기 색**으로 채웁니다.

[템플릿]은 아이콘의 배경으로 사용할 아이콘 템플릿을 선택할 수 있는 탭입니다. 템플릿은 png, bmp, jpg 파일이고 LabVIEW Data\Icon Templates 디렉토리에 저장됩니다. 그리고 새로운 템플릿을 만들었을 경우에는 '다른 이름으로 저장 > 템플릿' 메뉴를 선택하여 새로 만든 템플릿을 템플릿 탭에 추가할 수 있습니다.

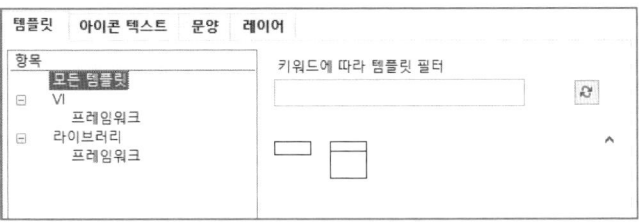

[아이콘 텍스트]은 지정된 위치에 텍스트를 입력하는 기능입니다. (글자 입력 도구로 입력하는 텍스트와는 다릅니다.)

- 라인 텍스트: 네 개의 라인으로 지원됩니다. '텍스트 수직으로 가운데 정렬' 옵션이 비활성화 된 경우에는 아이콘을 위에서 아래로 4등분하여 차례로 라인1, 라인2, 라인3, 라인4가 입력 됩니다. 활성화된 경우에는 수직으로 가운데 정렬됩니다.
- 라인 색: 라인별로 텍스트 색을 지정합니다.
- 폰트: 모든 텍스트의 폰트를 지정합니다.
- 정렬: 모든 텍스트의 정렬 방법을 지정합니다.
- 크기: 모든 텍스트의 폰트 크기를 지정합니다.

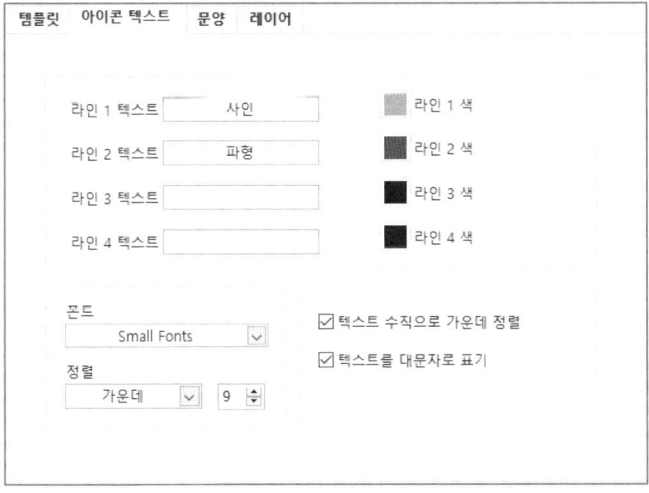

[문양]에서는 다양한 그림 아이콘을 제공합니다. 그림 아이콘을 선택하고 미리보기 창으로 옮겨 놓으면 추가할 수 있습니다. 그림을 위치시킨 직후에는 키보드의 상하좌우 키를 이용하여 그림의 위치를 바꿀 수 있습니다.

도구(T)의 'ni.com 아이콘 라이브러리에 동기화' 메뉴를 선택하면 [아이콘 라이브러리에 동기화] 대화 상자를 팝업하고 ni.com의 최신 문양으로 동기화할 수 있습니다.

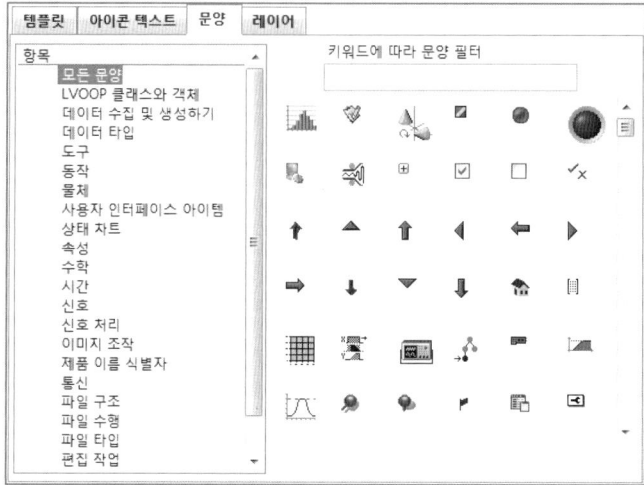

[레이어]은 아이콘의 모든 레이어를 디스플레이합니다. 아이콘을 디자인할 때 한 개 이상의 레이어로 구성할 수 있습니다. 세부적으로 아이콘 텍스트, 사용자 레이어, 그리고 아이콘 템플릿이 있습니다.

- 아이콘 텍스트는 아이콘 텍스트 탭에서 입력한 내용을 나타냅니다.
- 사용자 레이어는 레이어의 미리보기, 이름, 불투명도, 보이기를 나타냅니다.
    - 레이어 추가: 레이어를 추가합니다.
    - 레이어 제거: 선택한 레이어를 제거합니다.
    - 위로 이동: 선택한 레이어를 한 레이어 위로 이동합니다.
    - 아래로 이동: 선택한 레이어를 한 레이어 아래로 이동합니다.
- 아이콘 템플릿은 템플릿 페이지에서 선택한 아이콘 템플릿을 나타냅니다.

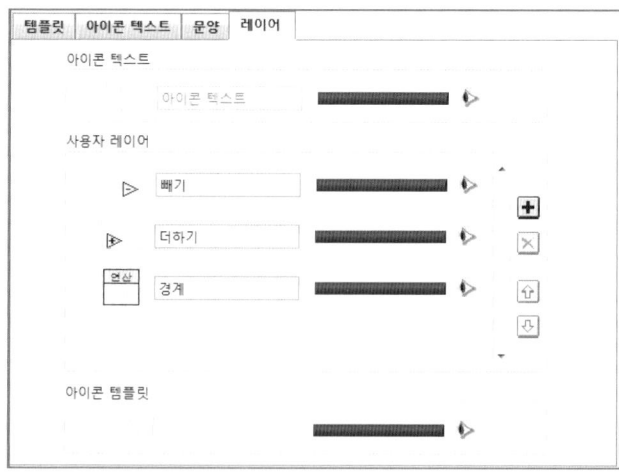

다. 아이콘 편집 순서

다음과 같은 순서로 아이콘을 편집합니다.

1. 오른쪽 상단에 있는 아이콘을 **더블 클릭**하여 [아이콘 편집기]를 띄웁니다.
2. **선택 도구**를 **더블 클릭**하여 아이콘 그림 전체를 선택합니다. 그리고 **Delete** 키를 이용하여 선택된 영역을 삭제합니다.
3. **사각형 도구**를 **더블 클릭**하여 그림 테두리를 추가합니다. 테두리의 색은 색 선택 도구의 **라인색**으로 정해집니다.
4. **문양**에서 적절한 그림 문양을 찾아서 옮겨 놓습니다.
5. **텍스트 도구**를 이용하여 텍스트를 입력합니다. 텍스트 입력 직후에 키보드의 상하좌우 키를 이용하여 위치를 잡아줍니다.

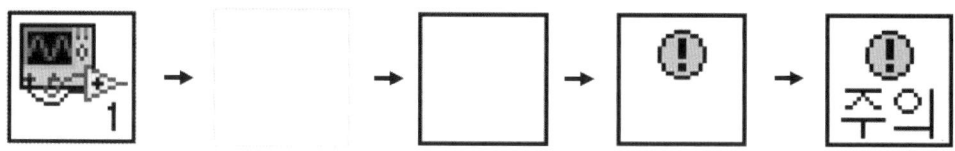

실습 7-1   SubVI 만들기

SubVI를 만들고 사용하는 예제를 만들어 봅니다. 이 실습에서는 LabVIEW 프로젝트와 두 개의 VI를 만들 것입니다.

1. 새 프로젝트를 만들고 **SubVI연습.lvproj**라고 저장합니다.

2. [내 컴퓨터]에서 바로 가기 메뉴로 '새로 만들기 > VI'를 선택하여 새 VI를 만들어줍니다. **Main.vi**라고 저장합니다.

3. VI를 하나 더 만들어주고 **사인파형.vi**라고 저장합니다.

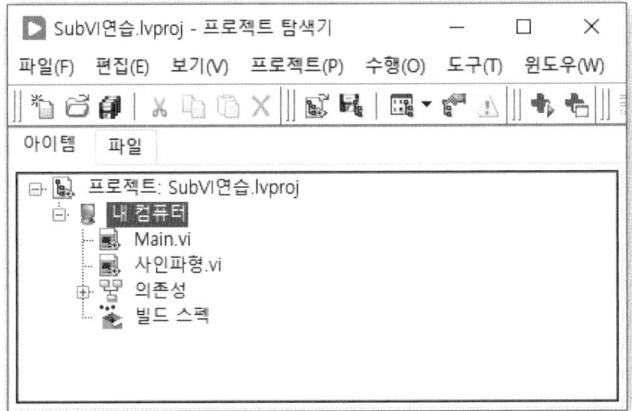

사인파형.vi

4. 프런트패널에 **웨이브폼 그래프(실버)**를 위치시킵니다. 그리고 **확인 버튼(실버)**와 **취소 버튼(실버)**를 위치시킵니다. (실버 > 그래프 팔레트)(실버 > 불리언 팔레트)

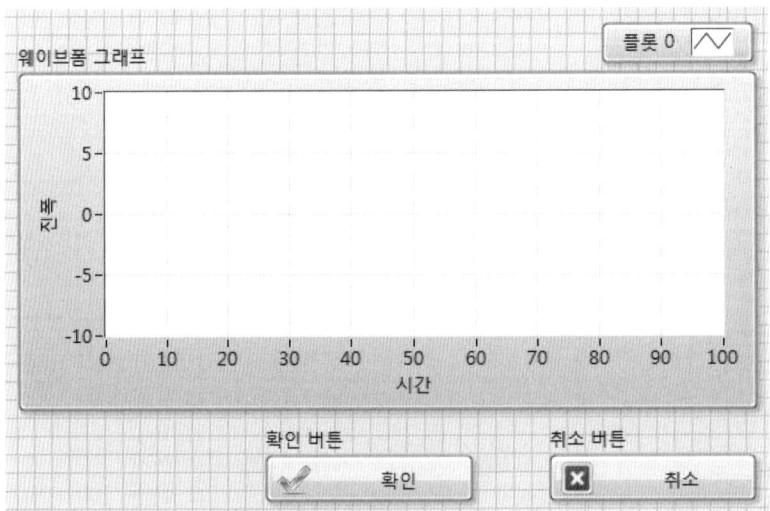

242

5. 블록다이어그램에 **이벤트 구조**를 위치시킵니다. 이벤트 구조의 바로 가기 메뉴로 '이 케이스에 의해 핸들되는 이벤트 편집'을 선택하여 [이벤트 편집] 창을 팝업시킵니다. '이벤트 소스'로 "취소 버튼"을 선택하고 '이벤트'로 "값 변경"을 선택해줍니다. 그리고 "취소 버튼"의 터미널을 이 이벤트 속으로 옮겨놓습니다.

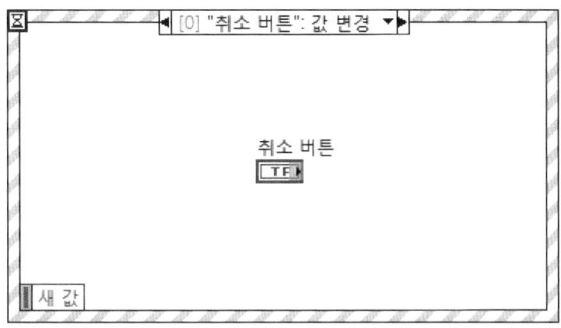

6. 이벤트 구조의 바로 가기 메뉴에서 '이벤트 케이스 추가'라고 선택하여 [이벤트 편집] 창을 팝업시킵니다. '이벤트 소스'로 "확인 버튼"을 선택하고 '이벤트'로 "값 변경"을 선택해줍니다. 그리고 "확인 버튼"의 터미널을 이 이벤트 속으로 옮겨놓습니다.
    A. **사인파** 함수를 위치시키고 "웨이브폼 그래프"에 연결합니다. (신호 생성 팔레트)
    B. **구분된 스프레드시트 쓰기** 함수를 ["확인 버튼": 값 변경] 케이스에 위치시키고 사인파 함수의 출력을 '1D 데이터' 입력에 연결해줍니다. (파일 I/O 팔레트)
    C. '전치?(거짓)' 입력에서 상수를 생성하고 **참**으로 설정합니다.
    D. **경로 만들기** 함수를 위치시키고 '추가된 경로' 출력을 구분된 스프레드시트 쓰기 함수의 '파일 경로'에 입력해줍니다. (파일 I/O 팔레트)
    E. **시스템 디렉토리 얻기** 함수를 위치시키고 '시스템 디렉토리 타입'에서 상수를 생성하고 '사용자 데스크탑'리고 설정힙니다. 경로 만들기 함수의 '베이스 경로'에 입력합니다.
        (파일 I/O > 파일 상수 팔레트)
    F. **날짜/시간 문자열로 포맷** 함수를 위치시키고 '시간 포맷 문자열'에서 상수를 생성합니다. **Data%H%M%S.txt**라고 입력합니다. 경로 만들기 함수의 '이름 또는 상대 경로'에 연결합니다. (타이밍 팔레트)

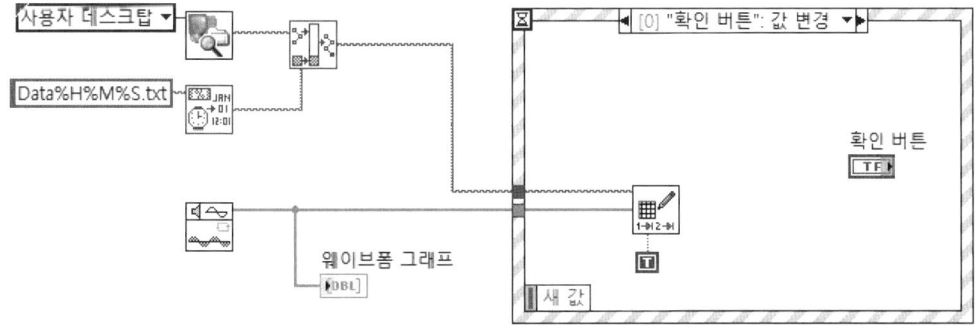

7. VI 오른쪽 상단에 있는 아이콘을 더블 클릭하여 [아이콘 편집기]를 팝업시킵니다. 다음과 같이 아이콘을 편집합니다.
   A. 선택 도구를 더블 클릭하여 아이콘 그림 전체를 선택합니다. 그리고 Delete 키를 이용하여 선택된 영역을 삭제할 수 있습니다.
   B. 사각형 도구를 더블 클릭하여 아이콘 그림 전체에 테두리를 추가합니다.
   C. 채운 사각형 도구로 위쪽을 채워줍니다.
   D. 텍스트 도구를 이용하여 글자를 입력합니다. 글자 입력 직후에 키보드의 상하좌우 키를 이용하여 위치를 잡아줍니다. "SINE"라고 입력합니다.
   E. 문양에서 적당한 그림 아이템을 찾아서 옮겨 놓습니다.
   F. 아이콘 디자인이 끝나면 확인 버튼을 클릭하고 설정을 적용시킵니다.

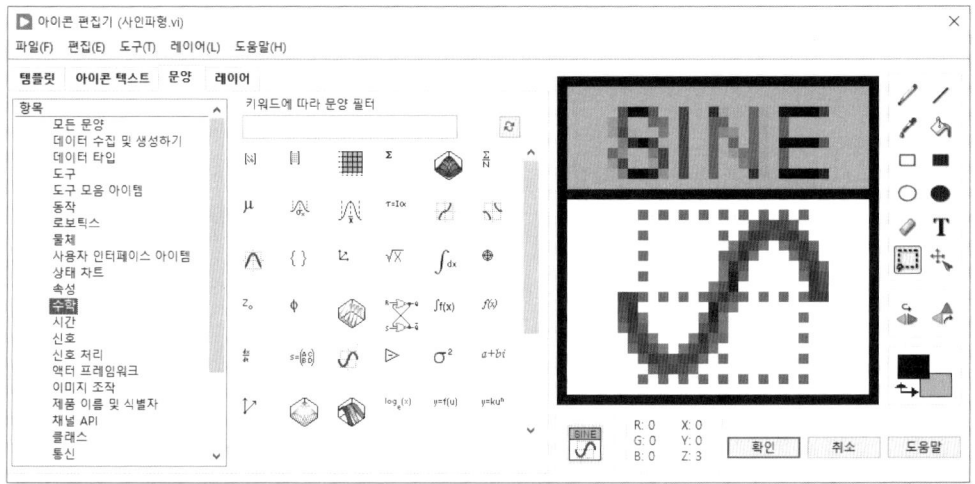

8. 다음과 같이 커넥터를 연결합니다.
   A. 커넥터의 바로 가기 메뉴에서 '패턴'을 선택하고 단순한 패턴으로 바꿔줍니다.
   B. 커넥터에서 연결할 위치를 먼저 선택한 다음에 프런트패널의 "웨이브폼 그래프"를 선택해 줍니다.

   **아이콘 편집과 커넥터 연결이 끝나면 다음과 같이 완성될 것입니다.

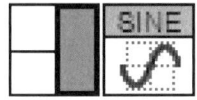

9. 아이콘의 바로 가기 메뉴에서 'VI 프로퍼티'를 선택하여 [VI 프로퍼티] 창을 팝업시킵니다.
   A. **윈도우 모양** 항목을 선택합니다.
   B. 윈도우 제목의 'VI 이름과 동일'의 체크를 제거하고 "사인파형"라고 입력합니다.
   C. "사용자 정의" 버튼을 클릭하여 [윈도우 모양 사용자 정의] 창을 팝업시킵니다. '제목 표시줄 보이기', '실행 버튼 보이기', '호출 시 프런트패널 보이기', '원래 닫혀있으면 실행 후 닫기' 옵션만 활성화합니다.

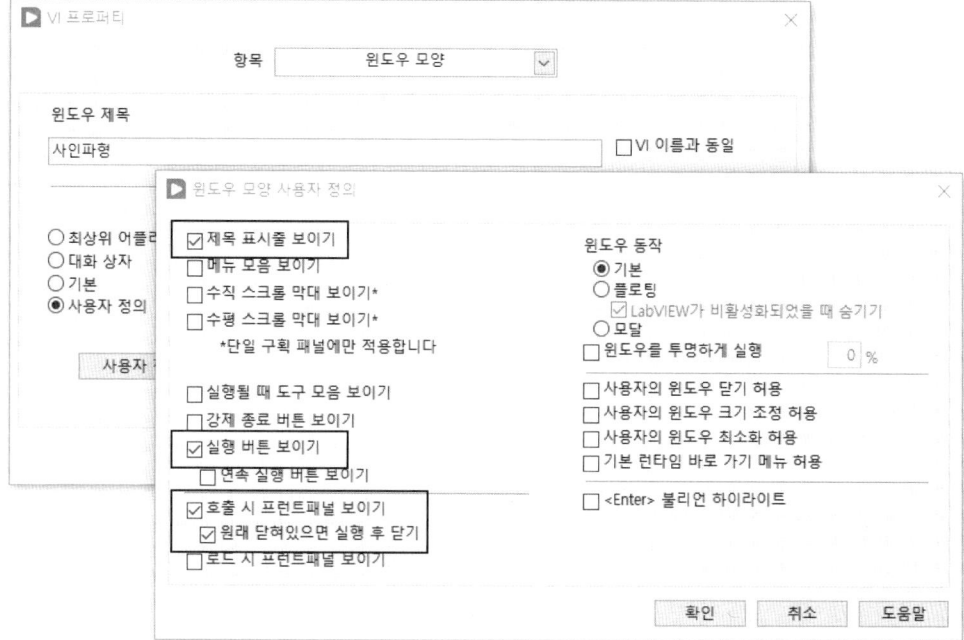

D. **윈도우 런타임 위치** 항목을 선택합니다. 위치로 [중앙]을 선택해줍니다.

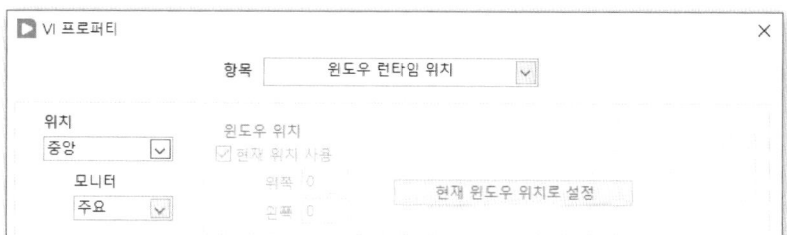

10. 사인파형.vi를 저장하고 닫아줍니다.

Main.vi

다음과 같이 Main.vi를 프로그래밍 합니다.

11. 프론트패널에 **확인 버튼**과 **정지 버튼**을 위치시킵니다. 확인 버튼의 라벨을 "SubVI"라고 바꾸고 불리언 텍스트를 "SubVI 호출"으로 바꿔줍니다.

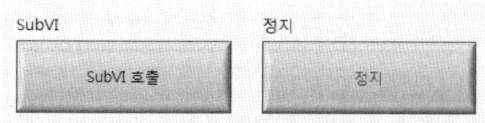

12. 블록다이어그램에 **While 루프**와 **이벤트 구조**를 위치시킵니다. 이벤트 구조에서 바로 가기 메뉴로 '이 케이스에 의해 핸들되는 이벤트 편집'을 선택하여 [이벤트 편집] 창을 팝업시킵니다. '이

벤트 소스'로 "정지"를 선택하고 '이벤트'로 "값 변경"을 선택합니다. "정지" 터미널을 이벤트 케이스 속으로 옮겨 놓고 While 루프의 '루프 조건'에 연결합니다.

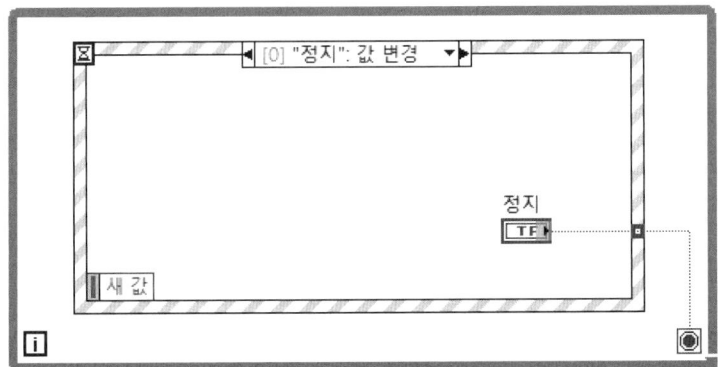

13. 이벤트 구조의 바로 가기 메뉴에서 '이벤트 케이스 추가'라고 선택하여 [이벤트 편집] 창을 팝업시킵니다. '이벤트 소스'로 "SubVI"를 선택하고 '이벤트'로 "값 변경"을 선택합니다. "SubVI" 터미널을 이벤트 케이스 속으로 옮겨 놓습니다.

14. 프로젝트에서 **사인파형.vi**를 선택하여 ["SubVI": 값 변경] 이벤트 케이스 속으로 끌어다 놓습니다.

15. 사인파형.vi의 출력 터널에서 바로 가기 메뉴로 '인디케이터 생성'를 선택하여 "웨이브폼 그래프"을 생성합니다.

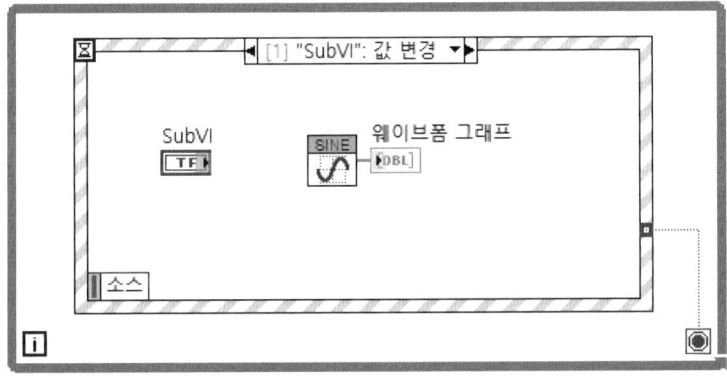

16. Main.vi의 프런트패널을 정리하고 저장합니다. 프로젝트도 저상해줍니다.

17. 사인파형.vi는 닫고 Main.vi만 실행합니다.
    A. "SubVI" 버튼을 클릭하면 SubVI인 사인파형.vi가 호출되어 팝업됩니다. 사인 파형이 웨이브폼 그래프에 플롯될 것입니다.
    B. 사인파형.vi의 윈도우 이름은 "사인파형"임을 확인할 수 있습니다.
    C. "확인 버튼"을 클릭하면 생성된 사인 패턴을 Data%H%M%S.txt 파일로 저장합니다.

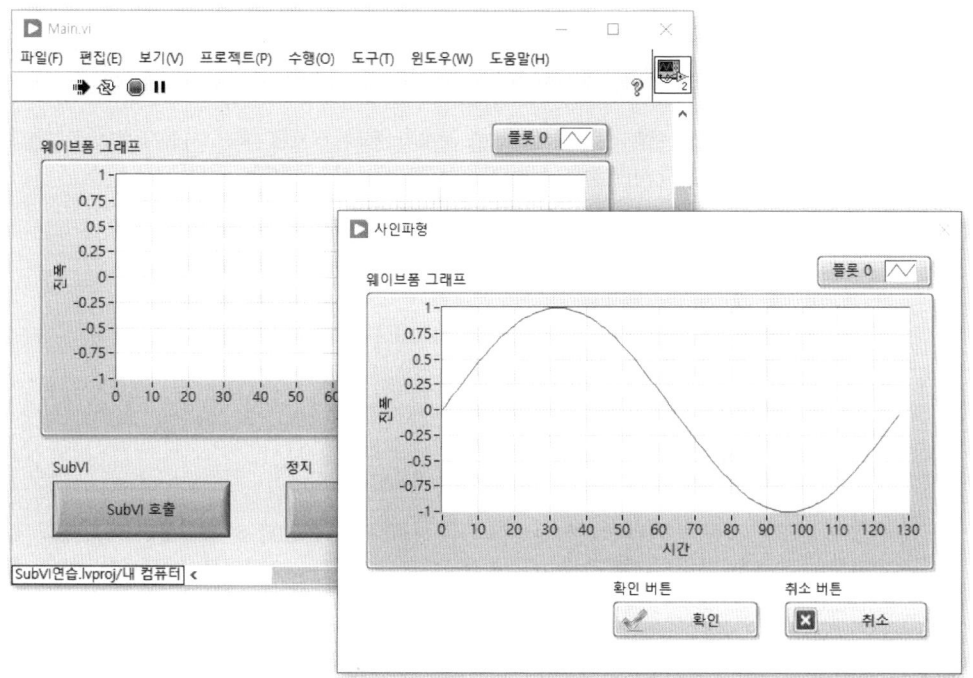

실습 7-1 끝

Section

3. 사용자 컨트롤

사용자가 직접 디자인하는 컨트롤이나 인디케이터를 **사용자 정의 컨트롤** 혹은 **사용자 컨트롤**이라고 부릅니다. 프런트패널에서 사용할 컨트롤이나 인디케이터를 사용자가 만드는 것입니다.

그러나 사용자가 새로운 데이터 타입이나 기계적 동작을 디자인하여 만들 수 있는 것은 아닙니다. 단지 기존에 제공되는 컨트롤을 수정하는 것입니다.

가. 사용자 정의 컨트롤

사용자 정의란 컨트롤 파일을 만드는 과정입니다. 다음 단계를 따라 프런트패널에서 컨트롤 또는 인디케이터를 사용자 정의하고 ctl 파일로 저장합니다.

I. 프런트패널에 편집할 컨트롤이나 인디케이터를 위치시킵니다.

II. 편집할 컨트롤 또는 인디케이터를 선택하고 메뉴 바에서 '**편집(E) > 컨트롤 사용자 정의**'를 선택하여 [컨트롤 생성] 창을 띄웁니다. 혹은 바로 가기 메뉴에서 '**고급 > 사용자 정의...**'를 선택하여 [컨트롤 생성] 창을 띄울 수도 있습니다.

III. [컨트롤 생성] 창에서 컨트롤 또는 인디케이터의 크기, 색, 원소의 상대적인 위치, 그리고 반입하는 이미지 등을 변경할 수 있습니다.

"사용자 정의 모드로 변경" 버튼을 클릭하여 '사용자 정의 모드'로 바꿔주면 컨트롤의 세부적인 디자인을 편집할 수 있습니다. '사용자 정의 모드'는 컨트롤을 여러 개의 그림 아이템으로 나눠줍니다. 각 그림 아이템의 위치를 바꾸거나 다른 그림으로 대체할 수 있습니다.

바로 가기 메뉴에서 편집할 그림 아이템을 선택하고 '**파일로부터 같은 크기로 반입...**' 메뉴로 교체할 그림 파일을 탐색하고 교체해주면 됩니다.

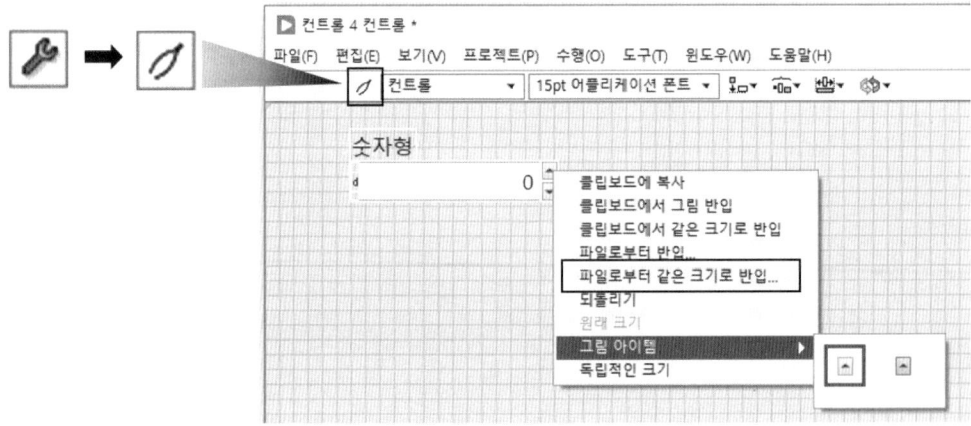

IV. 편집이 끝나면 '파일(F) > 변경된 사항 적용' 메뉴를 선택하여 컨트롤이나 인디케이터에 변경된 사항을 적용시키고 '파일(F) > 저장' 메뉴를 선택하여 **ctl 파일**로 저장합니다.

나. 프로젝트 탐색기에서 사용자 컨트롤 생성

LabVIEW 프로젝트에서 사용자 컨트롤을 생성할 수 있습니다.

LabVIEW 프로젝트를 만들고 내 컴퓨터에서 바로 가기 메뉴로 '새로 만들기 > 타입 정의'을 선택하여 "타입 정의된" 사용자 컨트롤을 만들 수 있습니다.

빈 사용자 컨트롤이 생성됩니다. 빈 사용자 컨트롤에 컨트롤이나 인디케이터를 하나 위치시키고 편집해줍니다.

다. 타입 정의

사용자 컨트롤의 각 인스턴스는 분리되고 독립적인 복사본입니다. 그러므로 사용자 컨트롤의 원본 파일을 변경해도 기존에 사용된 사용자 컨트롤에는 영향을 주지 않습니다.

그러나 사용자 컨트롤을 [타입 정의] 또는 [엄격한 타입 정의]로 설정하면 원본 파일과 사용되는 컨트롤 인스턴스가 연결됩니다.

[컨트롤 생성] 창에서 '컨트롤', '타입 정의', 그리고 '엄격한 타입 정의'로 세 가지 옵션을 선택할 수 있습니다.

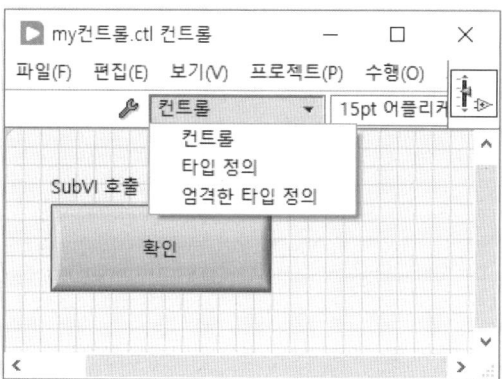

> **컨트롤**은 기본 설정입니다. 사용자 컨트롤의 원본 파일과 컨트롤 인스턴스 사이에 연결이 없습니다. 안정적인 어플리케이션 개발을 위하여 항상 '컨트롤'라고 설정해야 될 것입니다.

> **타입 정의**는 컨트롤의 일부 속성만 원본과 연결합니다. 예를 들어, 열거형의 아이템을 동일하게 유지 관리하고자 하는 경우에 타입 정의를 사용할 수 있습니다.

> **엄격한 타입 정의**는 라벨, 설명, 기본값을 제외한 모든 속성을 엄격하게 타입 정의할 때 사용합니다. 그래서 컨트롤의 모양과 디자인 정보까지 원본과 연결됩니다.

타입 정의나 엄격한 타입 정의는 원본 파일과 컨트롤 인스턴스 사이가 연결된 상태이므로 어플리케이션 개발이 완료되면 반드시 연결을 끊어줘야 됩니다. 연결된 상태로 어플리케이션을 배포하여 운영하면 시스템이 다운될 수 있습니다.

라. 사용자 컨트롤 저장 및 불러오기

사용자 정의 컨트롤은 **ctl 파일**로 저장합니다. 그리고 프런트패널의 컨트롤 팔레트에서 '**컨트롤 선택...**'을 선택하여 ctl 파일을 탐색하여 불러올 수 있습니다.

ctl 파일을 C:₩Program Files₩National Instruments₩LabVIEW₩user.lib 폴더에 저장하면 '사용자 컨트롤' 팔레트에 포함시킬 수 있습니다. 이때 LabVIEW를 한 번 재실행해야 됩니다.

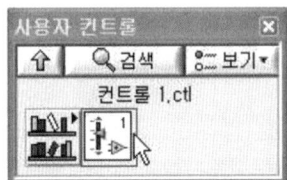

참고로 SubVI도 C:₩Program Files₩National Instruments₩LabVIEW₩user.lib 폴더에 저장하면 블록다이어그램의 '사용자 라이브러리' 팔레트에 포함시킬 수 있습니다.

실습 7-2   사용자 컨트롤 만들기

확인 버튼을 사용자 컨트롤로 편집해봅니다. 확인 버튼은 네 개의 그림 아이템으로 구성됩니다.

1. 새 VI를 만들고 **사용자 정의.vi**라고 저장합니다.
2. **확인 버튼**을 프런트패널에 위치시킵니다. (불리언 팔레트)
3. 바로 가기 메뉴에서 '고급 > 사용자 정의...'를 선택하여 [컨트롤 생성] 창을 팝업 시킵니다.
4. "사용자 정의 모드로 변경" 버튼을 클릭하여 '사용자 정의 모드'로 바꿉니다.
5. "확인 버튼"의 바로 가기 메뉴에서 '그림 아이템'을 선택하면 네 개의 그림 아이템으로 구성됨을 확인할 수 있습니다. 첫 번째 그림 아이템을 선택합니다.

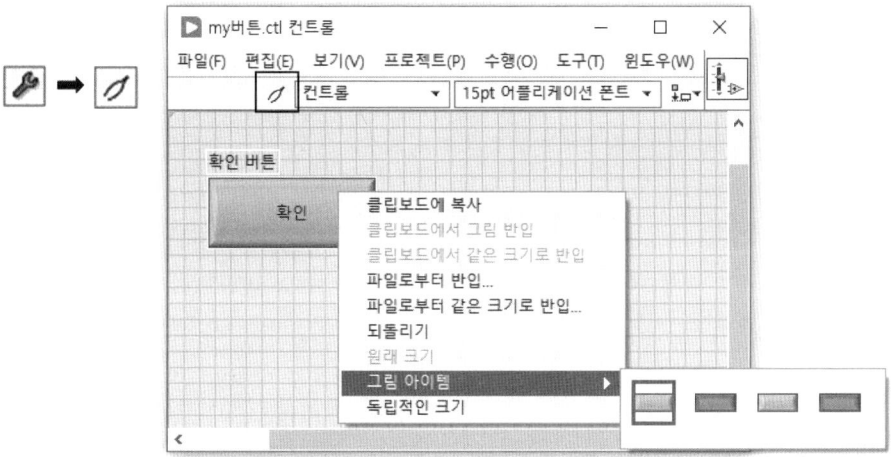

6. 바로 가기 메뉴에서 '**파일로부터 같은 크기로 반입...**' 메뉴를 선택하고 교체할 그림 아이템을 탐색하여 선택해줍니다.
7. 사용자 컨트롤 편집이 끝나면 '파일(F) > 변경된 사항 적용' 메뉴를 선택하여 변경된 사항을 적용시키고 '파일(F) > 저장' 메뉴를 선택하여 **my버튼.ctl**라고 저장합니다.

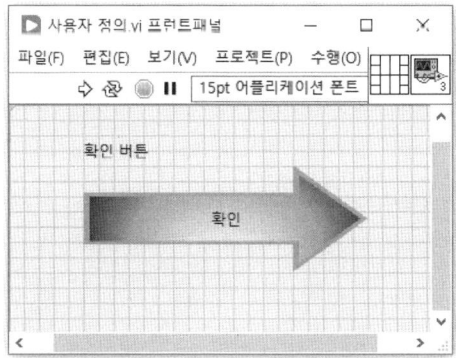

실습 7-2 끝

 요약

- 다른 VI의 블록다이어그램에서 호출되는 VI를 SubVI라고 부릅니다. 모든 VI는 다른 VI에서 SubVI로 사용될 수 있습니다.

- VI는 이름, 아이콘, 그리고 커넥터 팬을 가지며 이것은 VI의 고유한 속성입니다. VI를 다른 VI에서 SubVI로 사용할 때 이름, 아이콘, 그리고 커넥터 팬으로 고유의 기능을 이용할 수 있습니다.

- VI의 속성을 설정하기 위하여 VI 프로퍼티를 이용합니다.

- VI의 계층구조를 확인하기 위해서는 '보기(V) > VI 계층구조(H)' 메뉴를 선택하여 "VI 계층구조" 윈도우를 띄울 수 있습니다.

- 개발한 VI 전체를 SubVI로 만드는 방법과 VI의 일부분을 SubVI로 만드는 방법이 있습니다.

- 프런트패널의 객체와 커넥터 팬을 연결하기 위해서는 먼저 커넥터 팬에서 연결할 위치를 마우스로 선택합니다. 그리고 그 위치에 연결할 객체를 마우스로 선택해줍니다.

- 프런트패널이나 블록다이어그램의 오른쪽 상단에 위치한 VI 아이콘을 더블 클릭하면 "아이콘 편집기" 창을 띄울 수 있습니다.

- 사용자가 직접 디자인하는 객체를 사용자 정의 컨트롤 혹은 사용자 컨트롤이라고 부릅니다.

 노트

Chapter 08
로컬 변수와 글로벌 변수

*학습목표

로컬 변수, 글로벌 변수, 공유 변수에 대하여 배웁니다.

01. 로컬 변수

02. 글로벌 변수

03. 공유 변수

Section

1. 로컬 변수

LabVIEW는 와이어를 통하여 데이터가 전달되는 데이터 흐름 방식을 사용합니다. 함수나 노드들은 모든 필수 입력에 데이터가 입력된 뒤에 실행되고 와이어 연결 순서에 따라서 차례로 함수들이 실행됩니다.

그러나 와이어의 연결이 불가능한 경우가 있고 이 경우에 사용할 수 있는 것이 변수입니다.

아래 예제에서 두 개의 While 루프를 한 개의 정지 버튼으로 멈추게 하기 위하여 와이어를 연결하였습니다. 그러나 이 예제는 의도했던 것과 다르게 작동합니다.

일반적으로 두 개 루프가 동시에 또는 일정한 간격으로 시작하여 실행되다가 정지 버튼을 클릭하면 두 개 루프가 모두 정지하는 구성을 의도합니다. 그러나 아래의 예제는 함께 멈출 수는 있지만 함께 실행할 수는 없는 구성입니다.

왼쪽 While 루프는 VI의 실행과 동시에 실행됩니다. 그러나 오른쪽 While 루프는 왼쪽 While 루프가 정지하여 불리언 값을 출력하면 그 값을 입력 받아서 시작할 수 있습니다.

왼쪽 While 루프가 정지하면 정지 버튼의 TRUE 값이 와이어를 통하여 오른쪽 루프로 전달되고 그제야 실행될 수 있습니다. TRUE 값이 들어왔기 때문에 오른쪽 루프는 1회 실행 후에 정지합니다.

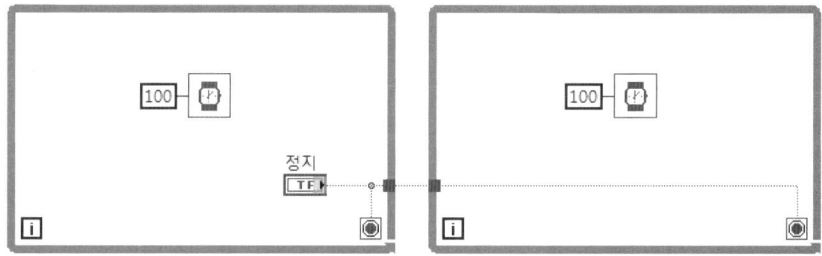

이런 경우에 쉬운 해결 방법은 **로컬 변수**를 이용한 데이터 전달입니다.

다음은 "정지" 로컬 변수를 만들어 두 번째 루프로 값을 전달한 사례입니다. 이 예제에서는 두 개의 루프가 함께 실행했다가 함께 멈춥니다.

이때 주의할 점은 정지 버튼의 기계적 동작을 '**놓을 때 스위치**'라고 바꿔줘야 된다는 것입니다. 왜냐하면 래치 동작은 로컬 변수로 만들 수 없기 때문입니다.

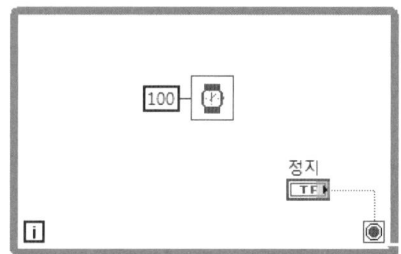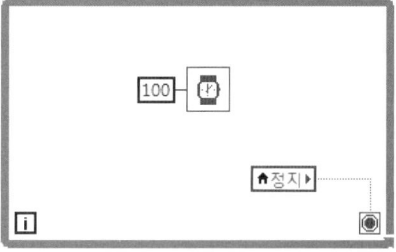

로컬 변수는 단일 VI 내에서만 사용할 수 있는 변수입니다.

프런트패널의 모든 객체들은 대응되는 터미널이 블록다이어그램에 한 개씩 생성되는데 로컬 변수는 객체에 대한 추가적인 터미널을 생성하는 것입니다. 그래서 프런트패널의 객체와 로컬 변수는 내부적으로 연결되어 있습니다.

다음은 프런트패널에 세 개의 객체가 있을 경우입니다. 로컬 변수는 프런트패널의 객체들의 이름을 나열해주고 선택하여 사용할 수 있게 해줍니다. 프런트패널에 새로운 컨트롤이나 인디케이터를 추가하면 그 이름도 리스트에 추가됩니다.

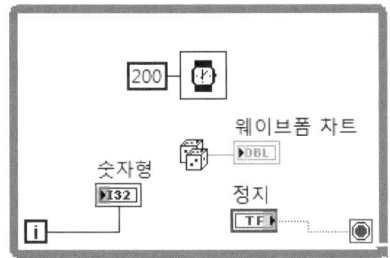 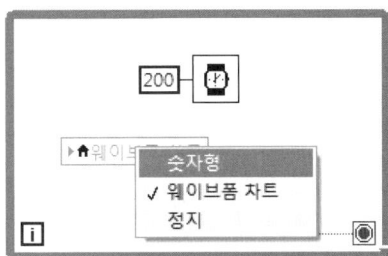

로컬 변수는 컨트롤과 인디케이터를 구분하지 않습니다.

컨트롤은 데이터가 나가는 터미널이고 인디케이터는 들어오는 터미널입니다. 그러나 그에 대응되는 로컬 변수는 나가거나 들어오는 것이 고정되어 있지 않습니다. 그 대신 바로 가기 메뉴에서 '**읽기로 변경**'이나 '**쓰기로 변경**'을 선택하면 바꾸어 선택할 수 있습니다. 로컬 변수의 읽기나 쓰기 설정이 원래 객체에 영향을 미치지는 않습니다.

로컬 변수를 프런트패널의 객체에 연결할 때 라벨을 사용합니다. 그래서 프런트패널의 컨트롤과 인디케이터에 고유한 라벨을 할당해야 합니다. 두 개 이상의 객체가 동일한 라벨을 사용할 경우에 개발자가 이들을 구분할 방법은 없습니다.

가. 로컬 변수 만들기

프런트패널의 객체나 블록다이어그램의 터미널에서 바로 가기 메뉴로 '**생성 > 로컬 변수**'라고 선택하여 로컬 변수를 생성할 수 있습니다.

생성된 로컬 변수는 마우스를 이용하여 원하는 위치에 놓을 수 있습니다. 또한 마우스로 선택하여 다른 객체에 대응하도록 바꿔 선택할 수도 있습니다. 이렇게 생성한 로컬 변수는 쓰기로 설정되어 있습니다. 값을 읽어오는 목적으로 사용하기 위해서는 바로 가기 메뉴에서 '**읽기로 변경**'을 선택하여 설정을 바꿔줍니다.

또한 구조 팔레트에서 **로컬 변수**를 찾을 수 있습니다. 이 로컬 변수는 아직 대응되는 프런트패널의 객체를 지정하지 않은 변수입니다. 마우스로 대응되는 객체를 선택해주면 그 객체에 대응하는 로컬 변수가 됩니다.

나. 주의점

첫 번째 주의점: 프런트패널에 동일한 이름의 객체가 있을 경우에 로컬 변수는 두 개의 객체에 대응하는 링크를 각각 만듭니다. 그러나 개발자가 로컬 변수에서 동일한 이름을 구분할 방법은 없습니다.

다음 예제에서 I32 숫자형 인디케이터 두 개가 동일한 이름을 가지고 있습니다. 이 경우에 로컬 변수의 리스트 항목에는 동일한 이름이 두 개 리스트 됩니다. 여기에서는 "숫자형"과 "숫자형"입니다. 분명히 다른 객체에 대응되지만 개발자는 두 객체를 구분할 수 없습니다.

로컬 변수를 만들 경우에는 각 객체에 다른 이름의 라벨을 붙여줘야만 객체를 이름으로 구분할 수 있습니다.

만약 프런트패널의 객체에 동일한 이름을 붙여주고자 한다면 캡션을 이용하면 됩니다. 모든 프런트패널 객체는 라벨과 캡션을 가집니다. 바로 가기 메뉴의 '보이는 아이템 > 라벨 혹은 캡션'을 선택하여 보이게 할 수 있습니다. 라벨은 객체의 고유한 이름이고 블록다이어그램에서도 라벨로 표기됩니다. 그리고 로컬 변수는 고유 라벨로 객체를 구분합니다. 그리고 캡션은 객체의 부가적인 이름이고 블록다이어그램에서 나타나지 않으며 로컬 변수에서도 확인되지 않습니다.

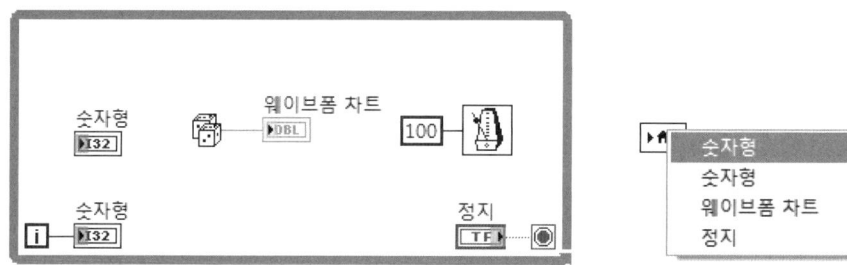

두 번째 주의점: 로컬 변수, 글로벌 변수, 공유 변수를 사용하는 경우에는 변수를 초기화해 줄 필요가 있습니다. 특히 불리언 정지 버튼의 경우에는 반드시 False로 초기화해 줘야 됩니다.

변수는 데이터를 저장하는 공간입니다. 그래서 이전 실행 값을 기억합니다. 그리고 다음 번 실행에서 이전 실행 값 때문에 오작동이 발생할 수 있습니다. 그러므로 변수 초기화를 통하여 값을 명확히 해 줄 필요가 있습니다.

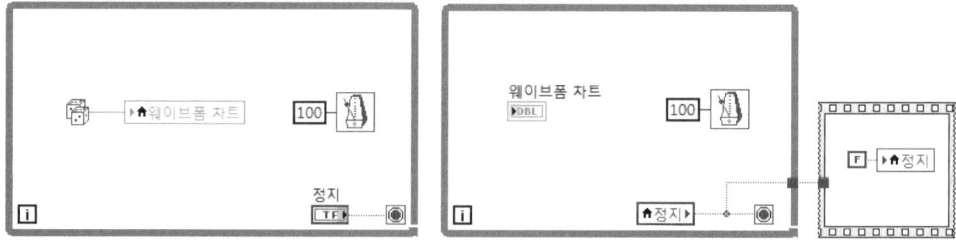

세 번째 주의점: 불리언 컨트롤의 기계적 동작이 래치인 경우에는 로컬 변수를 만들 수 없습니다. 예를 들어, 정지 버튼의 기계적 동작은 '놓을 때 래치'이지만 로컬 변수를 만들기 위하여 '놓을 때 스위치'로 바꿔줍니다. 그리고 While 루프를 종료시킬 때 다시 False로 초기화시켜 줍니다.

실습 8-1   로컬 변수

로컬 변수의 사용법을 익혀봅니다. 로컬 변수를 이용하여 두 개의 While 루프를 동시에 멈추도록 구성할 것입니다. 그리고 웨이브폼 차트에 직접 와이어링하지 않고 난수 데이터를 플롯하도록 구성합니다.

1. 새 VI를 만들고 **로컬변수.vi**라고 저장합니다.

2. **웨이브폼 차트(실버)**와 **정지 버튼**을 프런트패널에 위치시킵니다. (실버 > 그래프 팔레트)

3. 정지 버튼의 바로 가기 메뉴에서 기계적 동작을 '**놓을 때 스위치**'라고 변경해줍니다.

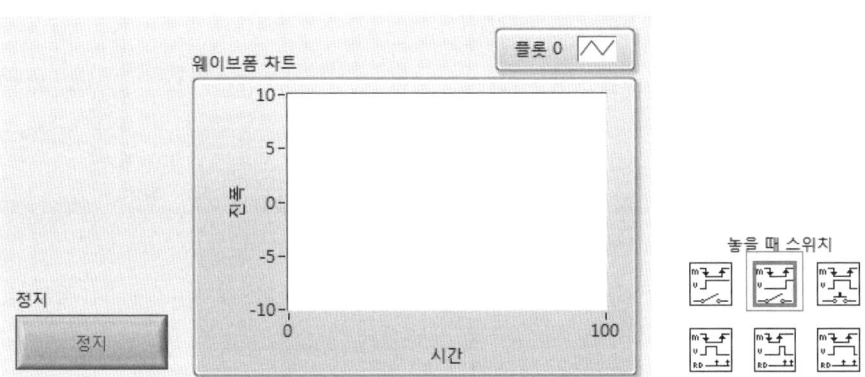

4. 다음과 같이 블록다이어그램을 구성합니다.
    A. **While 루프**를 두 개 위치시킵니다.
    B. "정지" 터미널을 왼쪽 루프로 옮겨 놓고 '루프 조건'에 연결합니다.
    C. "웨이브폼 차트" 터미널을 오른쪽 루프에 옮겨 놓습니다.
    D. **나눔 ms 배수까지 기다림** 함수를 각 루프에 한 개씩 위치시킵니다. 200과 100이라고 설정해줍니다. (타이밍 팔레트)
    E. **난수(0-1)** 함수를 왼쪽 루프에 위치시킵니다. (숫자형 팔레트)

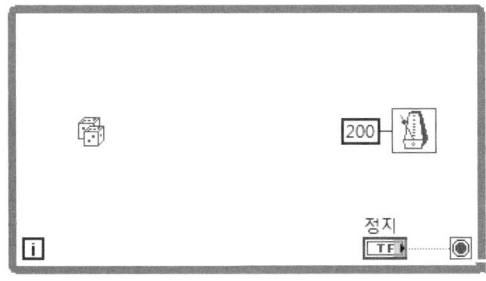 

5. "정지" 버튼에서 바로 가기 메뉴로 '생성 > 로컬 변수'를 선택하여 **"정지" 로컬 변수**를 생성합니다. "정지" 로컬 변수의 바로 가기 메뉴에서 '읽기로 변경'을 선택합니다. 그리고 오른쪽 루프로 옮겨놓고 '루프 조건'에 연결해줍니다.

6. "웨이브폼 차트"에서 바로 가기 메뉴로 '생성 > 로컬 변수'를 선택하여 **"웨이브폼 차트" 로컬 변수**를 생성합니다. 왼쪽 루프에 위치시키고 난수(0-1) 함수에 연결합니다.

7. **플랫 시퀀스** 구조를 위치시킵니다. "정지" 로컬 변수의 출력을 While 루프 밖으로 출력한 다음에 시퀀스 구조에 와이어링해줍니다. (구조 팔레트)

8. 구조 팔레트에서 **로컬 변수**를 찾아서 시퀀스 구조 안에 위치시킵니다. "정지"라고 선택합니다. **거짓 상수**를 입력해줍니다. (불리언 팔레트)

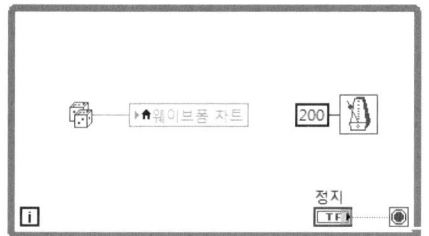
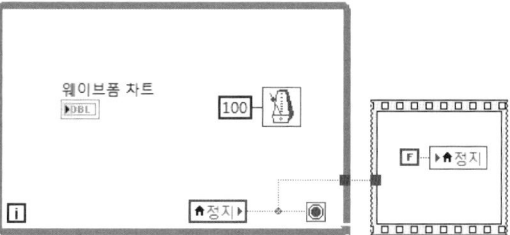

9. VI를 저장하고 실행합니다. 웨이브폼 차트에 난수가 플롯됨을 확인할 수 있습니다. 정지 버튼을 클릭하면 VI가 종료됩니다.

[옵션] 웨이브폼 차트 초기화

웨이브폼 차트는 내부 히스토리 데이터를 플롯하는 것이므로 플롯을 지우기 위해서 내부 히스토리 데이터를 삭제해야 됩니다.

10. 웨이브폼 차트의 바로 가기 메뉴에서 '생성 > 프로퍼티 노드 > 히스토리 데이터'를 선택하여 **'History' 프로퍼티 노드**를 생성합니다. 쓰기로 변경하고 **DBL 숫자형 배열 상수**를 입력해줍니다.

 ** **배열 상수**에 **DBL 숫자형 상수**를 넣어서 DBL 숫자형 배열 상수를 만들 수 있습니다 (배열 팔레트)(숫자형 팔레트)

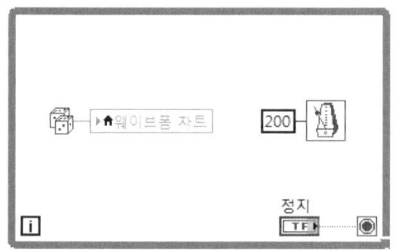
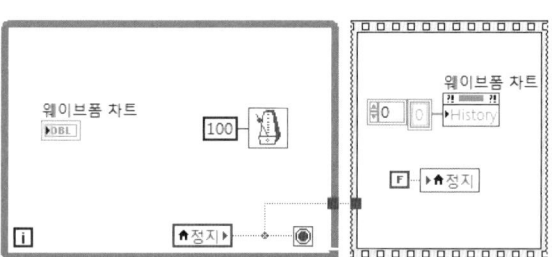

실습 8-1 끝

Section

2. 글로벌 변수

글로벌 변수는 단일 컴퓨터 안에 있는 여러 VI들 사이에서 데이터를 전달하는 목적으로 사용되는 변수입니다. 물론 로컬 변수를 대체하여 사용할 수도 있습니다.

글로벌 변수는 블록다이어그램은 없고 프런트패널만 있는 특수한 VI입니다. 이 프런트패널에 컨트롤과 인디케이터를 추가하여 글로벌 변수를 정의합니다.

이때 컨트롤과 인디케이터를 구분하지 않고 객체의 라벨과 데이터 타입만 의미를 가집니다.

가. 글로벌 변수 만들기

구조 팔레트에서 **글로벌 변수**를 찾을 수 있습니다. 글로벌 변수를 블록다이어그램에 위치시키면 다음과 같이 빈 글로벌 변수가 됩니다.

빈 글로벌 변수를 더블 클릭하여 프런트패널을 띄웁니다. 그리고 사용할 컨트롤나 인디케이터를 글로벌 변수의 프런트패널에 놓습니다. 변수는 컨트롤과 인디케이터를 구분하지 않고 데이터 타입과 라벨로만 정의됩니다.

글로벌 변수는 일반 SubVI처럼 VI로 저장하고 SubVI처럼 사용합니다. 그래서 글로벌 변수의 확장자 명이 vi입니다. 아이콘은 있지만 커넥터는 없습니다.

다음은 "숫자형", "정지", "불리언", 그리고 "문자열"을 프런트패널에 위치시켜서 만든 글로벌 변수입니다. 글로벌 변수 터미널을 클릭하면 포함된 모든 객체의 이름이 풀 다운으로 나열됩니다.

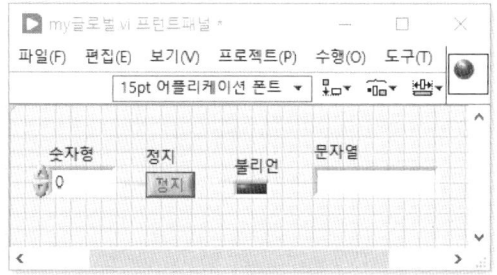 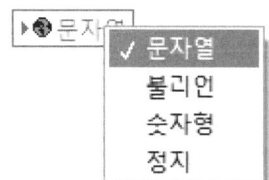

나. 글로벌 변수의 주의사항

글로벌 변수에 포함된 여러 객체들은 분리하여 사용할 수 없습니다. 글로벌 변수의 객체를 분리하고 싶다면 처음부터 분리된 여러 개의 글로벌 변수로 만들어야 됩니다.

다음과 같이 글로벌 변수에 배열을 포함한 5개의 객체가 있을 경우에 각 객체를 개별 아이템처럼 사용하더라도 내부적으로는 모두 함께 사용하는 것으로 정의됩니다.

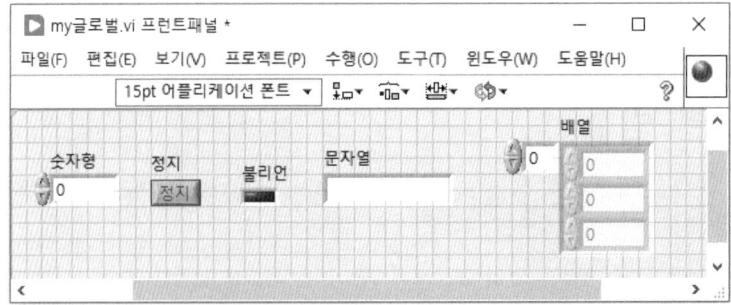

예를 들어 my글로벌.vi 글로벌 변수를 다음과 같이 사용할 경우에 문제가 발생합니다. 예제에서 글로벌 변수의 원소들은 개별적으로 호출되는 것 같지만 글로벌 변수가 호출되면 포함된 객체들이 모두 함께 컴퓨터 메모리에 올라오기 때문입니다. 즉, "배열" 글로벌 변수를 While 루프에서 직접 호출하지 않아도 "배열", "숫자형", "정지"는 하나의 글로벌 변수이기 때문에 함께 호출되는 것입니다.

While 루프에서 "숫자형" 글로벌 변수와 "정지" 글로벌 변수는 10Hz의 주기로 호출되고 있는데 내부적으로 "배열"이 포함되어 함께 호출되고 있습니다. While 루프에서는 사용하지 않은 8Mbyte의 "배열" 글로벌 변수가 10Hz 주기로 두 번씩 호출되고 있는 것입니다.

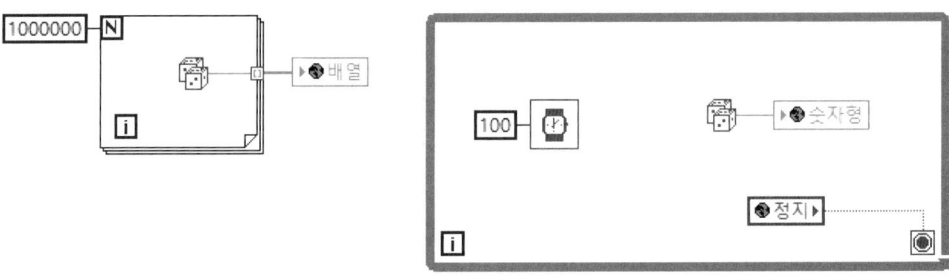

이 사례에서 8Mbyte의 "배열" 글로벌 변수만 따로 분리하고 싶다면 처음부터 **배열만 독립된 단독 글로벌 변수로 선언해줬어야합니다.** 다음과 같이 2개의 글로벌 변수로 만들어줍니다.

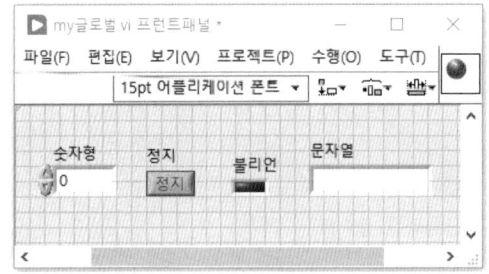 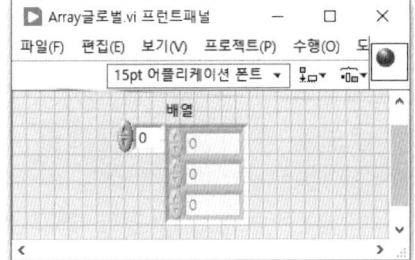

실습 8-2   글로벌 변수

글로벌 변수의 사용법을 익혀봅니다. 이 실습에서는 두 개의 VI를 만들 것입니다. 그리고 글로벌 변수를 생성할 것이므로 글로벌 변수 VI까지 모두 세 개의 VI가 생성될 것입니다.

1. 새 VI를 만들고 **변수01.vi**라고 저장합니다.

2. 변수01.vi의 블록다이어그램에 **글로벌 변수**를 위치시킵니다. (구조 팔레트)

3. 글로벌 변수를 더블 클릭하여 열고 글로벌 변수의 프런트패널에 **누름 버튼**과 **숫자형 컨트롤**을 하나씩 위치시킵니다. "Stop"과 "Data"라고 라벨합니다. **my글로벌.vi**라고 저장합니다.

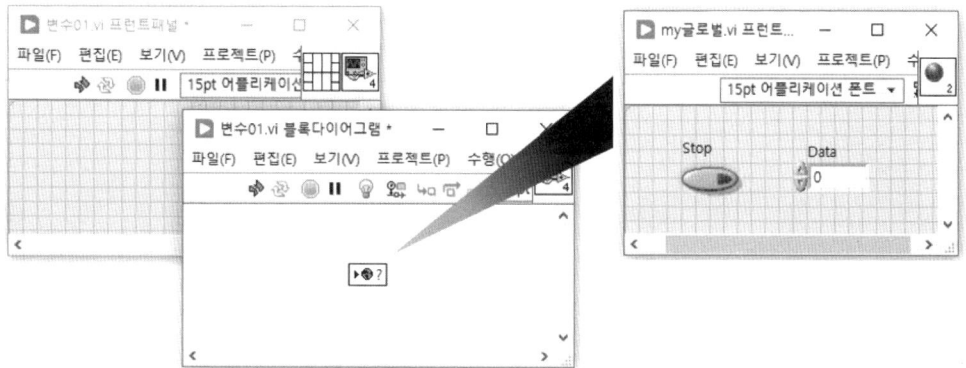

4. 변수01.vi를 다음과 같이 구성합니다.
   A. **While 루프**를 위치시키고 '루프 조건'에서 바로 가기 메뉴로 "정지" 버튼을 생성합니다.
   B. **my글로벌.vi**를 While 루프 속으로 옮겨 놓고 마우스로 클릭하여 "Stop"라고 선택해줍니다. "정지"를 "Stop" 글로벌 변수에 연결해줍니다.
   C. **난수(0-1)** 함수를 위치시킵니다 (숫자형 팔레트)
   D. "Stop" 글로벌 변수를 복사하여 붙여놓고 마우스로 클릭하여 아이템을 "Data"라고 바꿔줍니다. 난수(0-1)을 "Data" 글로벌 변수에 연결해줍니다.
   E. **기다림(ms)** 함수를 루프 속에 위치시키고 200을 입력합니다. (타이밍 팔레트)

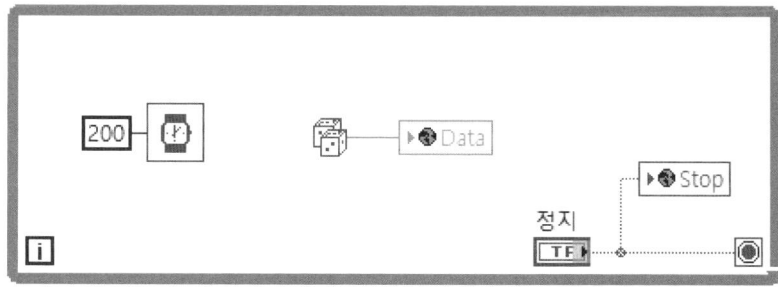

5. 새 VI를 만들고 **변수02.vi**라고 저장합니다.
   A. 프런트패널에 **웨이브폼 차트(실버)**를 위치시킵니다.
   B. 블록다이어그램에 **While 루프**를 위치시킵니다. **기다림(ms)** 함수를 루프 속에 위치시키고

150을 입력합니다.
C. **my글로벌.vi**를 While 루프 속에 놓습니다. "Data"라고 선택합니다. 바로 가기 메뉴에서 '읽기로 변경'을 선택하고 웨이브폼 차트에 연결합니다.
D. "Data" 글로벌 변수를 복사하여 붙여놓고 마우스로 클릭하여 아이템을 "Stop"라고 바꿔줍니다. While 루프의 '루프 조건'에 연결합니다.
E. **시퀀스 구조**를 위치시키고 "Stop" 글로벌 변수를 복사하여 붙여놓습니다. 바로 가기 메뉴에서 '쓰기로 변경'을 선택합니다. **거짓 상수**를 입력해줍니다. (불리언 팔레트)

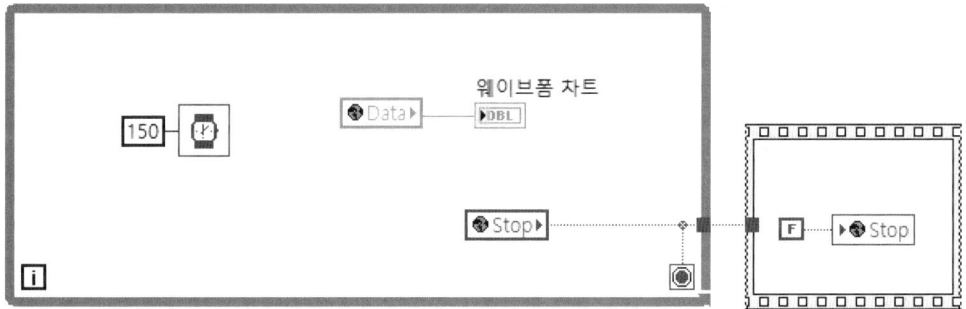

6. 변수01.vi를 먼저 실행하고 변수02.vi를 이어서 실행합니다. 다음과 같이 난수 데이터가 변수02.vi의 웨이브폼 차트에 플롯되고 변수01.vi를 정지시키면 모두 정지합니다. my글로벌.vi에서 전달되는 데이터를 확인할 수 있습니다.

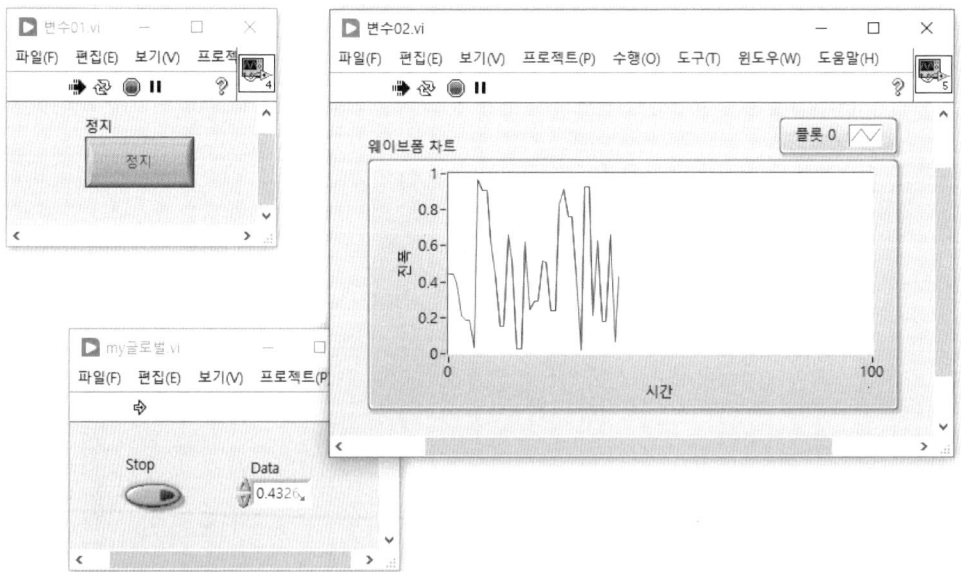

실습 8-2 끝

Section

3. 공유 변수

공유 변수는 공유 변수 엔진(Shared Variable Engine)을 통하여 데이터를 공유합니다. 그래서 공유 변수를 이용하기 위해서는 반드시 공유 변수 엔진이 설치되어야 됩니다. 그리고 공유 변수 엔진은 NI Publish-Subscribe Protocol라는 기술을 사용하여 공유 변수 업데이트를 관리합니다.

가. 공유 변수 만들기

공유 변수는 LabVIEW 라이브러리에서만 생성할 수 있는데 LabVIEW 프로젝트에서 라이브러리를 먼저 만들고 그 라이브러리 아래에 공유 변수를 생성하여 추가해줍니다.

공유 변수는 별도의 파일로 존재하지 않고 LabVIEW 라이브러리에 포함되어 생성됩니다. 그래서 공유 변수를 위하여 생성되는 파일은 lvlib 파일입니다.

프로젝트의 내 컴퓨터에서 바로 가기 메뉴로 '새로 만들기 > 라이브러리'를 선택하여 Variables.lvlib를 생성하고 다시 Variables.lvlib에서 바로 가기 메뉴로 '새로 만들기 > 변수'를 선택하여 "Data" 공유 변수와 "Stop" 공유 변수를 만들어줍니다.

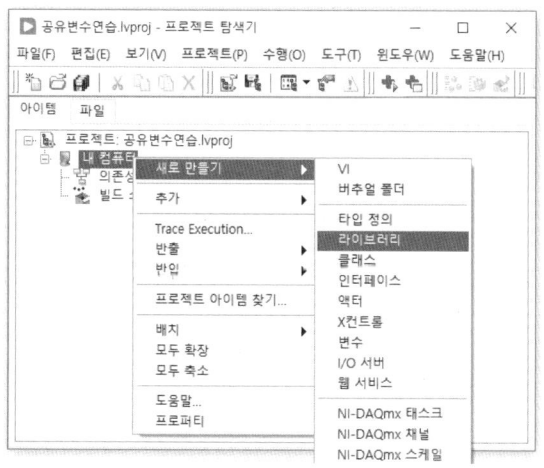 

[공유 변수 프로퍼티] 창을 통하여 변수를 설정하고 생성합니다. 프로퍼티 창의 왼쪽 리스트에는 다음 항목들이 나열됩니다.

- 변수: 데이터 타입과 변수 타입을 포함한 공유 변수의 기본 설정을 결정합니다.
- 설명: 공유 변수에 대한 설명을 지정합니다.
- 네트워크: 공유 변수에 대한 네트워크 옵션을 설정합니다.
- 스케일링: 공유 변수에 대한 스케일링 옵션을 설정합니다.
- RT FIFO: RT FIFO 활성화/비활성화를 설정합니다. (LabVIEW Real Time 전용)

[**변수**]에서는 이름, 변수 타입, 데이터 타입을 설정할 수 있습니다. 그리고 변수 타입으로는 네트워크와 단일 프로세스를 선택할 수 있습니다.

- 네트워크: 네트워크로 설정한다고 공유변수로 네트워크 통신을 할 수 있는 것은 아닙니다. 공유 변수 함수로 네트워크 통신 어플리케이션을 작성해줘야만 통신이 가능합니다. (데이터 통신 > 공유 변수 팔레트)
- 단일 프로세스: 한 컴퓨터 내에서 VI들 사이에 공유되는 변수를 생성합니다. 글로벌 변수와 동일합니다.

다음은 변수 타입으로 **단일 프로세스**를 선택한 경우입니다. 데이터 타입은 배정도로 지정하였습니다.

타임스탬프 활성화는 체크되지 않았습니다. 타임스탬프가 활성화된 경우에는 해당 변수의 바로 가기 메뉴에서 타임스탬프 > 보이기를 지정할 수 있습니다. 타임스탬프는 그 변수에 접근하는 순간의 타임스탬프를 반환해줍니다. 타임스탬프를 활성화시키면 추가적인 컴퓨터 리소스를 사용하게 되므로 비활성화 상태로 사용해야 될 것입니다.

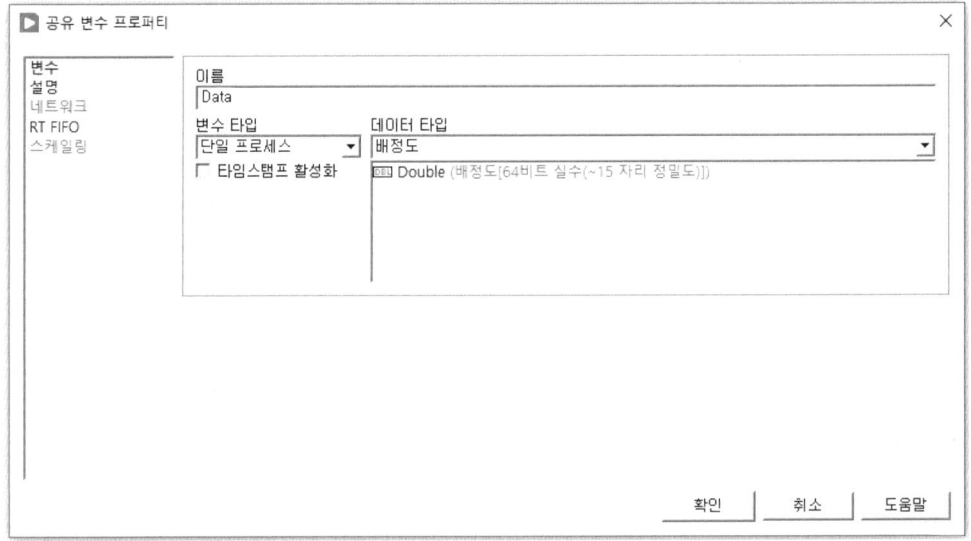

다음은 변수 타입으로 **네트워크**를 선택한 경우입니다. 기본적으로 타임스탬프가 항상 활성화됩니다. 그리고 네트워크 공개도 항상 활성화됩니다. 아래 예제에서는 데이터 타입으로 배정도의 배열을 선택해줬습니다.

네트워크로 변수 타입이 선택된 경우에는 왼쪽의 네트워크 항복이 활싱화됩니다. **네트워크** 항목에서는 **버퍼링 사용** 여부를 선택할 수 있습니다. 그러나 버퍼링 사용으로 설정하였다고 하더라도 네트워크 상의 데이터 손실은 발생합니다.

네트워크 공유 변수는 네트워크 서버 쪽에 생성해줍니다. 그리고 클라이언트 VI에서는 데이터 통신 > 공유 변수 팔레트에 위치한 변수 연결 열기, 변수 읽기, 변수 쓰기, 변수 연결 닫기 함수들을 이용하여 프로그래밍해줘야만 됩니다.

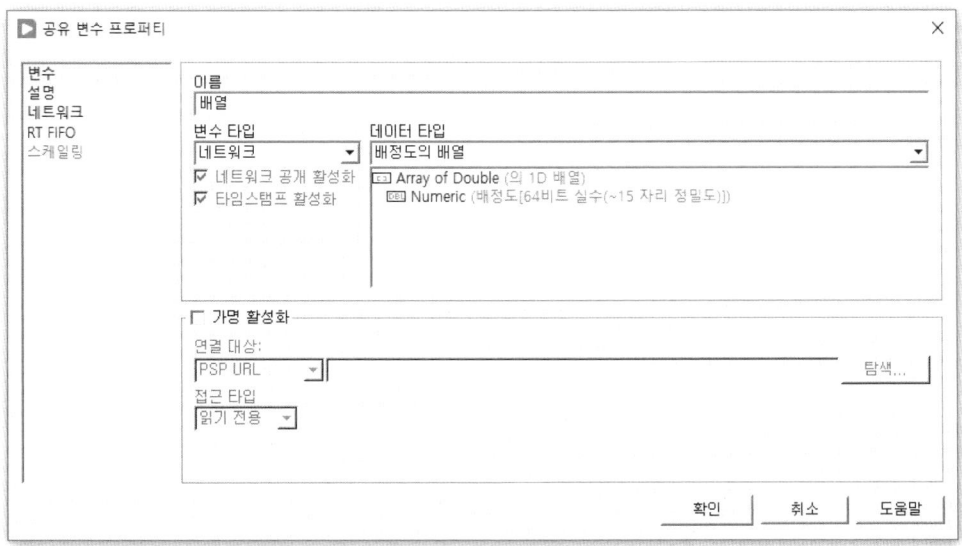

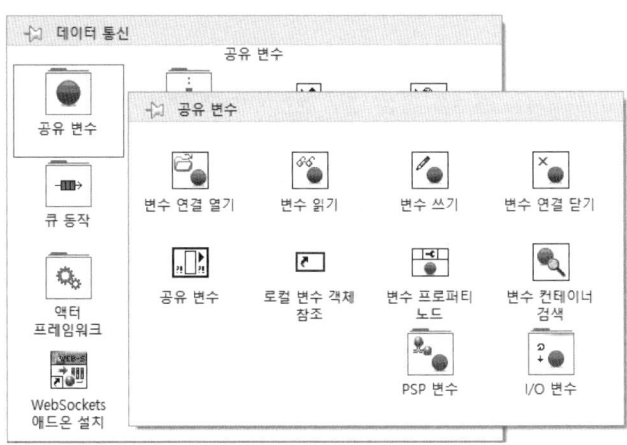

일반적으로 데이터 통신을 위하여 TCP 통신이나 UDP 통신을 사용합니다. 네트워크 공유 변수는 TCP 통신처럼 서버/클라이언트 기반의 통신을 제공합니다. 그래서 서버/클라이언트 기반의 통신 어플리케이션이 필요하지만 TCP 통신 서버를 작성할 능력이 안 되는 경우에 네트워크 공유 변수를 사용합니다. 네트워크 공유 변수는 NI-PSP 공유 변수 엔진이 서버 역할을 제공하기 때문입니다.

[스케일링]은 네트워크 변수 타입과 단일 원소 데이터 타입 특히 숫자형 스칼라 값으로 설정된 경우에 활성화되는 항목입니다. 다양한 공학 단위의 스케일링이 지원됩니다.

나. PSP 변수

PSP 변수는 NI-PSP에 의하여 지원되는 네트워크 공유 변수입니다. PSP는 Publish-Subscribe Protocol의 약자입니다. NI-PSP를 사용하여 네트워크를 통해 LabVIEW가 공개하는 모든 데이터는 NI-PSP 데이터 아이템이라고 부릅니다. NI-PSP 데이터 아이템은 다음과 같습니다.

- 네트워크 공유 변수
- 네트워크 공개가 활성화된 I/O 변수
- OPC 서버의 데이터 아이템
- FieldPoint 모듈의 데이터 아이템

LabVIEW는 네트워크 경로로 NI-PSP 데이터 아이템을 식별하는데 네트워크 경로는 데이터 아이템이 위치한 컴퓨터 이름, 데이터 아이템이 있는 프로세스 이름, 데이터 아이템 이름으로 구성됩니다.

네트워크 공유 변수는 NI-PSP 엔진을 이용하여 네트워크 통신을 수행합니다. 공유 변수 엔진을 설치하면 NI-PSP 엔진도 함께 설치됩니다.

다. 공유 변수 사용

공유 변수를 사용하기 위해서는 변수를 **공유 변수 엔진(SVE)**에 먼저 배포해야 됩니다.

공유 변수를 배포하면 공유 변수 엔진에서 공유 변수에 대한 메모리 공간이 생성됩니다. 그리고 공유 변수의 배포를 해제하면 해당 공유 변수에 할당되었던 메모리 리소스가 해제됩니다.

공유 변수를 포함한 VI를 실행할 때 자동으로 공유 변수가 배포됩니다. 그리고 프로젝트 라이브러리의 바로 가기 메뉴에서 '배포' 또는 '모두 배포'를 선택하여 공유 변수를 배포할 수도 있습니다.

배포 해제는 자동으로 되지 않기 때문에 수동으로 배포 해제해줘야 됩니다. 프로젝트 라이브러리의 바로 가기 메뉴에서 '배포 해제'를 선택하여 해제시킵니다. 만약 사용이 끝난 공유 변수를 배포 해제를 하지 않으면 배포된 메모리 리소스가 계속 남아 있어서 시스템 오작동이나 낭비를 초래합니다.

인보크 노드를 이용하여 '라이브러리 > 라이브러리 배포 해제'라고 설정할 수도 있습니다. 인보크 노드는 어플리케이션 컨트롤 팔레트에서 찾을 수 있습니다.

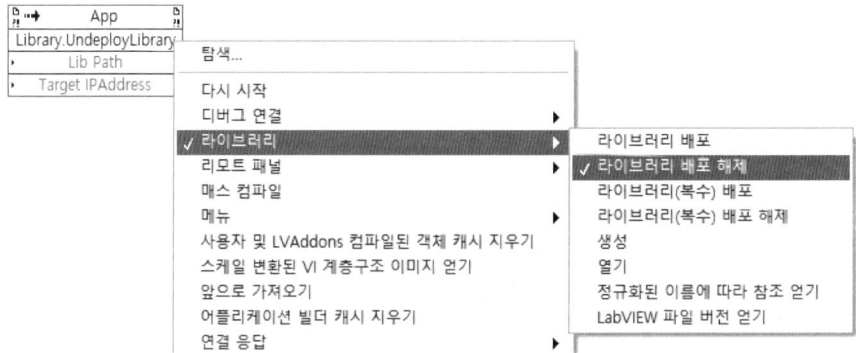

그리고 공유 변수를 포함한 VI를 어플리케이션(EXE)로 만들 경우에는 [공유 변수 배포] 항목을 선택하고 다음과 같이 "어플리케이션 실행 시 공유 변수 라이브러리 배포"와 "어플리케이션 종료시 공유 변수 라이브러리 배포 해제"를 체크해줘야 합니다.

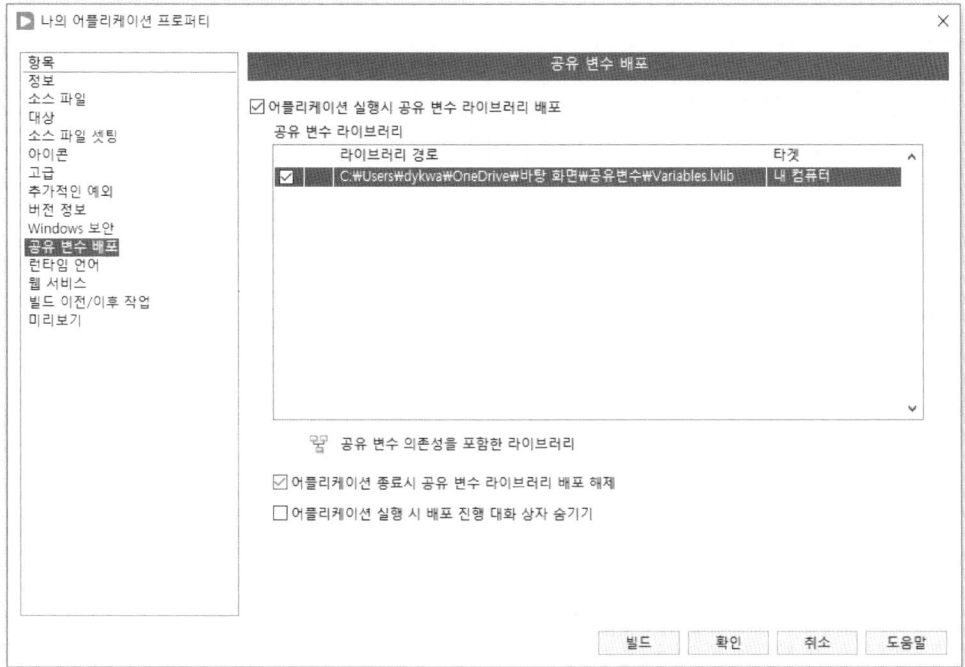

라. 공유 변수 사용의 단점

공유 변수는 만들기도 복잡하고 배포 및 배포 해제 등을 관리해야 되는 불편함이 있습니다. 그리고 잘못 사용하는 경우에는 엉뚱한 값이 전달되거나 시스템이 다운될 수 있습니다.

아울러 공유 변수 엔진을 통해서 데이터를 전달해야 되기 때문에 불필요한 플러그인을 하나 더 사용해야 된다는 단점도 가집니다.

그리고 네트워크 공유 변수는 LabVIEW 전용 통신 프로토콜이므로 LabVIEW에서 LabVIEW로만 통신이 가능합니다. 반면에 표준 통신 프로토콜인 TCP 통신이나 UDP 통신은 다른 프로그래밍 언어로 작성된 프로그램과도 통신이 가능합니다.

실습 8-3   공유 변수

공유 변수의 사용법을 익혀봅니다. 공유 변수는 프로젝트 라이브러리 아래에 만들어줘야 됩니다.

1. 새 프로젝트를 만들고 **공유변수연습.lvproj**라고 저장합니다.

2. 내 컴퓨터의 바로 가기 메뉴에서 '새로 만들기 > 라이브러리'를 선택하여 **라이브러리**를 만들고 **Variables.lvlib**라고 저장합니다.

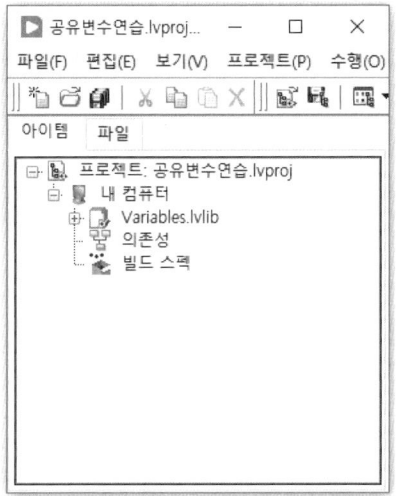

3. "Data" 공유 변수를 생성합니다.
    A. 라이브러리의 바로 가기 메뉴에서 '새로 만들기 > 변수'를 선택하여 [공유 변수 프로퍼티] 창을 띄웁니다.
    B. 이름에 "Data"라고 입력하고, 변수 타입으로 '단일 프로세스'라고 선택하고, 데이터 타입으로 '배정도'를 선택해줍니다.

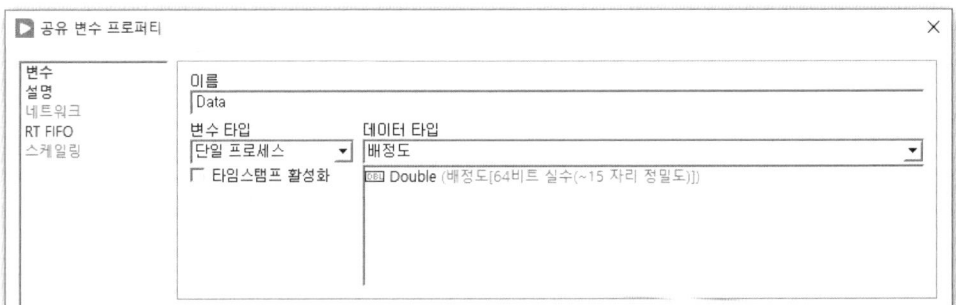

4. "Stop" 공유 변수를 생성해줍니다.
    A. 라이브러리의 바로 가기 메뉴에서 '새로 만들기 > 변수'를 선택하여 [공유 변수 프로퍼티] 창을 띄웁니다.
    B. 이름에 "Stop"라고 입력하고, 변수 타입으로 '단일 프로세스'라고 선택하고, 데이터 타입으로 '불리언'을 선택해줍니다.

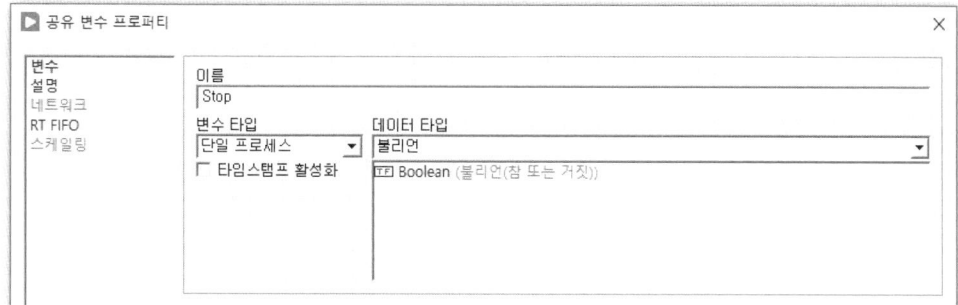

5. 새 VI를 생성하고 **공유변수.vi**라고 저장합니다.

6. 프런트패널에 **정지 버튼**과 **웨이브폼 차트**를 위치시킵니다.

7. 블록다이어그램을 다음과 같이 구성합니다.
    A. **While 루프**를 두 개 위치시킵니다.
    B. 첫 번째 루프에 "정지" 터미널을 옮겨 놓고 '루프 조건'에 연결합니다.
    C. 두 번째 루프에 "웨이브폼 차트"를 옮겨 놓습니다.
    D. **기다림(ms)** 함수를 각각 위치시키고 200과 150라고 입력해줍니다. (타이밍 팔레트)
    E. 첫 번째 루프에 **난수(0-1)**을 위치시킵니다. (숫자형 팔레트)
    F. 프로젝트에서 **"Stop" 공유 변수**를 선택하여 첫 번째 루프 속으로 끌어다 놓고, 바로 가기 메뉴에서 '접근 모드 > 쓰기'라고 선택합니다. "징지"를 "Stop" 공유 변수에 연결해줍니다.
    G. 프로젝트에서 **"Data" 공유 변수**를 선택하여 첫 번째 루프 속으로 끌어다 놓고, 바로 가기 메뉴에서 '접근 모드 > 쓰기'라고 선택합니다. 난수(0-1)의 값을 "Data" 공유 변수에 연결해줍니다.
    H. 프로젝트에서 **"Stop" 공유 변수**를 선택하여 두 번째 루프 속으로 끌어다 놓고 '루프 조건'에 연결해줍니다.
    I. 프로젝트에서 **"Data" 공유 변수**를 선택하여 두 번째 루프 속으로 끌어다 놓고 "웨이브폼

차트"에 연결해줍니다.
J. 프로젝트에서 **"Stop" 공유 변수**를 선택하여 루프 밖으로 끌어다 놓고, 바로 가기 메뉴에서 '접근 모드 > 쓰기'라고 선택합니다.
K. 루프 안의 "Stop" 공유 변수에서 루프 밖의 "Stop" 공유 변수로 에러 라인을 연결합니다.
L. **거짓 상수**를 "Stop" 공유 변수에 입력해줍니다. (불리언 팔레트)

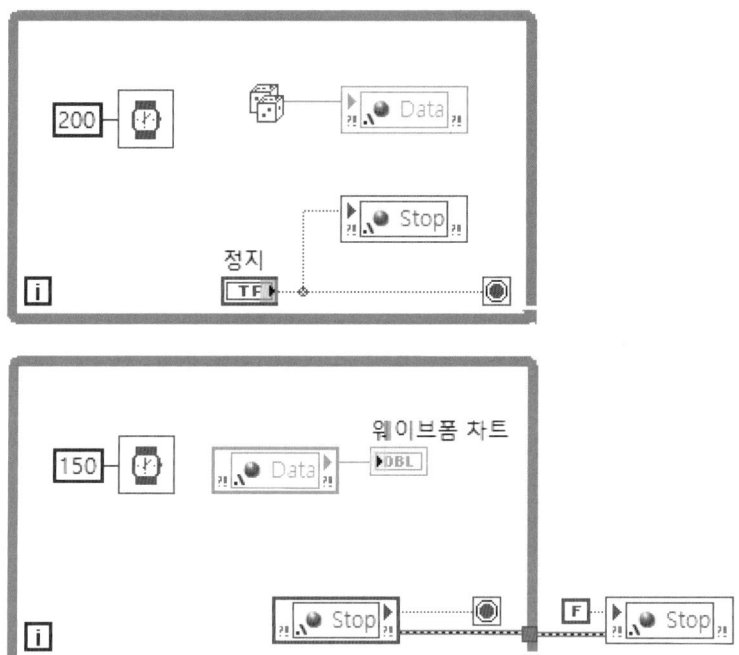

실습 8-3 끝

마. Race Condition

LabVIEW는 와이어에 의하여 실행 순서가 결정되는 데이터 흐름 프로그래밍 방식을 사용합니다. 그러나 공유 변수, 로컬 변수, 글로벌 변수 등은 와이어에 의한 데이터 흐름 프로그래밍 방식에 위배됩니다.

그래서 다음과 같이 프로그래밍한 경우에는 오작동이 발생합니다. 더하기가 먼저 연산되면 A = (A + 2) X 5가 되지만 곱하기가 먼저 연산되면 A = A X 5 + 2가 되기때문입니다. 이와 같은 오류를 Race Condition이라고 부릅니다.

LabVIEW에서 연산의 순서는 와이어에 의해서 결정되는데 다음과 같이 와이어 연결 없이 병렬로 나열된 로직은 CPU의 멀티태스킹에 의하여 누가 먼저 실행될 지 모르게 됩니다.

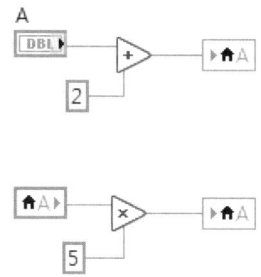

Race Condition은 공유 변수, 로컬 변수, 글로벌 변수 등의 변수를 사용하는 경우에 발생할 수 있는 대표적인 프로그래밍 실수입니다. 특히 케이스 구조 등과 변수를 함께 사용하는 경우에는 각 케이스를 면밀히 관찰하여 변수가 어떻게 처리되고 있는지 조심해서 추적해야 될 것입니다.

Race Condition을 없애기 위하여 다음과 같이 와이어 연결로 연산 순서를 명확히 지정해줍니다.

 **요약**

- LabVIEW는 와이어를 통하여 데이터가 전달되는 데이터 흐름 방식을 사용합니다. 그러나 와이어의 연결이 불가능한 경우가 있고 이 경우에 사용할 수 있는 것이 변수입니다.

- 로컬 변수, 글로벌 변수, 단일 프로세스 공유 변수, 네트워크 공유 변수를 제공합니다.

- 로컬 변수는 단일 VI 내에서 사용할 수 있는 변수입니다.

- 로컬 변수를 만들기 위해서는 프런트패널에 라벨이 있는 객체가 있어야 됩니다.

- 글로벌 변수는 단일 프로세스 안에 있는 여러 VI들 사이에서 데이터를 전달하는 목적으로 사용되는 변수입니다.

- 글로벌 변수를 생성하면 LabVIEW는 블록다이어그램은 없고 프런트패널만 있는 특수한 글로벌 VI를 생성합니다. 글로벌 VI의 프런트패널에 컨트롤과 인디케이터를 추가하여 글로벌 변수의 데이터 타입을 정의합니다.

- 공유 변수는 LabVIEW 프로젝트에서만 생성이 가능합니다.

- 단일 프로세스 공유 변수는 공유 변수 엔진을 이용하여 데이터 및 정보를 공유합니다.

- 네트워크 공유 변수는 공유 변수 엔진과 NI-PSP 엔진을 이용하여 로컬 네트워크 상에서 데이터를 공유합니다.

 노트

Chapter 09
디버깅 및 에러 핸들링

*학습목표

디버깅 도구를 이용하여 코드를 이해하는 방법을 배웁니다.

에러나 논리적인 오류가 발행하는 경우를 배우고 조치합니다.

에러 핸들링에 대하여 배웁니다.

    01. 디버깅
    02. 에러
    03. 에러 핸들링

Section

1. 디버깅

LabVIEW는 계측 및 제어에 특화된 프로그래밍 언어이므로 어플리케이션 개발에 활용할 수 있는 예제나 자료를 웹사이트에서 검색하여 다운로드 받기가 쉽습니다.

타겟이 명확하기 때문에 세계 어디에선가 비슷한 어플리케이션을 개발했던 사례가 있을 것이고 비슷한 고민을 누군가는 했을 것입니다. 그래서 조금만 노력하면 좋은 예제나 자료를 쉽게 검색할 수 있습니다. 그리고 이렇게 다운로드 받은 예제를 재활용하고 기능을 추가하여 나의 어플리케이션을 완성할 수 있습니다.

VI를 재활용하기 위해서는 그 VI의 작동 방식과 알고리즘을 먼저 이해해야 됩니다. VI를 이해하고 작동 원리를 파악하고자 할 때 LabVIEW 디버깅 도구를 사용합니다.

LabVIEW는 프로브, 단계별 실행, 브레이크포인터, 실행 하이라이트 등의 디버깅 도구를 제공합니다.

개발자는 디버깅 도구를 이용하여 VI의 논리적 오류 찾아낼 수도 있고 직접 작성했거나 다운로드 받은 VI의 블록다이어그램을 이해하는데 이용할 수도 있습니다.

가. 실행 하이라이트

실행 하이라이트를 이용하여 블록다이어그램의 실행에서 데이터 흐름을 확인할 수 있습니다. 블록다이어그램의 도구 바에 있는 **실행 하이라이트**를 클릭하여 하이라이트 On/Off를 설정할 수 있습니다.

실행 하이라이트는 데이터 흐름을 애니메이션으로 나타내줍니다.

그러나 와이어에 흘러가는 데이터 값을 확인하기에는 너무 빠르고 전체 VI를 모두 하이라이트로 실행하기에는 너무 시간이 많이 소요됩니다. 특히 While 루프 등의 타이밍 함수를 무력화시키기 때문에 일정한 주기로 실행되어야 되는 함수나 로직은 에러를 발생시킬 수 있습니다. 이런 단점 때문에 실행 하이라이트는 디버깅의 보조 수단으로만 사용됩니다.

나. 프로브

VI를 이해한다는 것은 와이어로 전달되는 데이터 흐름을 이해한다는 것을 의미합니다. 그래서 **프로브**를 이용한 와이어 모니터링으로 데이터 흐름을 이해하고 전체 VI를 이해할 수 있습니다.

프로브를 사용하여 실행 중인 VI에서 지정한 와이어의 중간 값을 확인할 수 있습니다. 프로브 위치의 와이어가 실행되면 **프로브 관찰 윈도우**에 실행된 값을 디스플레이해줍니다.

프로브를 위치시킬 와이어에서 바로 가기 메뉴로 '프로브'를 선택하여 **프로브**를 설정할 수 있습니다. 그리고 '사용자 프로브'을 이용하면 좀더 사용자 정의된 프로브를 설정할 수도 있습니다.

예를 들어, '사용자 프로브 > 컨트롤 > 웨이브폼 그래프'를 사용하여 배열 데이터를 확인할 수 있습니다.

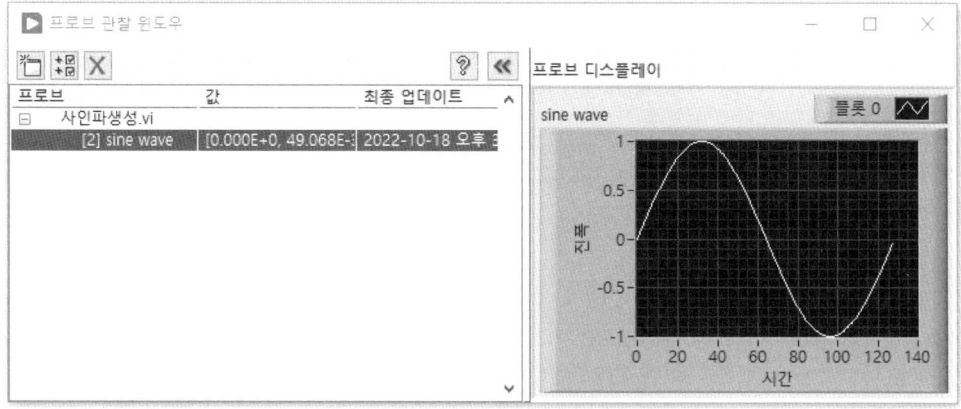

프로브는 단계별 실행, 브레이크포인트, 와이어 값 유지 등과 함께 사용하여 복잡하게 진행되는 로직에서 특정 와이어를 지나는 값을 확인할 수 있습니다.

원칙적으로 프로브를 먼저 설치하고 VI를 실행시켜야만 값을 확인할 수 있습니다. 그래서 프로브 위치를 정하기 위하여 프로브 설치 및 VI 실행을 여러 번 반복해야만 됩니다. 블록다이어그램의 많은 와이어 중에서 어느 위치에 프로브를 설치해야 될 것인지를 처음부터 판단하기는 쉽지 않기 때문입니다.

와이어 값 유지는 이 경우에 유용하게 활용할 수 있는 도구입니다. 와이어 값 유지 버튼을 활성화한 상태에서 VI를 한번 실행하면 실행 종료 후에도 블록다이어그램의 와이어 값들이 유지됩니다. 그리고 이렇게 종료한 상태에서 와이어 값을 프로브로 확인할 수 있습니다.

다음에서 왼쪽은 와이어 값 유지가 비활성화된 상태이고 오른쪽은 활성화된 상태를 나타냅니다.

다. 단계별 실행

프로브를 위치한 와이어의 중간 실행 값을 확인할 때 단계별 실행 도구를 함께 이용하는 것이 유용합니다. 단계별 실행은 프로브와 함께 사용하여 VI를 디버깅하는 가장 대표적인 도구입니다.

블록다이어그램의 도구 바에는 세 개의 단계별 실행 버튼이 제공됩니다. 들어가기, 건너뛰기, 나가기 입니다.

단계별 실행 들어가기는 VI의 로직을 단계별로 실행시킵니다. 이 버튼을 클릭할 때마다 한 단계씩 실행합니다. 그리고 SubVI나 구조에 이르면 한 단계 안으로 들어갑니다.

단계별 실행 건너뛰기도 VI의 로직을 단계별로 실행시킵니다. 그러나 SubVI나 구조에 이르면 그 단계를 건너뜁니다.

단계별 실행 들어가기를 이용하여 하위 단계로 실행 단계를 내려간 경우에는 **단계별 실행 나가기** 버튼을 이용하여 상위 단계로 나올 수 있습니다. While 루프처럼 반복 실행되는 경우에는 단계별 실행 나가기 버튼을 이용하여 단계별 실행을 종료할 수 있습니다.

단계별 실행은 주로 브레이크포인트와 함께 사용합니다. 브레이크포인트를 설정한 경우에는 VI의 일반 실행이 브레이크포인트에서 일시 정지합니다. 정지한 위치에서 단계별 실행을 수행하여 특정 부분의 로직을 확인하는 것이 유용합니다.

라. 브레이크포인트

블록다이어그램에서 VI 자체나 특정 와이어, 특정 노드에 브레이크포인트를 설정할 수 있습니다. VI의 실행은 브레이크포인트에서 일시 정지합니다. 일시 정지되면 도구 바의 일시 정지 버튼이 켜집니다. 그리고 일시 정지 버튼을 클릭하여 다시 실행시킬 수 있습니다.

 일시 정지 버튼

와이어의 바로 가기 메뉴에서 '브레이크포인트'를 선택하여 설정 및 관리할 수 있습니다.

브레이크포인트로 실행을 일시 정지시킨 다음에 단계별 실행 버튼을 이용하여 단계별 실행 디버깅을 수행할 수 있습니다. 그리고 프로브를 이용하여 와이어의 중간 값을 확인할 수 있습니다. 또한 일시 정지한 상태에서 프런트패널의 컨트롤 값을 변경하고 다시 실행시킬 수도 있습니다.

마. 디버깅 작업 순서

다음과 같은 순서로 디버깅을 수행합니다.

I. 와이어 값 유지 버튼을 활성화한 상태에서 VI를 1회 실행합니다.

II. VI 실행 종료 후에 프로브를 이용하여 와이어 값을 확인합니다.
(프로브로 관찰할 위치를 선정하는 작업입니다.)

III. 관찰할 와이어들에만 프로브를 남기고 나머지는 삭제합니다.

IV. 첫 번째 프로브 위치 앞에 브레이크포인트를 위치시킵니다. VI를 실행하면 브레이크포인트에서 일시 정지합니다.

V. 단계별 실행 도구를 이용하여 단계별로 VI를 실행하고 프로브 관찰 윈도우로 와이어 값을 확인합니다.

VI. 위 과정을 반복하면서 디버깅 작업을 수행합니다.

VII. 디버깅 작업이 완료되면 브레이크포인트를 제거합니다.

VIII. 와이어 값 유지 버튼을 비활성화해 줍니다.

Section

2. 에러

VI가 실행할 수 없는 에러를 포함하고 있을 경우에는 실행 버튼이 깨져서 나타납니다. 작성 중인 VI에 에러가 있다는 것을 표시해주는 것입니다. 일반적으로 깨진 실행 버튼은 필수 입력이 연결되지 않았거나 깨어진 와이어가 있는 경우입니다.

VI가 실행할 수 없는 에러가 있는 경우에 **깨진 실행 버튼**을 클릭하여 **에러 리스트** 창을 띄울 수 있습니다. 에러 리스트 창은 그 VI의 실행이 깨진 이유를 모두 리스트해줍니다.

에러 리스트 창에는 '에러가 있는 아이템', '에러와 경고', 그리고 '세부사항' 설명이 나타납니다.

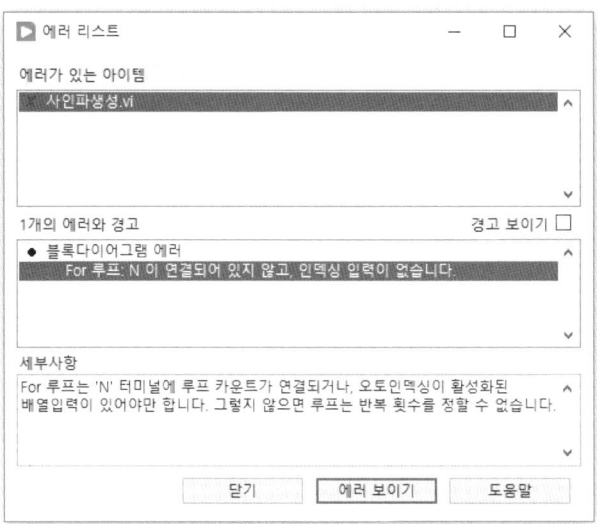

에러가 있는 아이템은 에러가 있는 VI들을 리스트해줍니다. SubVI에 에러가 있는 경우에 해당 SubVI가 리스트됩니다.

에러가 있는 아이템에서 에러를 포함한 VI를 선택하면 그 VI가 가지고 있는 **에러 리스트**를 두 번째 항목에서 나타내줍니다. 그리고 에러 리스트에 리스트된 에러나 경고 중에서 하나를 선택하면 상세한 설명이 **세부사항**에 나타납니다.

"**에러**"는 수정하지 않으면 VI를 실행할 수 없는 중요 이슈이고 "**경고**"는 VI의 실행은 가능하지만 잠재적으로 문제를 일으킬 수 있는 사항들을 의미합니다. '경고 보이기'를 활성화시켜야만 에러 리스트에서 "경고"를 확인할 수 있습니다.

에러 리스트 창에 나타난 에러나 경고를 하나씩 수정하여 조치하면 리스트에서 해결된 항목은 사라집니다.

에러 리스트 창의 **도움말** 버튼을 클릭하면 에러에 대한 상세한 설명과 단계별 에러 수정 방법을 설명하는 LabVIEW 도움말이 열립니다.

에러 리스트 창의 **에러 보이기** 버튼을 클릭하거나 리스트에 있는 에러를 **더블 클릭**하면 블록다이어그램이나 프런트패널에 있는 에러의 위치를 하이라이트해줍니다. 가끔 에러의 직접적인 원인이 아니라 파생된 결과를 리스트해주고 하이라이트해주는 경우도 있으므로 어느 정도 에러의 원인을 추정하여 조치해줄 필요도 있습니다.

가. 에러 원인

다음과 같은 원인으로 에러가 발생하고 실행 버튼이 깨집니다.

- 데이터 타입이 맞지 않은 두 터미널을 연결한 경우에 혹은 컨트롤에서 인디케이터로 연결하는 데이터 흐름을 위배한 경우에는 와이어가 깨집니다. 어떤 이유에서던 깨진 와이어가 있으면 VI는 실행할 수 없습니다.

- 블록다이어그램의 필수 터미널이 연결되어 있지 않은 경우에는 VI가 실행되지 않습니다. 예를 들어, For 루프에 '루프 카운트'가 지정되지 않았거나 더하기 함수에 필요한 두 개의 입력 터미널에 값이 입력되지 않은 경우 VI는 에러를 보고합니다.

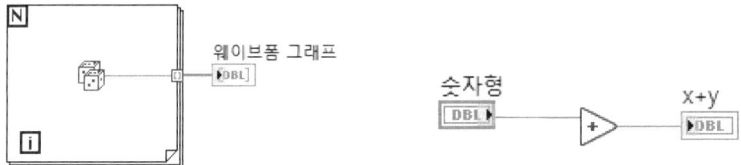

- 케이스 구조를 사용하고 값이 케이스 구조 밖으로 출력되는 경우에 모든 케이스에서 값이 출력되도록 구성해줘야 됩니다. 출력 터널이 비어 있는 경우에는 "터널: 터널 지정 찾을 수 없음" 에러가 발생합니다.

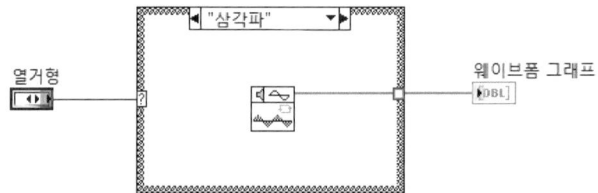

- 기계적 동작이 래치인 불리언 컨트롤에 대하여 로컬 변수를 생성한 경우에 에러가 발생합니다.
- SubVI에 에러가 있을 경우에 호출한 VI의 실행 버튼도 깨집니다. 에러가 있는 SubVI를 더블 클릭하여 Open하면 SubVI의 실행 버튼이 깨져있는 것을 확인할 수 있습니다.

나. 정의되지 않은 데이터

LabVIEW에서 에러가 발생하고 실행 버튼이 깨지는 경우에는 깨진 실행 버튼을 클릭하여 에러 리스트 창을 확인하고 조치하는 방법으로 쉽게 에러를 해결할 수 있습니다. 그러나 실질적으로는 오작동 하지만 LabVIEW가 에러나 경고를 알리지 않는 경우가 있습니다.

다음 두 가지 경우에 대하여 LabVIEW는 에러나 경고를 알리지 않습니다.

숫자를 0으로 나누면 무한대(Infinity)가 됩니다. 그러나 무한대는 숫자가 아닙니다. 무한히 많은 수라는 수학적인 기호일 뿐입니다. 그래서 컴퓨터의 연산으로는 무한대를 숫자로 표현할 수 없습니다. 그 대신 **Inf**라는 기호로 표시합니다.

LabVIEW에서는 연산 결과가 무한대가 되는 로직에 대하여 에러나 경고를 알리지 않습니다. 무한대 기호로 처리해버리기 때문에 이후의 연산에서 엉뚱한 결과로 진행될 것입니다. 그래서 개발자는 0으로 나누는 것과 같은 연산을 직접 확인하여 조치해줘야 됩니다.

음의 숫자를 제곱근하면 허수가 됩니다. 그러나 컴퓨터 연산에서는 실수의 연산이 자동으로 허수로 전개되지 않습니다. 그대신 **NaN**(숫자 아님)을 출력합니다. 이름 그대로 연산 결과가 숫자가 아님을 알려주는 기호입니다.

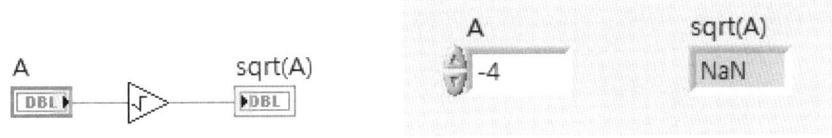

Section

3. 에러 핸들링

VI에 구문 에러가 있으면 실행 버튼이 깨져서 실행할 수 없습니다. 그리고 깨진 실행 버튼을 클릭하면 에러 리스트 창이 팝업되어 에러를 알려줍니다. 개발자는 에러 리스트를 확인하고 조치할 수 있습니다.

이와 같이 에러 리스트에서 확인 가능한 에러는 쉽게 조치할 수 있기 때문에 큰 문제가 되지 않습니다. 문제는 운영 중에 발생하는 에러입니다.

에러 없이 완벽하게 작성한 VI여도 운영 중에 접하게 되는 모든 문제에 대하여 완벽하다고 할 수는 없습니다.

운영 중에 발생 가능한 모든 에러나 오류를 예측하여 대응하는 조치를 작성해주는 것을 에러 핸들링이라고 합니다. 에러 핸들링은 에러나 경고를 감지하고 해결하는 메커니즘입니다. 에러가 발생했을 때 에러에 대한 정보를 리포트 해주고 에러 발생시 어플리케이션을 안전하게 정지하도록 설계할 수 있습니다.

운영 중에 발생하는 에러는 대부분 하드웨어와 연관됩니다. 데이터 수집 및 분석의 경우에는 데이터 수집 보드가 에러의 원인이고 TCP/IP 통신의 경우에 네트워크 환경이 에러의 원인이고 파일 I/O의 경우에는 하드디스크가 에러의 원인이 될 수 있습니다.

감지해야 되는 에러의 예는 다음과 같습니다.

I.   데이터 수집 보드의 설정이 맞지 않는 경우에 대한 에러가 있습니다.
     디바이스 번호가 잘못 지정되었거나 측정 범위를 넘어서는 측정을 시도한다거나 하드웨어 자체가 고장이 발생했을 때 그에 대한 에러나 경고를 확인하고 처리해줘야 됩니다.

II. 데이터를 파일로 저장할 때 파일 시스템이나 메모리, 하드디스크 등의 시스템 리소스에 대한 에러가 있습니다.
     파일의 위치를 잘못 지정하였거나 읽기 전용으로 연 파일에 쓰기를 시도했거나 중복된 이름의 파일이나 폴더를 생성했거나 혹은 시스템의 하드웨어 리소스에 고장이 발생했을 때 그에 대한 에러나 경고를 확인하고 처리해줘야 됩니다.

III. 네트워크 통신에서 발생하는 에러가 있습니다.
     네트워크 연결이 되지 않았거나 연결이 끊어졌거나 차단되는 등의 에러가 발생할 수 있습니다. 타겟의 IP를 잘못 입력하거나 보안 설정을 만족시키지 못하거나 혹은 네트워크 상의 라우터나 허브에 하드웨어적인 결함이 발생해서 에러가 발생할 수 있습니다.

IV. 사용자가 정의한 Limit를 벗어나는 경우를 경고나 에러로 정의하고 조치하는 에러 핸들링도 가능합니다.

어플리케이션 개발에서는 **케이스 구조**를 이용한 **수동 에러 핸들링**을 원칙으로 합니다.

가. 수동 에러 핸들링

개발자가 에러를 직접 핸들링하는 것을 수동 에러 핸들링이라고 합니다. 그리고 수동 에러 핸들링은 케이스 구조를 이용하여 구현할 수 있습니다.

에러 핸들링은 데이터 흐름 모델에 따라 구현됩니다. 데이터가 해당 와이어를 통하여 왼쪽에서 오른쪽으로 흘러가듯이 에러도 에러 와이어를 통하여 전달됩니다. LabVIEW에서 제공되는 대부분의 SubVI, 함수, 노드들은 에러 입력과 출력 터미널을 가집니다.

다음과 같이 케이스 구조의 선택자로 에러를 입력하여 에러가 없는 경우에는 SubVI의 코드를 실행하고 에러가 있는 경우에는 실행 없이 에러만 전달하도록 구성해줄 수 있습니다.

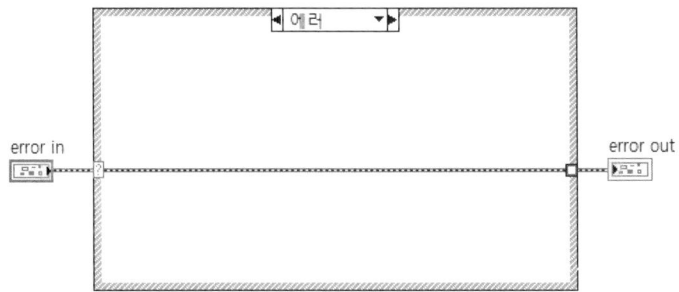

다음은 텍스트 데이터를 저장하는 예제입니다. 파일 열기, 텍스트 파일에 쓰기, 파일 닫기 함수는 초록색의 파일 정보를 공유하고 동시에 에러를 서로 전달합니다. 만약 에러 라인으로 참 에러가 전달되면 이 함수들은 실행되지 않을 것입니다. 그리고 **"에러 출력" 클러스터**를 이용하여 에러 정보를 프런트패널에 나타내줍니다.

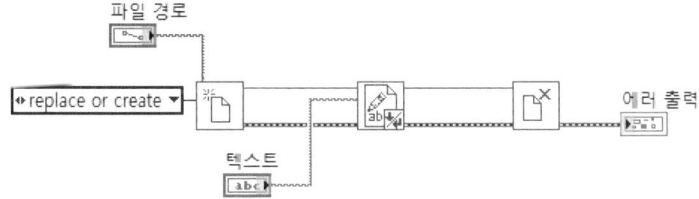

반면에 LabVIEW 예제는 다음과 같이 단순 에러 핸들러 함수를 이용하여 에러 메시지를 팝업 하도록 구성되어 있습니다. 그러나 에러 메시지를 팝업하는 것은 잘못된 조치입니다. 에러가 발생한 경우에는 케이스 구조를 이용하여 프로그램적으로 조치되도록 만들어야 합니다. 프로그램적인 조치가 곤란하면 에러 클러스터를 이용하여 에러 정보만 확인 가능하게 만들어야 합니다.

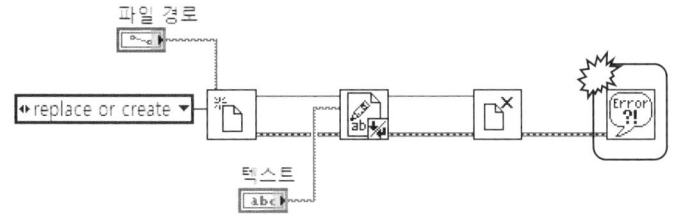

다음은 UDP 수신.vi입니다. UDP 통신에서 메시지를 수신하는 VI입니다.

UDP 읽기 함수의 타임아웃을 200ms로 설정하였기 때문에 수신 메시지가 없을 경우에는 200ms에 한번씩 에러 56: "네트워크 작업이 사용자가 지정한 시간이나 시스템 시간 제한을 초과했습니다."를 발생시킵니다. 그러나 케이스 구조를 이용하여 에러 56을 무시하도록 구성해줬습니다.

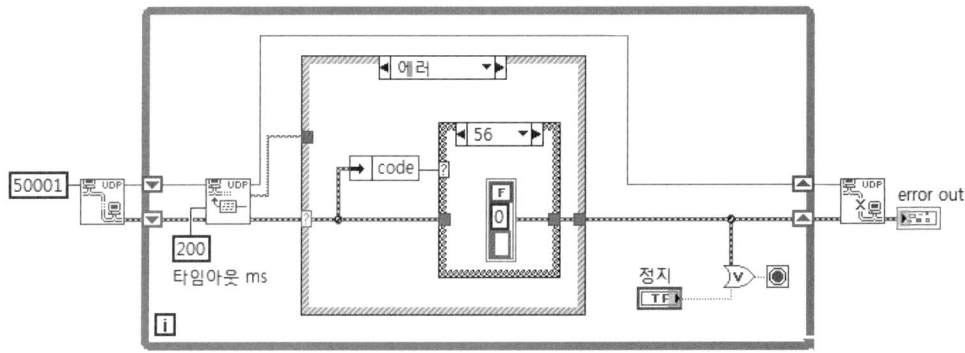

많은 경우에 에러 핸들링은 어플리케이션 개발의 핵심 요소가 됩니다. 위 예제처럼 에러 핸들링이 빠지면 UDP 통신 어플리케이션 개발이 불가능한 경우도 있습니다. 일반적으로 프로젝트에서 기능 구현이 50%라면 에러 핸들링이 50%라고 생각해도 될 것입니다.

에러 핸들링에 대한 정답은 없지만 어플리케이션 별로 제시되는 표준 에러 핸들링 기법이 있고 중급 LabVIEW나 고급 LabVIEW 단계에서 공부해야 될 주제들이 되겠습니다.

나. 에러 클러스터와 에러 함수

데이터 컨테이너 팔레트에서 에러 클러스터인 **에러 입력 3D**과 **에러 출력 3D**를 찾을 수 있습니다.

에러 클러스터는 에러의 발생 여부, 에러 코드, 에러에 대한 설명으로 구성됩니다. LabVIEW에서는 불리언 값으로 에러의 발생 여부를 나타내고 I32 숫자형 값으로 에러 코드를 나타내며 문자열로 에러에 대하여 설명해줍니다. 이들을 클러스터로 묶어서 에러 클러스터가 만들어집니다.

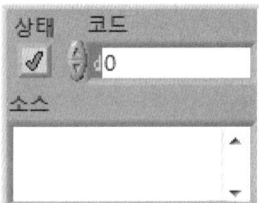

- **상태**는 에러가 있으면 참이고 없으면 거짓이 됩니다. 에러와 경고의 차이점은 에러는 상태가 참인 경우이고, 경고는 거짓 상태이지만 코드와 설명이 있는 것입니다.

- **코드**는 에러에 대응하는 I32 숫자입니다. 컴퓨터 운영 체제에서 정의한 에러 코드가 있고 LabVIEW에서 정의한 에러 코드가 있으며 일반 개발자가 정의한 에러 코드가 있습니다. 에러 코드가 중복되어도 되지만 에러에 대한 고유한 코드가 될 수 있도록 다른 에러 코드와 중복되

지 않게 만들어 주는 것이 좋습니다.

- **설명**은 에러에 대응하는 설명이지만 에러 클러스터의 설명은 정보가 많이 부족하여 도움이 안 됩니다. [에러 설명] 창을 통하여 에러에 대한 실제 정보를 확인해야 될 것입니다.

도움말(H) > 에러 설명(X) 메뉴를 클릭하여 **에러 설명** 창을 띄울 수 있습니다. [에러 설명] 창의 코드 부분에 에러 코드를 입력하여 설명과 발생 가능한 이유를 확인할 수 있습니다. 다음은 에러 64번에 대한 설명을 검색한 사례입니다.

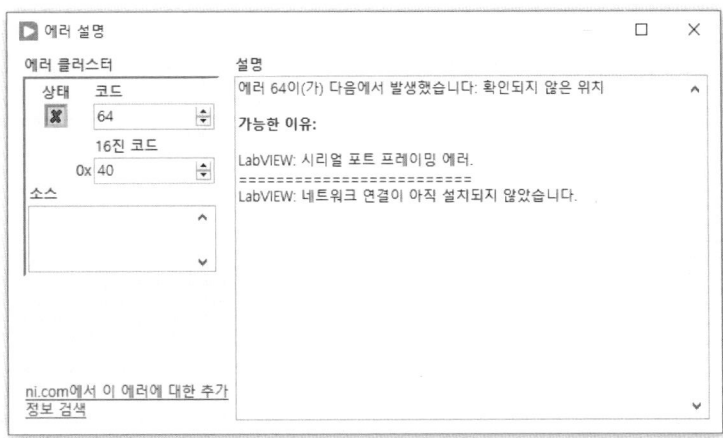

이름으로 풀기 함수를 이용하여 에러 클러스터에서 상태, 코드, 소스를 이름으로 풀어줄 수 있습니다. (클러스터, 클래스, & 배리언트 팔레트)

대화 상자 & 사용자 인터페이스 팔레트에서 **에러 상수**와 **에러 링** 등을 찾을 수 있습니다. 그리고 **에러 지우기** 함수를 이용하여 특정 코드의 에러를 없던 것으로 지울 수 있습니다. 여러 라인의 에러를 묶어서 한 개의 에러 라인으로 만들어 주고자 할 때는 **에러 병합**을 이용합니다. 사용자 정의 에러를 만들고자 한다면 **에러 코드를 에러 클러스터로** 함수를 사용합니다.

에러 링은 정의된 모든 에러를 선택할 수 있는 링입니다. 에러 링을 클릭하면 링 리스트가 풀다운 되는 것이 아니라 [에러 선택] 창이 팝업됩니다.

[에러 선택] 창에서 '에러 코드 범위'를 선택해줍니다. 다음은 "LabVIEW"로 에러 코드 범위를 선택해 준 것입니다. 해당 범위의 모든 에러들이 오름차순으로 나열됩니다. 에러 코드와 에러 설명을 확인하여 사용할 에러를 선택하면 됩니다.

아래에는 에러로 설정할 것인지 경고로 설정할 것인지를 선택할 수 있게 되어 있습니다. 에러로 선택하면 상태가 참인 에러 상수가 만들어지고, 경고로 선택하면 상태가 거짓인 에러 상수가 만들어집니다.

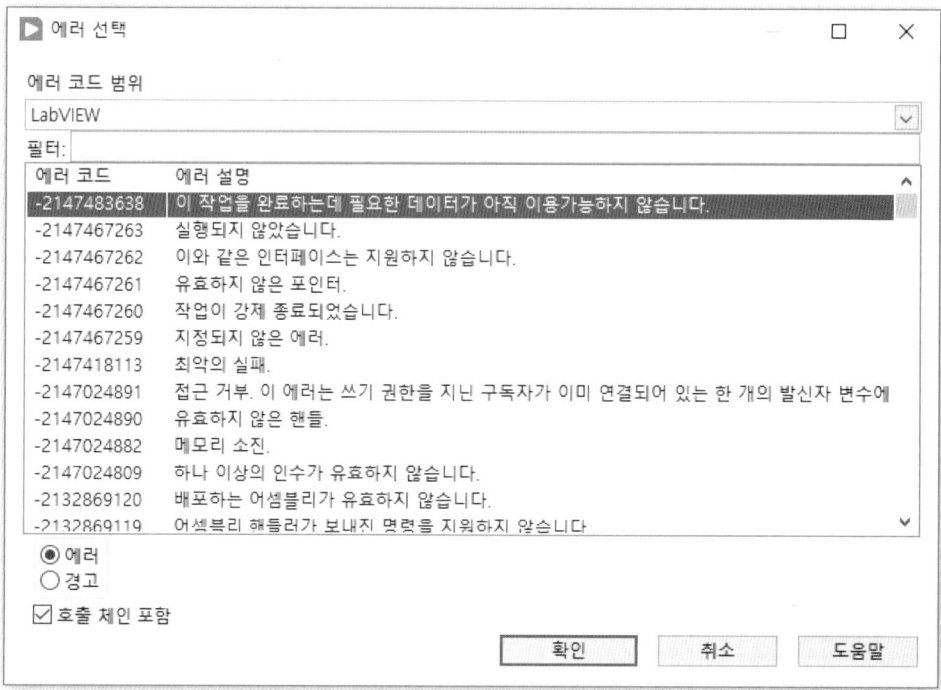

다음은 파일 열기/생성/대체 함수와 파일 닫기 함수를 사용한 예제입니다. 동작 = open으로 "파일 경로"로 지정한 파일을 열어줍니다. 그러나 파일이 없을 경우에 Error Code = 7이 발생할 것입니다.

이름으로 풀기 함수로 에러 클러스터에서 **code**를 풀어주고 **케이스 구조**를 이용하여 <7> 케이스를 만들어 줬습니다. <7> 케이스에 필요한 조치를 프로그래밍해주면 될 것입니다.

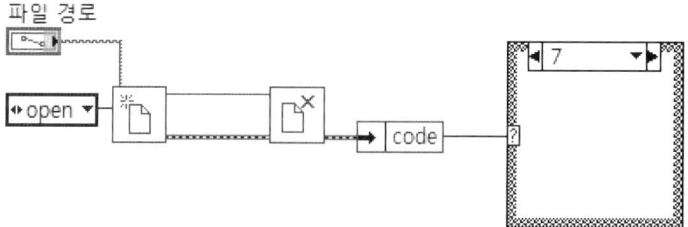

다. 자동 에러 핸들링

자동 에러 핸들링 엔진이 LabVIEW 런타임 엔진과 함께 실행되어 에러가 발생하면 실행을 강제 종료하고 에러가 발생한 부분을 하이라이트해줍니다. 그리고 에러 창이 팝업되어 에러의 코드와 설명이 디스플레이 됩니다. 그러나 자동 에러 핸들링이 자동 에러 핸들링해주지는 않습니다.

LabVIEW의 자동 에러 핸들링 기능은 **에러 메시지 창만 팝업해주는 것입니다.** 에러를 해결하거나 조치해주지 않습니다. 단지 "**에러 발생시 자동 강제 종료**"만을 의미합니다.

에러 핸들링이란 에러를 확인하고 조치하는 것을 의미하므로 "LabVIEW 자동 에러 핸들링"이라는 이름이 개발자를 헷갈리게 하는 용어입니다. 그뿐 아니라 실제 어플리케이션에서 이러한 팝업 메시지나 강제 종료는 어플리케이션의 정상 동작을 심각하게 방해하는 요소입니다. 예를 들어, 무시해도 되는 사소한 LabVIEW 에러에 의하여 장비가 강제 종료되는 경우가 발생합니다. 생산 설비나 중요 설비에서 자동 강제 종료는 심각한 오작동이 됩니다. 그래서 어플리케이션이 현장에 배포되기 전에 **"자동 에러 핸들링" 기능을 반드시 비활성화시켜야 합니다.**

어플리케이션 개발이 완료되면 완성된 VI를 어플리케이션(EXE)으로 만들어 현장에 배포합니다. 이때 '자동 에러 핸들링'을 비활성화시켜 줍니다. 물론 프로젝트의 초기 단계부터 이 기능을 비활성화 시켜두거나 LabVIEW 옵션에서 자동 에러 핸들링을 비활성화시켜도 됩니다.

다음과 같이 **VI 프로퍼티**의 [실행] 항목에서 "디버깅 허용", "자동 에러 핸들링 허용", "시작 시 메뉴의 자동 핸들링"을 비활성화시켜 줄 수 있습니다.

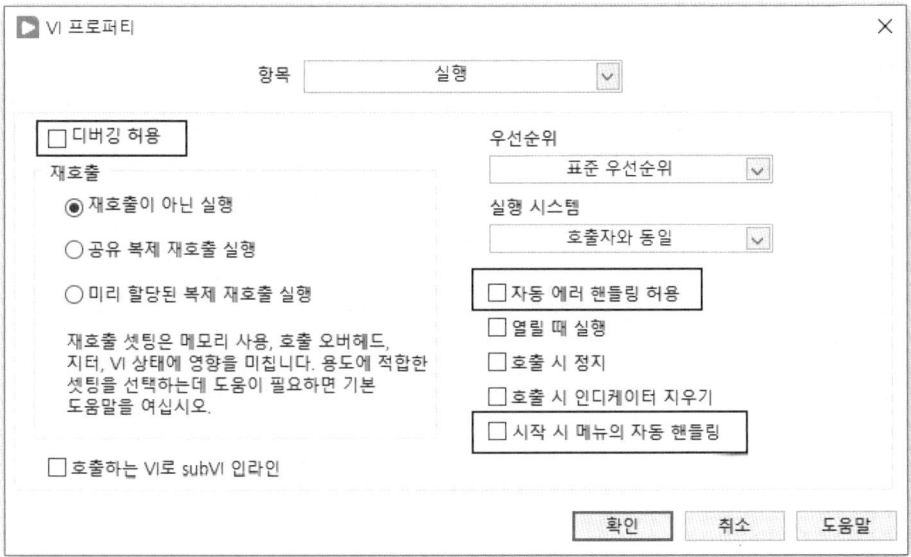

그리고 LabVIEW **옵션**의 [블록다이어그램] 항목에서 "새 VI에서 자동 에러 핸들링 활성화"와 "자동 에러 핸들링 대화 상자 활성화"을 비활성화 시켜줄 수 있습니다.

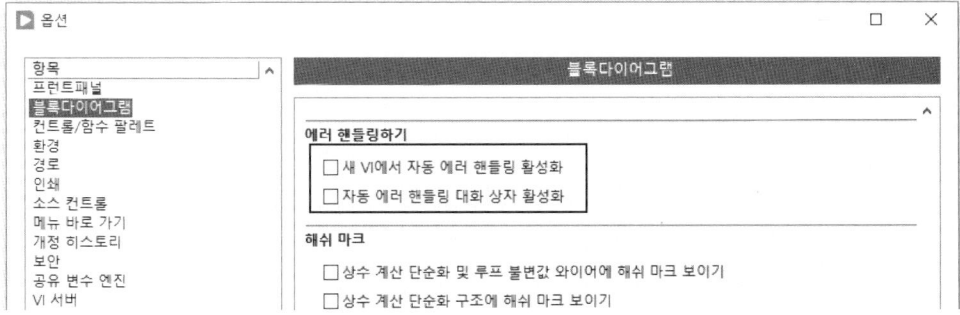

[NI 예제 탐색기]에서 제공하는 예제나 ni.com에서 제공하는 예제는 항상 **단순 에러 핸들링** 함수나 **일반 에러 핸들링** 함수를 사용합니다. (대화 상자 & 사용자 인터페이스 팔레트)

단순히 에러 및 경고 리스트 창을 팝업해주는 함수인데 에러 메시지 팝업은 어플리케이션 운전을 방해하기 때문에 **절대로 사용하면 안됩니다.**

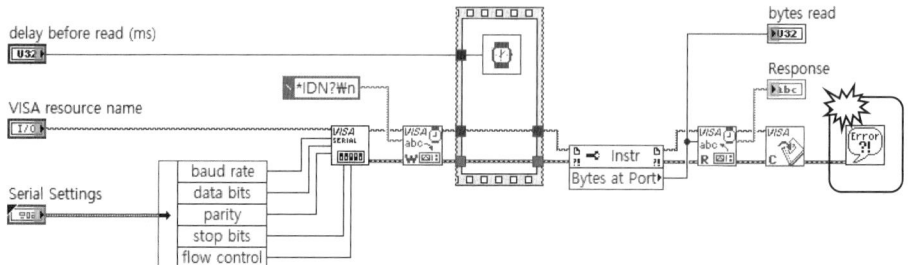

정상적인 프로그램은 운전 도중에 에러가 발생하면 에러를 인지하고 적합하게 조치하도록 프로그래밍되어야 됩니다. 그러나 LabVIEW 자동 에러 핸들링 기능 및 에러 핸들링 함수는 프로그램을 강제 종료시켜버리고 의미없는 메시지만 강제로 팝업하기 때문에 명백한 잘못입니다.

다음은 [NI 예제 탐색기]에서 제공되는 Simple TCP-Client.vi이지만 매우 잘못된 예제입니다. 이것은 에러가 발생하면 While 루프를 강제로 멈추고 에러 메시지를 팝업하는 예제입니다.

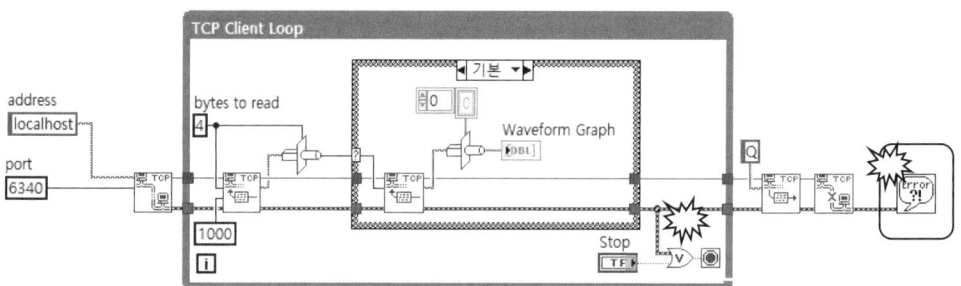

정상적인 프로그램에서는 개발자가 **케이스 구조**를 이용하여 에러 핸들링 알고리즘을 적합하게 구성해줍니다.

예를 들어, TCP 통신 프로그램을 운영 중인데 네트워크 허브의 오작동으로 전체 어플리케이션이 정지하는 경우가 자주 발생합니다.

네트워크 허브 등은 다양한 이유로 오작동할 수 있지만 대부분의 경우에는 수 분 이내에 다시 복구됩니다. 그래서 네트워크 허브의 오작동으로 네트워크 연결이 끊어졌다면 어플리케이션을 강제 종료할 것이 아니라 다시 연결될 때까지 대기시켜야 됩니다. 그리고 일정한 주기로 재 접속을 시도하고 재 접속에 성공하면 원래 어플리케이션으로 돌아가도록 에러 핸들링해줘야 됩니다.

 **요약**

- 프로브를 사용하여 실행 중이거나 일시 정지한 VI에서 지정한 와이어의 중간 값을 확인할 수 있습니다.
- 단계별 실행 들어가기는 VI의 로직을 단계별로 실행시킵니다.
- 단계별 실행 건너뛰기도 VI의 로직을 단계별로 실행시킵니다. 그러나 SubVI나 구조에 이러면 그 단계를 건너뜁니다.
- 단계별 실행 나가기 버튼을 이용하여 하위 단계에서 상위 단계로 나올 수 있습니다.
- VI의 실행은 브레이크포인트에서 일시 정지합니다.
- VI가 실행할 수 없는 에러를 포함하고 있을 경우에는 실행 버튼이 깨져서 나타납니다. 깨진 실행 버튼을 클릭하면 에러 리스트 창이 나타나고 에러가 있는 아이템과 에러와 경고의 리스트, 그리고 세부사항 설명이 나타납니다.
- 운영 중에 발생 가능한 모든 에러나 오류를 예측하여 대응하는 조치를 작성해주는 것을 에러 핸들링이라고 합니다.
- 자동 에러 핸들링은 에러가 발생하면 어플리케이션의 실행을 강제 종료하고 에러가 발생한 부분은 하이라이트해줍니다.
- 자동 에러 핸들링이 실제로 에러를 핸들링해주지는 않습니다. 에러는 개발자가 직접 핸들링해줘야만 됩니다. 에러를 직접 핸들링하는 것을 수동 에러 핸들링이라고 부릅니다.

 노트

Chapter 10
파일 저장

*학습목표

측정 또는 생성한 데이터를 파일에 저장하는 방법을 익힙니다.

저장된 데이터를 읽어오는 방법을 익힙니다.

01. 파일 저장 및 읽어오기

02. 파일 경로 만들기

03. 텍스트 파일에 쓰기와 읽기

Section

1. 파일 저장 및 읽어오기

데이터를 파일에 쓰거나 읽는 작업을 파일 I/O라고 부릅니다. 일반적인 파일 I/O 과정은 다음과 같습니다.

1. 파일을 열거나 생성합니다. 파일을 연 뒤에는 '파일 참조 번호'라고 부르는 고유한 식별 값으로 그 파일을 표시하게 됩니다.
2. 파일 쓰기 또는 읽기 함수를 이용하여 파일 쓰기 및 읽기 작업을 수행합니다.
3. 파일을 닫습니다.
4. 에러를 처리합니다.

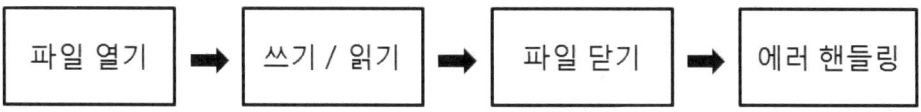

파일 I/O 팔레트에서 파일 쓰기와 읽기에 필요한 함수를 찾을 수 있습니다. 파일 I/O 함수를 사용하여 파일을 새로 생성하거나 기존 파일을 열 수 있습니다. 또한 파일로부터 데이터를 읽거나 파일에 데이터를 쓸 수 있습니다. 그리고 작업이 끝나면 열거나 생성한 파일을 닫아줘야 됩니다.

파일 I/O > 고급 파일 기능 팔레트에서 제공되는 함수를 사용하여 폴더 생성, 폴더 내용 나열, 파일 이동, 복사, 삭제, 파일 특성 변경, 경로 조작 등을 할 수 있습니다.

가. 파일 I/O 기본 함수

파일 I/O 기본 함수에는 파일 열기/생성/대체, 파일에 쓰기, 파일로부터 읽기, 그리고 파일 닫기 함수가 있습니다.

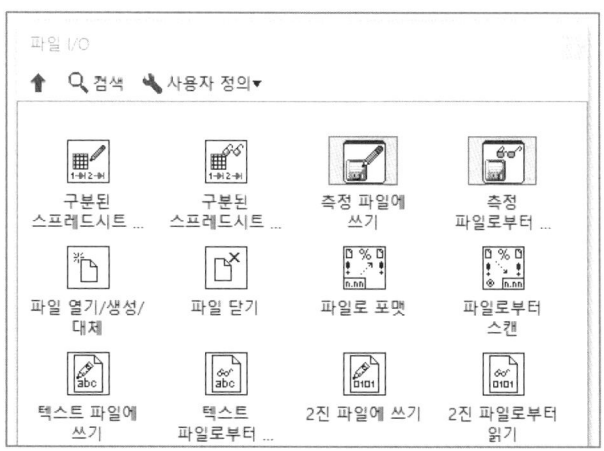

파일 열기/생성/대체 함수는 기존 파일을 열거나, 새 파일을 생성하거나, 기존 파일을 대체합니다. 동작 옵션으로 **open, replace, create, open or create, replace or create**가 있습니다.

파일 닫기 함수는 참조 번호로 지정된 열려있는 파일을 닫고 '파일 경로'를 반환합니다.

2진 파일에 쓰기 함수는 데이터를 Binary 파일로 저장합니다. 컴퓨터에서 생성하고 다루는 모든 데이터는 Binary 데이터인데 이것을 어떠한 엔코딩 과정 없이 그대로 저장하는 것입니다.

2진 파일로부터 읽기 함수는 Binary 파일에서 데이터를 읽고 그 값을 반환합니다. 그러나 파일에 저장된 데이터가 어떤 타입인지 모르면 읽을 수 없습니다. 그래서 '데이터 타입'에 읽을 데이터의 타입을 반드시 입력해줘야 됩니다.

텍스트 파일에 쓰기 함수는 문자열을 텍스트 파일에 씁니다. 그래서 숫자형 데이터나 숫자형 배열 데이터는 문자열로 변환해서 저장해야 됩니다. 문자열 팔레트에서 숫자를 문자열로 변환하는 함수들을 찾을 수 있습니다.

텍스트 파일로부터 읽기 함수는 지정된 개수만큼 텍스트 파일로부터 데이터를 읽어서 문자열로 반환합니다. 개수를 지정하지 않을 경우에는 파일을 전부 읽어옵니다.

파일로 포맷 함수는 문자열, 숫자, 경로, 불리언 데이터를 문자열로 포맷하고 텍스트 파일에 씁니다. 그러나 배열 데이터는 이 함수로 저장할 수 없습니다.

파일로부터 스캔 함수는 텍스트 파일에서 문자열, 숫자, 경로, 불리언 데이터를 스캔하고 스캔된 순서대로 반환합니다.

나. 경로 만들기 함수, 경로 분리 함수, 그리고 파일 경로 상수

파일 I/O 함수에서 요구하는 경로 정보를 디자인하는 함수들입니다. 새로운 경로를 만들거나 기존 경로를 분리합니다.

 경로 만들기 함수는 기존의 경로에 이름 또는 상대 경로를 추가하여 새 경로를 생성합니다.

경로 분리 함수는 경로의 마지막 구성 요소의 이름과 그 구성 요소에 이르는 분리된 경로를 반환합니다.

파일 I/O > 파일 상수 팔레트에서 파일 경로 상수들을 찾을 수 있습니다.

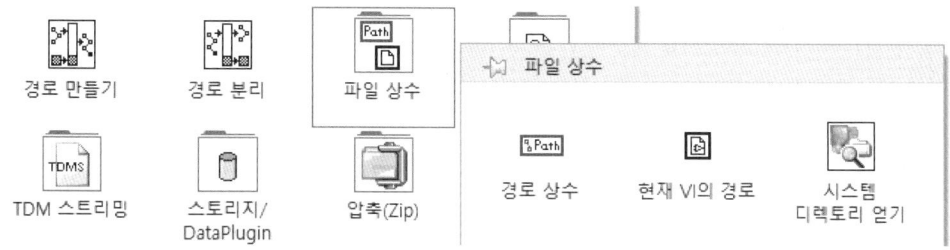

시스템 디렉토리 얻기 함수는 '시스템 디렉토리 타입'에서 설정한 경로를 출력합니다.

어플리케이션 디렉토리 함수는 LabVIEW 프로젝트나 VI가 저장된 위치 경로를 출력합니다. 어플리케이션(EXE)인 경우에는 EXE 파일의 위치 경로를 출력합니다.

다음은 **시스템 디렉토리 얻기** 함수와 **경로 만들기** 함수를 이용하여 '사용자 문서' 폴더에 "Data.txt"라는 이름의 파일 경로를 만들어 준 예입니다.

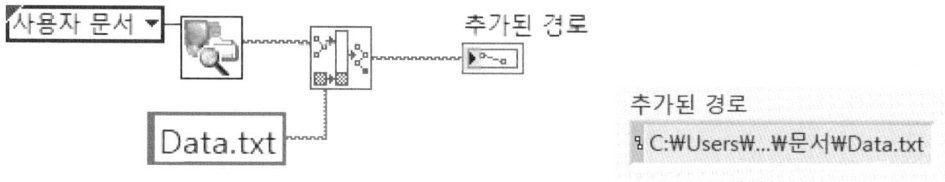

디. 단일 함수 파일 I/O

기본 파일 I/O 함수들을 이용한 SubVI 및 익스프레스 VI는 단일 함수로 파일 I/O를 수행할 수 있습니다.

구분된 스프레드시트 쓰기 함수는 지정한 포맷에 따라서 1D 혹은 2D 숫자형 데이터를 스프레드시트 파일(CSV 혹은 TXT)로 저장합니다. 이때 행 데이터는 **탭** 또는 **콤마**로 구분하고 열 데이터는 **라인 끝 상수**로 구분합니다.

구분된 스프레드시트 읽기 함수는 스프레드시트 문자열(CSV 혹은 TXT)로부터 1D 혹은 2D 배열 데이터를 읽어옵니다.

측정 파일에 쓰기 함수는 측정 데이터를 NI 전용 저장 포맷으로 저장하는 익스프레스 VI입니다. NI 전용 파일 저장 포맷으로는 LVM, TDM, TDMS 등이 있습니다. TXT나 CSV와 같은 표준 파일 포맷으로 저장하고자 하는 경우에는 이 함수를 사용하지 않습니다.

측정 파일로부터 읽기 함수는 NI 전용 파일 저장 포맷인 LVM, TDM, TDMS 등으로 저장된 파일을 읽는 익스프레스 VI입니다. TXT나 CSV와 같은 표준 파일 포맷인 경우에는 이 함수를 사용하지 않습니다.

라. 폴더 생성 함수

파일 I/O > 고급 파일 기능 팔레트에서 폴더 생성 함수를 찾을 수 있습니다.

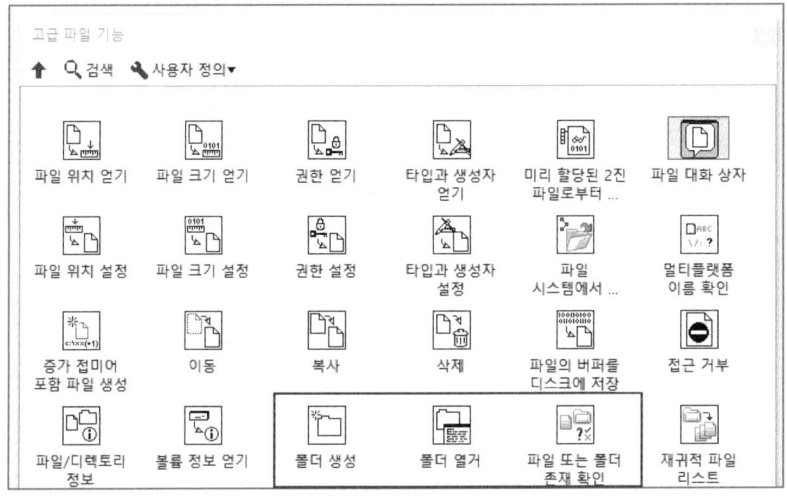

폴더 생성 함수는 지정한 경로로 폴더를 생성해줍니다. 그러나 같은 폴더를 중복하여 생성할 수 없으므로 중복 경로가 있는지 먼저 확인하는 작업이 선행되어야 합니다.

파일 또는 폴더 존재 확인 함수는 파일 또는 폴더가 존재하는지 알려줍니다.

마. 파일 포맷의 종류

LabVIEW는 Binary, 텍스트, LVM, TDMS 파일 형식을 사용하거나 생성할 수 있습니다.

1. Binary 포맷

2진(Binary) 파일은 모든 파일 포맷 중에서 가장 기본적인 파일 포맷입니다.

0과 1로 구성된 2진 파일은 컴퓨터가 기계적으로 다루는 데이터 형식이므로 타입 변환과 같은 추가적인 작업 없이 바로 파일을 저장하거나 읽어올 수 있고 최적화된 파일 크기를 형성할 수 있습니다.

텍스트 파일, TDMS 파일 등도 실제로는 Binary 정보로 저장되기 때문에 근본적으로 저장 파일의 형식은 모두 Binary입니다.

예를 들어, 텍스트 파일에 쓰기 함수는 숫자 데이터를 문자열로 변환한 다음에 문자열 데이터를 Binary로 저장하는 것입니다. 숫자 데이터를 문자열로 변환하는 것을 텍스트 인코딩이라고 부릅니다.

숫자형 데이터나 숫자형 배열 데이터를 다른 포맷으로 인코딩하지 않고 2진 파일에 쓰기 함수로 바로 저장한 경우에는 **파일 위치 설정** 함수를 사용하여 임의의 데이터에 Random Access할 수 있습니다. (파일 I/O > 고급 파일 기능 팔레트)

Random Access가 가능하다는 것이 2진 파일에 쓰기의 가장 큰 장점입니다. Random Access는 위치를 지정하여 파일의 일부를 잘라서 읽을 수 있다는 의미입니다. 저장된 파일의 사이즈가 매우 크더라도 필요한 부분만 잘라서 읽으면 되기 때문에 파일 사이즈의 제약 없이 저장하고 읽어올 수 있습니다.

2. 텍스트 포맷

텍스트(Text)는 유니코드 문자열를 의미하고 LabVIEW에서는 문자열(String) 데이터 타입을 의미합니다. 그리고 **텍스트 파일에 쓰기** 함수는 텍스트로 인코딩된 정보를 저장하는 함수입니다.

유니코드 방식으로 모든 문자를 정보화할 수 있습니다. LabVIEW에서는 문자열 데이터 타입으로 유니코드를 지원합니다.

유니코드는 전 세계의 모든 문자를 컴퓨터에서 일관되게 표현하고 다룰 수 있도록 설계된 표준 (ISO 10646)입니다. 유니코드는 ASCII와 같은 개별 문자 인코딩 방법들을 모두 통합하기 위한 문자 인코딩 표준으로 만들어진 것입니다.

윈도우 메모장, Excel, Word 등은 숫자형 데이터나 숫자형 배열 데이터 파일을 읽을 수 없습니다. 그러나 유니코드 문자열 파일은 읽을 수 있습니다.

숫자형을 유니코드 텍스트로 인코딩하기 위하여 **문자열로 포맷** 함수를 사용합니다. 그리고 숫자형 배열은 **배열을 스프레드시트 문자열로** 함수를 사용하여 텍스트로 인코딩합니다.

문자열 인코딩에는 상당한 시간과 컴퓨터 리소스가 필요합니다. 그래서 텍스트 포맷으로는 고속 저장이 불가능합니다.

아울러 숫자형 데이터를 문자열로 인코딩하는 과정에서 숫자형의 정밀도가 유지되지 않습니다. 예를 들어, 15자리 정밀도를 가진 DBL 숫자형을 문자열로 인코딩할 때 포맷으로 %.6f라고 지정했다면 반올림처리되어 소수점 아래 자리수가 6자리로 변경됩니다. 이렇게 반올림처리된 데이터는 다시 15자리 정밀도로 복원할 수 없습니다.

숫자형 데이터를 문자열로 인코딩할 때 소수점 아래 자리수만 지정할 수 있습니다. 그래서 저장된 정보의 길이가 일정하지 않습니다. 예를 들어, %.6f 포맷으로 12.345678949를 인코딩하면 12.345679로 9글자가 됩니다. 그러나 -123.45671265를 %.6f 포맷으로 인코딩하면 -123.456713로 11글자가 됩니다.

이와 같이 텍스트 파일로 저장한 경우에는 데이터의 길이가 일정하지 않기 때문에 임의의 데이터에 Random Access할 수 없습니다. 전체에서 Random Access로 위치를 지정하여 일부만 잘라서 읽어올 수 없다는 의미입니다. 일부 데이터만 필요하더라도 모든 데이터를 메모리로 읽어온 다음에 숫자형 배열 데이터로 변환하고 다시 배열 잘라내기 함수 등으로 필요한 부분을 잘라내야만 됩니다.

예를 들어, 텍스트 파일 사이즈가 10Gbyte라면 10Gbyte를 모두 메모리에 올려야만 그중의 일부를 자를 수 있다는 의미입니다. 사실상 10Gbyte를 컴퓨터 메모리에 올리는 것은 불가능하므로 해당 파일은 열수 없는 파일이 됩니다.

그래서 텍스트 파일로 저장할 경우에는 파일 읽기가 가능한 파일 사이즈로 작게 잘라서 다른 이름으로 저장해야 될 것입니다. 수 Mbyte 미만 단위로 쪼개줍니다.

3. LVM 포맷

LVM 파일 포맷은 NI가 만들어 배포했던 NI 하드웨어 및 소프트웨어 전용 텍스트 파일 포맷입니다. **현재는 측정 파일에 쓰기** 함수와 **측정 파일로부터 읽기** 함수에서만 LVM 형식을 지원합니다.

이와 같이 일부 회사나 협회에서 자신들만의 파일 저장 포맷을 만들어 사용하는 경우가 있습니다. 예를 들어, Sound & Vibration 협회에서 만들어 배포하는 파일 저장 포맷으로 UFF58이 있습니다. UFF는 Universal File Format의 약자입니다. UFF58을 LabVIEW에서 사용하기 위해서는 전용 Toolkit을 구매해야 됩니다.

4. TDMS 포맷

TDM 또는 TDMS 포맷은 NI가 만들어 배포한 NI 하드웨어 및 소프트웨어 전용 Binary 파일 포맷입니다. 파일 I/O > TDM 스트리밍 팔레트에서 제공하는 함수를 사용해야 됩니다.

TDM 또는 TDMS는 두 개의 독립적인 파일로 구성되어 있습니다. 하나는 데이터와 데이터의 프로퍼티를 저장하는 Binary 파일이고 다른 하나는 이 Binary 파일 안에 있는 모든 속성과 포인터에 대한 통합된 정보를 제공하는 Binary 인덱스 파일입니디.

TDMS는 Binary 파일 포맷을 사용하기 때문에 텍스트 인코딩 작업을 하지 않습니다. 그래서 Binary 파일처럼 고속 데이터 저장이 가능하고 Random Access도 가능합니다.

그러나 텍스트 인코딩은 사용하지 않지만 Binary 형식을 기반으로 하는 추가적인 인코딩 작업이 진행되기 때문에 컴퓨터 리소스와 시간을 추가로 사용합니다. 그래서 2진(Binary) 파일 포맷보다 처리 속도가 느립니다. 다음은 NI에서 TDMS 파일 포맷을 홍보하기 위하여 만든 슬라이드 자료입니다. 자료에서 TDMS는 Binary 포맷 보다는 쓰는 속도가 느리지만 텍스트 포맷보다는 빠르다는 것을 소개하고 있습니다.

TDMS는 Test & Measurement 업계에 파일 저장 표준을 제시한다는 목표로 만들어진 NI 전용 Codec 입니다. NI에서는 MS Excel용 TDMS Codec을 제공하고 타사의 일부 프로그램에 지원되는 TDMS Codec도 제공하고 있습니다.

Section

2. 파일 경로 만들기

파일 읽기와 쓰기에서 가장 먼저 고려되는 것은 파일의 위치 정보인 파일 경로입니다. 특정 폴더에 위치한 파일을 열거나 없을 경우에는 새로 생성한 뒤에 파일 I/O 작업을 수행합니다. 그래서 파일 I/O 함수에 대하여 구체적으로 설명하기 전에 파일 경로 및 관련 함수에 대하여 배워봅니다.

C 언어를 비롯한 다른 프로그래밍 언어나 프로그램에서는 문자열을 이용하여 파일 경로를 지정해줍니다. 그러나 LabVIEW는 문자열을 **경로**라는 특수한 데이터 타입으로 변환하여 사용합니다. 그래서 문자열을 경로로 변환시켜줘야 됩니다. 문자열 > 경로/배열/문자열 변환 팔레트에서 **문자열을 경로** 함수와 **경로를 문자열로** 함수를 찾을 수 있습니다.

가. 경로 컨트롤과 경로 인디케이터

경로 컨트롤과 **경로 인디케이터**를 사용하여 파일 또는 디렉토리의 위치를 입력하거나 반환합니다. 문자열 & 경로 팔레트에서 찾을 수 있습니다.

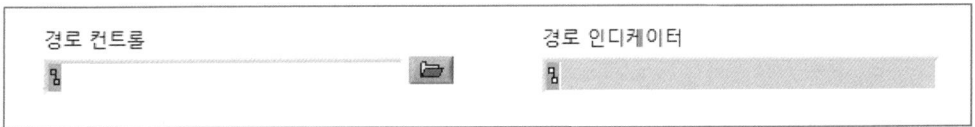

경로 컨트롤의 바로 가기 메뉴에서 '**탐색 옵션**'을 설정할 수 있습니다. 기본 탐색 옵션은 '**파일**'이고 파일만 탐색할 수 있습니다. 그래서 경로 컨트롤을 이용하여 폴더를 탐색하여 선택하기 위해서는 선택 모드를 '**파일/폴더**'라고 변경시켜야 됩니다.

나. 경로 상수 및 경로 만들기

경로 컨트롤을 이용하여 사용자가 경로를 직접 지정할 수 있습니다. 그러나 대부분의 어플리케이션에서는 필요한 파일 경로나 폴더 경로를 자동으로 지정하도록 구성해줍니다.

경로를 지정하는 가장 기본적인 방법은 **경로 상수**를 사용하는 것입니다. 파일 I/O > 파일 상수 팔레트에서 찾을 수 있습니다. 다음은 C:₩ 폴더, C:₩Temp 폴더, 그리고 C:₩Temp₩data001.txt 파일에 대한 경로 상수입니다.

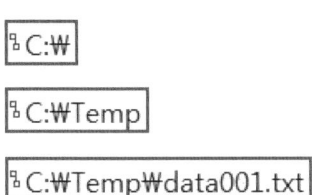

파일 I/O > 파일 상수 팔레트에는 다양한 경로 상수들이 제공됩니다. 특히 **시스템 디렉토리 얻기**나 **어플리케이션 디렉토리** 등이 많이 사용됩니다.

경로 만들기 함수는 '베이스 경로' 입력과 '이름 또는 상대 경로' 문자열 입력으로 새로운 경로를 생성하는 함수입니다. 경로 만들기는 베이스 경로를 기존으로 입력 문자열에 해당하는 새로운 경로를 만들어 줍니다. 파일 I/O 팔레트에서 찾을 수 있습니다.

다음과 같이 '경로 상수'와 '경로 만들기' 함수를 이용하여 새로운 경로를 만들어줍니다.

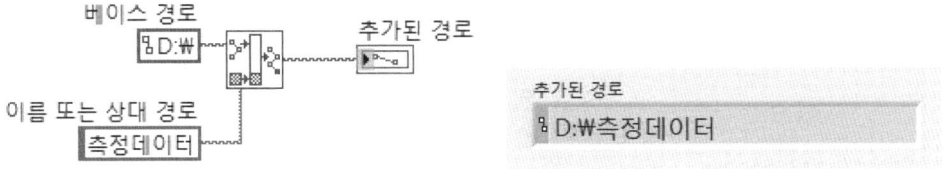

유효하지 않은 경로

함수가 경로를 반환하는데 실패할 경우에 함수는 인디케이터에 유효하지 않은 경로 값 <경로 없음>을 반환합니다.

실습 10-1   경로 만들기

바탕화면에 오늘 날짜의 폴더를 생성하고, 생성된 폴더에 파일을 생성해줍니다. 이번 예제에서는 폴더와 파일만 생성합니다. 파일에 데이터를 쓰지는 않았습니다.

1. 새 VI를 만들고 **폴더 및 파일 생성.vi**라고 저장합니다.

2. 다음과 같이 블록다이어그램을 완성합니다.
    A. **시스템 디렉토리 얻기** 함수를 위치시키고 '사용자 데스크탑'라고 설정합니다. (파일 I/O > 파일 상수 팔레트)
    B. **날짜/시간 문자열로 포맷** 함수를 위치시키고 '시간 포맷 문자열'에 "**%Y-%m-%d**"라고 입력합니다. (타이밍 팔레트)
    C. **경로 만들기** 함수를 위치시키고 '베이스 경로'에 시스템 디렉토리를 연결하고, '이름 또는 상대 경로'에 날짜/시간 문자열을 입력합니다. (파일 I/O 팔레트)
    D. **파일 또는 폴더 존재 확인** 함수를 이용하여 새롭게 생성한 경로와 동일한 폴더가 존재하는지 확인합니다. (파일 I/O > 고급 파일 기능 팔레트)
    E. **케이스 구조**를 위치시키고 파일 또는 폴더 존재 확인 함수의 '파일 또는 폴더가 존재합니까?' 출력을 '케이스 선택자'에 입력합니다.
    F. [거짓] 케이스에 **폴더 생성** 함수를 위치시키고 '경로'를 연결해줍니다. [참] 케이스에는 '경로'만 연결해줍니다. (파일 I/O > 고급 파일 기능 팔레트)

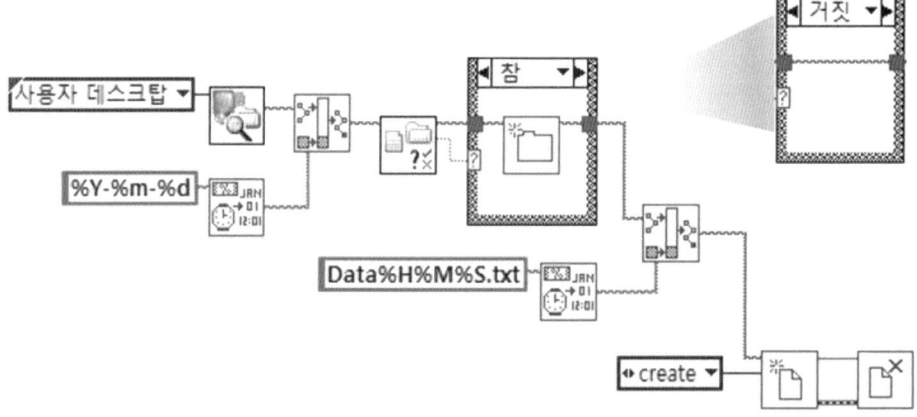

    G. **경로 만들기** 함수를 하나 더 위치시킵니다. 폴더 경로를 '베이스 경로'에 입력합니다. (파일 I/O 팔레트)
    H. **날짜/시간 문자열로 포맷** 함수를 위치시키고 '시간 포맷 문자열'에 "**Data%H%M%S.txt**"라고 입력합니다. 그리고 '이름 또는 상대 경로'에 입력합니다.
    I. **파일 열기/생성/대체** 함수와 **파일 닫기** 함수를 위치시키고 파일 참조와 에러를 서로 연결해줍니다. '파일 경로'를 연결하고 '동작'에서 상수를 생성하고 **create**라고 설정합니다.

3. VI를 저장하고 실행합니다.
    바탕화면에 YYYY-mm-dd라는 이름으로 폴더가 생성되고, 이 폴더 속에 Data시분초.txt라는 이름으로 파일이 생성될 것입니다.

[**옵션**] 파일 이름으로 시/분/초를 사용하는 경우도 많지만 001,002, ... 형식도 많이 사용합니다. For 루프를 이용하여 5번 실행하고 000, 001, 002, 003, 004 형식으로 파일 이름을 만들어봅니다.

4. 새 VI를 만들고 **파일이름(샘플00).vi**라고 저장합니다.

5. 앞 예제와 유사하지만 다음을 변경해줍니다. 다음과 같이 블록다이어그램을 완성합니다.
    A. '베이스 경로'에서 상수를 생성하고 "D:\"라고 입력합니다.
    B. **For 루프**를 위치시키고 N = 5라고 입력합니다.
    C. **문자열로 포맷** 함수를 위치시키고 '포맷 문자열'에 "**샘플 00%d.txt**"라고 입력합니다.
       (문자열 팔레트)
    D. For 루프의 '루프 반복'를 **문자열로 포맷** 함수의 '입력 1'에 연결해줍니다.

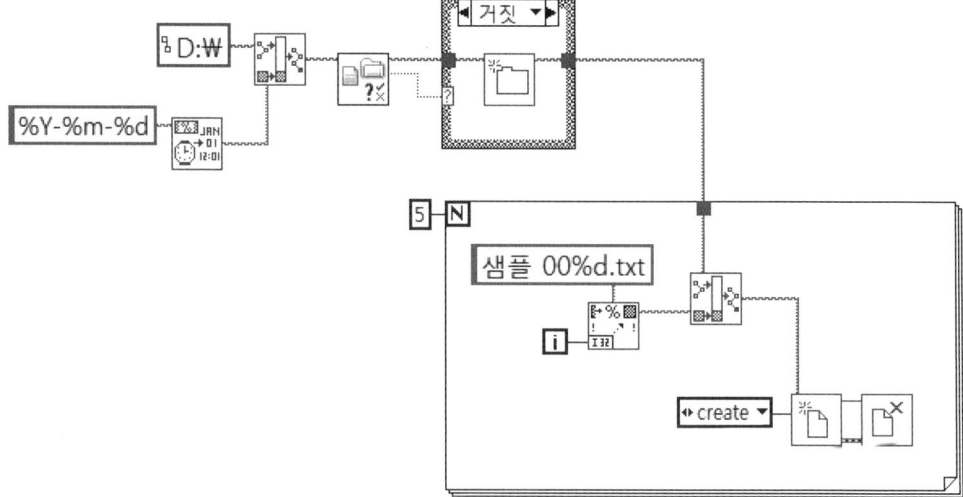

실습 10-1 끝

Section

3. 텍스트 파일에 쓰기와 읽기

텍스트 파일은 사용과 공유가 가장 쉬운 포맷입니다. 대부분의 컴퓨터는 텍스트 파일을 읽고 쓸 수 있습니다. 다양한 텍스트 기반 프로그램들은 텍스트 기반 파일을 읽을 수 있습니다. 그리고 시리얼 통신이나 GPIB 통신 등의 장비 통신에서 ASCII 문자열을 사용하기 때문에 통신 데이터를 바로 읽고 쓸 수 있습니다.

파일 I/O 속도와 디스크 사용 공간이 문제되지 않는 경우나 무작위 접근 읽기 또는 쓰기 (Random Access)를 수행하지 않아도 되는 경우나 숫자 정밀도가 중요하지 않은 경우에는 텍스트 포맷 파일을 사용하면 편리할 것입니다.

가. 텍스트 파일에 쓰기

LabVIEW에서는 **텍스트 파일에 쓰기** 함수를 이용하여 문자열 데이터를 텍스트 포맷으로 파일에 씁니다. 파일 I/O 팔레트에서 찾을 수 있습니다.

다음과 같이 문자열을 **텍스트 파일에 쓰기** 함수에 입력해주면 메모장이나 Excel에서 읽을 수 있는 텍스트 파일로 저장됩니다.

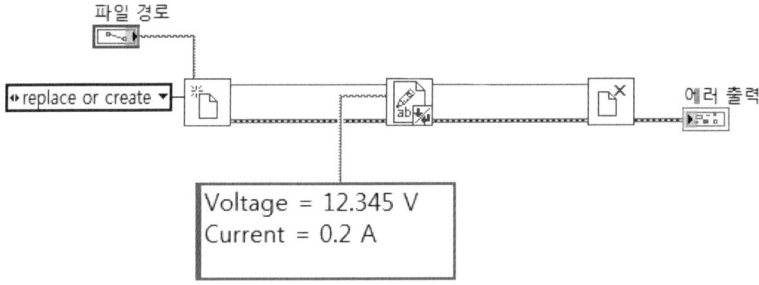

나. 문자열로 포맷

숫자형 데이터인 경우에는 **문자열로 포맷** 함수 등을 이용하여 숫자형을 문자열로 포맷하여 저장할 수 있습니다. 다음은 문자열로 포맷 함수의 포맷 문자열 "측정데이터는 %.4f Volt입니다."라고 입력한 경우입니다. %.4f는 '입력 1'로 입력된 숫자형 데이터를 소수점 4자리의 부동소수 타입 문자열로 포맷한다는 의미입니다.

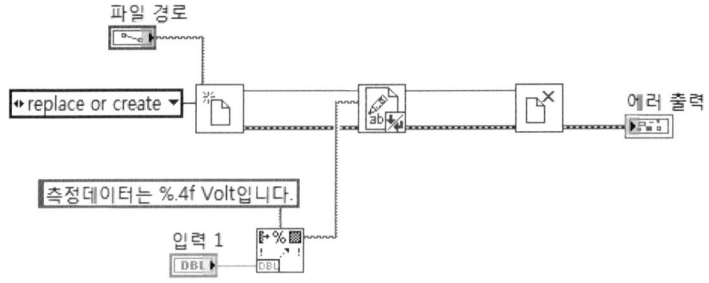

다. 파일로 포맷

문자열로 포맷 함수와 텍스트 파일에 쓰기 함수의 기능을 합친 것이 **파일로 포맷** 함수입니다. 그래서 다음과 같이 파일로 포맷 함수를 이용하여 포맷 문자열 "측정데이터는 %.4f Volt입니다."에 따라 숫자형 데이터를 문자열로 포맷하고 텍스트 파일로 쓸 수 있습니다. 파일 I/O 팔레트에서 찾을 수 있습니다.

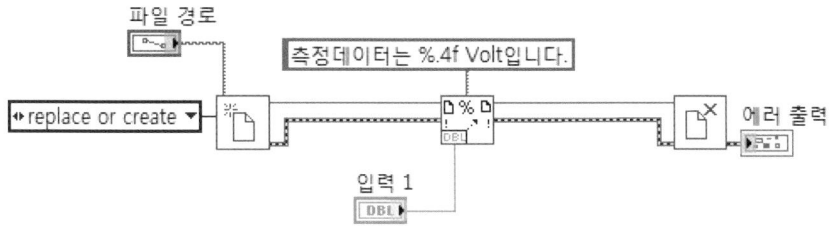

라. 배열을 스프레드시트 문자열로

텍스트 파일에 쓰기 함수는 문자열 데이터만 파일에 쓸 수 있습니다. 그래서 숫자형 배열 데이터도 문자열로 포맷하여 저장해야 됩니다.

스프레드시트 문자열은 숫자형 배열 데이터를 문자열로 포맷하는 국제 표준입니다. LabVIEW에서는 **배열을 스프레드시트 문자열로** 함수를 이용하여 숫자형 배열을 문자열로 포맷합니다. 문자열 팔레트에서 찾을 수 있습니다.

스프레드시트 문자열에는 탭(\t)으로 구분하는 TXT 파일과 콤마(,)로 구분하는 CSV 파일이 있습니다. 기본 설정은 탭(\t)입니다.

TXT 파일은 수평으로는 탭(\t)으로 데이터를 구분하고 수직으로는 라인 끝 상수(\r\n)로 구분하는 파일 포맷입니다. Windows 운영체제에서는 메모장이 기본 연결 프로그램으로 설정되어 있습니다.

CSV 파일은 수평으로는 콤마(,)으로 데이터를 구분하고 수직으로는 라인 끝 상수(\r\n)로 구분하는 파일 포맷입니다. Windows 운영체제에서는 Excel이 기본 연결 프로그램으로 설정되어 있습니다.

다음은 2D 숫자형 배열 데이터를 전치한 다음에 %.6f 포맷의 스프레드시트 문자열로 포맷한 예입니다. 구분 문자는 탭(\t)입니다.

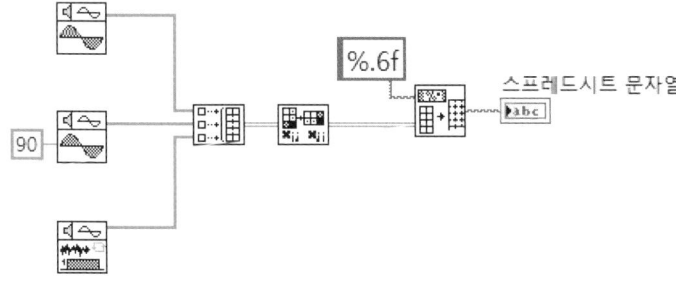

다음과 같이 **텍스트 파일에 쓰기** 함수를 이용하여 스프레드시트 문자열로 포맷된 데이터를 텍스트 파일로 쓸 수 있습니다. 구분 문자가 탭(\t)이므로 TXT 파일로 저장해야 됩니다.

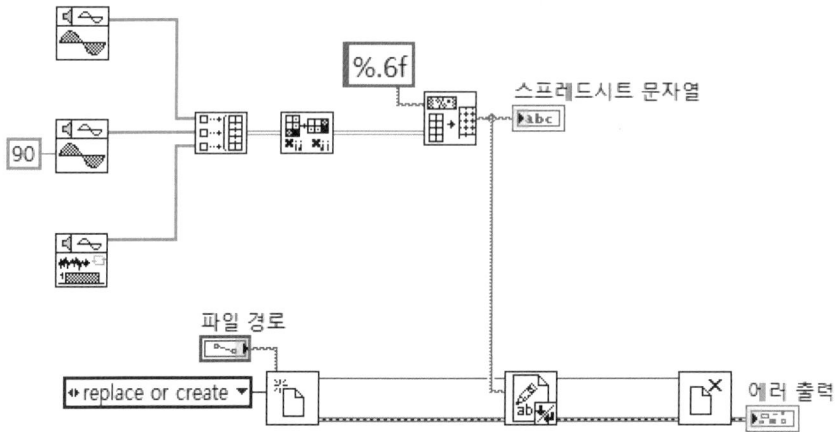

마. 구분된 스프레드시트 쓰기(스프레드시트 파일에 쓰기)

구분된 스프레드시트 쓰기(스프레드시트 파일에 쓰기) 함수를 이용하여 2D 배열 전치, 배열을 스프레드시트 문자열로, 텍스트 파일에 쓰기 함수들을 대체할 수 있습니다.

다음과 같이 **구분된 스프레드시트 쓰기** 함수를 이용하여 2D 숫자형 배열 데이터를 TXT 스프레드시트 파일로 저장할 수 있습니다. 포맷을 %.6f라고 설정하고 '전치?'를 참으로 설정하였습니다. 구분 문자는 탭(\t)입니다.

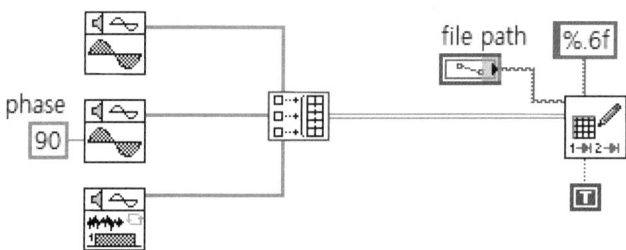

LabVIEW 2014 이전 버전인 경우에는 **스프레드시트 파일에 쓰기** 함수를 사용합니다.

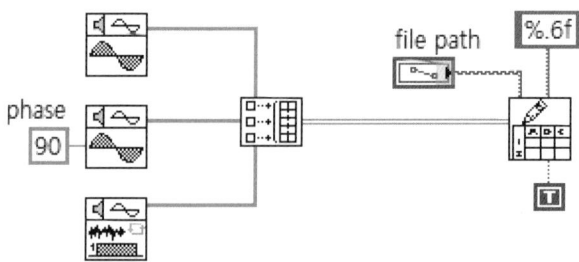

실습 10-2   텍스트 파일에 쓰기

숫자형 데이터를 문자열로 포맷한 다음에 텍스트 파일로 저장하는 예제를 만들어봅니다.

1. 새 VI를 만들고 **파일저장(텍스트).vi**라고 저장합니다.

2. 다음과 같이 블록다이어그램을 구성합니다.
   A. **파일 열기/생성/대체, 텍스트 파일에 쓰기, 파일 닫기** 함수를 위치시키고 참조 번호와 에러 라인을 서로 연결해줍니다. (파일 I/O 팔레트)
      ** 참조 번호는 파일 열기/생성/대체 함수에서 지정한 파일 정보를 이어지는 함수들에 전달하는 역할입니다.
   B. **파일 열기/생성/대체** 함수의 '동작'을 **replace or create**라고 설정하고 "파일 경로" 컨트롤을 생성해줍니다.
   C. **파일 닫기** 함수의 "에러 출력"에서 인디케이터를 생성해줍니다.
   D. **문자열로 포맷** 함수를 위치시키고 포맷 문자로 "측정데이터는 %.4f Volt입니다."라고 입력합니다. 그리고 '입력 1'에서 숫자형 컨트롤을 생성해줍니다. '결과 문자열' 출력을 텍스트 파일에 쓰기 함수의 '텍스트'에 연결해줍니다. (문자열 팔레트)

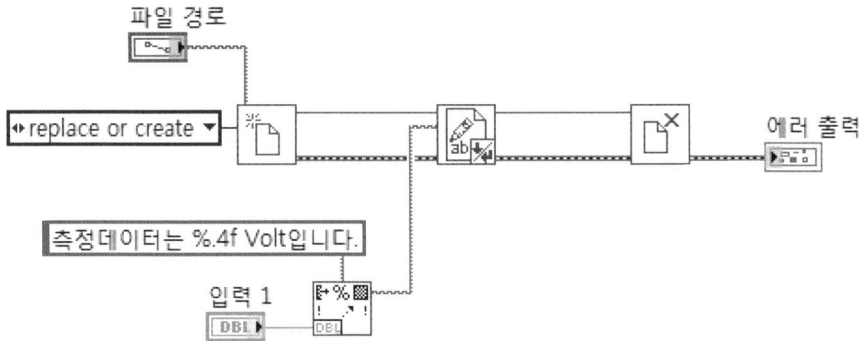

3. VI를 저장합니다. "입력 1"에 0을 입력하고 실행합니다.

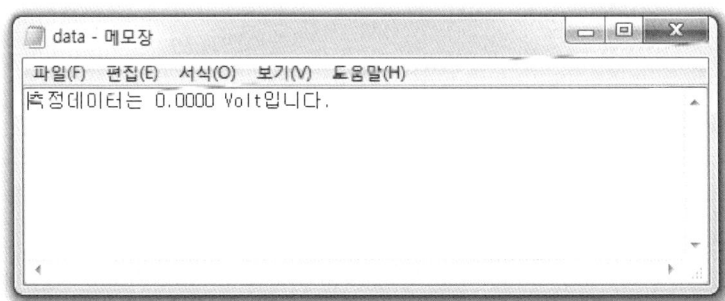

실습 10-2 끝

실습 10-3 스프레드시트 문자열 쓰기

2차원 숫자형 배열을 텍스트 파일로 저장하는 예제를 만들어봅니다. 숫자형 배열은 **배열을 스프레드시트 문자열로** 함수를 이용하여 스프레드시트 문자열로 포맷해야만 텍스트 파일에 쓰기 함수로 저장할 수 있습니다.

1. 새 VI를 만들고 **파일저장(2D배열).vi**라고 저장합니다.

2. 다음과 같이 블록다이어그램을 구성합니다.
   A. **파일 열기/생성/대체, 텍스트 파일에 쓰기, 파일 닫기** 함수를 위치시키고 참조 번호와 에러 라인을 서로 연결해줍니다. (파일 I/O 팔레트)
   B. **파일 열기/생성/대체** 함수의 '동작'을 **replace or create**라고 설정하고 "파일 경로" 컨트롤을 생성해줍니다.
   C. **파일 닫기** 함수의 '에러 출력'에서 인디케이터를 생성해줍니다.
   D. **사인파, 싱크(Sinc) 패턴, 균일한 화이트 노이즈** 함수를 위치시킵니다. (신호 처리 > 신호 생성 팔레트)
   E. **배열 만들기** 함수로 붙여서 2D 배열을 만들고, **2D 배열 전치** 함수를 이용하여 전치해줍니다. (배열 팔레트)
   F. **배열을 스프레드시트 문자열로** 함수를 이용하여 스프레드시트 문자열로 포맷합니다. '포맷 문자열' 입력에서 상수를 생성하고 **%.6f**라고 입력합니다. '스프레드시트 문자열' 출력을 텍스트 파일에 쓰기 함수의 '텍스트'에 입력해줍니다. (문자열 팔레트)

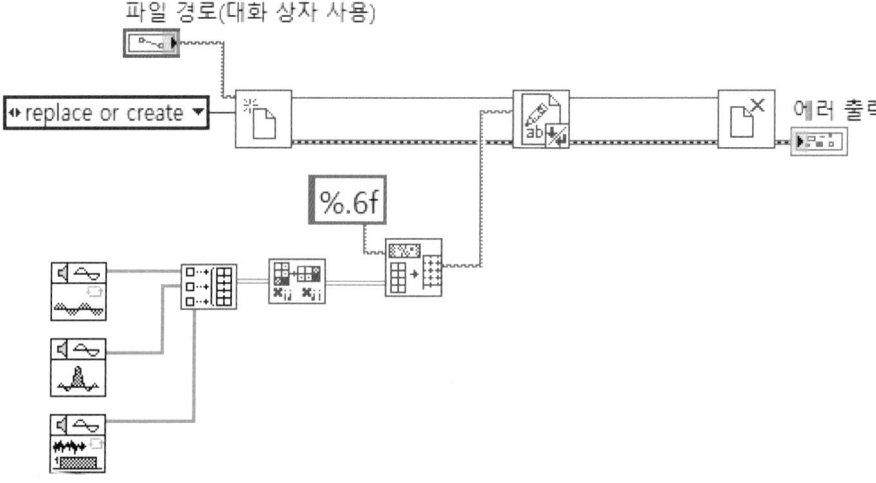

실습 10-3 끝

실습 10-4 텍스트 파일로부터 읽기

텍스트 파일로 저장된 데이터를 읽어와서 웨이브폼 그래프에 플롯하는 예제를 만들어봅니다.

1. 새 VI를 만들고 **파일 읽기.vi**라고 저장합니다.

2. 다음과 같이 블록다이어그램을 구성합니다.
   A. **파일 열기/생성/대체, 텍스트 파일로부터 읽기, 파일 닫기** 함수를 위치시키고 참조 번호와 에러 라인을 서로 연결해줍니다. (파일 I/O 팔레트)
   B. **파일 열기/생성/대체** 함수의 '동작'을 **Open**라고 설정하고 "파일 경로" 컨트롤을 생성해줍니다.
   C. **텍스트 파일로부터 읽기** 함수의 '텍스트'에서 인디케이터를 생성해줍니다.
   D. **파일 닫기** 함수의 '에러 출력'에서 인디케이터를 생성해줍니다.

3. VI를 저장하고 실행합니다. 앞 실습에서 저장한 텍스트 파일을 선택하여 읽어봅니다.

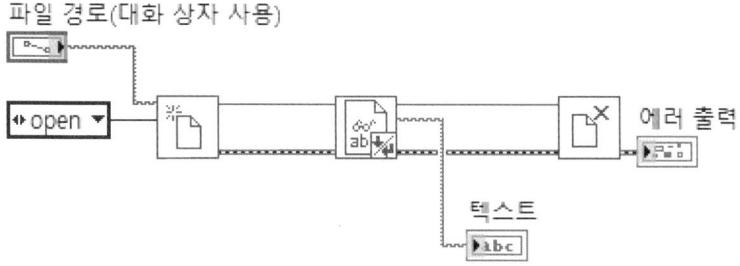

4. 다음과 같이 블록다이어그램을 수정합니다.
   A. "텍스트" 인디케이터를 삭제하고 **스프레드시트 문자열을 배열로** 함수를 추가합니다. '포맷 문자열' 입력에서 상수를 생성하고 "%.6f"라고 입력합니다. (문자열 팔레트)
   B. 프런트패널에 **웨이브폼 그래프**를 위치시킵니다.
   C. **2D 배열 전치** 함수를 이용하여 배열을 전치한 다음에 웨이브폼 그래프에 입력합니다. (배열 팔레트)

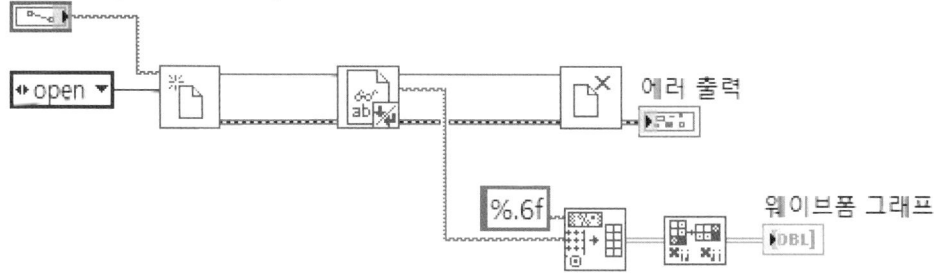

실습 10-4 끝

 **요약**

- 데이터를 파일에 쓰거나 읽는 작업을 파일 I/O라고 부릅니다.
- LabVIEW는 2진수, 텍스트, TDMS 등의 파일 형식을 사용하거나 생성할 수 있습니다.
- 파일 I/O 속도와 디스크 사용 공간이 문제되는 경우나 무작위 접근 읽기 또는 쓰기를 수행해야 되는 경우나 숫자 정밀도가 중요한 경우에는 2진수(Binary) 포맷으로 저장합니다.
- 파일 I/O 속도와 디스크 사용 공간이 문제되지 않는 경우나 무작위 접근 읽기 또는 쓰기를 수행하지 않아도 되는 경우나 숫자 정밀도가 중요하지 않은 경우에는 텍스트 포맷 파일을 사용하면 편리할 것입니다.
- 경로 함수를 이용하여 파일 경로를 만들고 사용할 수 있습니다.
- 텍스트 파일에 쓰기 함수를 이용하여 데이터를 텍스트 포맷으로 저장합니다.
- 스프레드시트 파일로 저장하고자 한다면 콤마나 탭으로 구분되는 문자열 포맷을 만들어 줘야 됩니다.

 노트

[랩뷰교육원 소개 www.lvedu.kr]

저희 랩뷰교육원은 전문 프로그래밍 언어인 LabVIEW의 사용 방법과 어플리케이션 개발 기술을 교육하는 전문 교육기관이며 교재 출판사입니다.

본 교육원에서는 저자가 직접 교육을 진행합니다.

특히 급변하는 기술 환경에 맞춰서 교과목 및 교재를 수정 보완하여 고객의 Needs에 실시간으로 대응합니다.

고객으로부터 들어온 피드백을 바탕으로 고객이 원하는 교육 커리큘럼을 가장 빠른 시간 내에 고객에게 제공하는 비즈니스 모델이 랩뷰교육원의 핵심 역량입니다.

오랜 LabVIEW 교육 노하우를 바탕으로 최상의 교육 서비스 제공을 위하여 최선을 다하겠습니다.

주식회사 랩뷰교육원

중급 LabVIEW

ISBN 979-11-954606-5-6
LabVIEW 코어 2 (중급) 과정의 교재
디자인 패턴
VI 서버, 프로퍼티 노드
DLL 및 EXE 만들기와 불러오기
TCP 통신 및 UDP 통신

중급 LabVIEW에서는 검증된 디자인 기법과 세부 부분에 적용되는 기술에 대하여 다루고 있습니다. 그리고 LabVIEW 객체의 프로퍼티와 메소드를 어떻게 다룰 수 있는지에 대하여 설명합니다.

LabVIEW의 객체 지향 기술은 VI 서버를 통하여 구현됩니다. 그리고 VI 서버는 타 객체 지향 기술들과 서버/클라이언트 관계로 연결하여 운용할 수 있습니다. 그래서 LabVIEW 객체뿐 아니라 ActiveX 객체나 .NET 객체 등을 LabVIEW에서 사용할 수 있도록 지원해줍니다.

DLL이나 EXE 어플리케이션을 만들어 배포하고 다시 LabVIEW 어플리케이션에 불러서 사용하는 방법을 배웁니다.

고급 파일 저장 기술을 배우고 데이터 베이스를 활용하는 방법도 배웁니다.

TCP 통신과 UDP 통신을 LabVIEW로 구현하는 방법을 배웁니다.

이와 함께 중급 LabVIEW에서는 프로젝트 수행에 요구되는 다양한 표준 기술들을 설명합니다. 이런 기술들을 아는 것과 모르는 것은 프로젝트 수행에서 큰 차이가 생기므로 각 기술들을 익히고 필요 시에 활용하시면 되겠습니다.

LabVIEW 공부 및 강의에 필요한 교재를 초급과 중급으로 나누어 두 권으로 만드는 것을 목표로 집필하였습니다. NI의 교육 과정인 LabVIFW Core I, Core II, Core III, Advanced I, Performance, Connectivity 등에서 다루어지는 내용 중에서 한국 실정에 전혀 필요 없는 부분을 제외시키고 핵심 내용만 추려서 두 권으로 나눈 것입니다. 단언컨대 초급 LabVIEW와 중급 LabVIEW의 내용만 익힌다면 LabVIEW 프로젝트 구현에 필요한 모든 것을 알고 있다고 자신해도 될 것입니다.

본 서적과 이하 도서들은 랩뷰교육원의 정규 과정에서 교육 수강생에게만 제공되는 교재입니다. 그래서 외부로 판매하거나 유출하지 않습니다.

LabVIEW 데이터 수집 및 분석

ISBN 979-11-954606-1-8
LabVIEW 데이터 수집 및 분석 교육의 교재
NI-DAQmx 함수를 이용한 아날로그 입력
아날로그 출력, 디지털 입출력, 카운터 입출력
디지털 필터, FFT, 웨이블릿 분석, 적분과 미분

최신 NI-DAQ 하드웨어들은 단점이나 결함을 찾기 힘들 정도로 오랜 노하우와 기술이 쌓인 제품들입니다. 그리고 LabVIEW를 이용한 데이터 수집 프로그래밍 함수도 매우 안정적으로 제공되고 있습니다. DAQ 하드웨어의 기능과 원리가 DAQmx 함수 API에 정확히 대응되고 용도와 기능에 맞춰서 함수 파라미터를 설정하여 구현할 수 있도록 체계적으로 제공되고 있습니다. 그리고 비약적인 기술 발전으로 충분히 많은 하드웨어와 관련 설명서가 제공되고 있습니다. 그러나 정작 LabVIEW를 이용하여 데이터 수집 및 신호 처리, 그리고 자동 제어 어플리케이션을 만들고자 하면 방향을 잃고 헤매기 일쑤입니다. 첫 단계로 어떤 하드웨어를 선택해야 되는 가에서 막히기 시작합니다. NI에 전화하여 제품 선정을 도와 달라고 의뢰하면 프로젝트 예산을 훨씬 초과하는 견적이 나옵니다. 그리고 견적대로 구매하더라도 LabVIEW 프로그래밍을 직접 수행하거나 개발 업체에 의뢰해야 되므로 실제로 어플리케이션 솔루션을 구동할 때까지는 더 많은 돈과 시간이 요구됩니다.

센서 선정, 시그널 컨디셔닝 방법, DAQ 보드 선정, 하드웨어 설치 및 결선, 프로그래밍 작업 등을 모두 정확히 수행해야만 정해진 예산에서 목표한 프로젝트를 완수할 수 있습니다. 그리고 각 단계에서 관련 지식의 유무가 돈으로 환산됩니다. 단순히 가격이 높으면 성능이 좋을 것이라고 생각하면 절대 안됩니다. 예를 들어, 10만원짜리 센서가 200만원짜리 센서보다 성능 및 정확도가 뛰어나고 20만원짜리 DAQ 보드가 200만원짜리 DAQ 보드보다 더 합당한 경우가 많습니다.

LabVIEW 데이터 수집 및 분석은 주어진 시간 내에 프로젝트를 성공적으로 수행할 수 있는 지식을 제공할 뿐 아니라 프로젝트 기안 단계에서 어떤 DAQ 하드웨어와 센서를 선정하는 것이 합당한지 판단할 수 있는 지식을 배울 수 있습니다.

LabVIEW HMI 및 PLC 통신

ISBN 979-11-954606-3-2
LabVIEW PLC 및 계측기 통신 교육의 교재
PLC 통신 프로토콜
시리얼 통신, Ethernet 통신, 체크 섬 구현
LS 산전 PLC, 미쓰비시 PLC, 오토닉스 온도 컨트롤러 통신 제어
LabVIEW를 이용한 HMI 어플리케이션 개발

2000년대나 2020년대나 LabVIEW 사용자들이 가장 많이 원하고 가장 힘들어하는 어플리케이션은 계측 장비 통신 제어와 HMI 어플리케이션 개발입니다. 그러나 LabVIEW로 가장 잘 할 수 있는 분야이지만 추가 매출이 거의 발생하지 않는 분야라는 이유로 NI에서는 관련 자료나 기술지원을 제공하지 않습니다. 그래서 본 교재 및 LabVIEW PLC 및 계측기 통신 교육은 관련 분야를 다루는 유일한 교육 과정입니다.

핵심 키워드로 PLC와 HMI를 언급하였지만 이 교재와 교육에서 다루는 것은 컴퓨터를 이용한 계측기 통신입니다. PLC, 오실로스코프, 디지털멀티미터, 파워스퍼라이어, 서보 모터, 스텝 모터 등의 인스트루먼트를 RS-485, RS-232 같은 시리얼 통신이나 TCP/IP 이더넷 통신으로 제어하는 LabVIEW 코딩 방법에 대하여 다룹니다. 그리고 HMI 어플리케이션 개발 방법에 대하여 배웁니다.

1장에서는 Serial 통신 프로토콜과 TCP 통신 프로토콜에 대하여 설명합니다.

2장에서는 통신 지령에 사용되는 데이터 타입, 코드화 방식, 체크섬에 대하여 설명합니다.

3장에서는 LS 산전 PLC 전용 프로토콜, 미쓰비시 MELSEC 시리즈 PLC 전용 프로토콜, 그리고 Modbus 프로토콜에 대하여 설명합니다.

4장에서는 HMI 어플리케이션을 만드는 방법에 대하여 설명하고, 마지막 장에서는 HMI 어플리케이션에서 요구되는 추가 기능들을 LabVIEW로 구현하는 방법에 대하여 설명합니다.

LabVIEW FPGA 및 Real Time

ISBN 979-11-954606-7-0
LabVIEW FPGA 및 Real Time 교육의 교재
LabVIEW FPGA 모듈
LabVIEW Real Time 모듈
cRIO, sbRIO, R series 어플리케이션 개발

본 교재는 내쇼날인스트루먼트의 CompactRIO, sbRIO, R 시리즈, myRIO 제품을 타겟으로 집필되었습니다. 이들 제품들은 LabVIEW FPGA와 LabVIEW Real Time을 이용하여 프로그래밍하고 배포하여 임베디드 시킬 수 있습니다.

FPGA는 Field Programmable Gate Arrays의 약자입니다. 연결되지 않은 다수의 Logic Gate로 이루어진 실리콘 칩입니다. FPGA 칩은 소프트웨어를 이용하여 Logic Gate를 새로 정의할 수 있으며 이를 통하여 사용자가 칩의 기능을 재정의할 수 있습니다.

기본적으로 FPGA 칩의 개발사에서 제공하는 텍스트 기반의 HDL을 사용하여 프로그래밍하지만 NI-RIO는 Xilinx 칩을 사용하지만 HDL로 프로그래밍할 수 없습니다. NI-RIO 플랫폼은 LabVIEW로만 프로그래밍할 수 있습니다.

NI-RIO 플랫폼에는 CompactRIO, sbRIO, R 시리즈, myRIO 등이 있고 LabVIEW FPGA로 프로그래밍합니다.

FPGA 모듈만으로 독립 어플리케이션을 개발할 수는 없습니다. 반드시 CPU 모듈이 추가로 필요합니다. 예를 들어, PCI 보드 타입인 R 시리즈 보드는 컴퓨터를 CPU 모듈로 사용합니다. 그리고 CompactRIO, sbRIO, myRIO는 FPGA 모듈과 CPU 모듈을 함께 제공합니다. CPU 모듈에는 메인보드, CPU, 메모리, 하드디스크, 네트워크 카드 등으로 구성된 하드웨어 플랫폼에 Real Time OS가 설치되어 있습니다. PLC에 대응하여 이해하면 될 것입니다. CPU 모듈은 PLC의 CPU 모듈에 대응되고 FPGA 모듈은 PLC의 IO 모듈에 대응됩니다. CompactRIO, sbRIO, myRIO의 CPU 모듈은 LabVIEW Real Time으로 프로그래밍합니다.

LabVIEW 이미지 수집 및 분석

ISBN 979-11-954606-0-1
LabVIEW 이미지 수집 및 분석 교육의 교재
카메라로 영상 촬영
이미지 파일 저장
영상 처리 및 분석 함수 사용 기법
실전 예제
LabVIEW Vision Developer Module 함수

대부분의 계측 시스템은 사람의 감각 기관에 대응하는 기능을 머신(Machine)이 수행할 수 있게 머신에게 감각 기능을 제공합니다. Vision 어플리케이션은 사람의 시각에 대응됩니다.

컴퓨터와 비전 알고리즘을 기반으로 하는 머신 비전을 이용하여 육안 검사를 대체할 수 있습니다. 머신을 이용한 검사는 일정한 검사 결과를 유지할 수 있으며 수치화된 성적서를 만들 수 있습니다. 그리고 비전 알고리즘과 함께 다른 계측 어플리케이션이나 모터 제어 등을 통합하여 다양한 통합 솔루션을 만들 수도 있습니다. 또한 무인 자동차, 무인 트랙터, 무인 항공기 등의 모바일 로봇 어플리케이션에서 카메라와 비전 알고리즘은 로봇의 눈이 됩니다.

LabVIEW 이미지 수집 및 분석은 카메라를 제어하여 영상 이미지를 촬영하고 저장하는 방법을 설명합니다. 그리고 촬영된 이미지를 처리하여 이미지의 Quality를 향상시키는 기법과 함수에 대하여 설명합니다. 또한 이미지에서 배경과 구분되는 Particle을 인식하고 각 Particle의 수치적 정보를 분석하는 기법과 함수에 대하여 설명합니다. 그리고 머신 비전 솔루션을 제공합니다.

머신 비전은 카메라를 이용하여 육안 검사의 항목들을 머신이 수행할 수 있게 하는 여러 함수와 어플리케이션을 지칭합니다. 문자 인식과 바코드 인식에 대해서도 설명하고 예제를 통하여 실습합니다.

LabVIEW 이미지 수집 및 분석은 LabVIEW Vision Developer Module을 이용하여 이미지 처리 및 분석을 수행하고자 하는 분들을 위한 과정입니다.

LabVIEW Vision에서 제공되는 많은 함수와 알고리즘을 다룹니다. 각 함수가 어떤 원리로 구성되었으며 어떤 파라미터로 설정해야만 원하는 결과를 얻을 수 있는 지 설명합니다.

LabVIEW 모터 제어

ISBN 979-11-954606-4-9
LabVIEW 모터 제어 교육의 교재
서보 모터와 스텝 모터
미쓰비시 서보 모터, 야스카와 서보 모터
NI-DAQ 보드를 이용한 모터 제어
NI-cRIO를 이용한 모터 제어
인스트루먼트 통신을 이용한 모터 제어

모터 제어는 컴퓨터 기반의 계측 및 자동화에서 빠질 수 없는 핵심 요소입니다. 그래서 피하고 싶어도 피할 수 없는 분야입니다.

모터 제어 시스템은 모터, 모터 드라이버(서보 앰프), 모션 컨트롤러로 구성됩니다. 그리고 모션 컨트롤러로는 PLC나 컴퓨터를 사용할 수 있는데 LabVIEW 모터 제어는 컴퓨터 기반의 모션 컨트롤러를 다룹니다. 컴퓨터 기반의 모션 컨트롤러를 만들기 위해서 모션 전용 보드, NI-DAQ 모듈, NI-FPGA 모듈 등을 내 컴퓨터에 장착하거나 연결해야 됩니다.

1장에서는 모터의 원리와 구성, 그리고 모터 스펙 및 선정 방법에 대하여 설명합니다.

2장에서는 미쓰비시 서보 모터와 야스카와 서보 모터를 어떻게 결선하고 서보 앰프 파라미터는 어떻게 설정해야 되는지에 대하여 설명합니다.

3장에서는 NI-DAQ 기반의 모션 시스템 개발 방법에 대하여 설명합니다.

4장에서는 NI-FPGA 기반의 모션 시스템 개발 방법에 대하여 설명합니다.

마지막 장에는 저자가 직접 수행했던 모터 제어 어플리케이션 중에서 대표적인 사례 4가지를 따라하기 실습으로 설명합니다.

국립중앙도서관 출판예정도서목록(CIP)

초급 LabVIEW / 지은이: 곽두영. -- 개정판. -- 안양 : 랩뷰교육원, 2018	
322 p. ; 1.6 cm	
ISBN 979-11-954606-8-7 93560 : ₩30000	
컴퓨터 프로그래밍[computer programming]	
프로그래밍 언어[--言語]	
005.1-KDC6	
005.1-DDC23	CIP2018033283

이 도서의 국립중앙도서관 출판예정도서목록(CIP)은 서지정보유통지원시스템 홈페이지 (http://seoji.nl.go.kr)와 국가자료공동목록시스템(http://www.nl.go.kr/kolisnet)에서 이용하실 수 있습니다. (CIP제어번호: CIP2018033283)

값 30,000원

ISBN 979-11-954606-8-7